2015年
北京市1%人口抽样调查资料

北京市全国1%人口抽样调查联席会议办公室、北京市统计局　编

中国统计出版社
China Statistics Press

图书在版编目（CIP）数据

2015 年北京市 1%人口抽样调查资料 / 北京市全国 1%人口抽样调查联席会议办公室，北京市统计局编. -- 北京：中国统计出版社, 2017.4
ISBN 978-7-5037-8119-3

Ⅰ. ①2… Ⅱ. ①北… ②北… Ⅲ. ①人口调查－抽样调查统计－统计资料－北京－2015 Ⅳ. ①C924.251

中国版本图书馆 CIP 数据核字(2017)第 045081 号

2015 年北京市 1%人口抽样调查资料

编　　者/北京市全国 1%人口抽样调查联席会议办公室、北京市统计局　编
责任编辑/郭　栋
封面设计/李　静
出版发行/中国统计出版社
通信地址/北京市丰台区西三环南路甲 6 号　邮政编码/100073
电　　话/邮购（010）63376909　书店（010）68783171
网　　址/http://www.zgtjcbs.com
印　　刷/河北鑫宏源印刷包装有限责任公司
经　　销/新华书店
开　　本/880×1230mm　1/16
字　　数/950 千字
印　　张/29.5
版　　别/2017 年 4 月第 1 版
版　　次/2017 年 4 月第 1 次印刷
定　　价/380.00 元

本书附同版本 CD-ROM 一张，光盘内容以书面文字为准。
如有印装错误，本社发行部负责调换。

《2015年北京市1%人口抽样调查资料》

编辑委员会和编辑工作人员

编辑说明

根据《全国人口普查条例》和《国务院办公厅关于开展 2015 年全国 1%人口抽样调查的通知》，我国以 2015 年 11 月 1 日零时为标准时点进行了全国 1%人口抽样调查。在党中央、国务院和北京市人民政府的正确领导下，在被抽中地区人民群众的支持配合下，经过广大调查工作人员的艰苦努力，调查取得了圆满成功，获得了丰富翔实的资料。为了满足社会各界的需要，现将计算机详细汇总的数据资料编辑出版。资料的有关情况说明如下:

一、全市调查的样本量约占全市总人口的 3%左右。调查以全市为总体，以各区为子总体，采取分层、二阶段、概率比例、整群抽样方法，其中群即最终样本单位为调查小区。本市根据需求，在国家抽取 1524 个调查小区、抽样比为 1.8%的基础上，进行了样本的扩充，补充抽取 962 个调查小区、抽样比为 1.2%。此次抽样重新划分调查小区。本资料仅为国家样本数据。

二、本资料设有概要、民族、年龄、教育、就业、婚姻、家庭、生育、老年人口、死亡、住房、迁移和户口登记地共十二卷，反映了我市当前人口和住房的各种结构情况。同时，为帮助读者更好地使用本资料，我们将《2015 年全国 1%人口抽样调查方案》、调查表、填表说明等文件作为附录一并刊印。

三、本资料中各卷数据均为抽样调查的样本数据，未作总体推算，请读者使用数据时注意。

四、这次调查采取了不等比例的抽样方法，但经过加权处理后，本资料中各地区的数据已经按全市国家样本统一的抽样比换算，可以直接对比。

五、根据事后质量抽查，调查数据总体质量较高。但有些指标（如出生人口、死亡人口和分年龄妇女生育率）现场登记难度较大，漏登率要相对高一些，请读者使用相关数据时，应考虑不同指标登记误差因素的影响。

六、城市、镇和乡村是按照 2008 年国家统计局《统计上划分城乡的规定》划分的。

七、这次调查对部分特殊人群（如全户外出人口、全户户口寄挂人口等）仅登记了姓名、性别、年龄、民族、受教育程度等个人基本信息，因此，有关住房结构、就业、婚姻、生育和老年人口健康状况等方面的数据并不是全口径数据，请读者在使用时予以注意。

八、由于加权运算后对数字采取四舍五入处理，汇总表分项数据之和与合计数存在很小差别，并不影响数据的使用。

九、本资料中部分相对数由于单位取舍问题而产生的计算误差，均未做机械调整。

十、本资料中空项表示无数字或数字很小。

目 录

第一卷 概要

第二卷 民族

第三卷 年龄

第四卷 受教育程度

第五卷　就业

第六卷　婚姻

第七卷 家庭

第八卷 生育

第九卷 老年人口

第十卷 死亡

第十一卷　住房

第十二卷 迁移和户口登记地

附 录

1 概要

1-1 各地区户数、人口数和性别比

单位：户、人

地　区	户数			人口数			
	合计	家庭户	集体户	合计	男	女	性别比（女=100）
全　市	**126146**	**110525**	**15621**	**335775**	**175460**	**160315**	**109.45**
东城区	5073	4813	259	13289	6584	6705	98.19
西城区	7459	6931	527	19175	9407	9769	96.29
朝阳区	24011	20751	3260	62431	33967	28463	119.34
丰台区	13709	13089	620	33386	16661	16725	99.61
石景山区	3798	3351	447	10074	5151	4923	104.63
海淀区	22430	17186	5245	61782	32536	29246	111.25
门头沟区	1706	1670	35	4334	2203	2131	103.36
房山区	5312	4907	405	15489	8071	7418	108.80
通州区	7606	6683	923	21269	10785	10484	102.87
顺义区	5653	5146	507	15430	7897	7533	104.83
昌平区	11734	9811	1923	31638	17246	14393	119.82
大兴区	9018	7931	1086	24070	12972	11098	116.88
怀柔区	2187	1971	216	5807	3118	2689	115.93
平谷区	2059	2035	25	6027	3043	2984	102.00
密云区	2608	2555	53	6935	3569	3366	106.05
延庆区	1784	1694	90	4639	2251	2387	94.31

1-1 续表

单位：户、人

地　区	家庭户人口				集体户人口				平均家庭户规模（人/户）
	合计	男	女	性别比（女=100）	合计	男	女	性别比（女=100）	
全　市	**281274**	**139440**	**141835**	**98.31**	**54501**	**36021**	**18481**	**194.91**	**2.54**
东城区	12220	5917	6303	93.88	1069	666	403	165.56	2.54
西城区	17394	8321	9073	91.71	1782	1086	696	156.03	2.51
朝阳区	50554	25192	25362	99.33	11877	8776	3101	282.96	2.44
丰台区	31236	15429	15807	97.61	2150	1232	919	134.09	2.39
石景山区	8462	4173	4289	97.31	1612	978	634	154.16	2.52
海淀区	44608	21512	23096	93.14	17173	11024	6149	179.26	2.60
门头沟区	4221	2100	2121	99.04	113	102	10	983.11	2.53
房山区	14012	7002	7010	99.89	1477	1069	408	261.85	2.86
通州区	17957	8965	8992	99.70	3312	1820	1492	121.97	2.69
顺义区	13645	6928	6717	103.15	1785	968	816	118.65	2.65
昌平区	24270	12384	11887	104.19	7368	4862	2506	193.99	2.47
大兴区	20610	10447	10163	102.80	3460	2525	935	269.90	2.60
怀柔区	5132	2573	2560	100.50	675	545	130	420.80	2.60
平谷区	5963	2997	2967	101.02	64	47	17	270.73	2.93
密云区	6660	3336	3324	100.37	275	233	42	556.42	2.61
延庆区	4329	2163	2166	99.87	310	88	221	39.89	2.56

1-1a 各地区户数、人口数和性别比(城市)

单位：户、人

地　区	户　数			人口数			
	合计	家庭户	集体户	合计	男	女	性别比(女=100)
全　市	**102496**	**88906**	**13589**	**268914**	**140204**	**128711**	**108.93**
东城区	5073	4813	259	13289	6584	6705	98.19
西城区	7459	6931	527	19175	9407	9769	96.29
朝阳区	23875	20619	3257	62059	33763	28296	119.32
丰台区	13500	12885	615	32879	16413	16465	99.68
石景山区	3798	3351	447	10074	5151	4923	104.63
海淀区	22033	16828	5205	60538	31943	28595	111.71
门头沟区	1069	1036	33	2787	1413	1374	102.87
房山区	3155	2778	377	8842	4679	4163	112.41
通州区	3559	3253	306	9723	4372	5351	81.69
顺义区	2627	2280	347	7122	3405	3717	91.61
昌平区	7805	6514	1291	20815	11635	9180	126.75
大兴区	6401	5606	794	15895	8448	7446	113.46
怀柔区	1296	1179	117	3344	1783	1562	114.13
平谷区	847	832	14	2372	1208	1164	103.71

1-1a　续表

单位：户、人

地　区	家庭户人口				集体户人口				平均家庭户规模(人/户)
	合计	男	女	性别比(女=100)	合计	男	女	性别比(女=100)	
全　市	**222211**	**109483**	**112729**	**97.12**	**46703**	**30721**	**15982**	**192.22**	**2.50**
东城区	12220	5917	6303	93.88	1069	666	403	165.56	2.54
西城区	17394	8321	9073	91.71	1782	1086	696	156.03	2.51
朝阳区	50195	25000	25195	99.22	11864	8763	3101	282.55	2.43
丰台区	30747	15191	15556	97.66	2132	1222	910	134.36	2.39
石景山区	8462	4173	4289	97.31	1612	978	634	154.16	2.52
海淀区	43488	20968	22520	93.11	17050	10975	6075	180.65	2.58
门头沟区	2690	1327	1363	97.32	97	86	10	830.51	2.60
房山区	7490	3730	3761	99.17	1352	950	402	236.26	2.70
通州区	8444	4103	4341	94.50	1279	269	1010	26.66	2.60
顺义区	5934	2952	2982	98.99	1188	453	735	61.68	2.60
昌平区	16094	8165	7930	102.96	4721	3471	1250	277.67	2.47
大兴区	13690	6933	6757	102.61	2204	1515	689	219.74	2.44
怀柔区	3022	1524	1499	101.65	322	259	63	411.28	2.56
平谷区	2342	1180	1161	101.65	30	27	3	861.81	2.81

1-1b 各地区户数、人口数和性别比(镇)

单位：户、人

地区	户数			人口数			
	合计	家庭户	集体户	合计	男	女	性别比(女=100)
全 市	**7787**	**7086**	**701**	**20833**	**11096**	**9737**	**113.96**
朝阳区							
丰台区	148	144	4	296	141	155	90.79
海淀区							
门头沟区	363	360	3	936	475	461	103.13
房山区	636	634	2	1892	940	952	98.67
通州区	1502	1103	399	3928	2363	1565	150.95
顺义区	539	511	28	1384	778	605	128.60
昌平区	1604	1480	125	4129	2242	1887	118.80
大兴区	331	311	20	875	472	403	117.01
怀柔区	123	121	3	370	178	192	92.40
平谷区	284	277	8	881	448	433	103.51
密云区	1377	1332	45	3823	1998	1825	109.50
延庆区	879	814	65	2319	1061	1258	84.38

1-1b 续表

单位：户、人

地区	家庭户人口				集体户人口				平均家庭户规模(人/户)
	合计	男	女	性别比(女=100)	合计	男	女	性别比(女=100)	
全 市	**18546**	**9382**	**9164**	**102.39**	**2287**	**1714**	**573**	**298.82**	**2.62**
朝阳区									
丰台区	290	141	148	95.01	7		7		2.01
海淀区									
门头沟区	920	459	461	99.68	16	16			2.56
房山区	1888	938	950	98.64	4	2	2	114.39	2.98
通州区	2795	1445	1351	106.99	1133	918	215	427.20	2.53
顺义区	1297	697	600	116.10	87	82	5	1617.23	2.54
昌平区	3724	1887	1837	102.72	406	355	50	706.33	2.52
大兴区	800	408	392	104.02	75	64	11	578.59	2.57
怀柔区	331	164	167	98.17	40	14	26	54.74	2.74
平谷区	856	437	419	104.39	25	11	14	77.39	3.09
密云区	3574	1787	1787	99.99	250	212	38	556.67	2.68
延庆区	2072	1021	1052	97.03	246	41	206	19.69	2.55

1-1c 各地区户数、人口数和性别比(乡村)

单位：户、人

地区	户数			人口数			
	合计	家庭户	集体户	合计	男	女	性别比(女=100)
全市	**15864**	**14533**	**1331**	**46028**	**24160**	**21867**	**110.49**
朝阳区	135	132	3	371	205	167	122.55
丰台区	62	61	1	211	106	104	101.98
海淀区	397	357	40	1244	593	651	91.02
门头沟区	274	274		611	314	297	105.98
房山区	1520	1495	26	4755	2452	2303	106.46
通州区	2545	2328	218	7618	4050	3568	113.52
顺义区	2488	2356	132	6924	3713	3211	115.66
昌平区	2325	1817	508	6694	3368	3326	101.28
大兴区	2286	2014	272	7301	4052	3249	124.72
怀柔区	767	671	96	2093	1157	935	123.77
平谷区	928	925	3	2775	1388	1387	100.08
密云区	1231	1223	8	3112	1571	1541	101.98
延庆区	905	880	25	2320	1190	1130	105.36

1-1c 续表

单位：户、人

地区	家庭户人口				集体户人口				平均家庭户规模(人/户)
	合计	男	女	性别比(女=100)	合计	男	女	性别比(女=100)	
全市	**40517**	**20575**	**19942**	**103.17**	**5511**	**3586**	**1925**	**186.25**	**2.79**
朝阳区	359	192	167	115.04	13	13			2.72
丰台区	199	97	102	94.63	12	10	2	478.77	3.28
海淀区	1121	544	577	94.32	123	49	74	65.40	3.14
门头沟区	611	314	297	105.98					2.23
房山区	4633	2335	2299	101.57	121	117	4	2708.03	3.10
通州区	6718	3418	3300	103.55	900	633	267	236.63	2.89
顺义区	6415	3280	3135	104.63	509	433	76	570.33	2.72
昌平区	4452	2332	2120	110.03	2242	1036	1206	85.89	2.45
大兴区	6120	3106	3014	103.06	1181	946	235	402.60	3.04
怀柔区	1779	885	894	99.00	313	272	41	663.59	2.65
平谷区	2766	1379	1387	99.46	9	9			2.99
密云区	3086	1549	1537	100.82	26	22	4	554.04	2.52
延庆区	2257	1143	1114	102.54	63	48	16	307.23	2.56

1-2 各地区分性别、户口登记状况的人口

单位：人

地 区	人口数			居住本乡、镇、街道，户口在本乡、镇、街道		
	合计	男	女	小计	男	女
全 市	**335775**	**175460**	**160315**	**152756**	**77840**	**74916**
东城区	13289	6584	6705	8451	4151	4300
西城区	19175	9407	9769	10329	5044	5285
朝阳区	62431	33967	28463	23100	12155	10945
丰台区	33386	16661	16725	13605	6899	6706
石景山区	10074	5151	4923	4132	2100	2032
海淀区	61782	32536	29246	31633	16258	15375
门头沟区	4334	2203	2131	2547	1308	1239
房山区	15489	8071	7418	9434	4793	4641
通州区	21269	10785	10484	9391	4611	4781
顺义区	15430	7897	7533	7020	3444	3576
昌平区	31638	17246	14393	8728	4713	4015
大兴区	24070	12972	11098	8429	4271	4158
怀柔区	5807	3118	2689	2937	1475	1462
平谷区	6027	3043	2984	4881	2473	2407
密云区	6935	3569	3366	4769	2423	2345
延庆区	4639	2251	2387	3369	1720	1649

1-2 续表

单位：人

地 区	居住本乡、镇、街道，户口在外乡、镇、街道，离开户口登记地半年以上			居住本乡、镇、街道，户口待定			原住本乡、镇、街道，现在国外工作学习		
	小计	男	女	小计	男	女	小计	男	女
全 市	**180600**	**96515**	**84086**	**963**	**464**	**499**	**1456**	**641**	**814**
东城区	4696	2372	2324	15	9	7	126	52	74
西城区	8516	4216	4300	50	25	25	280	122	158
朝阳区	38935	21642	17293	157	76	81	239	94	145
丰台区	19609	9679	9930	94	39	55	78	44	34
石景山区	5882	3022	2860	17	11	6	43	18	25
海淀区	29383	15903	13479	128	82	46	637	292	346
门头沟区	1772	888	884	12	6	6	3	1	2
房山区	6001	3247	2753	49	26	22	5	4	1
通州区	11821	6145	5676	53	28	24	4	1	3
顺义区	8372	4433	3939	30	17	13	8	2	5
昌平区	22720	12477	10243	173	50	123	17	5	12
大兴区	15502	8626	6876	132	71	60	7	3	4
怀柔区	2849	1633	1216	19	8	10	3	2	1
平谷区	1130	563	567	15	6	9	2	1	1
密云区	2154	1140	1014	11	5	5	2	1	1
延庆区	1259	527	732	11	5	6			

1-2a　各地区分性别、户口登记状况的人口(城市)

单位：人

地　　区	人口数			居住本乡、镇、街道，户口在本乡、镇、街道		
	合计	男	女	小计	男	女
全　市	**268914**	**140204**	**128711**	**111895**	**57236**	**54659**
东城区	13289	6584	6705	8451	4151	4300
西城区	19175	9407	9769	10329	5044	5285
朝阳区	62059	33763	28296	23005	12113	10892
丰台区	32879	16413	16465	13284	6743	6541
石景山区	10074	5151	4923	4132	2100	2032
海淀区	60538	31943	28595	30861	15871	14991
门头沟区	2787	1413	1374	1584	806	778
房山区	8842	4679	4163	3792	1920	1873
通州区	9723	4372	5351	3192	1520	1672
顺义区	7122	3405	3717	2133	1000	1133
昌平区	20815	11635	9180	4520	2634	1886
大兴区	15895	8448	7446	3797	1926	1871
怀柔区	3344	1783	1562	1294	651	643
平谷区	2372	1208	1164	1519	758	761

1-2a　续表

单位：人

地　　区	居住本乡、镇、街道，户口在外乡、镇、街道，离开户口登记地半年以上			居住本乡、镇、街道，户口待定			原住本乡、镇、街道，现在国外工作学习		
	小计	男	女	小计	男	女	小计	男	女
全　市	**154850**	**81943**	**72907**	**722**	**385**	**337**	**1447**	**640**	**808**
东城区	4696	2372	2324	15	9	7	126	52	74
西城区	8516	4216	4300	50	25	25	280	122	158
朝阳区	38659	21481	17178	156	75	81	239	94	145
丰台区	19425	9588	9837	91	38	53	78	44	34
石景山区	5882	3022	2860	17	11	6	43	18	25
海淀区	28912	15700	13213	127	81	46	637	292	346
门头沟区	1196	605	591	4	2	3	3	1	2
房山区	5013	2738	2276	31	18	13	5	4	1
通州区	6493	2835	3658	34	16	18	4	1	3
顺义区	4973	2397	2576	11	7	5	5	2	3
昌平区	16208	8955	7254	70	41	28	16	5	11
大兴区	11993	6463	5529	98	56	42	7	3	4
怀柔区	2038	1126	912	11	4	7	2	2	
平谷区	846	447	399	6	2	4	1	1	

1-2b 各地区分性别、户口登记状况的人口(镇)

单位：人

地 区	人口数			居住本乡、镇、街道，户口在本乡、镇、街道		
	合计	男	女	小计	男	女
全 市	**20833**	**11096**	**9737**	**10498**	**5304**	**5193**
朝阳区						
丰台区	296	141	155	156	71	85
海淀区						
门头沟区	936	475	461	433	226	207
房山区	1892	940	952	1632	828	805
通州区	3928	2363	1565	1459	718	741
顺义区	1384	778	605	639	342	297
昌平区	4129	2242	1887	1577	780	797
大兴区	875	472	403	398	195	203
怀柔区	370	178	192	150	79	71
平谷区	881	448	433	774	403	371
密云区	3823	1998	1825	1939	994	945
延庆区	2319	1061	1258	1339	668	671

1-2b 续表

单位：人

地 区	居住本乡、镇、街道，户口在外乡、镇、街道，离开户口登记地半年以上			居住本乡、镇、街道，户口待定			原住本乡、镇、街道，现在国外工作学习		
	小计	男	女	小计	男	女	小计	男	女
全 市	**10285**	**5769**	**4516**	**47**	**22**	**26**	**3**	**1**	**2**
朝阳区									
丰台区	139	70	68	2		2			
海淀区									
门头沟区	497	247	250	5	2	3			
房山区	254	109	145	5	3	3			
通州区	2467	1644	824	2	1	1			
顺义区	741	435	306	4	2	2			
昌平区	2536	1454	1083	15	9	6	1		1
大兴区	473	277	196	4		4			
怀柔区	220	99	121						
平谷区	104	44	60	1		1			
密云区	1880	1002	878	4	3	1	1	1	
延庆区	973	389	584	6	3	3			

1-2c 各地区分性别、户口登记状况的人口(乡村)

单位：人

地区	人口数			居住本乡、镇、街道，户口在本乡、镇、街道		
	合计	男	女	小计	男	女
全 市	**46028**	**24160**	**21867**	**30363**	**15300**	**15063**
朝阳区	371	205	167	95	42	52
丰台区	211	106	104	165	85	79
海淀区	1244	593	651	772	388	384
门头沟区	611	314	297	530	276	254
房山区	4755	2452	2303	4010	2046	1964
通州区	7618	4050	3568	4740	2372	2368
顺义区	6924	3713	3211	4248	2102	2145
昌平区	6694	3368	3326	2631	1300	1331
大兴区	7301	4052	3249	4235	2150	2084
怀柔区	2093	1157	935	1493	745	748
平谷区	2775	1388	1387	2587	1312	1275
密云区	3112	1571	1541	2830	1430	1400
延庆区	2320	1190	1130	2029	1051	978

1-2c 续表

单位：人

地区	居住本乡、镇、街道，户口在外乡、镇、街道，离开户口登记地半年以上			居住本乡、镇、街道，户口待定			原住本乡、镇、街道，现在国外工作学习		
	小计	男	女	小计	男	女	小计	男	女
全 市	**15465**	**8803**	**6663**	**193**	**57**	**137**	**6**	**1**	**5**
朝阳区	276	162	115	1	1				
丰台区	46	21	25	1					
海淀区	470	204	267	1	1				
门头沟区	79	37	43	2	2				
房山区	733	400	333	12	5	7			
通州区	2861	1667	1194	17	11	6			
顺义区	2658	1601	1057	15	9	6	3	1	2
昌平区	3975	2069	1907	88		88			
大兴区	3037	1886	1150	30	15	15			
怀柔区	591	408	183	8	4	4	1		1
平谷区	180	72	108	7	4	4	1		1
密云区	274	139	136	7	3	4	1		1
延庆区	285	137	148	5	1	3			

1-3 各地区分性别、年龄的人口

单位：人

地 区	人口数			0岁			1-4岁		
	合计	男	女	小计	男	女	小计	男	女
全 市	**335775**	**175460**	**160315**	**2612**	**1365**	**1248**	**14317**	**7598**	**6719**
东城区	13289	6584	6705	109	59	50	513	298	215
西城区	19175	9407	9769	191	104	87	737	390	347
朝阳区	62431	33967	28463	543	275	268	2818	1400	1417
丰台区	33386	16661	16725	234	124	110	1478	796	682
石景山区	10074	5151	4923	80	36	44	450	232	218
海淀区	61782	32536	29246	388	211	177	2173	1186	987
门头沟区	4334	2203	2131	26	12	15	201	107	94
房山区	15489	8071	7418	113	62	51	656	338	318
通州区	21269	10785	10484	167	80	87	988	534	454
顺义区	15430	7897	7533	115	66	49	756	403	353
昌平区	31638	17246	14393	249	134	115	1477	803	674
大兴区	24070	12972	11098	230	126	105	1195	645	550
怀柔区	5807	3118	2689	36	13	23	246	130	117
平谷区	6027	3043	2984	48	20	28	230	125	105
密云区	6935	3569	3366	55	30	25	238	131	107
延庆区	4639	2251	2387	27	13	14	161	79	82

1-3 续表 1

单位：人

地 区	5-9岁			10-14岁			15-19岁			20-24岁		
	小计	男	女	小计	男	女	小计	男	女	小计	男	女
全 市	**10015**	**5234**	**4781**	**7050**	**3744**	**3306**	**9405**	**5122**	**4284**	**32173**	**18920**	**13253**
东城区	368	192	176	257	137	120	228	121	107	717	377	340
西城区	656	359	297	442	217	226	382	221	160	980	511	469
朝阳区	1642	833	808	984	519	465	1209	735	475	5538	3707	1831
丰台区	976	502	474	683	379	304	566	312	254	1569	834	735
石景山区	262	141	121	200	108	92	208	132	76	779	514	265
海淀区	1965	1019	945	1429	779	650	2199	1059	1140	10748	6529	4219
门头沟区	126	65	62	124	65	59	94	50	44	191	101	90
房山区	521	283	238	393	201	192	683	400	283	839	490	349
通州区	619	308	311	444	236	208	604	395	209	2376	1051	1325
顺义区	459	251	208	333	187	146	344	194	151	1386	461	925
昌平区	876	454	422	572	302	270	1325	692	633	3604	2220	1384
大兴区	747	425	322	496	264	233	692	363	329	2175	1422	753
怀柔区	198	102	96	177	88	89	224	154	70	410	268	142
平谷区	206	100	105	153	81	72	158	84	74	304	169	135
密云区	243	125	118	215	113	102	227	120	107	334	183	151
延庆区	152	74	78	147	69	78	262	89	173	224	84	140

1-3 续表 2 单位：人

地区	25-29岁			30-34岁			35-39岁			40-44岁		
	小计	男	女	小计	男	女	小计	男	女	小计	男	女
全 市	**43154**	**23092**	**20062**	**35932**	**18521**	**17411**	**27616**	**14380**	**13236**	**26595**	**14045**	**12549**
东城区	1392	696	696	1358	658	700	1042	529	514	930	456	474
西城区	2160	1031	1129	1980	938	1042	1707	804	903	1518	804	714
朝阳区	8390	4431	3959	7772	4163	3609	5797	3173	2624	5226	2990	2237
丰台区	3890	1896	1994	3914	1954	1960	3027	1483	1544	2787	1437	1350
石景山区	1162	600	562	1060	507	554	796	411	385	678	335	343
海淀区	8168	4788	3380	5322	2676	2647	4530	2218	2311	4618	2185	2433
门头沟区	371	194	177	392	186	206	326	168	158	354	175	179
房山区	1791	936	856	1514	759	756	1193	631	563	1249	695	555
通州区	2516	1295	1221	2352	1186	1166	1874	993	881	1682	893	789
顺义区	2144	1170	974	1684	911	773	1129	621	508	1295	704	591
昌平区	5483	3066	2416	3687	2012	1675	2608	1439	1169	2354	1315	1039
大兴区	3405	1780	1625	2991	1567	1424	2099	1158	942	1992	1066	926
怀柔区	613	350	263	529	292	236	409	214	195	529	274	254
平谷区	698	357	341	523	280	243	349	183	166	458	241	217
密云区	605	323	282	544	278	265	443	215	228	556	297	259
延庆区	367	180	188	309	154	155	285	139	146	370	178	191

1-3 续表 3 单位：人

地区	45-49岁			50-54岁			55-59岁			60-64岁		
	小计	男	女	小计	男	女	小计	男	女	小计	男	女
全 市	**25623**	**13768**	**11855**	**25014**	**13099**	**11916**	**21280**	**10690**	**10590**	**19215**	**9308**	**9907**
东城区	942	469	473	1112	537	575	1217	602	615	1067	517	550
西城区	1440	704	736	1570	786	784	1474	732	742	1290	595	695
朝阳区	4715	2811	1905	4314	2458	1856	3578	1842	1737	3223	1513	1710
丰台区	2577	1313	1264	2796	1384	1412	2553	1271	1282	2278	1105	1173
石景山区	759	382	377	820	419	401	727	372	355	608	295	313
海淀区	4261	2224	2038	3780	1977	1803	3075	1493	1581	2855	1387	1468
门头沟区	419	233	186	427	226	201	398	212	186	342	172	170
房山区	1327	700	627	1465	772	693	1115	576	539	1023	493	530
通州区	1561	832	729	1461	740	721	1278	621	657	1341	660	681
顺义区	1292	721	571	1196	615	581	996	507	488	904	446	458
昌平区	2118	1153	966	1949	1042	907	1635	821	813	1452	707	745
大兴区	1933	1072	861	1726	922	804	1378	706	672	1149	575	573
怀柔区	539	286	252	543	273	270	380	198	182	340	170	170
平谷区	535	264	272	610	300	310	495	242	252	472	231	241
密云区	735	370	366	767	397	370	582	293	289	521	269	253
延庆区	468	235	233	479	249	230	400	201	199	350	172	178

1-3 续表 4

单位：人

地　区	65-69岁			70-74岁			75-79岁			80-84岁		
	小计	男	女	小计	男	女	小计	男	女	小计	男	女
全　市	**12264**	**5826**	**6438**	**7978**	**3608**	**4371**	**7684**	**3575**	**4109**	**5021**	**2262**	**2759**
东城区	583	297	287	393	169	223	449	185	264	351	157	193
西城区	803	383	420	543	250	293	574	250	325	445	197	248
朝阳区	2140	1007	1133	1552	657	895	1597	768	830	883	427	457
丰台区	1357	634	723	803	357	446	945	416	530	634	315	320
石景山区	366	175	191	278	135	144	323	142	181	284	111	173
海淀区	1855	862	994	1344	569	776	1545	724	821	1023	423	600
门头沟区	212	102	110	118	52	66	114	45	69	64	25	39
房山区	652	312	340	410	174	237	309	148	161	162	74	88
通州区	902	440	463	462	225	238	339	168	171	194	86	108
顺义区	583	272	311	342	162	180	235	115	121	146	54	91
昌平区	956	469	487	569	277	292	353	166	188	235	112	123
大兴区	771	355	416	466	219	248	317	164	153	211	100	112
怀柔区	218	107	111	153	73	80	132	64	68	96	45	51
平谷区	313	146	167	185	92	93	142	70	72	92	35	58
密云区	311	145	166	221	114	107	179	87	92	112	55	57
延庆区	241	121	120	136	82	55	129	64	65	87	46	41

1-3 续表 5

单位：人

地　区	85-89岁			90-94岁			95-99岁			100岁及以上		
	小计	男	女	小计	男	女	小计	男	女	小计	男	女
全　市	**2088**	**987**	**1101**	**612**	**260**	**352**	**110**	**51**	**59**	**18**	**7**	**11**
东城区	176	86	90	72	35	38	9	5	4	3	1	2
西城区	197	95	102	75	30	46	7	3	4	4	3	1
朝阳区	365	188	176	111	53	59	28	16	12	3		3
丰台区	230	108	122	77	37	39	12	6	7			
石景山区	170	83	87	47	17	31	17	5	12			
海淀区	402	186	216	82	33	48	17	8	9	3		3
门头沟区	23	9	13	9	3	6	2		2			
房山区	55	22	33	14	6	9	2	1	1			
通州区	88	37	51	17	3	14	4	1	3			
顺义区	71	26	44	16	8	8	2		2	1		1
昌平区	105	50	55	31	11	20	1	1				
大兴区	71	34	37	19	8	11	3	1	2	1		1
怀柔区	31	13	18	5	2	3	1	1				
平谷区	40	17	23	16	5	11						
密云区	30	15	16	11	7	5	4	3	1	1	1	
延庆区	34	17	18	9	4	5				1	1	

1-3a 各地区分性别、年龄的人口(城市)

单位：人

地　区	人口数			0岁			1-4岁		
	合计	男	女	小计	男	女	小计	男	女
全　市	**268914**	**140204**	**128711**	**2141**	**1129**	**1012**	**11810**	**6247**	**5563**
东城区	13289	6584	6705	109	59	50	513	298	215
西城区	19175	9407	9769	191	104	87	737	390	347
朝阳区	62059	33763	28296	537	273	264	2800	1390	1410
丰台区	32879	16413	16465	230	123	107	1461	790	671
石景山区	10074	5151	4923	80	36	44	450	232	218
海淀区	60538	31943	28595	379	208	171	2108	1145	963
门头沟区	2787	1413	1374	14	7	7	130	69	61
房山区	8842	4679	4163	65	39	27	440	220	220
通州区	9723	4372	5351	85	43	42	543	274	269
顺义区	7122	3405	3717	58	36	21	424	228	196
昌平区	20815	11635	9180	189	101	88	1052	583	469
大兴区	15895	8448	7446	161	88	73	868	480	388
怀柔区	3344	1783	1562	22	7	14	179	93	86
平谷区	2372	1208	1164	22	7	15	106	56	50

1-3a 续表 1

单位：人

地　区	5-9岁			10-14岁			15-19岁			20-24岁		
	小计	男	女	小计	男	女	小计	男	女	小计	男	女
全　市	**7953**	**4159**	**3794**	**5443**	**2910**	**2533**	**6763**	**3825**	**2938**	**27353**	**16144**	**11209**
东城区	368	192	176	257	137	120	228	121	107	717	377	340
西城区	656	359	297	442	217	226	382	221	160	980	511	469
朝阳区	1623	824	799	973	512	462	1196	728	468	5517	3695	1822
丰台区	964	495	469	670	370	301	554	306	248	1520	812	708
石景山区	262	141	121	200	108	92	208	132	76	779	514	265
海淀区	1899	991	909	1393	757	636	2169	1044	1125	10700	6511	4189
门头沟区	90	44	45	80	40	40	52	31	22	123	66	57
房山区	288	166	121	205	113	92	482	300	183	526	310	215
通州区	313	152	161	194	104	90	180	88	93	1198	212	986
顺义区	196	105	91	157	89	68	107	57	49	915	188	726
昌平区	558	284	274	363	193	170	674	528	146	2554	1760	794
大兴区	504	280	224	323	176	147	393	188	205	1506	998	508
怀柔区	129	68	60	112	56	57	93	56	37	203	120	83
平谷区	104	56	48	72	39	33	45	26	19	116	69	48

1-3a 续表 2

单位：人

地 区	25-29岁			30-34岁			35-39岁			40-44岁		
	小计	男	女	小计	男	女	小计	男	女	小计	男	女
全 市	**35370**	**18948**	**16422**	**29687**	**15148**	**14539**	**22933**	**11787**	**11146**	**21091**	**11074**	**10018**
东城区	1392	696	696	1358	658	700	1042	529	514	930	456	474
西城区	2160	1031	1129	1980	938	1042	1707	804	903	1518	804	714
朝阳区	8347	4408	3939	7721	4134	3588	5760	3151	2609	5181	2965	2216
丰台区	3819	1861	1958	3864	1929	1935	2994	1462	1532	2744	1418	1326
石景山区	1162	600	562	1060	507	554	796	411	385	678	335	343
海淀区	8040	4738	3302	5166	2600	2566	4442	2173	2269	4515	2141	2373
门头沟区	251	139	112	273	125	147	222	115	108	215	113	103
房山区	1128	597	531	957	475	482	754	392	362	708	403	305
通州区	975	448	527	1186	551	635	971	498	473	693	365	328
顺义区	1023	566	457	863	451	412	526	275	250	561	288	273
昌平区	4196	2387	1809	2586	1402	1185	1769	945	824	1439	782	656
大兴区	2176	1098	1078	2057	1056	1001	1469	780	688	1347	708	639
怀柔区	400	222	177	364	193	171	298	159	139	349	184	165
平谷区	302	157	145	252	131	121	183	92	90	214	112	102

1-3a 续表 3

单位：人

地 区	45-49岁			50-54岁			55-59岁			60-64岁		
	小计	男	女	小计	男	女	小计	男	女	小计	男	女
全 市	**19570**	**10456**	**9114**	**19020**	**9939**	**9081**	**16435**	**8231**	**8203**	**14765**	**7058**	**7706**
东城区	942	469	473	1112	537	575	1217	602	615	1067	517	550
西城区	1440	704	736	1570	786	784	1474	732	742	1290	595	695
朝阳区	4677	2789	1888	4290	2446	1844	3559	1831	1728	3212	1510	1702
丰台区	2534	1290	1244	2759	1364	1395	2513	1252	1261	2251	1091	1160
石景山区	759	382	377	820	419	401	727	372	355	608	295	313
海淀区	4200	2191	2009	3649	1908	1741	2947	1435	1512	2778	1357	1421
门头沟区	262	135	127	279	144	135	256	136	120	215	110	105
房山区	711	370	342	805	428	377	559	300	259	501	242	259
通州区	594	295	300	596	298	298	615	285	330	635	306	329
顺义区	550	285	265	470	234	236	373	186	187	342	155	187
昌平区	1162	611	551	1116	559	557	919	447	472	849	381	467
大兴区	1206	652	554	1040	556	483	919	472	447	718	350	369
怀柔区	321	178	143	288	147	140	193	102	91	157	81	76
平谷区	214	107	107	228	113	115	164	79	85	142	69	72

1-3a 续表 4 单位：人

地区	65-69岁			70-74岁			75-79岁			80-84岁		
	小计	男	女	小计	男	女	小计	男	女	小计	男	女
全　市	**9371**	**4421**	**4950**	**6231**	**2755**	**3476**	**6409**	**2947**	**3463**	**4175**	**1894**	**2281**
东城区	583	297	287	393	169	223	449	185	264	351	157	193
西城区	803	383	420	543	250	293	574	250	325	445	197	248
朝阳区	2132	1003	1129	1549	657	893	1596	767	830	881	425	455
丰台区	1337	626	711	788	352	436	934	411	523	627	311	316
石景山区	366	175	191	278	135	144	323	142	181	284	111	173
海淀区	1812	844	967	1320	553	767	1525	714	811	1010	416	594
门头沟区	124	58	66	76	33	42	66	27	39	40	16	24
房山区	270	126	144	184	76	108	152	69	83	72	36	36
通州区	420	197	223	223	108	115	176	87	90	80	38	41
顺义区	240	111	129	135	67	68	88	42	46	62	25	37
昌平区	609	294	315	339	166	172	226	108	117	134	65	69
大兴区	510	229	280	296	133	163	217	105	112	129	71	58
怀柔区	84	42	43	59	30	29	45	22	23	35	15	20
平谷区	82	36	45	48	25	23	37	18	20	25	9	16

1-3a 续表 5 单位：人

地区	85-89岁			90-94岁			95-99岁			100岁及以上		
	小计	男	女	小计	男	女	小计	男	女	小计	男	女
全　市	**1764**	**854**	**910**	**518**	**228**	**290**	**99**	**46**	**53**	**14**	**4**	**10**
东城区	176	86	90	72	35	38	9	5	4	3	1	2
西城区	197	95	102	75	30	46	7	3	4	4	3	1
朝阳区	365	188	176	111	52	59	28	16	12	3		3
丰台区	229	108	122	74	37	37	12	6	7			
石景山区	170	83	87	47	17	31	17	5	12			
海淀区	391	180	211	75	30	45	17	8	9	3		3
门头沟区	16	6	10	6	2	4	1		1			
房山区	29	16	13	6	2	4						
通州区	38	20	17	6	2	4	2		2			
顺义区	27	14	14	6	4	2	1		1			
昌平区	61	28	33	20	9	11	1	1				
大兴区	43	22	21	11	5	6	3	1	2			
怀柔区	10	4	5	3	1	1	1	1				
平谷区	11	4	7	6	3	3						

1-3b 各地区分性别、年龄的人口(镇)

单位：人

地 区	人口数			0岁			1-4岁		
	合计	男	女	小计	男	女	小计	男	女
全 市	**20833**	**11096**	**9737**	**166**	**78**	**88**	**917**	**484**	**433**
朝阳区									
丰台区	296	141	155	3		3	6	2	5
海淀区									
门头沟区	936	475	461	8	3	5	54	28	26
房山区	1892	940	952	14	9	5	66	33	32
通州区	3928	2363	1565	26	11	15	148	86	63
顺义区	1384	778	605	11	6	5	76	40	36
昌平区	4129	2242	1887	39	19	20	225	107	118
大兴区	875	472	403	10	4	6	43	20	23
怀柔区	370	178	192	2	1	1	13	6	7
平谷区	881	448	433	4	2	2	32	23	10
密云区	3823	1998	1825	38	20	18	165	94	72
延庆区	2319	1061	1258	12	5	7	88	46	42

1-3b 续表 1

单位：人

地 区	5-9岁			10-14岁			15-19岁			20-24岁		
	小计	男	女	小计	男	女	小计	男	女	小计	男	女
全 市	**652**	**334**	**318**	**517**	**266**	**251**	**687**	**394**	**293**	**1651**	**1059**	**592**
朝阳区												
丰台区	4	2	1	9	7	3	5	3	2	37	17	20
海淀区												
门头沟区	24	12	11	28	17	11	20	9	10	45	23	22
房山区	61	29	32	68	29	38	35	14	21	77	42	35
通州区	92	46	46	61	31	30	211	183	28	677	534	143
顺义区	42	21	21	29	18	10	21	15	6	80	50	30
昌平区	150	76	75	73	40	33	67	45	22	247	161	86
大兴区	28	16	12	16	9	7	23	13	10	57	38	20
怀柔区	11	8	4	10	4	6	7	4	3	22	10	12
平谷区	28	12	16	18	8	10	16	9	6	42	23	19
密云区	140	74	66	124	65	59	100	55	45	208	114	94
延庆区	72	37	35	81	38	43	185	45	140	158	47	112

1-3b 续表 2

单位：人

地　区	25-29岁			30-34岁			35-39岁			40-44岁		
	小计	男	女	小计	男	女	小计	男	女	小计	男	女
全　市	**2602**	**1388**	**1214**	**2136**	**1144**	**993**	**1621**	**864**	**757**	**1732**	**917**	**815**
朝阳区												
丰台区	50	25	25	28	13	15	17	11	6	23	8	14
海淀区												
门头沟区	84	37	47	83	43	40	71	35	36	85	37	48
房山区	205	99	105	172	83	89	138	73	65	149	74	74
通州区	633	368	265	430	250	180	293	162	131	297	152	145
顺义区	218	135	83	172	93	79	119	69	50	133	76	56
昌平区	536	273	263	512	274	238	376	213	163	322	192	131
大兴区	118	61	57	89	51	38	66	34	32	84	48	36
怀柔区	36	19	18	26	14	12	20	8	12	30	15	15
平谷区	115	55	60	89	51	38	40	21	18	62	34	28
密云区	419	225	193	369	190	179	305	153	151	343	181	162
延庆区	188	90	97	167	80	87	177	85	93	203	98	105

1-3b 续表 3

单位：人

地　区	45-49岁			50-54岁			55-59岁			60-64岁		
	小计	男	女	小计	男	女	小计	男	女	小计	男	女
全　市	**1837**	**1007**	**830**	**1737**	**915**	**822**	**1445**	**724**	**721**	**1226**	**624**	**602**
朝阳区												
丰台区	25	14	11	16	9	7	26	12	14	14	8	6
海淀区												
门头沟区	102	64	38	91	48	43	76	44	32	72	36	36
房山区	162	86	75	185	94	92	184	93	91	143	68	75
通州区	245	133	112	204	101	103	161	80	81	168	90	78
顺义区	103	65	38	95	49	47	106	57	49	80	36	44
昌平区	361	208	152	324	185	139	301	148	153	244	136	107
大兴区	97	55	42	78	38	40	58	29	29	38	24	14
怀柔区	38	17	20	45	23	22	17	8	9	24	11	13
平谷区	68	33	34	86	44	41	91	44	47	75	35	40
密云区	403	213	190	391	211	179	258	128	130	226	113	113
延庆区	233	118	115	223	112	111	165	81	85	143	67	75

1-3b 续表 4

单位：人

地 区	65-69岁			70-74岁			75-79岁			80-84岁		
	小计	男	女	小计	男	女	小计	男	女	小计	男	女
全 市	**746**	**361**	**385**	**464**	**228**	**236**	**353**	**162**	**191**	**231**	**105**	**125**
朝阳区												
丰台区	12	4	8	8	3	5	7	3	4	4	1	3
海淀区												
门头沟区	35	16	19	19	9	11	22	8	14	12	4	8
房山区	103	52	51	55	27	28	41	21	20	28	9	19
通州区	117	56	61	74	38	37	42	22	20	32	17	15
顺义区	37	20	17	24	11	13	17	10	7	14	6	8
昌平区	138	73	64	89	37	52	56	25	31	42	20	22
大兴区	24	12	12	20	7	13	14	6	8	8	3	5
怀柔区	23	12	12	12	4	7	16	4	11	15	8	7
平谷区	40	19	22	27	13	14	25	14	11	14	5	9
密云区	137	62	74	78	44	34	69	30	39	34	18	16
延庆区	80	35	45	57	35	22	43	19	24	28	14	14

1-3b 续表 5

单位：人

地 区	85-89岁			90-94岁			95-99岁			100岁及以上		
	小计	男	女	小计	男	女	小计	男	女	小计	男	女
全 市	**81**	**32**	**49**	**26**	**7**	**19**	**4**	**1**	**3**	**2**	**1**	**1**
朝阳区												
丰台区				3		3						
海淀区												
门头沟区	4	2	1	2		1						
房山区	4	1	2	3	1	1	1		1			
通州区	13	3	10	2		2	1		1			
顺义区	4	1	3				1		1	1		1
昌平区	22	8	13	5	1	4						
大兴区	3	2	1									
怀柔区	5	3	2									
平谷区	6	1	5	4	1	3						
密云区	10	4	6	4	2	2	2	1	1	1	1	
延庆区	12	7	5	3	1	2						

1-3c 各地区分性别、年龄的人口(乡村)

单位：人

地区	人口数			0岁			1-4岁		
	合计	男	女	小计	男	女	小计	男	女
全市	**46028**	**24160**	**21867**	**305**	**157**	**148**	**1589**	**867**	**722**
朝阳区	371	205	167	6	2	4	18	11	7
丰台区	211	106	104	1	1		11	5	7
海淀区	1244	593	651	9	4	6	64	41	23
门头沟区	611	314	297	4	2	3	17	10	7
房山区	4755	2452	2303	34	15	19	151	85	66
通州区	7618	4050	3568	56	26	30	296	174	122
顺义区	6924	3713	3211	47	24	22	256	135	121
昌平区	6694	3368	3326	21	15	7	200	113	87
大兴区	7301	4052	3249	59	34	25	284	145	138
怀柔区	2093	1157	935	13	5	8	54	30	24
平谷区	2775	1388	1387	22	10	11	92	47	45
密云区	3112	1571	1541	17	10	7	72	37	35
延庆区	2320	1190	1130	15	9	6	73	33	40

1-3c 续表 1

单位：人

地区	5-9岁			10-14岁			15-19岁			20-24岁		
	小计	男	女	小计	男	女	小计	男	女	小计	男	女
全市	**1410**	**741**	**670**	**1090**	**568**	**521**	**1955**	**903**	**1052**	**3170**	**1718**	**1452**
朝阳区	19	9	10	11	8	4	14	7	7	20	12	8
丰台区	8	4	4	3	2	1	7	3	3	12	6	6
海淀区	65	29	37	37	22	15	30	15	15	48	18	30
门头沟区	13	8	5	17	9	8	22	10	12	23	12	11
房山区	173	87	85	120	59	61	166	86	79	236	137	99
通州区	215	110	105	189	101	88	213	125	88	502	305	197
顺义区	221	125	96	147	79	68	217	121	96	392	223	169
昌平区	168	94	74	136	70	66	584	119	465	803	298	505
大兴区	215	129	86	158	79	79	277	163	115	612	386	226
怀柔区	58	26	32	54	28	26	124	94	30	185	138	47
平谷区	74	32	42	63	34	29	97	49	48	146	78	68
密云区	102	51	51	91	48	43	127	65	62	126	69	57
延庆区	79	37	43	65	31	35	77	45	33	65	37	29

1-3c 续表 2

单位：人

地区	25-29岁			30-34岁			35-39岁			40-44岁		
	小计	男	女	小计	男	女	小计	男	女	小计	男	女
全 市	**5182**	**2756**	**2425**	**4109**	**2230**	**1879**	**3062**	**1729**	**1333**	**3772**	**2055**	**1717**
朝阳区	44	23	20	50	30	21	37	22	15	46	25	21
丰台区	20	9	11	22	12	10	16	10	6	20	11	10
海淀区	128	50	78	156	76	81	88	46	42	103	44	59
门头沟区	36	18	18	37	18	19	33	19	15	54	26	28
房山区	458	240	219	386	201	185	302	166	136	393	218	175
通州区	907	479	429	736	385	351	610	333	277	692	376	316
顺义区	903	470	434	649	367	282	484	277	208	602	340	262
昌平区	750	406	344	589	336	253	463	281	182	593	341	252
大兴区	1110	621	490	845	460	386	565	343	222	560	309	251
怀柔区	177	109	68	139	85	53	91	47	44	149	75	74
平谷区	282	146	136	182	99	84	127	69	58	181	95	86
密云区	186	97	89	175	88	87	138	62	76	213	116	97
延庆区	180	89	90	142	73	68	108	55	53	166	80	87

1-3c 续表 3

单位：人

地区	45-49岁			50-54岁			55-59岁			60-64岁		
	小计	男	女	小计	男	女	小计	男	女	小计	男	女
全 市	**4216**	**2305**	**1911**	**4257**	**2244**	**2013**	**3401**	**1735**	**1666**	**3224**	**1626**	**1598**
朝阳区	38	22	16	25	12	12	19	11	8	11	3	7
丰台区	18	9	9	21	11	10	14	7	7	13	6	7
海淀区	61	33	29	131	69	62	127	58	69	78	30	48
门头沟区	56	35	21	57	33	23	66	33	33	55	26	28
房山区	454	244	210	475	251	224	372	182	190	380	184	196
通州区	722	404	317	661	341	320	502	256	246	538	264	273
顺义区	639	371	268	631	333	298	516	264	252	482	256	226
昌平区	596	334	262	510	298	211	414	226	188	359	189	170
大兴区	630	365	265	609	328	281	402	205	197	392	201	191
怀柔区	180	91	89	211	103	108	170	88	82	159	79	80
平谷区	254	123	131	296	142	154	240	119	121	256	127	128
密云区	332	157	176	376	186	190	324	166	158	295	155	140
延庆区	234	117	117	256	137	119	235	120	115	208	105	103

1-3c 续表 4

单位：人

地 区	65-69岁			70-74岁			75-79岁			80-84岁		
	小计	男	女	小计	男	女	小计	男	女	小计	男	女
全 市	**2147**	**1044**	**1103**	**1284**	**624**	**659**	**922**	**466**	**456**	**615**	**263**	**352**
朝阳区	7	4	3	3	1	2	1	1		3	1	2
丰台区	9	5	4	7	2	5	5	2	3	3	2	1
海淀区	44	18	26	25	16	8	20	10	10	13	7	6
门头沟区	53	28	25	23	10	13	26	10	16	13	6	7
房山区	279	134	145	171	70	101	116	58	58	61	29	32
通州区	366	187	179	165	79	87	121	59	61	82	30	52
顺义区	306	141	165	183	84	98	130	63	67	70	24	46
昌平区	209	101	107	142	74	68	71	32	39	59	27	32
大兴区	238	114	124	150	79	72	86	52	33	75	26	49
怀柔区	111	54	57	83	39	44	71	37	33	46	21	24
平谷区	191	91	100	110	53	57	80	39	41	54	21	33
密云区	174	82	92	143	70	73	110	57	53	78	37	41
延庆区	161	86	75	80	47	33	86	45	41	60	32	27

1-3c 续表 5

单位：人

地 区	85-89岁			90-94岁			95-99岁			100岁及以上		
	小计	男	女	小计	男	女	小计	男	女	小计	男	女
全 市	**243**	**101**	**142**	**68**	**24**	**44**	**7**	**4**	**3**	**2**	**1**	**1**
朝阳区												
丰台区	1		1									
海淀区	11	6	5	6	3	3						
门头沟区	3	1	2	2	1	1	1		1			
房山区	22	5	17	5	2	3	1	1	1			
通州区	37	14	23	8	1	7	1	1	1			
顺义区	40	12	27	10	4	6	1		1			
昌平区	22	14	8	5	1	4						
大兴区	25	10	15	8	3	5				1		1
怀柔区	17	6	11	2	1	2						
平谷区	23	12	11	7	1	6						
密云区	21	11	9	7	4	3	2	2				
延庆区	23	10	13	6	3	3				1	1	

1-4 各地区分性别、受教育程度的6岁及以上人口

单位：人

地区	6岁及以上人口			未上过学			小学		
	合计	男	女	小计	男	女	小计	男	女
全 市	**316773**	**165403**	**151370**	**6180**	**1500**	**4680**	**32650**	**15352**	**17298**
东城区	12594	6188	6406	208	38	170	1033	455	578
西城区	18149	8855	9294	258	41	216	1479	615	864
朝阳区	58683	32086	26598	693	154	539	5577	2824	2753
丰台区	31467	15647	15820	499	107	392	3027	1345	1681
石景山区	9489	4853	4636	186	37	149	916	399	517
海淀区	58833	30953	27880	578	99	479	4336	1980	2356
门头沟区	4084	2072	2011	139	29	110	566	256	310
房山区	14615	7610	7005	370	95	275	2092	948	1144
通州区	19984	10101	9883	347	71	276	2444	1110	1334
顺义区	14464	7367	7097	400	92	309	1768	827	941
昌平区	29725	16205	13520	902	304	598	2613	1274	1339
大兴区	22475	12103	10372	428	116	313	2897	1418	1479
怀柔区	5480	2955	2525	235	66	168	788	384	403
平谷区	5711	2880	2831	294	54	240	1057	476	581
密云区	6597	3380	3217	357	100	257	1233	623	609
延庆区	4423	2147	2276	287	99	189	825	416	409

1-4 续表 1

单位：人

地区	初中			普通高中			中职		
	小计	男	女	小计	男	女	小计	男	女
全 市	**80272**	**45223**	**35049**	**42868**	**22470**	**20399**	**20697**	**10768**	**9929**
东城区	2571	1393	1178	2547	1252	1295	923	428	495
西城区	3203	1767	1435	2949	1471	1478	1097	494	603
朝阳区	13932	8546	5386	8206	4516	3691	3698	1866	1832
丰台区	7457	3850	3606	5370	2681	2690	2210	1099	1111
石景山区	2152	1162	990	1510	761	749	643	321	322
海淀区	8274	4538	3736	6114	3065	3049	2453	1103	1349
门头沟区	1304	717	587	680	342	338	344	194	150
房山区	5753	3206	2547	1700	855	845	1473	840	632
通州区	6857	3800	3057	2763	1654	1109	1668	864	804
顺义区	5720	3257	2463	1676	896	780	1145	653	492
昌平区	7458	4261	3197	3426	1816	1609	1772	919	853
大兴区	7651	4411	3241	2876	1581	1295	1496	870	627
怀柔区	1798	1004	793	853	456	397	525	381	144
平谷区	2124	1177	947	765	400	365	483	288	195
密云区	2527	1341	1186	879	452	427	434	251	182
延庆区	1493	791	702	554	273	281	334	197	137

1-4　续表 2

单位：人

地　区	大学专科			大学本科			研究生		
	小计	男	女	小计	男	女	小计	男	女
全　市	**42735**	**21861**	**20874**	**70180**	**36743**	**33436**	**21191**	**11486**	**9704**
东城区	2000	962	1039	2698	1353	1345	614	307	307
西城区	2620	1205	1415	4755	2330	2424	1790	931	859
朝阳区	8133	4001	4131	14552	8132	6420	3893	2047	1846
丰台区	4736	2371	2365	6666	3391	3275	1502	802	700
石景山区	1698	942	756	1994	1025	969	389	206	183
海淀区	7816	3935	3880	19214	10557	8657	10049	5675	4373
门头沟区	545	269	276	432	212	220	75	54	21
房山区	1765	934	831	1353	674	680	110	59	51
通州区	2380	1213	1167	3236	1244	1993	288	146	142
顺义区	1440	777	663	2110	758	1352	205	108	97
昌平区	4727	2776	1950	7197	4015	3182	1630	839	792
大兴区	2723	1347	1375	3863	2087	1776	541	274	267
怀柔区	673	370	303	567	281	285	42	11	31
平谷区	517	249	268	451	228	223	21	9	12
密云区	588	312	276	552	290	263	27	11	16
延庆区	375	197	178	540	167	373	15	7	8

1-4a　各地区分性别、受教育程度的6岁及以上人口(城市)

单位：人

地　区	6岁及以上人口			未上过学			小　学		
	合计	男	女	小计	男	女	小计	男	女
全　市	**253293**	**131954**	**121339**	**3341**	**706**	**2635**	**22268**	**10391**	**11877**
东城区	12594	6188	6406	208	38	170	1033	455	578
西城区	18149	8855	9294	258	41	216	1479	615	864
朝阳区	58341	31897	26445	688	153	534	5516	2796	2721
丰台区	30983	15407	15576	485	104	381	2951	1317	1634
石景山区	9489	4853	4636	186	37	149	916	399	517
海淀区	57678	30413	27265	556	94	461	4159	1917	2241
门头沟区	2626	1330	1296	81	16	65	325	150	175
房山区	8275	4383	3892	149	43	106	970	472	498
通州区	9030	4022	5008	92	17	74	823	362	461
顺义区	6601	3116	3485	98	25	73	579	250	329
昌平区	19443	10882	8561	188	44	145	1290	594	696
大兴区	14747	7808	6938	218	58	159	1522	730	792
怀柔区	3114	1667	1447	61	20	42	361	171	189
平谷区	2223	1133	1090	73	15	58	344	162	182

1-4a 续表 1

单位：人

地 区	初 中			普通高中			中 职		
	小计	男	女	小计	男	女	小计	男	女
全 市	**52768**	**29583**	**23184**	**35171**	**18101**	**17069**	**15412**	**7645**	**7767**
东城区	2571	1393	1178	2547	1252	1295	923	428	495
西城区	3203	1767	1435	2949	1471	1478	1097	494	603
朝阳区	13757	8443	5314	8155	4483	3671	3683	1860	1823
丰台区	7299	3760	3539	5299	2643	2656	2164	1074	1090
石景山区	2152	1162	990	1510	761	749	643	321	322
海淀区	7820	4285	3536	5914	2970	2944	2376	1078	1299
门头沟区	745	399	346	468	241	228	217	115	102
房山区	2693	1525	1168	1107	559	548	911	491	420
通州区	1673	832	841	1219	600	619	545	239	306
顺义区	1742	952	790	810	403	408	478	267	211
昌平区	3550	1935	1615	2253	1167	1086	1108	560	548
大兴区	3926	2209	1717	2054	1095	959	818	443	375
怀柔区	923	532	391	545	288	257	280	179	101
平谷区	713	390	324	340	169	171	170	97	73

1-4a 续表 2

单位：人

地 区	大学专科			大学本科			研究生		
	小计	男	女	小计	男	女	小计	男	女
全 市	**37537**	**19155**	**18382**	**65849**	**34997**	**30853**	**20947**	**11375**	**9571**
东城区	2000	962	1039	2698	1353	1345	614	307	307
西城区	2620	1205	1415	4755	2330	2424	1790	931	859
朝阳区	8114	3994	4121	14535	8121	6414	3892	2046	1846
丰台区	4676	2341	2335	6609	3367	3242	1501	802	698
石景山区	1698	942	756	1994	1025	969	389	206	183
海淀区	7676	3880	3796	19132	10516	8617	10045	5674	4371
门头沟区	384	186	198	340	174	167	65	48	17
房山区	1230	664	566	1116	576	541	98	53	45
通州区	1590	795	795	2823	1043	1780	265	134	131
顺义区	927	509	419	1777	611	1166	189	100	89
昌平区	3786	2247	1539	5739	3544	2196	1529	792	737
大兴区	2142	1067	1075	3547	1944	1604	519	262	256
怀柔区	431	232	200	477	235	242	35	11	25
平谷区	261	133	128	307	159	147	15	8	7

1-4b 各地区分性别、受教育程度的6岁及以上人口(镇)

单位：人

地区	6岁及以上人口			未上过学			小学		
	合计	男	女	小计	男	女	小计	男	女
全市	**19629**	**10466**	**9163**	**499**	**113**	**386**	**2646**	**1288**	**1358**
朝阳区									
丰台区	287	139	147	11	3	8	39	13	26
海淀区									
门头沟区	871	442	428	27	7	20	126	56	70
房山区	1801	894	907	51	14	37	269	110	159
通州区	3737	2258	1479	68	13	55	369	171	198
顺义区	1290	729	561	33	7	27	159	72	88
昌平区	3836	2099	1737	78	12	66	489	265	224
大兴区	816	443	373	20	4	16	141	69	72
怀柔区	353	170	183	14	6	8	41	22	19
平谷区	839	421	418	48	8	39	148	63	85
密云区	3593	1867	1726	97	25	72	575	315	261
延庆区	2207	1004	1203	52	14	39	290	134	156

1-4b 续表 1

单位：人

地区	初中			普通高中			中职		
	小计	男	女	小计	男	女	小计	男	女
全市	**7464**	**4193**	**3271**	**2977**	**1782**	**1195**	**1637**	**939**	**698**
朝阳区									
丰台区	85	50	35	40	20	20	15	8	7
海淀区									
门头沟区	304	170	134	146	71	75	73	46	28
房山区	824	436	389	189	98	91	175	102	73
通州区	1493	867	626	829	671	158	446	246	199
顺义区	674	407	267	171	101	70	96	59	38
昌平区	1485	875	610	458	237	220	266	151	116
大兴区	304	181	123	114	71	43	69	44	25
怀柔区	104	45	58	80	42	38	22	13	9
平谷区	340	196	144	105	52	53	85	48	37
密云区	1204	631	573	537	275	262	237	132	105
延庆区	647	336	312	308	144	164	152	90	62

1-4b 续表 2

单位：人

地 区	大学专科			大学本科			研究生		
	小计	男	女	小计	男	女	小计	男	女
全 市	**2156**	**1117**	**1040**	**2077**	**954**	**1123**	**173**	**80**	**93**
朝阳区									
丰台区	48	25	24	47	21	26	1		1
海淀区									
门头沟区	114	57	57	72	31	41	9	5	4
房山区	187	92	95	99	40	59	5	2	4
通州区	320	183	137	196	100	97	16	8	8
顺义区	82	47	35	72	35	37	3	2	1
昌平区	487	259	229	485	260	225	88	40	48
大兴区	96	41	55	62	29	33	11	5	5
怀柔区	63	26	38	28	16	12	2	1	1
平谷区	76	34	42	37	20	17	1		1
密云区	431	222	209	488	256	231	24	11	13
延庆区	253	133	119	491	146	345	14	7	7

1-4c 各地区分性别、受教育程度的6岁及以上人口(乡村)

单位：人

地 区	6岁及以上人口			未上过学			小 学		
	合计	男	女	小计	男	女	小计	男	女
全 市	**43851**	**22983**	**20868**	**2340**	**681**	**1659**	**7736**	**3672**	**4063**
朝阳区	342	189	153	5	1	5	60	28	32
丰台区	197	101	96	3		3	37	16	21
海淀区	1155	540	615	22	5	18	177	63	114
门头沟区	587	300	286	31	6	25	115	50	65
房山区	4539	2333	2206	170	38	132	853	365	488
通州区	7218	3822	3396	187	40	146	1252	577	675
顺义区	6573	3522	3050	269	60	208	1030	506	524
昌平区	6447	3225	3222	635	248	387	834	415	420
大兴区	6913	3852	3061	191	53	137	1234	619	614
怀柔区	2013	1118	895	159	41	119	386	191	195
平谷区	2648	1326	1322	172	30	143	565	251	314
密云区	3004	1513	1491	261	75	186	657	309	349
延庆区	2217	1143	1074	235	85	150	536	283	253

1-4c　续表 1

单位：人

地　区	初　中			普通高中			中　职		
	小计	男	女	小计	男	女	小计	男	女
全　市	**20041**	**11446**	**8595**	**4721**	**2587**	**2134**	**3648**	**2184**	**1464**
朝阳区	175	103	72	51	32	19	15	6	9
丰台区	73	41	33	31	18	13	31	17	14
海淀区	454	254	200	201	95	105	76	26	51
门头沟区	255	148	107	65	29	35	54	33	21
房山区	2235	1245	989	403	198	206	386	247	139
通州区	3691	2101	1590	715	384	331	678	379	299
顺义区	3304	1898	1406	695	393	302	570	327	243
昌平区	2424	1452	972	715	412	303	398	208	190
大兴区	3421	2020	1401	708	415	292	610	383	227
怀柔区	771	427	344	228	126	102	223	189	34
平谷区	1070	592	479	320	179	142	228	143	84
密云区	1323	711	613	342	176	165	197	119	77
延庆区	845	455	390	246	129	117	182	106	75

1-4c　续表 2

单位：人

地　区	大学专科			大学本科			研究生		
	小计	男	女	小计	男	女	小计	男	女
全　市	**3042**	**1589**	**1452**	**2254**	**793**	**1461**	**71**	**31**	**40**
朝阳区	18	8	10	17	11	6	1	1	
丰台区	12	6	6	9	3	6			
海淀区	139	55	84	81	41	40	4	1	2
门头沟区	47	26	20	19	7	12	1	1	1
房山区	348	178	170	138	57	80	7	4	2
通州区	470	235	235	217	101	116	7	4	4
顺义区	431	222	210	261	112	149	13	6	7
昌平区	454	271	183	973	211	762	13	7	6
大兴区	485	240	245	254	114	140	12	7	5
怀柔区	178	113	65	62	31	32	5		5
平谷区	180	81	98	107	49	59	5	1	4
密云区	158	90	67	64	33	31	3		3
延庆区	122	63	59	49	21	28	1		1

1-5 各地区分性别的15岁及以上文盲人口

单位：人、%

地 区	15岁及以上人口			文盲人口			文盲人口占15岁及以上人口比重		
	合计	男	女	合计	男	女	合计	男	女
全 市	**301781**	**157519**	**144262**	**5188**	**1150**	**4037**	**1.72**	**0.73**	**2.80**
东城区	12041	5897	6144	166	22	144	1.38	0.37	2.34
西城区	17149	8337	8813	198	21	177	1.16	0.25	2.01
朝阳区	56444	30940	25504	521	95	426	0.92	0.31	1.67
丰台区	30015	14861	15154	375	69	306	1.25	0.47	2.02
石景山区	9082	4634	4448	163	30	133	1.80	0.65	2.99
海淀区	55827	29340	26487	444	52	392	0.79	0.18	1.48
门头沟区	3856	1954	1902	125	25	100	3.25	1.28	5.27
房山区	13805	7187	6619	311	71	240	2.25	0.98	3.63
通州区	19051	9626	9425	297	55	242	1.56	0.57	2.57
顺义区	13766	6989	6777	361	75	286	2.62	1.07	4.22
昌平区	28464	15552	12912	832	273	559	2.92	1.76	4.33
大兴区	21402	11512	9889	343	86	257	1.60	0.74	2.60
怀柔区	5151	2786	2365	215	58	156	4.17	2.10	6.60
平谷区	5391	2717	2674	269	44	225	4.99	1.63	8.40
密云区	6184	3171	3014	305	86	219	4.94	2.72	7.27
延庆区	4152	2016	2136	263	88	175	6.32	4.36	8.17

1-5a 各地区分性别的15岁及以上文盲人口(城市)

单位：人、%

地 区	15岁及以上人口			文盲人口			文盲人口占15岁及以上人口比重		
	合计	男	女	合计	男	女	合计	男	女
全 市	**241567**	**125758**	**115809**	**2618**	**447**	**2171**	**1.08**	**0.36**	**1.87**
东城区	12041	5897	6144	166	22	144	1.38	0.37	2.34
西城区	17149	8337	8813	198	21	177	1.16	0.25	2.01
朝阳区	56126	30764	25362	515	94	421	0.92	0.30	1.66
丰台区	29554	14636	14918	367	69	298	1.24	0.47	2.00
石景山区	9082	4634	4448	163	30	133	1.80	0.65	2.99
海淀区	54759	28842	25916	425	50	376	0.78	0.17	1.45
门头沟区	2474	1254	1220	73	14	60	2.97	1.08	4.91
房山区	7845	4142	3703	114	28	86	1.45	0.67	2.33
通州区	8588	3798	4790	78	10	68	0.91	0.26	1.43
顺义区	6287	2947	3340	84	17	67	1.34	0.58	2.02
昌平区	18653	10475	8178	149	28	121	0.80	0.26	1.48
大兴区	14038	7424	6614	171	40	131	1.22	0.54	1.98
怀柔区	2903	1558	1345	51	16	35	1.77	1.03	2.64
平谷区	2068	1050	1018	63	10	53	3.05	0.95	5.22

1-5b 各地区分性别的15岁及以上文盲人口(镇)

单位：人、%

地区	15岁及以上人口			文盲人口			文盲人口占15岁及以上人口比重		
	合计	男	女	合计	男	女	合计	男	女
全市	**18580**	**9933**	**8647**	**431**	**90**	**341**	**2.32**	**0.90**	**3.95**
朝阳区									
丰台区	274	131	144	5		5	1.93		3.69
海淀区									
门头沟区	823	415	408	23	7	16	2.74	1.60	3.90
房山区	1684	839	845	50	13	37	2.99	1.54	4.43
通州区	3601	2189	1412	58	12	47	1.61	0.53	3.30
顺义区	1226	693	532	30	6	24	2.46	0.84	4.56
昌平区	3642	2001	1641	66	7	59	1.81	0.36	3.58
大兴区	778	423	355	17	3	14	2.21	0.69	4.01
怀柔区	335	160	175	13	5	8	3.86	3.13	4.52
平谷区	799	403	396	43	7	36	5.37	1.77	9.04
密云区	3355	1745	1610	80	18	61	2.37	1.04	3.81
延庆区	2064	935	1130	46	12	34	2.24	1.31	3.01

1-5c 各地区分性别的15岁及以上文盲人口(乡村)

单位：人、%

地区	15岁及以上人口			文盲人口			文盲人口占15岁及以上人口比重		
	合计	男	女	合计	男	女	合计	男	女
全市	**41634**	**21828**	**19806**	**2138**	**613**	**1525**	**5.14**	**2.81**	**7.70**
朝阳区	318	175	143	6	1	5	1.77	0.62	3.18
丰台区	187	95	92	3		3	1.65		3.35
海淀区	1068	498	570	19	2	16	1.75	0.46	2.88
门头沟区	559	286	274	29	5	24	5.26	1.72	8.94
房山区	4277	2206	2071	147	30	117	3.43	1.37	5.63
通州区	6862	3639	3223	161	34	127	2.35	0.93	3.95
顺义区	6253	3349	2904	246	52	195	3.94	1.55	6.70
昌平区	6169	3077	3092	617	238	379	10.01	7.74	12.26
大兴区	6585	3665	2920	155	43	112	2.35	1.16	3.84
怀柔区	1914	1068	846	150	37	113	7.85	3.51	13.33
平谷区	2524	1265	1260	163	27	136	6.46	2.16	10.78
密云区	2829	1425	1404	226	68	158	7.98	4.77	11.24
延庆区	2088	1082	1006	216	76	141	10.36	7.00	13.97

1-6 各地区分性别、婚姻状况的人口

单位：人

地 区	合 计			未 婚		
	合计	男	女	小计	男	女
全 市	**300830**	**157063**	**143768**	**68685**	**40131**	**28555**
东城区	11992	5872	6121	2300	1196	1104
西城区	16958	8258	8701	3291	1706	1585
朝阳区	56330	30878	25453	12393	7491	4901
丰台区	29999	14851	15147	4684	2520	2164
石景山区	9070	4630	4440	1822	1123	699
海淀区	55754	29310	26444	19642	11810	7832
门头沟区	3580	1816	1765	472	288	184
房山区	13794	7180	6614	2252	1364	887
通州区	18868	9538	9329	3981	2013	1968
顺义区	13758	6985	6773	2370	1127	1243
昌平区	28461	15551	12910	8362	5102	3260
大兴区	21399	11510	9888	3996	2492	1504
怀柔区	5151	2786	2365	887	606	282
平谷区	5390	2717	2674	742	456	285
密云区	6181	3169	3012	799	508	290
延庆区	4146	2012	2133	694	328	366

1-6 续表

单位：人

地 区	有配偶			离 婚			丧 偶		
	小计	男	女	小计	男	女	小计	男	女
全 市	**215191**	**111598**	**103593**	**5805**	**2551**	**3254**	**11149**	**2783**	**8366**
东城区	8665	4345	4320	396	175	220	632	155	477
西城区	12401	6196	6206	463	194	269	804	162	642
朝阳区	41081	22517	18563	1037	431	606	1820	438	1382
丰台区	23273	11698	11575	733	307	426	1310	327	983
石景山区	6375	3222	3153	260	110	149	613	175	438
海淀区	33535	16738	16797	984	401	583	1593	362	1232
门头沟区	2803	1435	1368	101	49	52	204	44	160
房山区	10620	5508	5112	269	127	141	654	181	473
通州区	14006	7259	6747	258	116	142	623	150	473
顺义区	10644	5620	5024	198	101	97	547	138	409
昌平区	19064	10092	8972	401	191	210	634	166	468
大兴区	16468	8705	7763	327	143	183	607	170	437
怀柔区	3941	2075	1865	100	49	51	223	55	167
平谷区	4274	2137	2137	77	39	38	298	84	214
密云区	4926	2501	2425	100	55	44	356	104	252
延庆区	3116	1550	1566	104	61	43	232	73	159

1-6a 各地区分性别、婚姻状况的人口(城市)

单位：人

地区	合计			未婚		
	合计	男	女	小计	男	女
全市	**240812**	**125397**	**115415**	**58468**	**34082**	**24386**
东城区	11992	5872	6121	2300	1196	1104
西城区	16958	8258	8701	3291	1706	1585
朝阳区	56013	30703	25310	12353	7467	4886
丰台区	29537	14626	14911	4599	2478	2121
石景山区	9070	4630	4440	1822	1123	699
海淀区	54686	28813	25873	19538	11759	7778
门头沟区	2201	1116	1084	310	194	116
房山区	7837	4137	3700	1458	888	570
通州区	8584	3797	4786	2007	605	1402
顺义区	6279	2943	3336	1402	511	891
昌平区	18650	10474	8176	5888	4025	1863
大兴区	14035	7422	6613	2805	1698	1108
怀柔区	2903	1558	1345	445	272	173
平谷区	2068	1050	1018	250	160	91

1-6a 续表

单位：人

地区	有配偶			离婚			丧偶		
	小计	男	女	小计	男	女	小计	男	女
全市	**169125**	**87332**	**81793**	**4861**	**1996**	**2865**	**8358**	**1987**	**6371**
东城区	8665	4345	4320	396	175	220	632	155	477
西城区	12401	6196	6206	463	194	269	804	162	642
朝阳区	40815	22370	18446	1030	429	602	1814	437	1376
丰台区	22929	11522	11407	724	301	422	1286	324	962
石景山区	6375	3222	3153	260	110	149	613	175	438
海淀区	32640	16317	16323	969	395	573	1540	341	1199
门头沟区	1713	870	843	61	28	33	116	23	93
房山区	5964	3136	2828	158	56	102	257	56	201
通州区	6177	3076	3101	154	60	94	245	56	189
顺义区	4620	2368	2252	74	21	53	183	44	140
昌平区	12153	6255	5897	253	105	148	356	88	268
大兴区	10650	5556	5094	230	85	145	350	83	267
怀柔区	2315	1242	1073	60	24	36	83	20	63
平谷区	1708	857	852	29	11	18	80	22	58

1-6b 各地区分性别、婚姻状况的人口(镇)

单位：人

地 区	合 计			未 婚		
	合计	男	女	小计	男	女
全 市	**18386**	**9839**	**8547**	**3238**	**2079**	**1160**
朝阳区						
丰台区	274	131	144	64	31	34
海淀区						
门头沟区	821	414	407	88	50	38
房山区	1680	838	843	209	119	90
通州区	3422	2102	1320	1079	846	233
顺义区	1226	693	532	129	94	34
昌平区	3642	2001	1641	524	344	180
大兴区	778	423	355	116	75	41
怀柔区	335	160	175	44	25	19
平谷区	799	403	396	114	71	43
密云区	3351	1744	1608	441	276	165
延庆区	2059	931	1127	431	148	283

1-6b 续表

单位：人

地 区	有配偶			离 婚			丧 偶		
	小计	男	女	小计	男	女	小计	男	女
全 市	**14109**	**7410**	**6699**	**316**	**157**	**159**	**722**	**193**	**530**
朝阳区									
丰台区	190	97	93	5	3	3	15		15
海淀区									
门头沟区	661	345	316	22	8	13	49	10	39
房山区	1318	655	663	41	24	17	112	40	72
通州区	2236	1223	1013	29	14	15	78	20	59
顺义区	1037	572	465	17	15	2	44	12	32
昌平区	2935	1596	1339	53	28	26	130	33	97
大兴区	612	327	285	20	10	9	31	11	20
怀柔区	263	128	135	6	2	4	22	5	17
平谷区	624	312	312	15	7	7	46	13	33
密云区	2728	1412	1316	61	25	36	121	31	90
延庆区	1505	743	763	49	23	26	74	18	56

1-6c　各地区分性别、婚姻状况的人口(乡村)

单位：人

地　区	合　计			未　婚		
	合计	男	女	小计	男	女
全　市	**41632**	**21827**	**19805**	**6979**	**3970**	**3009**
朝阳区	318	175	143	39	24	15
丰台区	187	95	92	21	11	9
海淀区	1068	498	570	104	50	53
门头沟区	559	286	274	74	44	30
房山区	4277	2206	2071	584	357	227
通州区	6862	3639	3223	895	562	333
顺义区	6253	3349	2904	839	522	318
昌平区	6169	3077	3092	1950	733	1217
大兴区	6585	3665	2920	1076	720	356
怀柔区	1914	1068	846	399	309	90
平谷区	2524	1264	1260	377	226	151
密云区	2829	1425	1404	357	232	125
延庆区	2087	1081	1006	264	181	83

1-6c　续表

单位：人

地　区	有配偶			离　婚			丧　偶		
	小计	男	女	小计	男	女	小计	男	女
全　市	**31957**	**16856**	**15101**	**628**	**397**	**230**	**2068**	**603**	**1465**
朝阳区	265	148	118	7	3	4	6	1	6
丰台区	154	78	75	4	2	1	9	3	7
海淀区	895	421	474	15	6	9	54	21	33
门头沟区	429	219	209	18	12	6	39	10	28
房山区	3338	1717	1621	70	47	23	285	84	200
通州区	5592	2960	2632	74	43	32	300	75	226
顺义区	4988	2681	2306	106	64	42	320	82	238
昌平区	3976	2241	1736	94	58	36	148	45	103
大兴区	5206	2821	2385	77	48	29	226	76	150
怀柔区	1363	705	658	35	24	10	117	30	87
平谷区	1941	969	973	33	21	12	172	49	123
密云区	2198	1089	1109	39	31	8	235	73	162
延庆区	1611	807	803	55	38	17	158	55	103

1-7 各地区分性别、月份的出生人口
(2014.11.1-2015.10.31)

单位：人

地 区	出生人口			2014年11月			2014年12月		
	合计	男	女	合计	男	女	合计	男	女
全 市	**2274**	**1187**	**1087**	**348**	**180**	**168**	**327**	**181**	**146**
东城区	93	50	43	12	6	6	11	7	3
西城区	163	89	74	25	12	13	14	9	4
朝阳区	465	235	230	73	38	36	73	36	37
丰台区	200	106	94	30	15	15	20	12	8
石景山区	69	31	38	11	5	7	13	5	7
海淀区	333	181	152	36	22	14	53	34	19
门头沟区	23	10	13	2	2		3		3
房山区	102	55	46	12	7	4	15	12	3
通州区	150	72	78	29	13	16	22	8	14
顺义区	105	60	45	13	7	6	19	12	7
昌平区	216	116	99	39	18	21	38	19	19
大兴区	205	112	93	40	24	16	27	14	13
怀柔区	33	11	21	5	2	3	3	1	2
平谷区	44	18	26	7	3	4	5	4	1
密云区	50	27	23	10	5	5	6	3	3
延庆区	25	13	13	3	1	2	5	3	2

1-7 续表 1

单位：人

地 区	2015年01月			2015年02月			2015年03月		
	合计	男	女	合计	男	女	合计	男	女
全 市	**257**	**135**	**122**	**219**	**112**	**107**	**200**	**109**	**91**
东城区	13	10	3	4	3	1	7		7
西城区	11	8	3	9	3	7	14	8	6
朝阳区	47	20	28	61	30	31	35	24	11
丰台区	26	14	12	25	14	11	23	18	5
石景山区	7	5	2	7	4	3	5	1	4
海淀区	35	19	17	36	16	20	33	17	16
门头沟区	3	1	1	3	1	3	1		1
房山区	14	4	10	7	4	4	8	3	5
通州区	13	7	6	16	7	9	10	4	6
顺义区	15	9	6	7	4	3	5	4	1
昌平区	30	20	10	19	12	7	27	12	15
大兴区	24	13	12	15	9	6	18	12	6
怀柔区	3	1	2	1	1	1	3	1	2
平谷区	4		4	3	1	2	5	3	2
密云区	6	2	4	3	3		3	2	1
延庆区	4	2	2				2	1	1

1-7 续表 2 单位：人

地 区	2015年04月			2015年05月			2015年06月		
	合计	男	女	合计	男	女	合计	男	女
全 市	**185**	**93**	**92**	**137**	**69**	**68**	**122**	**59**	**63**
东城区	11	6	5	2		2	6	2	4
西城区	15	6	9	18	12	6	13	9	4
朝阳区	43	16	27	25	11	14	27	16	11
丰台区	19	8	11	18	8	10	7	1	5
石景山区	4	2	2	5	3	2	3		3
海淀区	19	9	9	19	3	16	22	8	14
门头沟区				2	1	1	3	2	1
房山区	10	6	4	4	4	1	6	4	2
通州区	13	8	6	13	8	5	5	1	4
顺义区	9	6	3	7	5	2	5	2	3
昌平区	14	10	4	7	5	2	5	2	3
大兴区	14	10	4	8	5	3	8	5	4
怀柔区	4	1	4	1		1	3	1	2
平谷区	2	2		1		1	4	3	2
密云区	5	4	2	5	3	2	3	2	1
延庆区	2		1	2	1		1		1

1-7 续表 3 单位：人

地 区	2015年07月			2015年08月			2015年09月			2015年10月		
	合计	男	女	合计	男	女	合计	男	女	合计	男	女
全 市	**133**	**75**	**58**	**128**	**63**	**65**	**122**	**62**	**60**	**96**	**49**	**47**
东城区	7	5	2	8	3	5	5	4	1	6	4	2
西城区	20	8	12	10	7	3	8	5	3	6	3	3
朝阳区	20	11	9	23	9	14	27	20	7	11	5	5
丰台区	7	4	3	9	3	6	8	3	5	8	5	3
石景山区	3	1	2	5	2	3	2	2		4	1	3
海淀区	26	19	8	14	12	2	26	14	12	14	8	6
门头沟区	1	1		2	1	2	1			1		
房山区	7	4	3	4	2	1	7	2	5	7	4	4
通州区	7	4	2	7	4	3	10	3	7	6	4	2
顺义区	5	4	2	4	4	1	4	1	3	10	2	8
昌平区	10	6	3	12	6	5	5	1	4	9	4	4
大兴区	12	6	6	19	7	12	11	3	8	9	5	4
怀柔区	3	1	3	3	1	2	2	1	1	2	2	1
平谷区	2	1	1	3	1	2	3		3	1	1	1
密云区	2	1	1	4	1	2	1	1	1	1		1
延庆区	1	1		1			2	2				

1-7a 各地区分性别、月份的出生人口 (2014.11.1-2015.10.31)(城市)

单位：人

地 区	出生人口			2014年11月			2014年12月		
	合计	男	女	合计	男	女	合计	男	女
全 市	**1829**	**964**	**865**	**284**	**155**	**129**	**272**	**154**	**118**
东城区	93	50	43	12	6	6	11	7	3
西城区	163	89	74	25	12	13	14	9	4
朝阳区	459	233	226	73	37	36	73	36	37
丰台区	196	105	91	30	15	15	20	12	8
石景山区	69	31	38	11	5	7	13	5	7
海淀区	324	178	146	36	22	14	50	34	16
门头沟区	12	6	6	1			2		1
房山区	56	33	23	7	4	2	9	7	1
通州区	72	37	36	14	10	4	11	3	8
顺义区	49	31	18	7	6	1	13	8	5
昌平区	162	86	76	30	15	15	32	16	16
大兴区	138	75	63	32	20	13	21	13	8
怀柔区	18	6	12	3	2	2	2	1	1
平谷区	19	6	13	3	1	2	3	2	1

1-7a 续表 1

单位：人

地 区	2015年01月			2015年02月			2015年03月		
	合计	男	女	合计	男	女	合计	男	女
全 市	**206**	**113**	**92**	**182**	**92**	**90**	**161**	**86**	**75**
东城区	13	10	3	4	3	1	7		7
西城区	11	8	3	9	3	7	14	8	6
朝阳区	46	20	27	59	30	28	34	23	11
丰台区	25	14	11	25	14	11	23	18	5
石景山区	7	5	2	7	4	3	5	1	4
海淀区	34	19	16	33	14	19	33	17	16
门头沟区	1	1		1			1		1
房山区	9	2	7	4	2	2	3	1	2
通州区	6	5	1	9	5	3	5	2	3
顺义区	10	5	5	3	3	1	3	3	
昌平区	23	17	6	15	7	7	19	7	12
大兴区	15	7	7	11	6	5	10	5	5
怀柔区	2	1	1	1		1	2	1	2
平谷区	3		3	2		2	2	1	1

1-7a　续表 2　　　　单位：人

地　区	2015年04月			2015年05月			2015年06月		
	合计	男	女	合计	男	女	合计	男	女
全　市	**148**	**70**	**77**	**107**	**49**	**58**	**97**	**47**	**50**
东城区	11	6	5	2		2	6	2	4
西城区	15	6	9	18	12	6	13	9	4
朝阳区	43	16	27	25	11	14	27	16	11
丰台区	18	8	10	18	8	10	7	1	5
石景山区	4	2	2	5	3	2	3		3
海淀区	19	9	9	19	3	16	22	8	14
门头沟区				1		1	2	2	
房山区	7	5	2	1	1		3	2	1
通州区	7	3	4	3	2	2	2		2
顺义区	3	3	1	3	2	1	1	1	
昌平区	9	5	3	6	4	2	4	1	3
大兴区	10	7	3	5	3	2	4	3	1
怀柔区	2		2	1		1	2	1	2
平谷区							1		

1-7a　续表 3　　　　单位：人

地　区	2015年07月			2015年08月			2015年09月			2015年10月		
	合计	男	女	合计	男	女	合计	男	女	合计	男	女
全　市	**109**	**60**	**48**	**92**	**45**	**47**	**99**	**56**	**43**	**74**	**37**	**37**
东城区	7	5	2	8	3	5	5	4	1	6	4	2
西城区	20	8	12	10	7	3	8	5	3	6	3	3
朝阳区	20	11	9	23	9	14	27	20	7	11	5	5
丰台区	7	4	3	8	3	5	8	3	5	8	5	3
石景山区	3	1	2	5	2	3	2	2		4	1	3
海淀区	26	19	8	12	11	2	26	14	12	14	8	6
门头沟区										1		
房山区	4	2	1	2	1	1	4	2	1	4	2	1
通州区	1		1	3	2	2	7	3	4	4	3	2
顺义区	2	1	1	1	1		1		1	4	1	3
昌平区	10	6	3	5	2	3	2	1	1	6	3	3
大兴区	7	3	4	10	4	6	6	2	4	4	1	3
怀柔区	2	1	2	1		1	1	1	1	1	1	1
平谷区	1			1		1	2		2			

1-7b 各地区分性别、月份的出生人口(2014.11.1-2015.10.31)(镇)

单位：人

地 区	出生人口			2014年11月			2014年12月		
	合计	男	女	合计	男	女	合计	男	女
全 市	**142**	**67**	**75**	**22**	**7**	**15**	**20**	**10**	**9**
朝阳区									
丰台区	3		3						
海淀区									
门头沟区	7	3	4						
房山区	12	7	4	1	1	1	2	2	
通州区	22	9	13	3		3	3	2	2
顺义区	9	5	4	2		2	2	1	1
昌平区	33	16	17	7	2	5	4	2	2
大兴区	8	3	5				1		1
怀柔区	2	1	1						
平谷区	3	2	1	1	1				
密云区	33	17	16	6	2	4	4	3	2
延庆区	10	4	6	2		1	2		1

1-7b 续表 1

单位：人

地 区	2015年01月			2015年02月			2015年03月		
	合计	男	女	合计	男	女	合计	男	女
全 市	**17**	**7**	**10**	**10**	**6**	**4**	**10**	**5**	**5**
朝阳区									
丰台区	1		1						
海淀区									
门头沟区	1		1	2		1			
房山区	1	1					1		1
通州区	2	1	1	3	1	3	2		2
顺义区				1	1				
昌平区	3	1	2	1	1		2	1	1
大兴区	2	1	1				2	2	
怀柔区									
平谷区									
密云区	4	1	3	3	3		2	2	1
延庆区	2	1	1						

1-7b 续表 2

单位：人

地　区	2015年04月			2015年05月			2015年06月		
	合计	男	女	合计	男	女	合计	男	女
全　市	**11**	**6**	**6**	**13**	**10**	**3**	**7**	**4**	**3**
朝阳区									
丰台区	1		1						
海淀区									
门头沟区									
房山区	1		1	1	1		1	1	
通州区				3	3		2	1	1
顺义区	2	1	1	1	1		1	1	
昌平区	3	3		1	1				
大兴区									
怀柔区	1		1				1	1	
平谷区									
密云区	3	2	2	5	3	2	2	1	1
延庆区				1			1		

1-7b 续表 3

单位：人

地　区	2015年07月			2015年08月			2015年09月			2015年10月		
	合计	男	女	合计	男	女	合计	男	女	合计	男	女
全　市	**6**	**3**	**3**	**10**	**5**	**5**	**11**	**2**	**9**	**4**	**1**	**3**
朝阳区												
丰台区												
海淀区												
门头沟区	1	1										
房山区	1	1					1		1			
通州区	1	1		1	1		3		3			
顺义区							1	1		1		1
昌平区				5	3	2	3		3	2	1	1
大兴区	1		1	1		1	1		1			
怀柔区				1		1						
平谷区												
密云区	1	1	1	2	1	1	1		1	1		1
延庆区												

1-7c　各地区分性别、月份的出生人口（2014.11.1-2015.10.31）(乡村)

单位：人

地　区	出生人口			2014年11月			2014年12月		
	合计	男	女	合计	男	女	合计	男	女
全　市	**303**	**155**	**148**	**42**	**18**	**23**	**35**	**16**	**19**
朝阳区	6	2	4	1	1		1	1	
丰台区	1	1							
海淀区	9	3	6				3		3
门头沟区	4	2	3	1	1		1		1
房山区	34	15	19	4	2	1	4	2	1
通州区	56	26	30	12	3	9	7	3	4
顺义区	46	24	22	5	1	4	5	4	1
昌平区	21	14	7	2	1	1	2	1	1
大兴区	59	34	25	8	4	3	5	2	3
怀柔区	13	5	8	2	1	1	1		1
平谷区	21	10	11	4	2	2	2	2	1
密云区	17	10	7	4	3	1	1		1
延庆区	15	9	6	1			3	2	1

1-7c　续表 1

单位：人

地　区	2015年01月			2015年02月			2015年03月		
	合计	男	女	合计	男	女	合计	男	女
全　市	**34**	**15**	**19**	**26**	**14**	**12**	**28**	**18**	**10**
朝阳区	1		1	2		2	2	1	1
丰台区									
海淀区	1		1	3	2	1			
门头沟区				1		1			
房山区	4	1	3	3	1	1	4	2	1
通州区	6	1	4	4	1	3	3	2	1
顺义区	5	4	1	3	1	2	3	1	1
昌平区	3	2	1	3	3		6	3	2
大兴区	8	4	3	3	3	1	6	5	1
怀柔区	1		1	1	1		1	1	
平谷区	1		1	1	1	1	3	2	1
密云区	2	1	1	1	1		1		1
延庆区	2	1	1				2		1

1-7c　续表 2　　　　　　　　　　　　　　　　　　　　　　单位：人

地　区	2015年04月			2015年05月			2015年06月		
	合计	男	女	合计	男	女	合计	男	女
全　市	**26**	**17**	**9**	**17**	**10**	**8**	**18**	**8**	**10**
朝阳区									
丰台区									
海淀区									
门头沟区				1	1		1		1
房山区	2	1	1	2	1	1	2	1	1
通州区	7	5	1	6	3	3	1		1
顺义区	4	3	1	4	2	1	4	1	3
昌平区	2	1	1				1	1	
大兴区	3	3	1	3	2	1	4	2	3
怀柔区	2	1	2	1		1			
平谷区	2	2		1		1	3	2	1
密云区	2	2					1	1	
延庆区	1		1	1	1				

1-7c　续表 3　　　　　　　　　　　　　　　　　　　　　　单位：人

地　区	2015年07月			2015年08月			2015年09月			2015年10月		
	合计	男	女	合计	男	女	合计	男	女	合计	男	女
全　市	**19**	**12**	**7**	**26**	**13**	**14**	**12**	**4**	**8**	**17**	**10**	**7**
朝阳区												
丰台区												
海淀区				1	1							
门头沟区				1	1	1						
房山区	2	1	1	1	1	1	2		2	4	1	2
通州区	5	4	1	3	1	1	1	1		1	1	
顺义区	4	3	1	4	3	1	2		2	5	1	4
昌平区				1	1							
大兴区	3	3	1	8	3	5	3	1	3	5	4	1
怀柔区	1		1	2	1	1	1	1		1	1	
平谷区	2	1	1	2	1	2	1		1	1	1	1
密云区	1	1	1	2	1	1	1	1				
延庆区	1	1		1			1	1				

1-8 各地区分性别、月份的死亡人口
(2014.11.1-2015.10.31)

单位：人

地 区	死亡人口			2014年11月			2014年12月		
	合计	男	女	合计	男	女	合计	男	女
全 市	**1120**	**646**	**474**	**95**	**57**	**37**	**102**	**59**	**43**
东城区	64	40	24	5	5		5	4	1
西城区	105	66	38	12	10	3	12	8	4
朝阳区	169	104	66	22	12	10	18	16	2
丰台区	82	43	39	9	5	5	5	2	3
石景山区	48	29	20	2	1	1	5	2	2
海淀区	145	78	67	3	3		10	6	3
门头沟区	20	10	9	3	1	2	3	1	2
房山区	77	41	36	4	2	2	12	6	7
通州区	70	41	29	10	5	5	4	3	2
顺义区	60	33	27	5	2	2	5	2	3
昌平区	61	36	25	4	2	1	8	4	5
大兴区	78	40	38	6	3	2	5	1	4
怀柔区	26	15	11	2	1	1	4	2	2
平谷区	44	24	20	3	2	1	2	2	
密云区	45	29	16	4	3	1	2		2
延庆区	25	16	9	2	2		2	1	1

1-8 续表 1

单位：人

地 区	2015年01月			2015年02月			2015年03月		
	合计	男	女	合计	男	女	合计	男	女
全 市	**101**	**60**	**41**	**81**	**48**	**34**	**84**	**47**	**37**
东城区	12	5	6	5	1	4	4	3	1
西城区	6	5	1	9	4	5	6	5	1
朝阳区	10	10		8	6	2	16	4	12
丰台区	6	2	5	6	5	2	9	6	3
石景山区	3	1	2	2	1	2	6	3	3
海淀区	10	3	6	12	8	3	10	5	5
门头沟区				2	1	1	1	1	1
房山区	11	5	7	4	2	2	4	2	2
通州区	4	1	3	7	5	2	3	1	2
顺义区	6	4	2	3	1	2	6	6	
昌平区	5	2	2	6	4	2	2	2	
大兴区	7	6	1	4	4		9	4	4
怀柔区	4	4		4	1	3	1	1	
平谷区	9	6	3	3	2	1	2	1	2
密云区	6	5	1	5	3	2	5	3	2
延庆区	3	2	1	1	1	1	1		1

1-8 续表 2

单位：人

地 区	2015年04月			2015年05月			2015年06月		
	合计	男	女	合计	男	女	合计	男	女
全 市	**101**	**59**	**42**	**101**	**54**	**47**	**70**	**44**	**27**
东城区	10	9	1	5	2	3	3	2	1
西城区	15	11	5	4	2	2	8	6	2
朝阳区	14	6	8	8	4	4	12	6	6
丰台区	11	6	5	5	2	3	6	5	2
石景山区	5	5	1	5	4	1	3	2	1
海淀区	13	7	6	24	10	14	10	5	5
门头沟区	1	1		2	1	1	2	2	1
房山区	2	1	2	5	2	2	2	2	1
通州区	3	3	1	8	5	3	4	3	1
顺义区	6	2	3	7	2	4	7	3	4
昌平区	5	4	1	6	5	1	5	1	4
大兴区	6	1	5	10	5	5	2	2	
怀柔区	2	1	1	1	1	1	1	1	
平谷区	4	2	2	5	3	2	2	2	
密云区	1		1	6	5	1	3	2	1
延庆区	3	2	1	2	1	1	1	1	

1-8 续表 3

单位：人

地 区	2015年07月			2015年08月			2015年09月			2015年10月		
	合计	男	女	合计	男	女	合计	男	女	合计	男	女
全 市	**94**	**50**	**44**	**108**	**62**	**46**	**82**	**41**	**41**	**101**	**66**	**35**
东城区	6	2	5	6	4	3				5	5	1
西城区	6	3	3	10	6	4	8	3	5	11	6	5
朝阳区	16	8	8	24	12	12	8	8		14	12	2
丰台区	3	2	2	14	9	5	3		3	5	2	3
石景山区	5	4	2	5	3	2	7	3	4	2	1	1
海淀区	10	7	3	14	9	5	10	5	5	17	9	9
门头沟区	1	1		2		2	2	2		2	1	2
房山区	11	6	5	3	2	1	5	3	2	12	8	4
通州区	10	4	5	8	4	3	4	3	2	4	4	
顺义区	4	2	2	4	3	1	6	2	4	4	4	
昌平区	4	2	1	4	1	2	6	4	2	7	5	2
大兴区	10	5	6	5	3	2	11	2	9	3	3	
怀柔区				2	1	1	4	3	1	2	1	1
平谷区	4	2	2	3	1	2	3	1	2	4	1	3
密云区	2	2		3	2	1	2	1	2	5	4	2
延庆区	2	1	1	3	2	2	3	3	1	2	2	1

1-8a 各地区分性别、月份的死亡人口
(2014.11.1-2015.10.31)(城市)

单位：人

地 区	死亡人口			2014年11月			2014年12月		
	合计	男	女	合计	男	女	合计	男	女
全 市	**753**	**435**	**318**	**64**	**40**	**24**	**66**	**41**	**25**
东城区	64	40	24	5	5		5	4	1
西城区	105	66	38	12	10	3	12	8	4
朝阳区	169	104	66	22	12	10	18	16	2
丰台区	81	43	38	9	5	5	5	2	3
石景山区	48	29	20	2	1	1	5	2	2
海淀区	138	73	65	2	2		9	5	3
门头沟区	8	4	4	1	1	1	1		1
房山区	20	13	7	2	2		2	1	1
通州区	16	8	9	3		3	2	2	
顺义区	11	3	8				1		1
昌平区	29	20	8	1	1		5	1	4
大兴区	47	23	23	5	2	2	2		2
怀柔区	7	6	2	1	1		2	1	1
平谷区	10	4	6	1	1				

1-8a 续表 1

单位：人

地 区	2015年01月			2015年02月			2015年03月		
	合计	男	女	合计	男	女	合计	男	女
全 市	**55**	**33**	**22**	**48**	**28**	**20**	**60**	**31**	**29**
东城区	12	5	6	5	1	4	4	3	1
西城区	6	5	1	9	4	5	6	5	1
朝阳区	10	10		8	6	2	16	4	12
丰台区	6	2	5	6	5	2	9	6	3
石景山区	3	1	2	2	1	2	6	3	3
海淀区	9	3	5	10	7	3	10	5	5
门头沟区				2	1	1			
房山区	2	1	2	1		1	1	1	
通州区							1		1
顺义区				1		1			
昌平区	2	2		1	1		1	1	
大兴区	1	1		2	2		6	4	2
怀柔区	2	2		1	1	1			
平谷区	2	1	1	1		1	1		1

1-8a 续表 2 单位：人

地 区	2015年04月			2015年05月			2015年06月		
	合计	男	女	合计	男	女	合计	男	女
全 市	**80**	**49**	**31**	**65**	**33**	**32**	**45**	**28**	**18**
东城区	10	9	1	5	2	3	3	2	1
西城区	15	11	5	4	2	2	8	6	2
朝阳区	14	6	8	8	4	4	12	6	6
丰台区	11	6	5	5	2	3	6	5	2
石景山区	5	5	1	5	4	1	3	2	1
海淀区	12	7	5	24	10	14	9	3	5
门头沟区	1	1		1	1		1		1
房山区	1	1		1	1				
通州区	2	1	1	1		1	1	1	
顺义区	1		1	2	1	1	1		1
昌平区	4	2	1	2	2		1	1	
大兴区	2		2	6	4	2	1	1	
怀柔区	1	1		1	1				
平谷区	2	1	1	2	1	1	1	1	

1-8a 续表 3 单位：人

地 区	2015年07月			2015年08月			2015年09月			2015年10月		
	合计	男	女	合计	男	女	合计	男	女	合计	男	女
全 市	**68**	**35**	**33**	**83**	**49**	**35**	**48**	**22**	**26**	**70**	**45**	**24**
东城区	6	2	5	6	4	3				5	5	1
西城区	6	3	3	10	6	4	8	3	5	11	6	5
朝阳区	16	8	8	24	12	12	8	8		14	12	2
丰台区	3	2	2	14	9	5	3		3	5	2	3
石景山区	5	4	2	5	3	2	7	3	4	2	1	1
海淀区	10	7	3	14	9	5	10	5	5	17	9	9
门头沟区				2		2				1	1	1
房山区	5	2	2				1	1		5	4	1
通州区	4	1	3	2	2		1	1				
顺义区	1		1	2	1	1	2		2	1	1	
昌平区	1	1		2	1	1				7	5	2
大兴区	9	5	5	4	2	1	7	1	6	1	1	
怀柔区										1	1	
平谷区	1	1	1				1		1	1		1

1-8b 各地区分性别、月份的死亡人口 (2014.11.1-2015.10.31)(镇)

单位：人

地 区	死亡人口			2014年11月			2014年12月		
	合计	男	女	合计	男	女	合计	男	女
全 市	**88**	**48**	**41**	**6**	**4**	**2**	**6**	**3**	**3**
朝阳区									
丰台区									
海淀区									
门头沟区	7	4	3	1	1	1	1		1
房山区	21	12	9	1		1	2	1	2
通州区	14	8	7	1	1				
顺义区	6	4	2						
昌平区	14	5	10	1	1		1	1	
大兴区	1	1							
怀柔区	1	1	1						
平谷区	7	4	3				1	1	
密云区	8	4	4	1		1	1		1
延庆区	8	5	3	1	1				

1-8b 续表 1

单位：人

地 区	2015年01月			2015年02月			2015年03月		
	合计	男	女	合计	男	女	合计	男	女
全 市	**13**	**4**	**9**	**6**	**3**	**3**	**5**	**4**	**1**
朝阳区									
丰台区									
海淀区									
门头沟区							1	1	1
房山区	5	2	3	2	1	1			
通州区	1		1	1	1		1	1	
顺义区	1	1		1		1	1	1	
昌平区	2		2	1		1	1	1	
大兴区									
怀柔区	1	1							
平谷区	1		1	1	1				
密云区	2	1	1	1	1		1	1	1
延庆区	1		1	1	1				

1-8b 续表 2 单位：人

地　区	2015年04月			2015年05月			2015年06月		
	合计	男	女	合计	男	女	合计	男	女
全　市	**2**	**1**	**1**	**10**	**6**	**4**	**9**	**4**	**5**
朝阳区									
丰台区									
海淀区									
门头沟区				1		1	2	2	
房山区				2	2	1	2	2	
通州区				3	2	1	1		1
顺义区	1		1						
昌平区							4		4
大兴区									
怀柔区				1		1			
平谷区				2	2	1	1	1	
密云区				1		1	1	1	1
延庆区	1	1		1	1				

1-8b 续表 3 单位：人

地　区	2015年07月			2015年08月			2015年09月			2015年10月		
	合计	男	女	合计	男	女	合计	男	女	合计	男	女
全　市	**6**	**1**	**5**	**7**	**4**	**3**	**8**	**4**	**4**	**10**	**8**	**2**
朝阳区												
丰台区												
海淀区												
门头沟区							1	1		1		1
房山区	2	1	2	2	2					3	3	
通州区	1		1	2	1	1	2		2	2	2	
顺义区				1	1					1	1	
昌平区	1		1				2	1	1			
大兴区										1	1	
怀柔区												
平谷区	2	1	1				1	1	1	1		1
密云区				1	1		1	1				
延庆区				2		2	1	1		2	1	1

1-8c 各地区分性别、月份的死亡人口 (2014.11.1-2015.10.31)(乡村)

单位：人

地　区	死亡人口			2014年11月			2014年12月		
	合计	男	女	合计	男	女	合计	男	女
全　市	**279**	**163**	**116**	**25**	**13**	**11**	**30**	**15**	**15**
朝阳区									
丰台区	1	1	1				1		
海淀区	8	5	3	1	1		1	1	
门头沟区	5	3	2	1		1	1	1	
房山区	36	15	20	2		2	8	4	4
通州区	40	25	14	6	4	2	2	1	2
顺义区	43	26	17	5	2	2	4	2	2
昌平区	18	11	7	1		1	2	1	1
大兴区	30	16	15	1	1		3	1	2
怀柔区	18	9	8	1		1	2	1	1
平谷区	27	16	11	2	1	1	2	2	
密云区	37	25	11	4	3	1	2		2
延庆区	16	11	6	1	1		2	1	1

1-8c 续表 1

单位：人

地　区	2015年01月			2015年02月			2015年03月		
	合计	男	女	合计	男	女	合计	男	女
全　市	**33**	**23**	**10**	**26**	**16**	**10**	**19**	**11**	**7**
朝阳区									
丰台区									
海淀区	1		1	1	1				
门头沟区				1		1			
房山区	4	2	2	2	1	1	3	2	2
通州区	3	1	2	6	4	2	1		1
顺义区	5	3	2	1	1		5	5	
昌平区				4	2	1			
大兴区	6	5	1	2	2		3	1	2
怀柔区	1	1		3	1	2	1	1	
平谷区	7	5	2	2	2	1	2	1	1
密云区	4	4		5	2	2	4	2	2
延庆区	2	2	1	1		1	1		1

1-8c 续表 2 单位：人

地 区	2015年04月			2015年05月			2015年06月		
	合计	男	女	合计	男	女	合计	男	女
全 市	**20**	**9**	**11**	**26**	**15**	**12**	**15**	**11**	**4**
朝阳区									
丰台区									
海淀区	1		1				1	1	
门头沟区									
房山区	2		2	2		2	1		1
通州区	2	2		4	3	1	2	2	
顺义区	4	2	2	5	2	3	6	3	3
昌平区	1	1		4	2	1			
大兴区	4	1	3	5	2	3	1	1	
怀柔区	1		1				1	1	
平谷区	2	2	1	1	1	1	1	1	
密云区	1		1	5	5	1	2	2	
延庆区	2	1	1	2	1	1	1	1	

1-8c 续表 3 单位：人

地 区	2015年07月			2015年08月			2015年09月			2015年10月		
	合计	男	女	合计	男	女	合计	男	女	合计	男	女
全 市	**19**	**14**	**6**	**18**	**10**	**8**	**26**	**14**	**12**	**21**	**13**	**9**
朝阳区												
丰台区												
海淀区												
门头沟区	1	1					1	1		1		1
房山区	3	2	1	2	1	1	4	2	2	4	1	3
通州区	5	3	2	4	2	2	2	2		2	2	
顺义区	3	2	1	1	1		4	2	2	2	2	
昌平区	1	1		1		1	4	2	1			
大兴区	1		1	2	1	1	4	1	3	1	1	
怀柔区				2	1	1	4	3	1	1	1	1
平谷区	1	1	1	3	1	2	1	1	1	3	1	2
密云区	2	2		2	2	1	2		2	5	4	2
延庆区	2	1	1	2	2		2	2	1	1	1	

1-9 各地区家庭户的住房间数和面积

地 区	户 数（户）	人 数（人）	平均每户住房间数（间/户）	人均住房建筑面积（平方米/人）	人 均住房间数（间/人）
全 市	**107644**	**275862**	**2.51**	**31.36**	**0.98**
东城区	4731	12090	1.91	20.57	0.75
西城区	6753	17086	1.94	24.17	0.77
朝阳区	20174	49660	2.10	29.60	0.85
丰台区	12820	30803	2.15	32.04	0.90
石景山区	3244	8235	2.08	26.29	0.82
海淀区	16991	44261	2.40	31.12	0.92
门头沟区	1554	3921	2.44	31.55	0.97
房山区	4773	13735	3.73	38.49	1.29
通州区	6417	17346	2.95	32.82	1.09
顺义区	4988	13305	2.97	31.07	1.11
昌平区	9522	23684	2.28	32.70	0.92
大兴区	7549	19897	3.67	40.94	1.39
怀柔区	1922	5045	3.08	30.68	1.17
平谷区	2023	5939	3.34	35.36	1.14
密云区	2541	6631	2.88	30.04	1.10
延庆区	1644	4224	3.46	35.40	1.35

1-9a 各地区家庭户的住房间数和面积(城市)

地 区	户 数（户）	人 数（人）	平均每户住房间数（间/户）	人均住房建筑面积（平方米/人）	人 均住房间数（间/人）
全 市	**87054**	**218943**	**2.20**	**30.14**	**0.87**
东城区	4731	12090	1.91	20.57	0.75
西城区	6753	17086	1.94	24.17	0.77
朝阳区	20042	49301	2.08	29.58	0.85
丰台区	12616	30314	2.15	31.95	0.90
石景山区	3244	8235	2.08	26.29	0.82
海淀区	16634	43141	2.36	30.64	0.91
门头沟区	921	2392	2.29	29.77	0.88
房山区	2671	7281	2.96	37.98	1.09
通州区	3237	8414	2.16	32.97	0.83
顺义区	2257	5886	2.53	32.46	0.97
昌平区	6485	16032	2.14	32.22	0.87
大兴区	5479	13457	2.22	34.77	0.90
怀柔区	1154	2976	2.69	28.85	1.04
平谷区	831	2337	2.89	37.01	1.03

1-9b 各地区家庭户的住房间数和面积(镇)

地　区	户　数 (户)	人　数 (人)	平均每户 住房间数 (间/户)	人均住房 建筑面积 (平方米/人)	人　均 住房间数 (间/人)
全　市	**6812**	**17946**	**2.81**	**32.94**	**1.07**
朝阳区					
丰台区	144	290	1.84	38.13	0.91
海淀区					
门头沟区	358	917	2.39	34.97	0.93
房山区	631	1882	3.98	31.97	1.33
通州区	951	2409	2.58	33.19	1.02
顺义区	487	1260	2.63	32.17	1.02
昌平区	1434	3657	2.12	32.28	0.83
大兴区	311	800	6.33	50.47	2.46
怀柔区	121	331	3.10	23.86	1.13
平谷区	271	842	3.73	32.17	1.20
密云区	1327	3565	2.35	30.67	0.88
延庆区	778	1994	2.92	32.44	1.14

1-9c 各地区家庭户的住房间数和面积(乡村)

地　区	户　数 (户)	人　数 (人)	平均每户 住房间数 (间/户)	人均住房 建筑面积 (平方米/人)	人　均 住房间数 (间/人)
全　市	**13778**	**38973**	**4.32**	**37.44**	**1.53**
朝阳区	132	359	4.84	33.21	1.78
丰台区	61	199	2.68	37.80	0.82
海淀区	357	1121	4.26	49.48	1.36
门头沟区	274	611	3.05	33.38	1.37
房山区	1471	4572	5.00	41.99	1.61
通州区	2230	6523	4.26	32.48	1.46
顺义区	2243	6159	3.48	29.51	1.27
昌平区	1603	3995	2.97	35.01	1.19
大兴区	1758	5640	7.73	54.30	2.41
怀柔区	647	1738	3.77	35.11	1.40
平谷区	922	2760	3.64	34.93	1.21
密云区	1214	3065	3.45	29.31	1.37
延庆区	865	2230	3.94	38.04	1.53

2 民族

2-1 全市分民族人口及比重

单位：人、%

民 族	人口数	男	女	占总人口比重
总 计	**336994**	**170175**	**166819**	**100.00**
汉 族	321647	162631	159016	95.45
蒙古族	1455	731	724	0.43
回 族	4712	2280	2432	1.40
藏 族	98	59	38	0.03
维吾尔族	110	76	34	0.03
苗 族	230	113	116	0.07
彝 族	64	23	41	0.02
壮 族	243	119	124	0.07
布依族	46	16	30	0.01
朝鲜族	563	251	312	0.17
满 族	6844	3405	3439	2.03
侗 族	67	32	35	0.02
瑶 族	55	20	35	0.02
白 族	75	37	38	0.02
土家族	397	196	200	0.12
哈尼族	10	5	5	
哈萨克族	31	21	10	0.01
傣 族	17	11	7	0.01
黎 族	17	7	11	0.01
傈僳族	5	1	4	
佤 族	7		7	
畲 族	23	14	9	0.01
高山族	9	2	7	
拉祜族	6	4	2	
水 族	10	9	2	
东乡族	12	11	1	
纳西族	12	9	3	
景颇族	5	1	4	
柯尔克孜族	4	2	2	
土 族	2	2		
达斡尔族	33	10	22	0.01
仫佬族	4	1	3	
羌 族	19	8	11	0.01
布朗族	2		2	
撒拉族	6	4	2	
毛南族	8	2	6	
仡佬族	21	11	10	0.01
锡伯族	53	26	27	0.02
阿昌族	2	2		
普米族				
塔吉克族				
怒 族				
乌孜别克族	1		1	
俄罗斯族	9	2	7	
鄂温克族	24	12	12	0.01
德昂族				
保安族				
裕固族				
京 族				
塔塔尔族				
独龙族				
鄂伦春族	13	5	7	
赫哲族	8	3	5	
门巴族				
珞巴族				
基诺族				
其他未识别的民族	17	1	16	
入 籍				

2-2 各地区分性别的民族人口

单位：人

地　区	人口数			汉　族			蒙古族		
	合计	男	女	小计	男	女	小计	男	女
全　市	**335775**	**175460**	**160315**	**320191**	**167534**	**152658**	**1560**	**805**	**755**
东城区	13289	6584	6705	12549	6205	6344	74	38	36
西城区	19175	9407	9769	17780	8714	9066	112	51	61
朝阳区	62431	33967	28463	59192	32151	27041	284	176	109
丰台区	33386	16661	16725	32080	16081	16000	139	70	69
石景山区	10074	5151	4923	9706	4988	4718	45	19	26
海淀区	61782	32536	29246	58960	31109	27850	321	163	158
门头沟区	4334	2203	2131	4273	2177	2096	15	7	8
房山区	15489	8071	7418	15132	7892	7241	28	9	18
通州区	21269	10785	10484	20251	10308	9943	94	43	51
顺义区	15430	7897	7533	14834	7591	7243	74	38	36
昌平区	31638	17246	14393	30116	16455	13662	218	114	104
大兴区	24070	12972	11098	23150	12483	10667	86	45	41
怀柔区	5807	3118	2689	5180	2801	2379	30	14	16
平谷区	6027	3043	2984	5966	3016	2950	9	4	5
密云区	6935	3569	3366	6538	3392	3146	18	10	9
延庆区	4639	2251	2387	4482	2172	2310	11	4	7

2-2 续表 1

单位：人

地　区	回　族			藏　族			维吾尔族		
	小计	男	女	小计	男	女	小计	男	女
全　市	**4502**	**2233**	**2269**	**140**	**96**	**45**	**188**	**146**	**42**
东城区	303	146	157	7	5	2			
西城区	595	287	308	6	4	2	4	2	2
朝阳区	974	517	458	12	10	2	64	61	4
丰台区	459	185	273	4	3	1	1	1	
石景山区	103	47	55	3		3	1		1
海淀区	620	322	298	54	35	20	101	70	32
门头沟区	8	3	5						
房山区	110	56	55	5	4	1	2	2	
通州区	497	239	258	3	1	3	2		2
顺义区	69	39	30	2	1	1	1	1	
昌平区	414	214	200	6	6		2	1	1
大兴区	281	144	137	37	28	9	8	8	
怀柔区	7	4	4	1		1			
平谷区	4	1	2						
密云区	51	27	24						
延庆区	8	3	5				1		1

2-2 续表 2 单位：人

地 区	苗 族			彝 族			壮 族		
	小计	男	女	小计	男	女	小计	男	女
全 市	**254**	**131**	**123**	**78**	**31**	**47**	**296**	**172**	**124**
东城区	8	5	3	2		2	2	1	2
西城区	18	8	11	1		1	26	20	6
朝阳区	78	40	38	11	8	3	78	50	28
丰台区	27	13	14	1	1		15	6	9
石景山区	5	3	2	3	3	1	7	3	4
海淀区	51	23	28	19	3	15	81	51	30
门头沟区	1						1		1
房山区	1	1		2	1	2	4	2	2
通州区	8	5	4	11	2	8	14	5	9
顺义区	12	6	7	5		5	11	2	10
昌平区	33	24	9	14	9	4	29	19	10
大兴区	6	3	3	4		4	15	10	5
怀柔区	1		1	2		2	1	1	
平谷区				4	3	1	6	1	5
密云区	4	1	3				4	1	3
延庆区							1		1

2-2 续表 3 单位：人

地 区	布依族			朝鲜族			满 族		
	小计	男	女	小计	男	女	小计	男	女
全 市	**49**	**19**	**29**	**564**	**261**	**303**	**6772**	**3427**	**3345**
东城区	1		1	9	4	5	308	168	140
西城区				21	6	15	533	271	262
朝阳区	6		6	195	94	101	1277	692	585
丰台区	4	1	3	41	15	26	546	260	286
石景山区	2	2		8	5	3	170	72	98
海淀区	15	6	10	124	55	69	1139	572	568
门头沟区	1			2	1		29	11	18
房山区	3	3		3	2	1	172	86	86
通州区	4	1	3	59	27	32	287	137	150
顺义区	1	1		30	18	12	361	188	173
昌平区	9	3	5	42	16	27	592	316	276
大兴区				14	9	5	353	172	181
怀柔区	3	2	1	6	3	4	540	271	269
平谷区				1		1	31	14	18
密云区				7	6	1	305	130	175
延庆区				1	1		127	69	59

2-2 续表 4

单位：人

地区	侗族			瑶族			白族		
	小计	男	女	小计	男	女	小计	男	女
全市	**88**	**38**	**50**	**58**	**21**	**37**	**83**	**47**	**36**
东城区	1	1		2		2			
西城区	15	9	6	5	3	2	8	5	3
朝阳区	24	15	9	14	7	7	25	12	13
丰台区	1		1	6	3	3			
石景山区	2	1	1	1	1	1			
海淀区	29	12	18	11	1	9	34	23	11
门头沟区									
房山区				3	2	1			
通州区	2		2	2		2			
顺义区	1		1	1		1	8	3	5
昌平区	12	1	10	11	3	7			
大兴区				2		2	6	3	3
怀柔区	1	1							
平谷区				2	1	1			
密云区									
延庆区	1		1				1	1	

2-2 续表 5

单位：人

地区	土家族			哈尼族			哈萨克族		
	小计	男	女	小计	男	女	小计	男	女
全市	**459**	**244**	**214**	**13**	**7**	**6**	**63**	**48**	**14**
东城区	15	8	6						
西城区	31	16	15				3	2	1
朝阳区	76	53	23				29	29	
丰台区	25	10	15						
石景山区	13	5	8						
海淀区	90	27	63	2		2	22	13	9
门头沟区	1	1							
房山区	22	11	11						
通州区	10	4	6	7	6	1	4		4
顺义区	11	7	4	2		2			
昌平区	63	42	21	2	1	1	2	2	
大兴区	84	55	30				3	3	
怀柔区	11	3	8						
平谷区									
密云区	4	1	2						
延庆区	3	1	2						

3-2 各地区人口年龄构成和抚养比(一)

单位：人、%

地 区	人口数				占总人口比重				抚养比		
	合计	0-14岁	15-59岁	60岁及以上	合计	0-14岁	15-59岁	60岁及以上	总抚养比	少儿抚养比	老年抚养比
全 市	**335775**	**33994**	**246792**	**54990**	**100**	**10.12**	**73.50**	**16.38**	**36.06**	**13.77**	**22.28**
东城区	13289	1248	8938	3103	100	9.39	67.26	23.35	48.68	13.96	34.72
西城区	19175	2026	13210	3939	100	10.56	68.89	20.54	45.15	15.34	29.82
朝阳区	62431	5987	46541	9903	100	9.59	74.55	15.86	34.14	12.86	21.28
丰台区	33386	3371	23678	6337	100	10.10	70.92	18.98	41.00	14.24	26.76
石景山区	10074	992	6988	2094	100	9.85	69.37	20.79	44.16	14.20	29.97
海淀区	61782	5955	46700	9127	100	9.64	75.59	14.77	32.29	12.75	19.54
门头沟区	4334	478	2973	883	100	11.03	68.59	20.38	45.79	16.07	29.72
房山区	15489	1683	11177	2628	100	10.87	72.16	16.97	38.58	15.06	23.51
通州区	21269	2218	15705	3347	100	10.43	73.84	15.74	35.43	14.12	21.31
顺义区	15430	1663	11466	2300	100	10.78	74.31	14.91	34.57	14.51	20.06
昌平区	31638	3174	24762	3701	100	10.03	78.27	11.70	27.77	12.82	14.95
大兴区	24070	2669	18392	3009	100	11.09	76.41	12.50	30.87	14.51	16.36
怀柔区	5807	656	4175	976	100	11.30	71.89	16.81	39.10	15.73	23.38
平谷区	6027	636	4130	1261	100	10.56	68.53	20.92	45.93	15.41	30.52
密云区	6935	751	4793	1391	100	10.83	69.11	20.06	44.69	15.66	29.03
延庆区	4639	486	3163	990	100	10.48	68.18	21.33	46.67	15.38	31.29

3-2a 各地区人口年龄构成和抚养比(一)(城市)

单位：人、%

地 区	人口数				占总人口比重				抚养比		
	合计	0-14岁	15-59岁	60岁及以上	合计	0-14岁	15-59岁	60岁及以上	总抚养比	少儿抚养比	老年抚养比
全 市	**268914**	**27347**	**198221**	**43346**	**100**	**10.17**	**73.71**	**16.12**	**35.66**	**13.80**	**21.87**
东城区	13289	1248	8938	3103	100	9.39	67.26	23.35	48.68	13.96	34.72
西城区	19175	2026	13210	3939	100	10.56	68.89	20.54	45.15	15.34	29.82
朝阳区	62059	5933	46248	9878	100	9.56	74.52	15.92	34.19	12.83	21.36
丰台区	32879	3325	23301	6253	100	10.11	70.87	19.02	41.10	14.27	26.83
石景山区	10074	992	6988	2094	100	9.85	69.37	20.79	44.16	14.20	29.97
海淀区	60538	5780	45828	8931	100	9.55	75.70	14.75	32.10	12.61	19.49
门头沟区	2787	313	1932	542	100	11.23	69.33	19.44	44.23	16.20	28.04
房山区	8842	997	6629	1215	100	11.28	74.97	13.74	33.38	15.05	18.33
通州区	9723	1135	7009	1579	100	11.67	72.08	16.24	38.73	16.19	22.53
顺义区	7122	835	5386	901	100	11.72	75.62	12.66	32.23	15.50	16.74
昌平区	20815	2162	16414	2239	100	10.39	78.86	10.76	26.81	13.17	13.64
大兴区	15895	1856	12111	1927	100	11.68	76.20	12.12	31.24	15.33	15.91
怀柔区	3344	442	2509	394	100	13.21	75.01	11.78	33.31	17.61	15.70
平谷区	2372	304	1718	350	100	12.82	72.43	14.74	38.06	17.70	20.35

3-2b 各地区人口年龄构成和抚养比(一)(镇)

单位：人、%

地区	人口数				占总人口比重				抚养比		
	合计	0-14岁	15-59岁	60岁及以上	合计	0-14岁	15-59岁	60岁及以上	总抚养比	少儿抚养比	老年抚养比
全市	**20833**	**2252**	**15448**	**3132**	**100**	**10.81**	**74.15**	**15.04**	**34.86**	**14.58**	**20.28**
朝阳区											
丰台区	296	22	227	47	100	7.49	76.66	15.85	30.44	9.77	20.68
海淀区											
门头沟区	936	113	656	166	100	12.07	70.15	17.78	42.55	17.21	25.34
房山区	1892	208	1307	377	100	10.99	69.06	19.94	44.79	15.92	28.88
通州区	3928	327	3151	450	100	8.33	80.22	11.45	24.66	10.38	14.27
顺义区	1384	158	1048	178	100	11.41	75.73	12.86	32.05	15.07	16.99
昌平区	4129	488	3046	596	100	11.81	73.77	14.42	35.57	16.01	19.55
大兴区	875	96	671	108	100	11.00	76.68	12.32	30.41	14.35	16.07
怀柔区	370	36	240	94	100	9.65	64.86	25.49	54.18	14.88	39.29
平谷区	881	82	607	191	100	9.31	68.97	21.73	45.00	13.49	31.51
密云区	3823	468	2795	560	100	12.25	73.11	14.64	36.78	16.76	20.03
延庆区	2319	254	1699	365	100	10.96	73.30	15.74	36.43	14.95	21.48

3-2c 各地区人口年龄构成和抚养比(一)(乡村)

单位：人、%

地区	人口数				占总人口比重				抚养比		
	合计	0-14岁	15-59岁	60岁及以上	合计	0-14岁	15-59岁	60岁及以上	总抚养比	少儿抚养比	老年抚养比
全市	**46028**	**4394**	**33122**	**8512**	**100**	**9.55**	**71.96**	**18.49**	**38.96**	**13.27**	**25.70**
朝阳区	371	54	293	25	100	14.44	78.81	6.75	26.89	18.33	8.56
丰台区	211	24	150	37	100	11.20	71.18	17.62	40.48	15.74	24.75
海淀区	1244	175	872	196	100	14.11	70.15	15.74	42.55	20.11	22.44
门头沟区	611	52	384	175	100	8.50	62.82	28.68	59.18	13.53	45.65
房山区	4755	478	3241	1036	100	10.05	68.17	21.78	46.70	14.75	31.95
通州区	7618	756	5544	1318	100	9.92	72.78	17.30	37.40	13.63	23.77
顺义区	6924	671	5032	1221	100	9.69	72.68	17.63	37.59	13.33	24.26
昌平区	6694	525	5302	867	100	7.84	79.21	12.95	26.24	9.90	16.34
大兴区	7301	716	5611	974	100	9.81	76.85	13.35	30.13	12.76	17.37
怀柔区	2093	179	1426	488	100	8.55	68.14	23.31	46.76	12.55	34.21
平谷区	2775	250	1805	720	100	9.02	65.05	25.93	53.74	13.87	39.87
密云区	3112	282	1998	832	100	9.07	64.21	26.72	55.75	14.13	41.62
延庆区	2320	232	1463	625	100	10.01	63.07	26.92	58.55	15.87	42.68

3-3 各地区人口年龄构成和抚养比(二)

单位：人、%

地 区	人口数				占总人口比重				抚养比		
	合计	0-14岁	15-64岁	65岁及以上	合计	0-14岁	15-64岁	65岁及以上	总抚养比	少儿抚养比	老年抚养比
全 市	**335775**	**33994**	**266007**	**35775**	**100**	**10.12**	**79.22**	**10.65**	**26.23**	**12.78**	**13.45**
东城区	13289	1248	10005	2036	100	9.39	75.29	15.32	32.82	12.47	20.35
西城区	19175	2026	14500	2649	100	10.56	75.62	13.82	32.24	13.97	18.27
朝阳区	62431	5987	49763	6681	100	9.59	79.71	10.70	25.46	12.03	13.42
丰台区	33386	3371	25957	4058	100	10.10	77.75	12.16	28.62	12.99	15.64
石景山区	10074	992	7596	1486	100	9.85	75.40	14.75	32.62	13.06	19.56
海淀区	61782	5955	49555	6271	100	9.64	80.21	10.15	24.67	12.02	12.66
门头沟区	4334	478	3315	541	100	11.03	76.48	12.49	30.75	14.42	16.33
房山区	15489	1683	12201	1605	100	10.87	78.77	10.36	26.95	13.80	13.15
通州区	21269	2218	17045	2006	100	10.43	80.14	9.43	24.78	13.01	11.77
顺义区	15430	1663	12370	1396	100	10.78	80.17	9.05	24.74	13.45	11.29
昌平区	31638	3174	26214	2250	100	10.03	82.86	7.11	20.69	12.11	8.58
大兴区	24070	2669	19541	1861	100	11.09	81.18	7.73	23.18	13.66	9.52
怀柔区	5807	656	4515	636	100	11.30	77.74	10.95	28.63	14.54	14.09
平谷区	6027	636	4602	789	100	10.56	76.36	13.08	30.96	13.83	17.14
密云区	6935	751	5314	870	100	10.83	76.63	12.55	30.50	14.13	16.37
延庆区	4639	486	3513	639	100	10.48	75.73	13.78	32.04	13.84	18.20

3-3a 各地区人口年龄构成和抚养比(二)(城市)

单位：人、%

地 区	人口数				占总人口比重				抚养比		
	合计	0-14岁	15-64岁	65岁及以上	合计	0-14岁	15-64岁	65岁及以上	总抚养比	少儿抚养比	老年抚养比
全 市	**268914**	**27347**	**212986**	**28581**	**100**	**10.17**	**79.20**	**10.63**	**26.26**	**12.84**	**13.42**
东城区	13289	1248	10005	2036	100	9.39	75.29	15.32	32.82	12.47	20.35
西城区	19175	2026	14500	2649	100	10.56	75.62	13.82	32.24	13.97	18.27
朝阳区	62059	5933	49460	6666	100	9.56	79.70	10.74	25.47	12.00	13.48
丰台区	32879	3325	25552	4001	100	10.11	77.72	12.17	28.67	13.01	15.66
石景山区	10074	992	7596	1486	100	9.85	75.40	14.75	32.62	13.06	19.56
海淀区	60538	5780	48605	6153	100	9.55	80.29	10.16	24.55	11.89	12.66
门头沟区	2787	313	2147	327	100	11.23	77.05	11.72	29.79	14.57	15.22
房山区	8842	997	7130	715	100	11.28	80.64	8.08	24.01	13.99	10.02
通州区	9723	1135	7644	944	100	11.67	78.62	9.71	27.19	14.85	12.35
顺义区	7122	835	5728	560	100	11.72	80.42	7.86	24.34	14.57	9.77
昌平区	20815	2162	17263	1391	100	10.39	82.93	6.68	20.58	12.52	8.06
大兴区	15895	1856	12830	1209	100	11.68	80.72	7.60	23.89	14.47	9.42
怀柔区	3344	442	2666	237	100	13.21	79.70	7.09	25.46	16.57	8.89
平谷区	2372	304	1860	208	100	12.82	78.40	8.77	27.55	16.36	11.19

3-3b 各地区人口年龄构成和抚养比(二)(镇)

单位：人、%

地　区	人口数				占总人口比重				抚养比		
	合计	0-14岁	15-64岁	65岁及以上	合计	0-14岁	15-64岁	65岁及以上	总抚养比	少儿抚养比	老年抚养比
全　市	**20833**	**2252**	**16675**	**1906**	**100**	**10.81**	**80.04**	**9.15**	**24.94**	**13.51**	**11.43**
朝阳区											
丰台区	296	22	241	33	100	7.49	81.39	11.12	22.87	9.20	13.67
海淀区											
门头沟区	936	113	729	94	100	12.07	77.89	10.04	28.39	15.50	12.89
房山区	1892	208	1450	234	100	10.99	76.61	12.39	30.52	14.35	16.18
通州区	3928	327	3319	282	100	8.33	84.49	7.18	18.35	9.86	8.50
顺义区	1384	158	1128	98	100	11.41	81.54	7.05	22.64	13.99	8.65
昌平区	4129	488	3290	352	100	11.81	79.67	8.52	25.52	14.82	10.69
大兴区	875	96	709	70	100	11.00	81.03	7.97	23.41	13.58	9.83
怀柔区	370	36	264	70	100	9.65	71.33	19.02	40.20	13.53	26.66
平谷区	881	82	682	117	100	9.31	77.45	13.24	29.11	12.02	17.10
密云区	3823	468	3021	334	100	12.25	79.01	8.74	26.56	15.51	11.06
延庆区	2319	254	1842	222	100	10.96	79.45	9.59	25.87	13.80	12.07

3-3c 各地区人口年龄构成和抚养比(二)(乡村)

单位：人、%

地　区	人口数				占总人口比重				抚养比		
	合计	0-14岁	15-64岁	65岁及以上	合计	0-14岁	15-64岁	65岁及以上	总抚养比	少儿抚养比	老年抚养比
全　市	**46028**	**4394**	**36346**	**5288**	**100**	**9.55**	**78.97**	**11.49**	**26.64**	**12.09**	**14.55**
朝阳区	371	54	303	15	100	14.44	81.65	3.91	22.47	17.69	4.78
丰台区	211	24	163	24	100	11.20	77.27	11.53	29.42	14.50	14.93
海淀区	1244	175	950	118	100	14.11	76.39	9.51	30.91	18.47	12.45
门头沟区	611	52	439	121	100	8.50	71.76	19.74	39.36	11.84	27.51
房山区	4755	478	3621	656	100	10.05	76.16	13.79	31.31	13.20	18.11
通州区	7618	756	6082	780	100	9.92	79.84	10.24	25.25	12.43	12.83
顺义区	6924	671	5514	739	100	9.69	79.63	10.68	25.57	12.17	13.41
昌平区	6694	525	5662	507	100	7.84	84.58	7.58	18.23	9.27	8.96
大兴区	7301	716	6003	582	100	9.81	82.22	7.97	21.62	11.93	9.70
怀柔区	2093	179	1585	329	100	8.55	75.74	15.71	32.03	11.29	20.73
平谷区	2775	250	2060	464	100	9.02	74.26	16.72	34.66	12.15	22.51
密云区	3112	282	2293	536	100	9.07	73.70	17.23	35.69	12.31	23.38
延庆区	2320	232	1671	417	100	10.01	72.02	17.97	38.85	13.90	24.95

4 受教育程度

4-1 全市分年龄、性别、受教育程度的6岁及以上人口

单位：人

年 龄	6岁及以上人口			未上过学			小 学		
	合计	男	女	小计	男	女	小计	男	女
总 计	**316773**	**165403**	**151370**	**6180**	**1500**	**4680**	**32650**	**15352**	**17298**
6-9	**7942**	**4140**	**3802**	**322**	**183**	**139**	**7619**	**3957**	**3663**
6	2014	1037	977	298	169	130	1715	868	847
7	2073	1109	963	12	5	7	2060	1104	956
8	2125	1109	1016	7	5	2	2118	1104	1013
9	1730	884	846	4	4		1726	880	846
10-14	**7050**	**3744**	**3306**	**31**	**17**	**14**	**3499**	**1875**	**1624**
10	1708	880	828	5	2	2	1674	861	813
11	1528	835	693	6	3	3	1432	796	637
12	1087	585	503	2		2	286	160	126
13	1417	754	663	4	3	1	88	48	39
14	1309	690	619	15	8	7	19	10	10
15-19	**9405**	**5122**	**4284**	**116**	**26**	**90**	**73**	**53**	**20**
15	1032	581	451	40	12	28	7	5	2
16	1120	604	516	8	1	7	11	10	1
17	1665	911	754	22	4	18	17	8	9
18	2565	1367	1197	21	6	15	17	15	2
19	3024	1659	1365	25	3	22	21	14	6
20-24	**32173**	**18920**	**13253**	**103**	**56**	**47**	**196**	**134**	**61**
20	6588	3835	2753	22	11	11	31	19	13
21	6423	3903	2520	30	13	17	27	18	9
22	6837	4013	2823	18	10	8	43	33	10
23	6291	3667	2624	18	10	8	41	33	8
24	6035	3503	2531	15	12	3	53	32	21
25-29	**43154**	**23092**	**20062**	**89**	**31**	**58**	**495**	**320**	**175**
25	8668	4782	3885	19	5	15	83	55	28
26	8712	4740	3971	14	2	12	102	70	32
27	8671	4633	4038	19	12	8	85	51	34
28	9076	4684	4391	21	4	18	111	66	44
29	8029	4253	3776	15	9	5	114	78	36
30-34	**35932**	**18521**	**17411**	**86**	**40**	**46**	**528**	**310**	**218**
30	6713	3478	3235	20	4	16	127	78	49
31	6789	3531	3258	21	12	9	78	48	30
32	7362	3810	3552	15	6	10	87	58	30
33	8343	4214	4129	16	11	5	118	52	66
34	6725	3488	3236	14	7	7	118	75	43
35-39	**27616**	**14380**	**13236**	**80**	**37**	**42**	**795**	**374**	**421**
35	6327	3253	3074	18	11	7	121	61	61
36	6108	3142	2966	17	8	10	148	73	75
37	5648	2986	2662	13	4	8	167	87	80
38	4710	2459	2252	15	6	9	159	81	78
39	4823	2541	2282	17	8	9	199	72	127
40-44	**26595**	**14045**	**12549**	**201**	**72**	**130**	**1705**	**775**	**930**
40	4716	2453	2263	28	13	15	271	117	154
41	4964	2653	2311	33	13	20	292	137	155
42	5680	2984	2695	47	10	38	346	166	180
43	5506	2883	2623	28	15	13	399	171	228
44	5729	3072	2656	65	22	44	397	183	214

4-1 续表 1

单位：人

年 龄	初 中			普通高中			中 职		
	小计	男	女	小计	男	女	小计	男	女
总 计	**80272**	**45223**	**35049**	**42868**	**22470**	**20399**	**20697**	**10768**	**9929**
6-9									
6									
7									
8									
9									
10-14	**3436**	**1819**	**1617**	**75**	**29**	**45**	**9**	**4**	**5**
10	30	16	14						
11	90	36	54						
12	798	424	374	1		1			
13	1314	700	613	11	2	8	1		1
14	1204	642	563	63	27	36	8	4	4
15-19	**1702**	**1122**	**580**	**2735**	**1558**	**1177**	**1022**	**630**	**392**
15	359	228	131	545	288	256	73	44	29
16	201	136	65	711	359	352	134	70	63
17	291	200	91	745	415	330	264	176	88
18	370	263	107	386	235	151	253	145	108
19	480	295	185	349	262	87	298	194	104
20-24	**3793**	**2580**	**1213**	**2601**	**1684**	**918**	**2220**	**1290**	**930**
20	598	428	169	534	393	141	372	210	161
21	643	454	189	494	316	178	435	250	186
22	763	488	275	533	350	184	404	225	179
23	814	546	268	501	312	188	469	287	182
24	975	664	311	539	312	227	540	318	223
25-29	**6805**	**4298**	**2506**	**4189**	**2392**	**1797**	**3870**	**2195**	**1675**
25	1423	927	496	808	481	327	774	472	302
26	1283	794	489	784	428	356	756	433	323
27	1370	890	479	832	473	359	817	446	371
28	1427	883	544	937	550	387	807	425	382
29	1301	804	497	828	460	367	715	419	296
30-34	**6212**	**3734**	**2478**	**3491**	**1921**	**1570**	**2929**	**1642**	**1287**
30	1190	728	462	627	350	276	562	327	235
31	1134	689	445	667	377	290	542	310	233
32	1253	740	512	714	398	316	567	319	248
33	1393	841	552	790	420	369	712	392	320
34	1243	735	508	693	375	318	546	295	251
35-39	**6270**	**3646**	**2624**	**3012**	**1584**	**1428**	**2140**	**1167**	**974**
35	1247	734	513	687	345	342	556	299	257
36	1347	791	555	650	337	313	468	250	218
37	1257	720	537	619	335	283	452	267	185
38	1110	635	475	496	277	219	326	173	153
39	1309	765	544	560	290	270	338	179	160
40-44	**8754**	**4923**	**3831**	**3483**	**1796**	**1687**	**1515**	**786**	**729**
40	1425	801	624	618	308	311	270	126	145
41	1557	859	698	614	331	283	306	174	132
42	1875	1040	835	661	342	319	351	168	183
43	1868	1075	793	790	398	392	280	149	131
44	2028	1148	880	800	418	382	308	169	138

4-1c　全市分年龄、性别、受教育程度的6岁及以上人口(乡村)

单位：人

年　龄	6岁及以上人口			未上过学			小　学		
	合计	男	女	小计	男	女	小计	男	女
总　计	**43851**	**22983**	**20868**	**2340**	**681**	**1659**	**7736**	**3672**	**4063**
6-9	**1128**	**587**	**541**	**45**	**27**	**19**	**1082**	**560**	**522**
6	271	136	135	39	22	17	232	114	117
7	292	157	134	2	1	1	290	156	134
8	287	145	142	3	2	1	284	143	141
9	279	149	130	2	2		276	147	130
10-14	**1090**	**568**	**521**	**17**	**10**	**8**	**531**	**277**	**254**
10	252	133	120	3	1	2	243	129	115
11	218	99	119	1	1	1	199	94	105
12	175	102	73				60	37	23
13	231	120	111	3	1	1	25	15	10
14	213	115	98	10	7	3	4	3	1
15-19	**1955**	**903**	**1052**	**106**	**19**	**87**	**21**	**17**	**4**
15	274	134	140	38	10	27	2	1	1
16	268	122	147	8	1	7	9	8	1
17	349	179	169	21	4	17	3	2	1
18	445	199	246	19	4	15			
19	620	269	350	21		21	7	6	1
20-24	**3170**	**1718**	**1452**	**60**	**29**	**31**	**45**	**31**	**14**
20	691	255	437	14	4	10	2	1	2
21	532	306	226	13	4	9	8	7	1
22	567	343	224	13	6	7	11	8	3
23	593	351	242	10	7	3	11	10	2
24	787	463	323	9	7	2	12	5	7
25-29	**5182**	**2756**	**2425**	**66**	**19**	**47**	**120**	**69**	**50**
25	1017	564	452	14	4	11	20	13	7
26	1032	540	492	14	2	12	25	15	9
27	1075	583	493	14	7	7	18	12	6
28	1115	564	551	16	2	14	26	12	14
29	943	505	437	8	5	3	30	17	13
30-34	**4109**	**2230**	**1879**	**56**	**29**	**27**	**130**	**71**	**59**
30	839	456	383	15	1	14	30	16	14
31	823	457	366	14	12	2	21	11	10
32	772	405	367	10	4	6	20	12	8
33	964	541	423	11	9	2	34	18	16
34	710	370	340	7	4	3	25	13	12
35-39	**3062**	**1729**	**1333**	**41**	**22**	**19**	**195**	**98**	**97**
35	705	378	326	11	7	4	31	16	15
36	652	375	277	6	1	5	35	19	16
37	622	343	279	7	3	4	41	24	18
38	525	299	225	10	3	7	48	21	27
39	558	333	225	7	7		39	17	22
40-44	**3772**	**2055**	**1717**	**70**	**32**	**38**	**399**	**195**	**205**
40	583	318	265	11	7	4	57	29	29
41	682	373	309	13	7	6	76	37	39
42	793	432	361	8	1	7	85	42	43
43	801	443	358	11	7	3	86	47	39
44	913	488	424	27	10	17	95	40	55

4-1c 续表 1 单位：人

年 龄	初 中			普通高中			中 职		
	小计	男	女	小计	男	女	小计	男	女
总 计	**20041**	**11446**	**8595**	**4721**	**2587**	**2134**	**3648**	**2184**	**1464**
6-9									
6									
7									
8									
9									
10-14	**524**	**274**	**250**	**14**	**6**	**8**	**2**	**1**	**1**
10	6	3	3						
11	18	5	13						
12	114	65	49	1		1			
13	201	103	98	2		2			
14	186	98	88	12	6	5	2	1	1
15-19	**403**	**241**	**162**	**488**	**234**	**254**	**331**	**229**	**101**
15	99	55	44	95	45	50	37	22	15
16	44	23	21	154	62	92	41	23	18
17	73	42	31	138	70	68	73	53	21
18	77	53	24	57	30	27	81	54	28
19	110	67	42	44	27	17	99	78	20
20-24	**805**	**550**	**255**	**261**	**162**	**99**	**641**	**417**	**225**
20	108	75	33	45	28	17	106	68	38
21	137	99	38	33	18	16	121	88	33
22	159	113	46	50	31	19	119	77	42
23	176	112	63	64	43	21	119	71	48
24	224	150	75	69	42	27	177	112	65
25-29	**1651**	**980**	**672**	**503**	**290**	**213**	**1196**	**672**	**524**
25	295	185	110	86	55	31	273	168	105
26	329	186	143	89	48	41	235	133	101
27	327	200	127	115	68	47	259	149	110
28	368	215	154	120	63	56	231	116	114
29	332	195	137	94	56	38	199	105	94
30-34	**1757**	**975**	**782**	**538**	**288**	**250**	**724**	**413**	**310**
30	330	195	135	88	46	42	148	88	60
31	335	191	143	108	61	47	154	92	61
32	318	168	150	112	62	50	142	75	67
33	439	255	184	139	69	70	165	95	70
34	335	166	169	92	51	41	116	64	52
35-39	**1702**	**973**	**729**	**496**	**272**	**224**	**346**	**200**	**146**
35	355	193	162	124	58	66	101	58	44
36	339	199	140	118	65	53	81	44	37
37	334	183	151	109	63	46	61	32	29
38	306	183	123	74	41	34	53	31	21
39	369	215	153	71	46	25	50	35	14
40-44	**2494**	**1369**	**1125**	**464**	**263**	**201**	**165**	**89**	**76**
40	374	207	166	70	38	32	39	15	24
41	447	247	200	73	41	33	38	25	13
42	520	287	232	91	50	41	41	24	17
43	544	298	246	101	56	46	22	13	9
44	610	329	280	128	78	50	25	13	12

4-1c 续表 2

单位：人

年 龄	大学专科			大学本科			研究生		
	小计	男	女	小计	男	女	小计	男	女
总 计	**3042**	**1589**	**1452**	**2254**	**793**	**1461**	**71**	**31**	**40**
6-9									
6									
7									
8									
9									
10-14									
10									
11									
12									
13									
14									
15-19	**221**	**120**	**101**	**384**	**42**	**342**			
15	2	1	1						
16	5	4	2	7	1	7			
17	15	9	6	26		26			
18	81	44	38	129	14	115			
19	117	63	55	222	28	194			
20-24	**685**	**374**	**311**	**664**	**154**	**510**	**7**	**2**	**6**
20	103	54	50	313	24	288			
21	112	62	50	107	27	79			
22	132	75	57	79	31	48	2		2
23	138	74	64	72	32	40	3	2	1
24	199	109	91	94	39	55	2		2
25-29	**1006**	**452**	**554**	**604**	**263**	**341**	**36**	**11**	**25**
25	205	84	121	119	55	64	4		3
26	211	100	111	121	52	69	7	3	4
27	215	100	116	116	46	70	12	2	10
28	209	96	113	139	57	82	6	2	4
29	165	72	93	109	53	56	6	2	4
30-34	**551**	**282**	**270**	**335**	**162**	**173**	**17**	**9**	**8**
30	143	71	72	81	37	44	5	2	3
31	122	58	64	65	29	37	5	3	1
32	106	56	50	63	26	37	1	1	
33	98	52	46	77	44	34	2	1	1
34	82	44	38	48	26	22	5	2	3
35-39	**184**	**109**	**75**	**89**	**48**	**41**	**9**	**7**	**1**
35	60	32	28	20	12	8	2	2	
36	49	34	16	22	11	11	2	2	
37	39	20	19	28	16	12	3	2	1
38	22	13	9	10	5	5	1	1	
39	14	10	4	9	3	6	1		1
40-44	**127**	**73**	**54**	**52**	**32**	**20**	**1**	**1**	
40	22	17	6	10	6	4			
41	24	10	13	11	6	4			
42	34	18	16	13	9	4			
43	29	17	13	7	5	3	1	1	
44	17	11	6	11	6	4			

4-1c 续表 3

单位：人

年 龄	6岁及以上人口			未上过学			小 学		
	合计	男	女	小计	男	女	小计	男	女
45-49	**4216**	**2305**	**1911**	**128**	**55**	**73**	**558**	**250**	**308**
45	910	509	401	25	14	11	83	32	51
46	841	470	371	34	13	21	102	47	56
47	867	467	400	32	14	18	129	56	72
48	785	423	362	18	7	11	119	63	56
49	813	437	376	19	8	11	124	51	73
50-54	**4257**	**2244**	**2013**	**106**	**38**	**68**	**456**	**224**	**232**
50	951	502	450	23	7	16	120	56	63
51	946	512	434	25	11	14	82	39	43
52	1090	572	518	27	13	13	124	60	64
53	769	402	367	14	4	10	75	42	33
54	501	257	243	18	2	16	54	26	28
55-59	**3401**	**1735**	**1666**	**189**	**61**	**128**	**623**	**250**	**372**
55	680	331	349	21	7	14	95	40	55
56	649	346	303	25	10	15	108	43	65
57	742	374	367	44	16	29	138	53	85
58	675	348	327	57	18	39	129	56	73
59	656	335	320	42	11	31	153	58	95
60-64	**3224**	**1626**	**1598**	**297**	**88**	**208**	**1130**	**464**	**666**
60	726	362	364	50	16	34	206	87	119
61	656	320	336	71	21	49	199	79	120
62	653	332	321	70	20	50	264	111	153
63	646	345	301	64	19	44	253	114	139
64	543	267	276	43	12	30	208	74	134
65-69	**2147**	**1044**	**1103**	**200**	**43**	**157**	**980**	**385**	**595**
65	507	252	255	42	9	33	219	80	139
66	490	243	247	42	12	30	221	87	134
67	361	172	189	39	5	34	174	78	97
68	404	189	215	36	6	30	194	69	125
69	386	189	197	41	10	31	172	71	100
70-74	**1284**	**624**	**659**	**175**	**39**	**136**	**601**	**255**	**345**
70	309	148	161	32	10	22	144	57	87
71	290	150	140	33	5	28	116	47	69
72	238	117	121	35	6	29	114	53	61
73	234	102	133	38	5	33	116	45	71
74	212	107	105	37	13	24	110	53	57
75-79	**922**	**466**	**456**	**265**	**59**	**206**	**505**	**290**	**214**
75	186	86	101	44	6	39	104	54	50
76	195	98	97	45	10	36	107	59	47
77	202	111	91	56	14	42	121	73	48
78	186	98	88	62	18	44	100	59	41
79	152	74	78	57	11	47	73	46	28
80-84	**615**	**263**	**352**	**312**	**66**	**245**	**263**	**165**	**99**
80	154	69	86	64	14	50	76	44	32
81	149	70	79	78	19	59	63	44	18
82	129	48	81	65	12	53	57	30	27
83	102	45	57	55	11	44	39	28	11
84	81	32	50	49	9	40	28	18	10
85及以上	**320**	**131**	**189**	**206**	**45**	**161**	**97**	**71**	**25**

4-1c 续表 4　　　　　　　　　　　　　　　　　　单位：人

年龄	初中			普通高中			中职		
	小计	男	女	小计	男	女	小计	男	女
45-49	**2952**	**1653**	**1299**	**371**	**207**	**164**	**83**	**51**	**32**
45	646	374	272	97	51	46	21	14	8
46	588	336	252	76	47	29	20	11	9
47	604	332	272	65	35	30	15	12	3
48	538	290	249	64	36	28	19	9	10
49	576	322	254	67	36	31	8	5	3
50-54	**2879**	**1544**	**1335**	**688**	**361**	**327**	**47**	**30**	**17**
50	694	376	318	89	50	40	11	6	6
51	669	371	298	139	70	68	14	11	4
52	724	381	343	173	92	81	11	6	5
53	495	256	240	163	85	78	7	7	
54	297	160	136	123	63	60	4	1	2
55-59	**1854**	**1025**	**829**	**658**	**348**	**310**	**25**	**17**	**8**
55	374	188	186	177	86	91	3	3	
56	342	193	149	157	86	71	9	6	3
57	410	225	185	140	74	66	4	2	2
58	358	204	155	115	64	51	5	2	2
59	369	215	154	68	37	31	5	3	1
60-64	**1557**	**919**	**637**	**145**	**91**	**54**	**32**	**23**	**10**
60	393	214	179	59	34	25	5	3	2
61	331	184	148	32	20	11	6	3	3
62	287	181	106	16	10	6	7	4	2
63	286	181	105	22	16	6	7	7	
64	259	160	99	16	9	7	8	6	2
65-69	**857**	**540**	**317**	**44**	**28**	**16**	**29**	**19**	**10**
65	221	143	78	10	6	4	7	6	1
66	195	122	73	11	7	4	7	3	3
67	136	83	53	3		3	5	3	1
68	154	99	55	13	9	3	2	1	1
69	151	93	57	7	5	2	9	5	4
70-74	**437**	**273**	**164**	**30**	**23**	**7**	**16**	**12**	**3**
70	115	70	45	6	4	2	2	1	1
71	121	80	41	5	4	1	4	3	1
72	81	53	28	5	3	1	3	1	1
73	64	38	26	9	7	2	3	3	
74	55	32	23	6	6		4	3	1
75-79	**122**	**92**	**29**	**15**	**11**	**3**	**9**	**9**	**1**
75	33	22	11	2	2	1	1	1	
76	31	21	10	8	6	2	2	1	1
77	22	21	1	1	1		2	2	
78	21	17	4				2	2	
79	14	12	3	3	2	1	3	3	
80-84	**32**	**25**	**7**	**3**	**2**	**1**	**1**	**1**	
80	11	8	3	1	1	1	1	1	
81	6	5	1	1	1				
82	3	3	1	1	1	1	1	1	
83	8	6	2						
84	3	3							
85及以上	**16**	**13**	**3**	**1**	**1**				

4-1c 续表 5

单位：人

年 龄	大学专科			大学本科			研究生		
	小计	男	女	小计	男	女	小计	男	女
45-49	**77**	**59**	**18**	**46**	**30**	**16**	**1**	**1**	
45	22	16	6	15	8	8			
46	13	10	3	6	5	1	1	1	
47	15	13	2	7	4	3			
48	15	10	5	12	8	4			
49	12	9	3	6	5	1			
50-54	**59**	**34**	**26**	**21**	**13**	**7**	**1**	**1**	
50	9	5	5	5	2	3			
51	12	9	4	3		3	1	1	
52	24	13	11	7	6	1			
53	12	6	6	1	1				
54	2	2		4	3	1			
55-59	**42**	**25**	**17**	**10**	**9**	**1**			
55	6	4	2	3	3				
56	6	6		2	2				
57	3	2	1	2	2				
58	10	3	7	1	1				
59	17	10	7	1		1			
60-64	**45**	**27**	**19**	**18**	**14**	**4**			
60	7	4	3	6	5	1			
61	13	10	3	4	3	1			
62	6	2	4	3	3				
63	11	5	5	4	2	2			
64	8	5	3	1	1				
65-69	**26**	**21**	**5**	**11**	**9**	**2**			
65	7	7	1	1	1				
66	7	6	1	7	6	1			
67	4	3	1						
68	3	3		2	2				
69	4	3	1	2	1	1			
70-74	**11**	**10**	**1**	**15**	**11**	**4**			
70	2	2	1	8	4	3			
71	5	5		6	6				
72									
73	4	4		1	1				
74				1		1			
75-79	**4**	**3**	**2**	**2**	**2**				
75	1	1							
76	2		2	1	1				
77									
78				1	1				
79	1	1							
80-84	**1**	**1**		**2**	**2**				
80	1	1							
81				1	1				
82	1	1							
83									
84				1	1				
85及以上									

4-2 全市分年龄、性别的15岁及以上文盲人口

单位：人、%

年龄	15岁及以上人口			文盲人口			文盲人口占15岁及以上人口比重		
	合计	男	女	合计	男	女	合计	男	女
总　计	**301781**	**157519**	**144262**	**5188**	**1150**	**4037**	**1.72**	**0.73**	**2.80**
15-19	**9405**	**5122**	**4284**	**114**	**25**	**89**	**1.21**	**0.49**	**2.07**
15	1032	581	451	39	12	28	3.83	1.99	6.19
16	1120	604	516	8	1	7	0.71	0.18	1.33
17	1665	911	754	22	4	18	1.33	0.49	2.34
18	2565	1367	1197	20	5	15	0.77	0.38	1.22
19	3024	1659	1365	24	3	22	0.80	0.15	1.59
20-24	**32173**	**18920**	**13253**	**76**	**41**	**35**	**0.24**	**0.22**	**0.26**
20	6588	3835	2753	22	11	11	0.33	0.29	0.39
21	6423	3903	2520	15	6	9	0.23	0.15	0.37
22	6837	4013	2823	15	7	8	0.22	0.18	0.29
23	6291	3667	2624	14	10	4	0.22	0.28	0.14
24	6035	3503	2531	10	7	3	0.17	0.20	0.12
25-29	**43154**	**23092**	**20062**	**87**	**29**	**58**	**0.20**	**0.12**	**0.29**
25	8668	4782	3885	21	4	16	0.24	0.08	0.42
26	8712	4740	3971	14	1	12	0.16	0.02	0.31
27	8671	4633	4038	19	11	8	0.21	0.23	0.19
28	9076	4684	4391	21	4	17	0.23	0.08	0.38
29	8029	4253	3776	14	9	5	0.17	0.21	0.14
30-34	**35932**	**18521**	**17411**	**80**	**38**	**42**	**0.22**	**0.20**	**0.24**
30	6713	3478	3235	19	3	16	0.28	0.09	0.49
31	6789	3531	3258	18	12	7	0.27	0.33	0.21
32	7362	3810	3552	15	6	10	0.21	0.15	0.27
33	8343	4214	4129	15	10	5	0.18	0.24	0.12
34	6725	3488	3236	12	7	5	0.17	0.19	0.15
35-39	**27616**	**14380**	**13236**	**74**	**34**	**40**	**0.27**	**0.24**	**0.30**
35	6327	3253	3074	15	9	6	0.24	0.29	0.19
36	6108	3142	2966	16	7	9	0.26	0.22	0.30
37	5648	2986	2662	12	4	7	0.20	0.14	0.27
38	4710	2459	2252	15	5	10	0.32	0.21	0.44
39	4823	2541	2282	16	8	8	0.33	0.32	0.34
40-44	**26595**	**14045**	**12549**	**175**	**60**	**115**	**0.66**	**0.43**	**0.92**
40	4716	2453	2263	23	8	15	0.48	0.32	0.64
41	4964	2653	2311	25	11	14	0.51	0.42	0.61
42	5680	2984	2695	41	7	33	0.72	0.25	1.24
43	5506	2883	2623	27	15	13	0.50	0.51	0.49
44	5729	3072	2656	59	19	40	1.04	0.62	1.52

4-2 续表

单位：人、%

年 龄	15岁及以上人口			文盲人口			文盲人口占15岁及以上人口比重		
	合计	男	女	合计	男	女	合计	男	女
45-49	**25623**	**13768**	**11855**	**290**	**103**	**187**	**1.13**	**0.75**	**1.57**
45	5933	3229	2703	62	30	32	1.04	0.93	1.18
46	5361	2858	2503	73	25	48	1.36	0.86	1.94
47	5692	3010	2683	58	18	40	1.01	0.59	1.48
48	4175	2193	1982	53	21	32	1.27	0.97	1.62
49	4461	2478	1983	44	9	35	0.99	0.38	1.74
50-54	**25014**	**13099**	**11916**	**231**	**55**	**176**	**0.92**	**0.42**	**1.48**
50	4808	2543	2266	44	9	36	0.92	0.35	1.57
51	5391	2832	2558	51	19	32	0.95	0.68	1.25
52	6864	3614	3250	59	16	43	0.86	0.44	1.33
53	4696	2493	2203	38	8	30	0.81	0.32	1.37
54	3255	1616	1639	38	3	35	1.16	0.17	2.14
55-59	**21280**	**10690**	**10590**	**396**	**111**	**285**	**1.86**	**1.04**	**2.69**
55	4235	2104	2131	38	11	27	0.90	0.51	1.29
56	3764	1988	1776	60	17	43	1.60	0.86	2.42
57	4412	2199	2213	87	28	59	1.98	1.28	2.67
58	4530	2283	2247	111	28	83	2.45	1.24	3.69
59	4339	2115	2223	100	27	73	2.29	1.26	3.27
60-64	**19215**	**9308**	**9907**	**583**	**151**	**431**	**3.03**	**1.63**	**4.35**
60	4391	2132	2258	111	35	76	2.54	1.66	3.37
61	4189	2043	2146	120	33	87	2.87	1.62	4.06
62	3790	1803	1987	141	32	109	3.71	1.75	5.49
63	3786	1850	1937	122	33	89	3.21	1.78	4.58
64	3059	1479	1579	89	19	70	2.91	1.26	4.46
65-69	**12264**	**5826**	**6438**	**393**	**76**	**317**	**3.20**	**1.30**	**4.92**
65	3012	1460	1553	79	14	65	2.62	0.95	4.20
66	2666	1263	1403	101	28	72	3.77	2.24	5.15
67	2199	1037	1162	63	10	53	2.85	0.96	4.53
68	2264	1078	1186	76	11	65	3.38	1.05	5.49
69	2123	988	1134	74	12	62	3.48	1.26	5.42
70-74	**7978**	**3608**	**4371**	**354**	**62**	**292**	**4.44**	**1.72**	**6.68**
70	1882	854	1028	70	15	56	3.74	1.71	5.43
71	1560	722	838	62	12	50	4.00	1.72	5.96
72	1485	686	799	71	10	61	4.77	1.43	7.64
73	1527	676	851	67	9	58	4.41	1.35	6.84
74	1524	669	855	83	16	67	5.45	2.38	7.85
75-79	**7684**	**3575**	**4109**	**676**	**100**	**576**	**8.80**	**2.79**	**14.03**
75	1639	755	884	105	16	89	6.39	2.12	10.05
76	1486	665	821	115	13	101	7.71	2.00	12.34
77	1640	785	854	140	20	120	8.54	2.60	14.01
78	1494	716	779	149	26	123	9.96	3.58	15.81
79	1426	654	772	168	24	143	11.77	3.71	18.59
80-84	**5021**	**2262**	**2759**	**912**	**145**	**767**	**18.16**	**6.42**	**27.79**
80	1329	623	706	187	36	151	14.04	5.71	21.40
81	1157	509	648	200	31	169	17.27	6.01	26.12
82	1032	474	558	182	24	158	17.64	5.14	28.24
83	827	353	475	173	21	152	20.93	6.03	32.02
84	675	303	372	170	33	137	25.17	10.99	36.72
85及以上	**2827**	**1303**	**1524**	**748**	**121**	**627**	**26.47**	**9.30**	**41.17**

3-1a 续表 1

单位：人、%

年 龄	人口数			占总人口比重			性别比
	合计	男	女	合计	男	女	(女=100)
30-34	**29868**	**14705**	**15163**	**11.09**	**5.46**	**5.63**	**96.97**
30	5296	2598	2698	1.97	0.96	1.00	96.31
31	5570	2749	2821	2.07	1.02	1.05	97.47
32	6234	3101	3133	2.32	1.15	1.16	98.96
33	7112	3442	3670	2.64	1.28	1.36	93.81
34	5655	2814	2842	2.10	1.04	1.06	99.01
35-39	**23124**	**11586**	**11538**	**8.59**	**4.30**	**4.29**	**100.41**
35	5260	2608	2653	1.95	0.97	0.99	98.31
36	5166	2557	2608	1.92	0.95	0.97	98.04
37	4733	2413	2321	1.76	0.90	0.86	103.97
38	3941	1973	1968	1.46	0.73	0.73	100.27
39	4024	2035	1989	1.49	0.76	0.74	102.32
40-44	**21259**	**10869**	**10390**	**7.90**	**4.04**	**3.86**	**104.61**
40	3882	1925	1957	1.44	0.71	0.73	98.32
41	4013	2098	1915	1.49	0.78	0.71	109.56
42	4572	2324	2248	1.70	0.86	0.83	103.40
43	4376	2221	2155	1.63	0.82	0.80	103.10
44	4416	2301	2115	1.64	0.85	0.79	108.78
45-49	**19956**	**10312**	**9643**	**7.41**	**3.83**	**3.58**	**106.94**
45	4697	2465	2232	1.74	0.92	0.83	110.47
46	4273	2164	2109	1.59	0.80	0.78	102.62
47	4498	2292	2206	1.67	0.85	0.82	103.91
48	3075	1547	1528	1.14	0.57	0.57	101.30
49	3413	1844	1570	1.27	0.68	0.58	117.45
50-54	**20564**	**10427**	**10137**	**7.64**	**3.87**	**3.76**	**102.86**
50	3655	1867	1788	1.36	0.69	0.66	104.40
51	4384	2207	2176	1.63	0.82	0.81	101.44
52	5777	2946	2831	2.15	1.09	1.05	104.06
53	3930	2035	1895	1.46	0.76	0.70	107.37
54	2818	1372	1447	1.05	0.51	0.54	94.78
55-59	**18767**	**9175**	**9592**	**6.97**	**3.41**	**3.56**	**95.66**
55	3697	1795	1902	1.37	0.67	0.71	94.33
56	3245	1697	1548	1.21	0.63	0.57	109.66
57	3876	1885	1991	1.44	0.70	0.74	94.64
58	4065	1971	2094	1.51	0.73	0.78	94.10
59	3883	1828	2056	1.44	0.68	0.76	88.90
60-64	**17482**	**8297**	**9185**	**6.49**	**3.08**	**3.41**	**90.34**
60	3997	1910	2087	1.48	0.71	0.78	91.49
61	3837	1842	1996	1.43	0.68	0.74	92.28
62	3444	1601	1842	1.28	0.59	0.68	86.93
63	3441	1615	1825	1.28	0.60	0.68	88.49
64	2764	1329	1434	1.03	0.49	0.53	92.68

3-1a 续表 2

单位：人、%

年 龄	人口数			占总人口比重			性别比
	合计	男	女	合计	男	女	(女=100)
65-69	**10841**	**5107**	**5733**	**4.03**	**1.90**	**2.13**	**89.08**
65	2701	1289	1412	1.00	0.48	0.52	91.29
66	2318	1086	1232	0.86	0.40	0.46	88.19
67	1968	924	1044	0.73	0.34	0.39	88.56
68	1999	955	1045	0.74	0.35	0.39	91.39
69	1854	853	1001	0.69	0.32	0.37	85.18
70-74	**7141**	**3175**	**3966**	**2.65**	**1.18**	**1.47**	**80.06**
70	1676	752	924	0.62	0.28	0.34	81.45
71	1343	599	743	0.50	0.22	0.28	80.67
72	1328	599	729	0.49	0.22	0.27	82.15
73	1387	620	766	0.52	0.23	0.28	80.94
74	1408	604	804	0.52	0.22	0.30	75.15
75-79	**7259**	**3354**	**3904**	**2.70**	**1.25**	**1.45**	**85.92**
75	1553	721	832	0.58	0.27	0.31	86.72
76	1390	614	776	0.52	0.23	0.29	79.12
77	1548	720	828	0.57	0.27	0.31	87.02
78	1402	666	735	0.52	0.25	0.27	90.65
79	1366	632	734	0.51	0.23	0.27	86.22
80-84	**4736**	**2178**	**2558**	**1.76**	**0.81**	**0.95**	**85.12**
80	1284	613	672	0.48	0.23	0.25	91.21
81	1081	474	607	0.40	0.18	0.23	78.19
82	967	463	504	0.36	0.17	0.19	91.88
83	772	337	435	0.29	0.13	0.16	77.46
84	632	291	341	0.23	0.11	0.13	85.24
85-89	**1969**	**966**	**1003**	**0.73**	**0.36**	**0.37**	**96.27**
85	613	308	305	0.23	0.11	0.11	101.16
86	474	245	229	0.18	0.09	0.09	107.01
87	399	190	208	0.15	0.07	0.08	91.39
88	304	145	159	0.11	0.05	0.06	91.14
89	181	78	103	0.07	0.03	0.04	75.70
90-94	**555**	**239**	**316**	**0.21**	**0.09**	**0.12**	**75.85**
90	181	79	102	0.07	0.03	0.04	77.23
91	124	65	59	0.05	0.02	0.02	109.38
92	98	33	65	0.04	0.01	0.02	50.22
93	97	40	58	0.04	0.01	0.02	68.88
94	54	23	31	0.02	0.01	0.01	74.17
95-99	**102**	**48**	**54**	**0.04**	**0.02**	**0.02**	**87.53**
95	25	13	13	0.01			98.32
96	26	10	16	0.01		0.01	64.32
97	24	9	15	0.01		0.01	64.29
98	22	14	9	0.01	0.01		156.71
99	5	2	3				72.54
100及以上	**14**	**5**	**9**	**0.01**			**51.78**

3-1b 全市分年龄、性别的人口(镇)

单位：人、%

年 龄	人口数			占总人口比重			性别比
	合计	男	女	合计	男	女	(女=100)
总 计	**21893**	**11243**	**10650**	**100.00**	**51.35**	**48.65**	**105.57**
0-4	**1037**	**538**	**499**	**4.74**	**2.46**	**2.28**	**107.87**
0	159	75	84	0.73	0.34	0.38	89.58
1	275	142	133	1.26	0.65	0.61	107.09
2	202	101	101	0.92	0.46	0.46	100.51
3	207	112	95	0.95	0.51	0.43	118.39
4	194	107	87	0.89	0.49	0.40	123.85
5-9	**852**	**435**	**417**	**3.89**	**1.99**	**1.90**	**104.46**
5	158	88	70	0.72	0.40	0.32	126.70
6	161	78	83	0.74	0.36	0.38	93.61
7	176	90	86	0.80	0.41	0.39	104.34
8	196	100	96	0.90	0.45	0.44	103.23
9	162	80	82	0.74	0.37	0.37	98.14
10-14	**606**	**311**	**296**	**2.77**	**1.42**	**1.35**	**105.10**
10	145	70	75	0.66	0.32	0.34	93.33
11	142	79	64	0.65	0.36	0.29	122.99
12	95	42	53	0.43	0.19	0.24	80.10
13	120	63	57	0.55	0.29	0.26	110.12
14	104	57	47	0.48	0.26	0.22	121.35
15 19	**840**	**438**	**402**	**3.84**	**2.00**	**1.84**	**108.86**
15	137	69	69	0.63	0.31	0.31	99.77
16	109	57	52	0.50	0.26	0.24	109.69
17	121	68	53	0.55	0.31	0.24	127.81
18	185	102	83	0.84	0.47	0.38	123.80
19	289	143	146	1.32	0.65	0.67	97.55
20-24	**1393**	**816**	**577**	**6.36**	**3.73**	**2.64**	**141.40**
20	281	173	108	1.28	0.79	0.49	160.91
21	269	172	97	1.23	0.79	0.44	178.47
22	244	134	110	1.11	0.61	0.50	121.56
23	280	152	128	1.28	0.70	0.58	118.90
24	320	185	135	1.46	0.84	0.62	136.83
25-29	**2429**	**1232**	**1198**	**11.10**	**5.63**	**5.47**	**102.85**
25	445	230	215	2.03	1.05	0.98	107.42
26	496	251	246	2.27	1.14	1.12	102.03
27	487	247	240	2.22	1.13	1.09	103.16
28	524	256	268	2.39	1.17	1.22	95.76
29	477	247	230	2.18	1.13	1.05	107.37

3-1b 续表 1

单位：人、%

年 龄	人口数			占总人口比重			性别比
	合计	男	女	合计	男	女	(女=100)
30-34	**2188**	**1132**	**1056**	**9.99**	**5.17**	**4.83**	**107.11**
30	445	232	213	2.03	1.06	0.97	108.83
31	392	202	191	1.79	0.92	0.87	105.76
32	435	236	199	1.99	1.08	0.91	118.17
33	483	245	238	2.21	1.12	1.09	102.81
34	432	217	215	1.97	0.99	0.98	101.11
35-39	**1651**	**861**	**790**	**7.54**	**3.93**	**3.61**	**109.02**
35	400	203	198	1.83	0.93	0.90	102.59
36	391	196	195	1.79	0.90	0.89	100.46
37	324	177	147	1.48	0.81	0.67	119.91
38	256	142	115	1.17	0.65	0.52	123.23
39	279	144	135	1.27	0.66	0.62	106.79
40-44	**1790**	**929**	**861**	**8.18**	**4.24**	**3.93**	**107.81**
40	290	153	137	1.33	0.70	0.63	112.03
41	321	166	155	1.46	0.76	0.71	107.33
42	365	184	181	1.67	0.84	0.83	101.48
43	394	201	193	1.80	0.92	0.88	104.29
44	420	224	196	1.92	1.03	0.89	114.55
45-49	**1919**	**1017**	**902**	**8.77**	**4.65**	**4.12**	**112.83**
45	434	239	196	1.98	1.09	0.89	122.13
46	376	203	173	1.72	0.93	0.79	117.64
47	421	219	202	1.92	1.00	0.92	108.39
48	342	169	173	1.56	0.77	0.79	98.22
49	346	187	159	1.58	0.85	0.73	117.67
50-54	**1899**	**966**	**933**	**8.68**	**4.41**	**4.26**	**103.52**
50	422	219	204	1.93	1.00	0.93	107.50
51	419	211	207	1.91	0.97	0.95	102.07
52	488	257	230	2.23	1.17	1.05	111.59
53	342	173	169	1.56	0.79	0.77	102.79
54	229	105	123	1.04	0.48	0.56	85.28
55-59	**1660**	**808**	**852**	**7.58**	**3.69**	**3.89**	**94.90**
55	347	172	175	1.59	0.79	0.80	98.16
56	323	151	172	1.47	0.69	0.79	87.67
57	315	146	169	1.44	0.67	0.77	86.13
58	329	173	156	1.50	0.79	0.71	110.43
59	346	167	179	1.58	0.76	0.82	93.40
60-64	**1447**	**726**	**721**	**6.61**	**3.31**	**3.29**	**100.66**
60	321	162	159	1.47	0.74	0.72	102.10
61	338	173	166	1.55	0.79	0.76	103.97
62	286	137	149	1.31	0.63	0.68	91.69
63	270	143	127	1.23	0.65	0.58	112.36
64	231	111	120	1.06	0.51	0.55	92.96

3-1b 续表 2 单位：人、%

年 龄	人口数			占总人口比重			性别比
	合计	男	女	合计	男	女	(女=100)
65-69	**866**	**421**	**445**	**3.96**	**1.92**	**2.03**	**94.65**
65	190	102	88	0.87	0.47	0.40	115.53
66	196	90	107	0.90	0.41	0.49	84.28
67	159	78	81	0.73	0.36	0.37	96.56
68	159	74	85	0.73	0.34	0.39	86.68
69	162	77	84	0.74	0.35	0.38	92.13
70-74	**531**	**264**	**267**	**2.43**	**1.21**	**1.22**	**98.82**
70	126	59	67	0.58	0.27	0.31	88.60
71	117	60	57	0.54	0.27	0.26	104.58
72	102	58	44	0.47	0.27	0.20	131.93
73	97	46	51	0.44	0.21	0.23	91.80
74	89	40	48	0.41	0.18	0.22	83.37
75-79	**397**	**186**	**211**	**1.81**	**0.85**	**0.96**	**87.88**
75	98	45	53	0.45	0.20	0.24	84.18
76	80	35	45	0.37	0.16	0.20	79.20
77	81	44	37	0.37	0.20	0.17	119.63
78	70	35	35	0.32	0.16	0.16	98.31
79	69	27	42	0.31	0.12	0.19	65.00
80-84	**258**	**118**	**140**	**1.18**	**0.54**	**0.64**	**84.12**
80	61	31	30	0.28	0.14	0.14	103.65
81	54	23	31	0.25	0.11	0.14	75.05
82	62	28	34	0.28	0.13	0.16	81.45
83	52	21	31	0.24	0.10	0.14	69.91
84	29	14	15	0.13	0.07	0.07	99.36
85-89	**91**	**35**	**56**	**0.42**	**0.16**	**0.26**	**63.43**
85	31	12	19	0.14	0.06	0.09	65.73
86	25	12	13	0.11	0.05	0.06	88.38
87	17	6	11	0.08	0.03	0.05	59.38
88	12	5	7	0.05	0.02	0.03	74.97
89	6		6	0.03		0.03	
90-94	**29**	**8**	**22**	**0.13**	**0.04**	**0.10**	**36.54**
90	6	2	4	0.03	0.01	0.02	39.47
91	9	3	6	0.04	0.01	0.03	40.67
92	4	1	3	0.02		0.01	18.35
93	5	2	3	0.02	0.01	0.01	49.29
94	6	1	4	0.03	0.01	0.02	31.94
95-99	**5**	**1**	**4**	**0.02**		**0.02**	**15.39**
95	1		1	0.01		0.01	
96							
97	3	1	2	0.01		0.01	24.17
98							
99							
100及以上	**2**	**1**	**1**	**0.01**	**0.01**		**120.29**

3-1c 全市分年龄、性别的人口(乡村)

单位：人、%

年 龄	人口数			占总人口比重			性别比
	合计	男	女	合计	男	女	(女=100)
总 计	**45828**	**23775**	**22053**	**100.00**	**51.88**	**48.12**	**107.81**
0-4	**2037**	**1093**	**944**	**4.44**	**2.38**	**2.06**	**115.75**
0	330	169	161	0.72	0.37	0.35	104.83
1	508	269	239	1.11	0.59	0.52	112.50
2	396	218	178	0.86	0.48	0.39	122.58
3	440	242	198	0.96	0.53	0.43	122.33
4	361	194	167	0.79	0.42	0.37	115.89
5-9	**1483**	**773**	**709**	**3.24**	**1.69**	**1.55**	**109.03**
5	297	161	136	0.65	0.35	0.30	118.81
6	284	143	141	0.62	0.31	0.31	101.44
7	308	165	143	0.67	0.36	0.31	115.34
8	299	148	151	0.65	0.32	0.33	97.60
9	294	156	138	0.64	0.34	0.30	113.16
10-14	**1113**	**583**	**530**	**2.43**	**1.27**	**1.16**	**110.07**
10	257	136	121	0.56	0.30	0.26	112.48
11	225	102	122	0.49	0.22	0.27	83.85
12	181	105	75	0.39	0.23	0.16	140.32
13	238	124	113	0.52	0.27	0.25	109.77
14	213	115	98	0.46	0.25	0.21	116.92
15-19	**1513**	**756**	**758**	**3.30**	**1.65**	**1.65**	**99.76**
15	249	127	122	0.54	0.28	0.27	103.95
16	246	113	132	0.54	0.25	0.29	85.60
17	284	152	132	0.62	0.33	0.29	114.84
18	319	156	163	0.70	0.34	0.36	95.92
19	415	207	208	0.91	0.45	0.45	99.73
20-24	**2730**	**1450**	**1279**	**5.96**	**3.16**	**2.79**	**113.35**
20	496	214	282	1.08	0.47	0.61	76.12
21	448	248	200	0.98	0.54	0.44	124.06
22	485	265	220	1.06	0.58	0.48	120.61
23	551	300	251	1.20	0.65	0.55	119.33
24	749	423	327	1.64	0.92	0.71	129.39
25-29	**5365**	**2800**	**2565**	**11.71**	**6.11**	**5.60**	**109.14**
25	1041	567	473	2.27	1.24	1.03	119.79
26	1072	549	523	2.34	1.20	1.14	105.05
27	1107	591	516	2.41	1.29	1.13	114.55
28	1153	572	580	2.51	1.25	1.27	98.64
29	993	520	473	2.17	1.13	1.03	109.99

3-1c 续表 1 单位：人、%

年 龄	人口数			占总人口比重			性别比
	合计	男	女	合计	男	女	(女=100)
30-34	**3883**	**2086**	**1798**	**8.47**	**4.55**	**3.92**	**116.02**
30	796	438	358	1.74	0.96	0.78	122.40
31	774	418	356	1.69	0.91	0.78	117.29
32	745	389	356	1.63	0.85	0.78	109.35
33	896	487	409	1.95	1.06	0.89	119.26
34	672	353	319	1.47	0.77	0.70	110.73
35-39	**2947**	**1612**	**1334**	**6.43**	**3.52**	**2.91**	**120.80**
35	681	359	322	1.49	0.78	0.70	111.46
36	638	357	281	1.39	0.78	0.61	126.95
37	589	311	278	1.29	0.68	0.61	111.58
38	506	280	225	1.10	0.61	0.49	124.51
39	533	305	228	1.16	0.67	0.50	134.04
40-44	**3691**	**1957**	**1734**	**8.05**	**4.27**	**3.78**	**112.84**
40	567	301	267	1.24	0.66	0.58	112.75
41	655	342	313	1.43	0.75	0.68	108.98
42	792	428	363	1.73	0.93	0.79	117.89
43	789	421	368	1.72	0.92	0.80	114.45
44	889	466	423	1.94	1.02	0.92	110.02
45-49	**4242**	**2254**	**1988**	**9.26**	**4.92**	**4.34**	**113.40**
45	920	500	420	2.01	1.09	0.92	119.09
46	833	458	375	1.82	1.00	0.82	121.99
47	869	455	414	1.90	0.99	0.90	110.02
48	791	408	383	1.73	0.89	0.84	106.44
49	830	434	396	1.81	0.95	0.86	109.51
50-54	**4414**	**2281**	**2133**	**9.63**	**4.98**	**4.65**	**106.95**
50	965	490	475	2.11	1.07	1.04	103.25
51	987	522	465	2.15	1.14	1.01	112.23
52	1131	583	548	2.47	1.27	1.20	106.31
53	798	410	388	1.74	0.89	0.85	105.66
54	533	276	257	1.16	0.60	0.56	107.54
55-59	**3509**	**1770**	**1739**	**7.66**	**3.86**	**3.79**	**101.77**
55	707	342	366	1.54	0.75	0.80	93.51
56	673	350	323	1.47	0.76	0.71	108.30
57	759	384	375	1.66	0.84	0.82	102.43
58	696	353	343	1.52	0.77	0.75	103.17
59	673	340	333	1.47	0.74	0.73	102.34
60-64	**3365**	**1676**	**1689**	**7.34**	**3.66**	**3.69**	**99.25**
60	747	364	384	1.63	0.79	0.84	94.85
61	686	329	357	1.50	0.72	0.78	92.00
62	685	344	341	1.49	0.75	0.74	100.76
63	672	359	313	1.47	0.78	0.68	114.64
64	575	281	294	1.25	0.61	0.64	95.63

3-1c 续表 2 单位：人、%

年 龄	人口数			占总人口比重			性别比
	合计	男	女	合计	男	女	(女=100)
65-69	**2250**	**1100**	**1149**	**4.91**	**2.40**	**2.51**	**95.74**
65	531	268	263	1.16	0.58	0.57	101.63
66	511	252	259	1.11	0.55	0.57	97.15
67	378	183	195	0.83	0.40	0.43	93.67
68	427	200	227	0.93	0.44	0.50	87.76
69	402	198	204	0.88	0.43	0.44	97.26
70-74	**1343**	**657**	**687**	**2.93**	**1.43**	**1.50**	**95.66**
70	323	156	167	0.70	0.34	0.36	93.53
71	304	157	147	0.66	0.34	0.32	106.52
72	250	126	124	0.54	0.27	0.27	101.65
73	244	105	139	0.53	0.23	0.30	75.83
74	223	113	110	0.49	0.25	0.24	102.57
75-79	**953**	**496**	**456**	**2.08**	**1.08**	**1.00**	**108.85**
75	190	93	97	0.41	0.20	0.21	95.88
76	204	105	99	0.44	0.23	0.22	106.51
77	208	117	91	0.45	0.26	0.20	128.72
78	193	103	90	0.42	0.22	0.20	114.01
79	158	79	80	0.35	0.17	0.17	99.05
80-84	**652**	**288**	**364**	**1.42**	**0.63**	**0.79**	**79.08**
80	165	77	88	0.36	0.17	0.19	87.05
81	161	78	83	0.35	0.17	0.18	94.34
82	137	52	86	0.30	0.11	0.19	60.43
83	102	47	55	0.22	0.10	0.12	84.92
84	87	35	52	0.19	0.08	0.11	65.92
85-89	**257**	**111**	**146**	**0.56**	**0.24**	**0.32**	**75.98**
85	75	34	41	0.16	0.07	0.09	84.06
86	57	20	37	0.12	0.04	0.08	54.12
87	60	32	27	0.13	0.07	0.06	118.13
88	40	12	27	0.09	0.03	0.06	44.83
89	27	13	14	0.06	0.03	0.03	88.58
90-94	**72**	**26**	**46**	**0.16**	**0.06**	**0.10**	**55.74**
90	16	6	10	0.04	0.01	0.02	61.85
91	25	9	17	0.05	0.02	0.04	51.92
92	12	4	8	0.03	0.01	0.02	47.00
93	9	4	5	0.02	0.01	0.01	89.36
94	9	3	6	0.02	0.01	0.01	43.33
95-99	**8**	**5**	**3**	**0.02**	**0.01**	**0.01**	**168.25**
95	2	1	1				100.00
96	4	3	1	0.01	0.01		398.56
97	2	1	1				93.70
98	1	1	1				75.84
99							
100及以上	**1**	**1**	**1**				**57.56**

3-2 各地区人口年龄构成和抚养比(一)

单位：人、%

地 区	人口数				占总人口比重				抚养比		
	合计	0-14岁	15-59岁	60岁及以 上	合计	0-14岁	15-59岁	60岁及以 上	总抚养比	少 儿抚养比	老 年抚养比
全 市	**335775**	**33994**	**246792**	**54990**	**100**	**10.12**	**73.50**	**16.38**	**36.06**	**13.77**	**22.28**
东城区	13289	1248	8938	3103	100	9.39	67.26	23.35	48.68	13.96	34.72
西城区	19175	2026	13210	3939	100	10.56	68.89	20.54	45.15	15.34	29.82
朝阳区	62431	5987	46541	9903	100	9.59	74.55	15.86	34.14	12.86	21.28
丰台区	33386	3371	23678	6337	100	10.10	70.92	18.98	41.00	14.24	26.76
石景山区	10074	992	6988	2094	100	9.85	69.37	20.79	44.16	14.20	29.97
海淀区	61782	5955	46700	9127	100	9.64	75.59	14.77	32.29	12.75	19.54
门头沟区	4334	478	2973	883	100	11.03	68.59	20.38	45.79	16.07	29.72
房山区	15489	1683	11177	2628	100	10.87	72.16	16.97	38.58	15.06	23.51
通州区	21269	2218	15705	3347	100	10.43	73.84	15.74	35.43	14.12	21.31
顺义区	15430	1663	11466	2300	100	10.78	74.31	14.91	34.57	14.51	20.06
昌平区	31638	3174	24762	3701	100	10.03	78.27	11.70	27.77	12.82	14.95
大兴区	24070	2669	18392	3009	100	11.09	76.41	12.50	30.87	14.51	16.36
怀柔区	5807	656	4175	976	100	11.30	71.89	16.81	39.10	15.73	23.38
平谷区	6027	636	4130	1261	100	10.56	68.53	20.92	45.93	15.41	30.52
密云区	6935	751	4793	1391	100	10.83	69.11	20.06	44.69	15.66	29.03
延庆区	4639	486	3163	990	100	10.48	68.18	21.33	46.67	15.38	31.29

3-2a 各地区人口年龄构成和抚养比(一)(城市)

单位：人、%

地 区	人口数				占总人口比重				抚养比		
	合计	0-14岁	15-59岁	60岁及以 上	合计	0-14岁	15-59岁	60岁及以 上	总抚养比	少 儿抚养比	老 年抚养比
全 市	**268914**	**27347**	**198221**	**43346**	**100**	**10.17**	**73.71**	**16.12**	**35.66**	**13.80**	**21.87**
东城区	13289	1248	8938	3103	100	9.39	67.26	23.35	48.68	13.96	34.72
西城区	19175	2026	13210	3939	100	10.56	68.89	20.54	45.15	15.34	29.82
朝阳区	62059	5933	46248	9878	100	9.56	74.52	15.92	34.19	12.83	21.36
丰台区	32879	3325	23301	6253	100	10.11	70.87	19.02	41.10	14.27	26.83
石景山区	10074	992	6988	2094	100	9.85	69.37	20.79	44.16	14.20	29.97
海淀区	60538	5780	45828	8931	100	9.55	75.70	14.75	32.10	12.61	19.49
门头沟区	2787	313	1932	542	100	11.23	69.33	19.44	44.23	16.20	28.04
房山区	8842	997	6629	1215	100	11.28	74.97	13.74	33.38	15.05	18.33
通州区	9723	1135	7009	1579	100	11.67	72.08	16.24	38.73	16.19	22.53
顺义区	7122	835	5386	901	100	11.72	75.62	12.66	32.23	15.50	16.74
昌平区	20815	2162	16414	2239	100	10.39	78.86	10.76	26.81	13.17	13.64
大兴区	15895	1856	12111	1927	100	11.68	76.20	12.12	31.24	15.33	15.91
怀柔区	3344	442	2509	394	100	13.21	75.01	11.78	33.31	17.61	15.70
平谷区	2372	304	1718	350	100	12.82	72.43	14.74	38.06	17.70	20.35

3-2b 各地区人口年龄构成和抚养比(一)(镇)

单位：人、%

地　区	人口数				占总人口比重				抚养比		
	合计	0-14岁	15-59岁	60岁及以上	合计	0-14岁	15-59岁	60岁及以上	总抚养比	少儿抚养比	老年抚养比
全　市	**20833**	**2252**	**15448**	**3132**	**100**	**10.81**	**74.15**	**15.04**	**34.86**	**14.58**	**20.28**
朝阳区											
丰台区	296	22	227	47	100	7.49	76.66	15.85	30.44	9.77	20.68
海淀区											
门头沟区	936	113	656	166	100	12.07	70.15	17.78	42.55	17.21	25.34
房山区	1892	208	1307	377	100	10.99	69.06	19.94	44.79	15.92	28.88
通州区	3928	327	3151	450	100	8.33	80.22	11.45	24.66	10.38	14.27
顺义区	1384	158	1048	178	100	11.41	75.73	12.86	32.05	15.07	16.99
昌平区	4129	488	3046	596	100	11.81	73.77	14.42	35.57	16.01	19.55
大兴区	875	96	671	108	100	11.00	76.68	12.32	30.41	14.35	16.07
怀柔区	370	36	240	94	100	9.65	64.86	25.49	54.18	14.88	39.29
平谷区	881	82	607	191	100	9.31	68.97	21.73	45.00	13.49	31.51
密云区	3823	468	2795	560	100	12.25	73.11	14.64	36.78	16.76	20.03
延庆区	2319	254	1699	365	100	10.96	73.30	15.74	36.43	14.95	21.48

3-2c 各地区人口年龄构成和抚养比(一)(乡村)

单位：人、%

地　区	人口数				占总人口比重				抚养比		
	合计	0-14岁	15-59岁	60岁及以上	合计	0-14岁	15-59岁	60岁及以上	总抚养比	少儿抚养比	老年抚养比
全　市	**46028**	**4394**	**33122**	**8512**	**100**	**9.55**	**71.96**	**18.49**	**38.96**	**13.27**	**25.70**
朝阳区	371	54	293	25	100	14.44	78.81	6.75	26.89	18.33	8.56
丰台区	211	24	150	37	100	11.20	71.18	17.62	40.48	15.74	24.75
海淀区	1244	175	872	196	100	14.11	70.15	15.74	42.55	20.11	22.44
门头沟区	611	52	384	175	100	8.50	62.82	28.68	59.18	13.53	45.65
房山区	4755	478	3241	1036	100	10.05	68.17	21.78	46.70	14.75	31.95
通州区	7618	756	5544	1318	100	9.92	72.78	17.30	37.40	13.63	23.77
顺义区	6924	671	5032	1221	100	9.69	72.68	17.63	37.59	13.33	24.26
昌平区	6694	525	5302	867	100	7.84	79.21	12.95	26.24	9.90	16.34
大兴区	7301	716	5611	974	100	9.81	76.85	13.35	30.13	12.76	17.37
怀柔区	2093	179	1426	488	100	8.55	68.14	23.31	46.76	12.55	34.21
平谷区	2775	250	1805	720	100	9.02	65.05	25.93	53.74	13.87	39.87
密云区	3112	282	1998	832	100	9.07	64.21	26.72	55.75	14.13	41.62
延庆区	2320	232	1463	625	100	10.01	63.07	26.92	58.55	15.87	42.68

3-3 各地区人口年龄构成和抚养比(二)

单位：人、%

地 区	人口数				占总人口比重				抚养比		
	合计	0-14岁	15-64岁	65岁及以上	合计	0-14岁	15-64岁	65岁及以上	总抚养比	少儿抚养比	老年抚养比
全 市	**335775**	**33994**	**266007**	**35775**	**100**	**10.12**	**79.22**	**10.65**	**26.23**	**12.78**	**13.45**
东城区	13289	1248	10005	2036	100	9.39	75.29	15.32	32.82	12.47	20.35
西城区	19175	2026	14500	2649	100	10.56	75.62	13.82	32.24	13.97	18.27
朝阳区	62431	5987	49763	6681	100	9.59	79.71	10.70	25.46	12.03	13.42
丰台区	33386	3371	25957	4058	100	10.10	77.75	12.16	28.62	12.99	15.64
石景山区	10074	992	7596	1486	100	9.85	75.40	14.75	32.62	13.06	19.56
海淀区	61782	5955	49555	6271	100	9.64	80.21	10.15	24.67	12.02	12.66
门头沟区	4334	478	3315	541	100	11.03	76.48	12.49	30.75	14.42	16.33
房山区	15489	1683	12201	1605	100	10.87	78.77	10.36	26.95	13.80	13.15
通州区	21269	2218	17045	2006	100	10.43	80.14	9.43	24.78	13.01	11.77
顺义区	15430	1663	12370	1396	100	10.78	80.17	9.05	24.74	13.45	11.29
昌平区	31638	3174	26214	2250	100	10.03	82.86	7.11	20.69	12.11	8.58
大兴区	24070	2669	19541	1861	100	11.09	81.18	7.73	23.18	13.66	9.52
怀柔区	5807	656	4515	636	100	11.30	77.74	10.95	28.63	14.54	14.09
平谷区	6027	636	4602	789	100	10.56	76.36	13.08	30.96	13.83	17.14
密云区	6935	751	5314	870	100	10.83	76.63	12.55	30.50	14.13	16.37
延庆区	4639	486	3513	639	100	10.48	75.73	13.78	32.04	13.84	18.20

3-3a 各地区人口年龄构成和抚养比(二)(城市)

单位：人、%

地 区	人口数				占总人口比重				抚养比		
	合计	0-14岁	15-64岁	65岁及以上	合计	0-14岁	15-64岁	65岁及以上	总抚养比	少儿抚养比	老年抚养比
全 市	**268914**	**27347**	**212986**	**28581**	**100**	**10.17**	**79.20**	**10.63**	**26.26**	**12.84**	**13.42**
东城区	13289	1248	10005	2036	100	9.39	75.29	15.32	32.82	12.47	20.35
西城区	19175	2026	14500	2649	100	10.56	75.62	13.82	32.24	13.97	18.27
朝阳区	62059	5933	49460	6666	100	9.56	79.70	10.74	25.47	12.00	13.48
丰台区	32879	3325	25552	4001	100	10.11	77.72	12.17	28.67	13.01	15.66
石景山区	10074	992	7596	1486	100	9.85	75.40	14.75	32.62	13.06	19.56
海淀区	60538	5780	48605	6153	100	9.55	80.29	10.16	24.55	11.89	12.66
门头沟区	2787	313	2147	327	100	11.23	77.05	11.72	29.79	14.57	15.22
房山区	8842	997	7130	715	100	11.28	80.64	8.08	24.01	13.99	10.02
通州区	9723	1135	7644	944	100	11.67	78.62	9.71	27.19	14.85	12.35
顺义区	7122	835	5728	560	100	11.72	80.42	7.86	24.34	14.57	9.77
昌平区	20815	2162	17263	1391	100	10.39	82.93	6.68	20.58	12.52	8.06
大兴区	15895	1856	12830	1209	100	11.68	80.72	7.60	23.89	14.47	9.42
怀柔区	3344	442	2666	237	100	13.21	79.70	7.09	25.46	16.57	8.89
平谷区	2372	304	1860	208	100	12.82	78.40	8.77	27.55	16.36	11.19

3-3b 各地区人口年龄构成和抚养比(二)(镇)

单位：人、%

地　区	人口数				占总人口比重				抚养比		
	合计	0-14岁	15-64岁	65岁及以上	合计	0-14岁	15-64岁	65岁及以上	总抚养比	少儿抚养比	老年抚养比
全　市	**20833**	**2252**	**16675**	**1906**	**100**	**10.81**	**80.04**	**9.15**	**24.94**	**13.51**	**11.43**
朝阳区											
丰台区	296	22	241	33	100	7.49	81.39	11.12	22.87	9.20	13.67
海淀区											
门头沟区	936	113	729	94	100	12.07	77.89	10.04	28.39	15.50	12.89
房山区	1892	208	1450	234	100	10.99	76.61	12.39	30.52	14.35	16.18
通州区	3928	327	3319	282	100	8.33	84.49	7.18	18.35	9.86	8.50
顺义区	1384	158	1128	98	100	11.41	81.54	7.05	22.64	13.99	8.65
昌平区	4129	488	3290	352	100	11.81	79.67	8.52	25.52	14.82	10.69
大兴区	875	96	709	70	100	11.00	81.03	7.97	23.41	13.58	9.83
怀柔区	370	36	264	70	100	9.65	71.33	19.02	40.20	13.53	26.66
平谷区	881	82	682	117	100	9.31	77.45	13.24	29.11	12.02	17.10
密云区	3823	468	3021	334	100	12.25	79.01	8.74	26.56	15.51	11.06
延庆区	2319	254	1842	222	100	10.96	79.45	9.59	25.87	13.80	12.07

3-3c 各地区人口年龄构成和抚养比(二)(乡村)

单位：人、%

地　区	人口数				占总人口比重				抚养比		
	合计	0-14岁	15-64岁	65岁及以上	合计	0-14岁	15-64岁	65岁及以上	总抚养比	少儿抚养比	老年抚养比
全　市	**46028**	**4394**	**36346**	**5288**	**100**	**9.55**	**78.97**	**11.49**	**26.64**	**12.09**	**14.55**
朝阳区	371	54	303	15	100	14.44	81.65	3.91	22.47	17.69	4.78
丰台区	211	24	163	24	100	11.20	77.27	11.53	29.42	14.50	14.93
海淀区	1244	175	950	118	100	14.11	76.39	9.51	30.91	18.47	12.45
门头沟区	611	52	439	121	100	8.50	71.76	19.74	39.36	11.84	27.51
房山区	4755	478	3621	656	100	10.05	76.16	13.79	31.31	13.20	18.11
通州区	7618	756	6082	780	100	9.92	79.84	10.24	25.25	12.43	12.83
顺义区	6924	671	5514	739	100	9.69	79.63	10.68	25.57	12.17	13.41
昌平区	6694	525	5662	507	100	7.84	84.58	7.58	18.23	9.27	8.96
大兴区	7301	716	6003	582	100	9.81	82.22	7.97	21.62	11.93	9.70
怀柔区	2093	179	1585	329	100	8.55	75.74	15.71	32.03	11.29	20.73
平谷区	2775	250	2060	464	100	9.02	74.26	16.72	34.66	12.15	22.51
密云区	3112	282	2293	536	100	9.07	73.70	17.23	35.69	12.31	23.38
延庆区	2320	232	1671	417	100	10.01	72.02	17.97	38.85	13.90	24.95

4 受教育程度

4-1 全市分年龄、性别、受教育程度的6岁及以上人口

单位：人

年龄	6岁及以上人口			未上过学			小学		
	合计	男	女	小计	男	女	小计	男	女
总计	**316773**	**165403**	**151370**	**6180**	**1500**	**4680**	**32650**	**15352**	**17298**
6-9	**7942**	**4140**	**3802**	**322**	**183**	**139**	**7619**	**3957**	**3663**
6	2014	1037	977	298	169	130	1715	868	847
7	2073	1109	963	12	5	7	2060	1104	956
8	2125	1109	1016	7	5	2	2118	1104	1013
9	1730	884	846	4	4		1726	880	846
10-14	**7050**	**3744**	**3306**	**31**	**17**	**14**	**3499**	**1875**	**1624**
10	1708	880	828	5	2	2	1674	861	813
11	1528	835	693	6	3	3	1432	796	637
12	1087	585	503	2		2	286	160	126
13	1417	754	663	4	3	1	88	48	39
14	1309	690	619	15	8	7	19	10	10
15-19	**9405**	**5122**	**4284**	**116**	**26**	**90**	**73**	**53**	**20**
15	1032	581	451	40	12	28	7	5	2
16	1120	604	516	8	1	7	11	10	1
17	1665	911	754	22	4	18	17	8	9
18	2565	1367	1197	21	6	15	17	15	2
19	3024	1659	1365	25	3	22	21	14	6
20-24	**32173**	**18920**	**13253**	**103**	**56**	**47**	**196**	**134**	**61**
20	6588	3835	2753	22	11	11	31	19	13
21	6423	3903	2520	30	13	17	27	18	9
22	6837	4013	2823	18	10	8	43	33	10
23	6291	3667	2624	18	10	8	41	33	8
24	6035	3503	2531	15	12	3	53	32	21
25-29	**43154**	**23092**	**20062**	**89**	**31**	**58**	**495**	**320**	**175**
25	8668	4782	3885	19	5	15	83	55	28
26	8712	4740	3971	14	2	12	102	70	32
27	8671	4633	4038	19	12	8	85	51	34
28	9076	4684	4391	21	4	18	111	66	44
29	8029	4253	3776	15	9	5	114	78	36
30-34	**35932**	**18521**	**17411**	**86**	**40**	**46**	**528**	**310**	**218**
30	6713	3478	3235	20	4	16	127	78	49
31	6789	3531	3258	21	12	9	78	48	30
32	7362	3810	3552	15	6	10	87	58	30
33	8343	4214	4129	16	11	5	118	52	66
34	6725	3488	3236	14	7	7	118	75	43
35-39	**27616**	**14380**	**13236**	**80**	**37**	**42**	**795**	**374**	**421**
35	6327	3253	3074	18	11	7	121	61	61
36	6108	3142	2966	17	8	10	148	73	75
37	5648	2986	2662	13	4	8	167	87	80
38	4710	2459	2252	15	6	9	159	81	78
39	4823	2541	2282	17	8	9	199	72	127
40-44	**26595**	**14045**	**12549**	**201**	**72**	**130**	**1705**	**775**	**930**
40	4716	2453	2263	28	13	15	271	117	154
41	4964	2653	2311	33	13	20	292	137	155
42	5680	2984	2695	47	10	38	346	166	180
43	5506	2883	2623	28	15	13	399	171	228
44	5729	3072	2656	65	22	44	397	183	214

4-1 续表 1 单位：人

年 龄	初 中			普通高中			中 职		
	小计	男	女	小计	男	女	小计	男	女
总 计	**80272**	**45223**	**35049**	**42868**	**22470**	**20399**	**20697**	**10768**	**9929**
6-9									
6									
7									
8									
9									
10-14	**3436**	**1819**	**1617**	**75**	**29**	**45**	**9**	**4**	**5**
10	30	16	14						
11	90	36	54						
12	798	424	374	1		1			
13	1314	700	613	11	2	8	1		1
14	1204	642	563	63	27	36	8	4	4
15-19	**1702**	**1122**	**580**	**2735**	**1558**	**1177**	**1022**	**630**	**392**
15	359	228	131	545	288	256	73	44	29
16	201	136	65	711	359	352	134	70	63
17	291	200	91	745	415	330	264	176	88
18	370	263	107	386	235	151	253	145	108
19	480	295	185	349	262	87	298	194	104
20-24	**3793**	**2580**	**1213**	**2601**	**1684**	**918**	**2220**	**1290**	**930**
20	598	428	169	534	393	141	372	210	161
21	643	454	189	494	316	178	435	250	186
22	763	488	275	533	350	184	404	225	179
23	814	546	268	501	312	188	469	287	182
24	975	664	311	539	312	227	540	318	223
25-29	**6805**	**4298**	**2506**	**4189**	**2392**	**1797**	**3870**	**2195**	**1675**
25	1423	927	496	808	481	327	774	472	302
26	1283	794	489	784	428	356	756	433	323
27	1370	890	479	832	473	359	817	446	371
28	1427	883	544	937	550	387	807	425	382
29	1301	804	497	828	460	367	715	419	296
30-34	**6212**	**3734**	**2478**	**3491**	**1921**	**1570**	**2929**	**1642**	**1287**
30	1190	728	462	627	350	276	562	327	235
31	1134	689	445	667	377	290	542	310	233
32	1253	740	512	714	398	316	567	319	248
33	1393	841	552	790	420	369	712	392	320
34	1243	735	508	693	375	318	546	295	251
35-39	**6270**	**3646**	**2624**	**3012**	**1584**	**1428**	**2140**	**1167**	**974**
35	1247	734	513	687	345	342	556	299	257
36	1347	791	555	650	337	313	468	250	218
37	1257	720	537	619	335	283	452	267	185
38	1110	635	475	496	277	219	326	173	153
39	1309	765	544	560	290	270	338	179	160
40-44	**8754**	**4923**	**3831**	**3483**	**1796**	**1687**	**1515**	**786**	**729**
40	1425	801	624	618	308	311	270	126	145
41	1557	859	698	614	331	283	306	174	132
42	1875	1040	835	661	342	319	351	168	183
43	1868	1075	793	790	398	392	280	149	131
44	2028	1148	880	800	418	382	308	169	138

4-1 续表 2

单位：人

年龄	大学专科			大学本科			研究生		
	小计	男	女	小计	男	女	小计	男	女
总计	**42735**	**21861**	**20874**	**70180**	**36743**	**33436**	**21191**	**11486**	**9704**
6-9									
6									
7									
8									
9									
10-14									
10									
11									
12									
13									
14									
15-19	**735**	**453**	**282**	**3006**	**1268**	**1738**	**16**	**13**	**4**
15	4	2	2	4	1	3			
16	24	17	7	29	9	20	1	1	
17	43	29	14	279	76	203	3	2	1
18	273	174	99	1244	529	715	1	1	
19	390	231	159	1450	652	797	11	8	3
20-24	**5679**	**3368**	**2311**	**13730**	**8027**	**5703**	**3851**	**1782**	**2070**
20	1174	863	311	3803	1891	1912	54	19	36
21	949	613	336	3573	2148	1425	271	91	180
22	1103	623	480	2584	1694	890	1388	590	798
23	1202	629	574	1946	1225	720	1300	624	676
24	1250	639	611	1824	1069	755	838	458	380
25-29	**8709**	**4230**	**4479**	**13540**	**6610**	**6930**	**5457**	**3016**	**2441**
25	1904	931	973	2665	1378	1287	990	533	457
26	1869	917	953	2769	1455	1314	1133	642	490
27	1658	773	885	2585	1221	1364	1305	767	538
28	1740	866	874	2927	1303	1623	1106	587	519
29	1538	743	795	2594	1252	1342	924	487	437
30-34	**6238**	**3056**	**3183**	**12086**	**5653**	**6432**	**4361**	**2165**	**2196**
30	1238	614	624	2186	981	1206	763	396	368
31	1179	576	603	2301	1083	1217	868	436	432
32	1216	608	608	2596	1234	1362	914	448	466
33	1428	692	736	2844	1319	1525	1042	488	555
34	1178	566	612	2159	1036	1123	773	398	376
35-39	**4555**	**2104**	**2451**	**7689**	**3836**	**3853**	**3074**	**1632**	**1442**
35	1076	486	590	1929	945	984	692	372	320
36	1035	483	553	1733	844	889	709	356	353
37	923	432	491	1563	794	769	653	346	308
38	770	352	418	1301	639	661	534	296	238
39	750	351	399	1163	614	550	486	262	224
40-44	**3675**	**1740**	**1935**	**5346**	**2804**	**2542**	**1914**	**1149**	**766**
40	665	307	358	1017	534	483	421	248	173
41	725	335	390	1033	548	486	403	256	148
42	805	392	412	1184	621	562	411	246	165
43	749	341	409	1055	547	509	336	188	149
44	731	366	365	1058	555	502	342	212	131

4-1 续表 3

单位：人

年 龄	6岁及以上人口			未上过学			小 学		
	合计	男	女	小计	男	女	小计	男	女
45-49	**25623**	**13768**	**11855**	**323**	**117**	**206**	**2381**	**1204**	**1177**
45	5933	3229	2703	70	34	36	429	196	233
46	5361	2858	2503	83	29	54	493	239	254
47	5692	3010	2683	63	22	41	532	266	266
48	4175	2193	1982	64	24	40	434	234	201
49	4461	2478	1983	44	8	36	494	270	224
50-54	**25014**	**13099**	**11916**	**267**	**64**	**202**	**1698**	**924**	**775**
50	4808	2543	2266	53	11	41	417	228	189
51	5391	2832	2558	59	20	39	385	202	182
52	6864	3614	3250	68	18	50	428	234	194
53	4696	2493	2203	47	12	35	290	173	116
54	3255	1616	1639	41	3	37	179	86	93
55-59	**21280**	**10690**	**10590**	**447**	**124**	**324**	**1702**	**694**	**1007**
55	4235	2104	2131	44	11	33	301	116	185
56	3764	1988	1776	64	18	46	273	111	161
57	4412	2199	2213	107	31	76	332	142	190
58	4530	2283	2247	123	30	93	370	162	207
59	4339	2115	2223	109	33	76	427	163	264
60-64	**19215**	**9308**	**9907**	**656**	**168**	**488**	**2800**	**1093**	**1707**
60	4391	2132	2258	127	41	86	532	201	331
61	4189	2043	2146	135	39	96	544	217	327
62	3790	1803	1987	152	32	121	599	233	366
63	3786	1850	1937	138	36	102	637	263	373
64	3059	1479	1579	104	21	83	488	179	309
65-69	**12264**	**5826**	**6438**	**431**	**84**	**347**	**2421**	**886**	**1535**
65	3012	1460	1553	88	17	71	538	195	343
66	2666	1263	1403	110	32	78	553	190	363
67	2199	1037	1162	68	11	57	442	166	276
68	2264	1078	1186	82	11	72	481	185	296
69	2123	988	1134	83	14	69	407	149	257
70-74	**7978**	**3608**	**4371**	**384**	**68**	**317**	**1762**	**623**	**1139**
70	1882	854	1028	75	16	60	408	138	270
71	1560	722	838	65	12	52	326	117	209
72	1485	686	799	77	13	64	320	117	203
73	1527	676	851	74	10	64	324	115	209
74	1524	669	855	93	17	77	384	136	248
75-79	**7684**	**3575**	**4109**	**764**	**118**	**646**	**2369**	**901**	**1468**
75	1639	755	884	121	17	104	441	166	275
76	1486	665	821	128	15	113	412	148	264
77	1640	785	854	161	25	137	563	210	354
78	1494	716	779	167	33	134	475	194	281
79	1426	654	772	187	29	158	477	183	295
80-84	**5021**	**2262**	**2759**	**1030**	**161**	**868**	**1688**	**749**	**939**
80	1329	623	706	211	38	173	482	212	269
81	1157	509	648	229	34	195	386	166	220
82	1032	474	558	210	32	178	345	151	194
83	827	353	475	195	25	170	272	120	153
84	675	303	372	185	32	152	203	100	103
85及以上	**2827**	**1303**	**1524**	**848**	**133**	**715**	**919**	**481**	**438**

4-1 续表 4 单位：人

年龄	初中			普通高中			中职		
	小计	男	女	小计	男	女	小计	男	女
45-49	**10064**	**5648**	**4415**	**3577**	**1844**	**1733**	**1169**	**592**	**577**
45	2225	1260	965	811	429	383	315	168	147
46	1949	1103	847	733	384	350	285	147	138
47	2213	1227	986	769	383	386	246	117	129
48	1780	959	821	577	289	288	170	80	90
49	1897	1100	797	687	360	326	153	80	73
50-54	**8588**	**4628**	**3961**	**7269**	**3538**	**3731**	**898**	**386**	**512**
50	2059	1098	960	976	489	487	149	64	85
51	1983	1080	903	1411	661	750	183	78	105
52	2202	1206	996	2031	987	1044	258	108	150
53	1479	790	689	1508	767	741	195	96	100
54	866	453	413	1343	634	709	113	40	73
55-59	**6872**	**3708**	**3164**	**7108**	**3452**	**3656**	**912**	**361**	**551**
55	1146	595	551	1711	831	879	143	58	85
56	1023	545	478	1560	829	731	109	51	58
57	1420	776	643	1618	749	869	161	62	99
58	1494	830	664	1402	673	729	231	86	146
59	1790	961	829	818	369	448	267	105	162
60-64	**8442**	**4341**	**4102**	**2154**	**1038**	**1116**	**1182**	**474**	**708**
60	1819	953	866	661	306	354	262	99	163
61	1855	945	910	485	221	264	261	109	151
62	1695	848	847	376	190	185	220	98	122
63	1692	885	807	338	164	174	255	93	161
64	1382	709	672	295	156	139	185	74	111
65-69	**4503**	**2316**	**2187**	**1275**	**633**	**642**	**1134**	**483**	**651**
65	1268	654	613	285	144	141	203	81	122
66	984	508	476	275	137	138	210	90	120
67	761	395	366	241	117	124	250	106	144
68	781	403	378	237	130	107	254	109	145
69	709	355	354	237	105	132	217	96	121
70-74	**2296**	**1092**	**1204**	**807**	**378**	**429**	**853**	**361**	**493**
70	607	278	329	194	89	105	167	70	98
71	506	263	242	138	66	72	155	58	97
72	415	201	214	155	78	77	185	77	108
73	429	190	239	166	78	88	167	76	91
74	340	160	180	153	66	87	179	80	99
75-79	**1440**	**720**	**720**	**559**	**291**	**268**	**546**	**250**	**296**
75	372	170	202	133	66	66	135	61	75
76	287	139	148	111	55	56	131	52	79
77	268	149	119	106	52	54	112	51	61
78	280	144	136	121	69	52	80	37	43
79	234	119	115	89	49	40	87	49	38
80-84	**724**	**411**	**313**	**345**	**207**	**137**	**231**	**112**	**119**
80	202	108	94	98	58	40	86	41	44
81	165	94	71	81	44	37	49	29	21
82	149	83	66	66	43	23	39	18	21
83	116	68	48	62	35	26	28	14	14
84	93	58	34	38	27	12	29	11	18
85及以上	**371**	**237**	**134**	**187**	**124**	**63**	**66**	**35**	**31**

4-1 续表 5

单位：人

年 龄	大学专科			大学本科			研究生		
	小计	男	女	小计	男	女	小计	男	女
45-49	**2936**	**1496**	**1440**	**4080**	**2167**	**1913**	**1093**	**700**	**393**
45	720	380	340	1073	577	496	289	185	103
46	673	339	334	921	465	456	224	153	71
47	737	373	363	884	456	428	250	167	83
48	397	193	205	610	336	274	144	80	65
49	408	211	198	593	334	259	186	116	71
50-54	**2558**	**1307**	**1250**	**2988**	**1723**	**1266**	**748**	**529**	**218**
50	401	194	208	610	363	248	144	96	48
51	532	274	258	647	377	269	192	140	52
52	798	423	375	850	478	372	229	160	69
53	498	244	254	551	321	230	129	91	39
54	329	173	156	331	183	147	54	43	10
55-59	**2188**	**1125**	**1063**	**1765**	**1007**	**758**	**287**	**220**	**67**
55	454	231	223	378	218	160	59	45	15
56	358	196	162	330	199	131	47	38	8
57	425	228	197	301	175	127	49	36	13
58	473	249	224	362	199	163	75	53	21
59	479	221	258	393	216	177	57	48	10
60-64	**2212**	**1153**	**1059**	**1571**	**902**	**669**	**197**	**139**	**58**
60	508	248	260	424	247	176	60	37	23
61	499	273	226	366	203	163	45	36	9
62	433	227	206	285	151	134	30	24	6
63	436	232	203	264	155	108	27	20	7
64	337	173	164	233	145	87	36	22	14
65-69	**1404**	**772**	**632**	**1022**	**594**	**428**	**74**	**59**	**16**
65	344	194	149	259	155	104	28	18	9
66	322	174	148	201	124	77	11	7	3
67	260	147	113	163	82	81	14	13	1
68	261	140	121	155	87	67	13	12	1
69	217	116	101	244	145	99	9	8	2
70-74	**768**	**419**	**349**	**1069**	**638**	**432**	**39**	**30**	**9**
70	198	105	93	222	153	69	11	6	5
71	172	93	79	185	101	85	14	12	2
72	125	75	50	201	119	82	7	6	1
73	153	80	73	208	121	87	6	6	
74	120	66	54	253	144	109	2	1	2
75-79	**608**	**355**	**253**	**1368**	**914**	**454**	**30**	**26**	**4**
75	118	72	47	309	195	114	10	9	1
76	122	63	59	287	186	101	7	7	
77	134	86	48	291	211	80	4	3	2
78	107	55	52	263	182	81	1	1	
79	126	78	47	218	140	77	8	6	2
80-84	**347**	**211**	**136**	**619**	**389**	**230**	**37**	**21**	**15**
80	88	56	32	158	105	53	5	5	
81	76	40	36	165	100	66	5	2	4
82	84	55	30	128	86	42	11	7	4
83	53	28	24	94	56	37	8	6	2
84	46	32	14	74	42	32	8	1	6
85及以上	**123**	**74**	**49**	**300**	**212**	**88**	**12**	**7**	**5**

4-1a 全市分年龄、性别、受教育程度的6岁及以上人口(城市)

单位：人

年 龄	6岁及以上人口			未上过学			小 学		
	合计	男	女	小计	男	女	小计	男	女
总 计	**253293**	**131954**	**121339**	**3341**	**706**	**2635**	**22268**	**10391**	**11877**
6-9	**6282**	**3286**	**2996**	**255**	**146**	**109**	**6028**	**3140**	**2888**
6	1620	841	779	239	138	101	1381	703	678
7	1647	883	763	10	4	6	1637	880	758
8	1688	888	800	4	2	2	1684	886	799
9	1328	674	654	2	2		1326	672	654
10-14	**5443**	**2910**	**2533**	**13**	**6**	**7**	**2706**	**1463**	**1243**
10	1333	687	645	1	1		1310	674	636
11	1188	669	519	4	3	2	1120	639	481
12	831	447	385	2		2	205	113	91
13	1084	580	504	2	2		58	30	28
14	1007	526	481	4	1	3	14	7	7
15-19	**6763**	**3825**	**2938**	**9**	**7**	**2**	**52**	**36**	**16**
15	676	400	276	2	2		5	5	
16	785	443	342				2	2	
17	1236	680	556				15	6	8
18	1971	1075	896	2	2		17	15	2
19	2094	1227	868	4	3	1	13	8	5
20-24	**27353**	**16144**	**11209**	**40**	**26**	**14**	**140**	**95**	**45**
20	5484	3304	2180	6	6		26	15	10
21	5542	3351	2191	16	8	8	16	8	8
22	6001	3504	2497	4	3	1	31	25	7
23	5407	3145	2263	8	3	5	30	23	7
24	4918	2840	2078	5	5		37	24	13
25-29	**35370**	**18948**	**16422**	**21**	**11**	**10**	**330**	**228**	**102**
25	7146	3937	3209	5	1	4	52	37	15
26	7151	3918	3233				69	49	20
27	7077	3775	3302	5	4	1	61	37	24
28	7410	3842	3568	6	2	4	73	51	22
29	6586	3476	3110	6	5	1	75	54	21
30-34	**29687**	**15148**	**14539**	**25**	**8**	**16**	**366**	**219**	**147**
30	5436	2786	2651	5	4	2	93	59	33
31	5581	2869	2712	5		5	46	30	16
32	6166	3166	2999	4	1	3	65	44	21
33	6908	3426	3483	5	2	3	75	27	48
34	5595	2901	2694	6	2	3	87	59	28
35-39	**22933**	**11787**	**11146**	**32**	**14**	**18**	**546**	**250**	**296**
35	5231	2670	2561	5	3	2	82	40	42
36	5068	2566	2502	8	5	3	98	46	52
37	4705	2465	2240	5	1	4	116	59	56
38	3941	2022	1919	5	3	2	100	55	45
39	3987	2063	1924	9	2	7	150	49	101
40-44	**21091**	**11074**	**10018**	**118**	**35**	**83**	**1162**	**505**	**657**
40	3850	1982	1868	14	5	9	189	75	114
41	3971	2113	1858	18	5	13	191	83	108
42	4537	2373	2164	37	8	29	231	110	121
43	4320	2239	2082	16	6	10	286	110	176
44	4412	2367	2045	33	10	22	265	126	139

4-1a 续表 1 单位：人

年 龄	初 中			普通高中			中 职		
	小计	男	女	小计	男	女	小计	男	女
总 计	**52768**	**29583**	**23184**	**35171**	**18101**	**17069**	**15412**	**7645**	**7767**
6-9									
6									
7									
8									
9									
10-14	**2663**	**1416**	**1247**	**55**	**22**	**33**	**5**	**2**	**3**
10	22	12	9						
11	64	28	36						
12	625	333	292						
13	1015	546	470	8	2	6	1		1
14	937	497	440	47	20	27	5	2	3
15-19	**1181**	**796**	**385**	**1966**	**1117**	**850**	**625**	**350**	**275**
15	225	148	78	410	226	184	29	18	11
16	144	105	39	519	277	242	83	39	44
17	199	142	57	563	321	242	178	113	66
18	263	187	76	288	173	115	151	75	75
19	350	215	135	187	120	66	184	105	79
20-24	**2678**	**1822**	**856**	**1881**	**1112**	**769**	**1366**	**745**	**621**
20	446	321	125	308	190	118	236	126	111
21	449	319	130	329	181	148	271	133	138
22	551	346	206	420	259	161	253	124	129
23	561	378	182	399	239	160	308	193	116
24	672	459	213	426	243	183	298	170	128
25-29	**4503**	**2903**	**1601**	**3365**	**1928**	**1438**	**2232**	**1281**	**951**
25	1007	660	347	658	388	269	410	253	157
26	821	512	308	644	354	290	432	253	179
27	927	619	308	638	363	275	471	244	227
28	910	589	321	752	454	298	490	266	224
29	838	522	316	673	369	304	429	264	165
30-34	**3845**	**2400**	**1444**	**2701**	**1497**	**1204**	**1863**	**1033**	**830**
30	746	468	278	488	278	210	341	188	153
31	690	431	259	518	292	226	328	187	141
32	813	492	321	553	310	243	363	203	159
33	811	503	309	598	329	269	474	255	219
34	784	506	278	544	288	257	357	199	158
35-39	**3952**	**2334**	**1618**	**2274**	**1176**	**1098**	**1598**	**851**	**746**
35	770	472	297	512	258	253	393	206	187
36	875	517	358	475	245	230	346	180	165
37	787	468	319	466	244	222	349	211	138
38	711	399	312	372	207	164	251	129	123
39	810	478	332	449	221	228	258	126	133
40-44	**5336**	**3067**	**2270**	**2783**	**1408**	**1375**	**1252**	**643**	**609**
40	917	521	396	519	254	266	208	98	110
41	961	534	427	489	263	226	252	141	111
42	1164	664	500	535	272	263	286	131	155
43	1109	657	452	624	308	316	235	123	112
44	1185	690	495	616	312	304	271	150	121

4-1a 续表 2

单位：人

年龄	大学专科			大学本科			研究生		
	小计	男	女	小计	男	女	小计	男	女
总 计	**37537**	**19155**	**18382**	**65849**	**34997**	**30853**	**20947**	**11375**	**9571**
6-9									
6									
7									
8									
9									
10-14									
10									
11									
12									
13									
14									
15-19	**459**	**305**	**154**	**2454**	**1202**	**1252**	**16**	**13**	**4**
15	1	1		4	1	3			
16	15	11	3	22	9	13	1	1	
17	27	20	7	251	76	175	3	2	1
18	170	117	53	1079	505	574	1	1	
19	247	156	91	1098	611	487	11	8	3
20-24	**4683**	**2827**	**1856**	**12729**	**7740**	**4988**	**3837**	**1777**	**2059**
20	1018	778	240	3389	1849	1540	54	19	36
21	774	515	258	3419	2097	1321	270	90	180
22	918	525	392	2441	1633	808	1383	589	794
23	989	519	470	1819	1169	650	1295	622	673
24	984	489	496	1661	993	668	834	457	377
25-29	**7104**	**3495**	**3609**	**12434**	**6109**	**6325**	**5381**	**2994**	**2387**
25	1574	788	786	2460	1279	1180	981	530	451
26	1521	756	766	2546	1357	1189	1117	638	480
27	1319	614	705	2371	1132	1239	1284	762	523
28	1411	708	702	2681	1189	1492	1087	584	504
29	1278	629	650	2376	1152	1224	911	481	430
30-34	**5276**	**2560**	**2716**	**11324**	**5296**	**6028**	**4288**	**2134**	**2154**
30	998	493	506	2022	907	1116	742	389	353
31	982	480	502	2155	1018	1137	857	430	427
32	1024	506	518	2444	1167	1277	899	443	457
33	1250	598	653	2666	1230	1436	1028	482	546
34	1021	483	538	2035	974	1062	762	391	371
35-39	**4137**	**1893**	**2244**	**7358**	**3661**	**3697**	**3037**	**1606**	**1430**
35	953	428	525	1831	894	937	685	368	317
36	918	424	494	1654	803	851	695	346	349
37	842	390	452	1497	753	744	644	339	304
38	715	321	394	1258	617	642	530	292	238
39	710	330	380	1118	595	523	483	262	221
40-44	**3383**	**1575**	**1808**	**5160**	**2702**	**2457**	**1897**	**1139**	**758**
40	608	271	336	976	512	464	420	247	173
41	660	304	356	999	528	471	401	254	147
42	736	349	386	1145	598	547	404	241	162
43	693	314	379	1025	534	491	333	186	146
44	687	337	350	1015	531	484	340	210	130

4-1a 续表 3

单位：人

年 龄	6岁及以上人口			未上过学			小 学		
	合计	男	女	小计	男	女	小计	男	女
45-49	**19570**	**10456**	**9114**	**180**	**57**	**124**	**1614**	**825**	**789**
45	4615	2492	2123	41	18	23	307	144	163
46	4155	2182	1973	44	15	29	344	162	183
47	4426	2328	2098	26	7	19	354	178	176
48	3057	1598	1459	44	16	29	282	154	128
49	3317	1854	1463	24		24	327	188	139
50-54	**19020**	**9939**	**9081**	**147**	**24**	**123**	**1085**	**612**	**473**
50	3463	1828	1635	27	4	23	250	140	109
51	4064	2121	1943	32	8	24	270	144	126
52	5324	2796	2528	38	3	34	264	156	108
53	3619	1932	1687	29	6	23	192	118	74
54	2550	1262	1288	21	2	19	110	54	56
55-59	**16435**	**8231**	**8203**	**223**	**55**	**168**	**900**	**372**	**527**
55	3252	1618	1634	18	4	14	178	65	113
56	2832	1504	1328	30	5	25	125	49	76
57	3397	1695	1702	58	16	42	158	74	83
58	3566	1778	1788	61	11	50	203	91	111
59	3388	1636	1752	55	19	37	237	93	144
60-64	**14765**	**7058**	**7706**	**307**	**71**	**236**	**1343**	**492**	**850**
60	3395	1633	1762	66	22	44	267	92	175
61	3247	1575	1672	55	17	38	280	110	170
62	2896	1355	1541	70	10	60	274	100	174
63	2904	1376	1528	63	15	48	309	111	198
64	2323	1120	1203	53	7	46	212	80	132
65-69	**9371**	**4421**	**4950**	**190**	**35**	**156**	**1183**	**402**	**781**
65	2343	1121	1222	36	7	30	266	88	178
66	2007	943	1063	54	17	36	279	91	188
67	1701	798	903	23	4	19	221	70	151
68	1724	826	898	42	3	39	230	94	137
69	1597	733	864	35	3	32	187	59	128
70-74	**6231**	**2755**	**3476**	**163**	**17**	**146**	**978**	**291**	**686**
70	1462	655	807	37	4	32	224	66	158
71	1168	520	648	22	3	19	170	55	114
72	1158	520	638	35	5	29	172	47	125
73	1209	534	674	26	2	24	174	56	118
74	1234	526	708	44	2	42	238	67	171
75-79	**6409**	**2947**	**3463**	**423**	**43**	**381**	**1707**	**539**	**1168**
75	1366	630	736	65	7	58	301	99	202
76	1221	536	685	72	3	69	268	74	195
77	1364	635	729	89	9	80	410	118	292
78	1244	588	657	87	9	79	348	122	226
79	1214	557	657	110	15	95	380	126	254
80-84	**4175**	**1894**	**2281**	**622**	**76**	**546**	**1338**	**532**	**806**
80	1120	527	593	129	17	111	380	154	226
81	960	418	542	130	11	119	306	111	194
82	846	400	445	124	17	107	266	106	160
83	680	289	391	120	12	108	217	84	134
84	569	259	310	120	20	100	169	76	93
85及以上	**2394**	**1132**	**1262**	**572**	**75**	**497**	**792**	**390**	**402**

4-1a 续表 4 单位：人

年 龄	初 中			普通高中			中 职		
	小计	男	女	小计	男	女	小计	男	女
45-49	**6018**	**3417**	**2601**	**2979**	**1520**	**1459**	**1010**	**491**	**519**
45	1344	755	590	655	341	313	273	143	130
46	1154	656	498	613	317	297	252	126	125
47	1368	775	592	655	321	334	213	93	120
48	1034	565	469	474	236	238	134	58	76
49	1118	666	451	582	306	276	138	70	68
50-54	**4743**	**2572**	**2171**	**6179**	**2983**	**3196**	**807**	**330**	**477**
50	1130	603	527	830	409	420	125	50	75
51	1096	599	497	1187	551	636	157	60	97
52	1232	682	550	1751	841	910	235	94	141
53	818	451	367	1256	637	620	185	87	97
54	468	238	230	1155	545	610	105	38	67
55-59	**4284**	**2296**	**1988**	**6078**	**2919**	**3159**	**851**	**330**	**521**
55	625	327	298	1431	695	737	134	51	82
56	549	286	264	1318	706	613	95	43	52
57	877	486	391	1401	637	764	153	59	94
58	989	541	448	1219	573	646	217	80	137
59	1244	656	588	708	310	398	253	97	156
60-64	**6262**	**3066**	**3196**	**1924**	**905**	**1019**	**1103**	**430**	**672**
60	1292	664	628	574	260	313	243	91	152
61	1363	670	693	434	189	245	241	101	140
62	1287	602	685	342	172	170	206	89	117
63	1291	635	656	305	141	164	238	82	156
64	1028	496	533	270	143	128	174	67	107
65-69	**3324**	**1596**	**1728**	**1190**	**583**	**607**	**1073**	**448**	**625**
65	972	468	504	267	133	134	190	72	118
66	719	345	374	253	123	130	197	84	113
67	558	275	282	229	113	116	243	102	141
68	574	277	297	216	116	101	245	106	139
69	501	230	271	225	98	127	198	85	113
70-74	**1697**	**721**	**976**	**745**	**338**	**407**	**820**	**335**	**484**
70	447	181	266	180	83	96	161	65	96
71	346	158	187	128	61	67	148	52	96
72	307	132	175	143	68	75	176	72	104
73	334	135	199	152	69	83	162	71	91
74	264	115	148	142	57	85	173	75	98
75-79	**1251**	**582**	**669**	**532**	**273**	**260**	**517**	**232**	**286**
75	318	135	183	125	64	62	126	57	70
76	238	105	132	103	48	55	128	51	78
77	232	116	116	101	48	53	108	47	60
78	252	123	129	118	67	51	76	34	43
79	211	103	108	85	46	39	79	44	35
80-84	**678**	**373**	**304**	**333**	**199**	**134**	**223**	**108**	**115**
80	187	96	91	94	56	38	83	40	43
81	157	89	68	78	42	36	48	27	21
82	140	75	65	63	42	21	36	17	20
83	106	60	46	60	33	26	26	13	13
84	87	53	34	38	26	12	29	11	18
85及以上	**351**	**221**	**130**	**184**	**122**	**62**	**66**	**35**	**31**

4-1a 续表5 单位：人

年 龄	大学专科			大学本科			研究生		
	小计	男	女	小计	男	女	小计	男	女
45-49	**2750**	**1373**	**1377**	**3937**	**2079**	**1857**	**1082**	**693**	**389**
45	675	350	325	1032	556	475	287	184	103
46	632	311	322	896	447	449	219	149	71
47	701	348	353	861	441	421	247	166	82
48	364	171	193	580	318	261	144	80	65
49	377	193	184	568	317	251	184	114	70
50-54	**2416**	**1224**	**1192**	**2903**	**1672**	**1231**	**740**	**523**	**217**
50	375	181	194	585	347	238	141	93	48
51	502	252	250	629	369	261	190	137	52
52	749	397	352	828	464	364	227	159	69
53	472	228	244	538	314	224	129	91	38
54	318	166	152	321	177	144	54	43	10
55-59	**2088**	**1062**	**1025**	**1728**	**980**	**748**	**283**	**217**	**65**
55	437	220	217	371	212	159	58	44	14
56	345	185	161	322	194	129	46	38	8
57	409	219	190	294	170	124	49	36	13
58	449	237	212	354	193	161	73	53	21
59	447	202	245	386	212	175	57	48	10
60-64	**2112**	**1090**	**1022**	**1519**	**867**	**653**	**195**	**137**	**58**
60	484	230	254	409	236	173	60	37	23
61	477	258	219	353	196	157	43	35	9
62	413	215	198	275	143	132	30	24	6
63	416	222	194	255	150	105	27	20	7
64	322	164	158	227	141	86	35	22	13
65-69	**1340**	**725**	**615**	**996**	**573**	**423**	**74**	**58**	**16**
65	329	183	146	254	152	103	28	18	9
66	303	160	143	192	116	76	10	7	3
67	252	139	112	161	81	80	14	13	1
68	253	134	119	151	84	67	13	12	1
69	204	109	95	239	141	98	9	8	2
70-74	**747**	**402**	**345**	**1043**	**621**	**423**	**38**	**29**	**9**
70	191	101	90	212	149	63	11	6	5
71	165	86	79	177	93	85	14	12	2
72	122	74	48	198	117	81	6	5	1
73	148	75	73	206	120	87	6	6	
74	120	66	54	250	143	107	2	1	2
75-79	**591**	**350**	**241**	**1358**	**904**	**454**	**30**	**26**	**4**
75	115	70	45	306	192	114	10	9	1
76	119	63	56	286	185	101	7	7	
77	131	85	46	289	209	80	4	3	2
78	103	55	48	259	178	81	1	1	
79	123	76	47	218	140	77	8	6	2
80-84	**335**	**204**	**130**	**610**	**380**	**230**	**37**	**21**	**15**
80	85	54	31	157	104	53	5	5	
81	74	40	34	162	96	66	5	2	4
82	79	52	27	126	84	42	11	7	4
83	51	27	24	92	54	37	8	6	2
84	45	31	14	73	41	32	8	1	6
85及以上	**118**	**70**	**48**	**298**	**211**	**87**	**12**	**7**	**5**

4-1b 全市分年龄、性别、受教育程度的6岁及以上人口(镇)

单位：人

年 龄	6岁及以上人口			未上过学			小 学		
	合计	男	女	小计	男	女	小计	男	女
总 计	**19629**	**10466**	**9163**	**499**	**113**	**386**	**2646**	**1288**	**1358**
6-9	**531**	**266**	**265**	**22**	**10**	**12**	**509**	**256**	**253**
6	123	60	63	20	9	11	103	51	52
7	134	69	66	1		1	133	68	65
8	150	76	74	1	1		149	76	74
9	124	62	62				124	62	62
10-14	**517**	**266**	**251**	**1**	**1**		**261**	**135**	**126**
10	123	60	63				121	59	62
11	121	67	54				114	63	50
12	81	36	45				21	10	11
13	103	54	49				4	2	2
14	89	49	40	1	1		1		1
15-19	**687**	**394**	**293**	**2**		**1**			
15	82	47	35						
16	67	39	28						
17	81	52	29	1		1			
18	149	94	55						
19	309	163	146						
20-24	**1651**	**1059**	**592**	**3**	**1**	**2**	**11**	**9**	**2**
20	413	276	137	1		1	3	3	
21	349	245	103				3	2	1
22	269	167	102	1	1				
23	291	171	120				1	1	
24	330	200	130	1		1	4	3	1
25-29	**2602**	**1388**	**1214**	**2**	**1**	**1**	**45**	**22**	**23**
25	504	280	224				11	5	5
26	529	283	247				8	5	3
27	519	275	243	1	1		6	2	4
28	550	278	272				12	3	8
29	500	271	229	1		1	9	6	2
30-34	**2136**	**1144**	**993**	**5**	**2**	**2**	**32**	**20**	**12**
30	437	237	201				4	3	1
31	385	204	180	2		2	11	7	4
32	425	238	187	1	1	1	2	1	1
33	470	247	223				9	7	3
34	419	217	202	2	2		6	3	3
35-39	**1621**	**864**	**757**	**7**	**1**	**5**	**54**	**27**	**28**
35	392	205	187	1	1	1	8	5	3
36	387	201	186	3	1	2	16	8	7
37	320	177	143				10	4	6
38	245	137	108	1		1	11	4	6
39	277	144	133	2		2	10	5	5
40-44	**1732**	**917**	**815**	**14**	**5**	**9**	**143**	**74**	**68**
40	283	153	130	3	1	3	25	14	11
41	310	167	144	1	1	1	25	17	8
42	350	179	171	3	1	1	30	13	17
43	385	202	183	1	1		27	14	13
44	404	217	187	5	1	4	37	16	20

4-1b 续表 1

单位：人

年 龄	初中			普通高中			中职		
	小计	男	女	小计	男	女	小计	男	女
总 计	**7464**	**4193**	**3271**	**2977**	**1782**	**1195**	**1637**	**939**	**698**
6-9									
6									
7									
8									
9									
10-14	**249**	**129**	**120**	**5**	**1**	**4**	**1**		**1**
10	2	1	1						
11	8	4	4						
12	60	26	34						
13	97	51	46	1		1			
14	82	47	35	4	1	3	1		1
15-19	**118**	**85**	**33**	**280**	**207**	**73**	**66**	**50**	**16**
15	35	26	9	39	17	22	7	4	3
16	14	8	6	38	20	18	11	9	1
17	19	16	3	44	24	20	12	11	2
18	30	22	7	41	32	9	21	16	5
19	20	13	8	118	114	4	15	11	5
20-24	**309**	**208**	**102**	**459**	**410**	**49**	**213**	**129**	**84**
20	43	32	11	181	175	6	29	16	13
21	58	37	21	132	118	14	44	29	15
22	52	29	23	63	59	4	32	24	8
23	77	55	22	38	31	8	42	24	18
24	79	56	24	44	28	17	65	35	30
25-29	**650**	**416**	**234**	**320**	**174**	**147**	**442**	**242**	**200**
25	121	82	39	65	37	27	91	51	40
26	134	96	38	51	26	25	90	46	43
27	115	72	44	79	42	36	87	53	34
28	149	80	69	66	33	33	86	42	44
29	131	87	44	61	35	26	88	49	38
30-34	**610**	**358**	**252**	**251**	**135**	**116**	**342**	**196**	**147**
30	114	65	49	51	26	25	73	51	22
31	109	67	43	41	24	17	60	30	30
32	121	80	42	50	26	24	62	40	22
33	142	83	59	53	22	30	74	42	31
34	124	63	61	57	37	20	74	33	41
35-39	**616**	**339**	**277**	**242**	**136**	**106**	**197**	**115**	**82**
35	123	69	54	52	29	23	62	35	27
36	133	75	57	57	27	30	41	26	15
37	137	69	68	43	28	15	42	24	18
38	93	53	39	50	29	21	22	12	9
39	130	72	59	40	23	17	30	18	13
40-44	**924**	**488**	**436**	**236**	**125**	**111**	**98**	**54**	**44**
40	135	72	62	30	16	14	23	13	10
41	148	78	71	53	28	25	16	8	8
42	191	89	103	34	19	15	24	13	11
43	216	120	95	64	34	30	23	13	10
44	234	129	105	55	28	27	11	6	5

4-1b 续表 2 单位：人

年 龄	大学专科			大学本科			研究生		
	小计	男	女	小计	男	女	小计	男	女
总 计	**2156**	**1117**	**1040**	**2077**	**954**	**1123**	**173**	**80**	**93**
6-9									
6									
7									
8									
9									
10-14									
10									
11									
12									
13									
14									
15-19	**54**	**28**	**26**	**168**	**24**	**144**			
15	1		1						
16	4	2	2						
17	2	1	1	2		2			
18	22	13	8	36	10	26			
19	26	12	14	130	14	116			
20-24	**311**	**167**	**144**	**337**	**133**	**204**	**7**	**2**	**4**
20	53	32	21	101	18	84			
21	62	35	27	48	24	24	1	1	
22	53	23	31	64	30	34	3	1	2
23	76	36	40	55	24	31	2		2
24	66	42	25	69	37	32	1	1	1
25-29	**599**	**283**	**316**	**503**	**238**	**264**	**40**	**11**	**29**
25	125	59	66	86	44	42	5	2	3
26	137	61	76	102	47	55	8	1	6
27	124	59	64	98	43	55	8	3	6
28	120	62	58	107	57	49	13	1	11
29	94	43	52	110	47	62	7	3	3
30-34	**411**	**214**	**197**	**427**	**196**	**232**	**56**	**21**	**35**
30	97	50	47	83	37	47	16	4	12
31	74	38	36	80	36	44	7	3	4
32	85	45	40	88	41	47	14	4	10
33	80	42	38	101	45	56	13	5	7
34	75	39	36	75	36	39	7	5	2
35-39	**234**	**101**	**133**	**242**	**126**	**116**	**29**	**18**	**10**
35	64	26	38	77	39	39	5	2	2
36	68	25	43	58	30	28	12	9	4
37	43	22	21	38	25	13	7	5	3
38	34	18	16	32	17	15	3	3	
39	26	11	15	37	16	21	1		1
40-44	**166**	**92**	**74**	**135**	**70**	**65**	**17**	**10**	**7**
40	35	19	16	31	16	15	2	2	
41	41	21	21	24	13	10	3	2	1
42	35	25	10	26	15	11	7	4	3
43	27	10	17	23	8	15	3	1	3
44	28	18	10	32	18	14	2	2	1

4-1b 续表 3 单位：人

年 龄	6岁及以上人口			未上过学			小 学		
	合计	男	女	小计	男	女	小计	男	女
45-49	**1837**	**1007**	**830**	**15**	**5**	**10**	**210**	**130**	**80**
45	408	229	179	4	2	2	39	20	19
46	366	206	160	5	2	4	46	31	15
47	399	214	185	4	1	4	49	31	17
48	333	171	162	1	1		34	17	17
49	331	187	144	1		1	43	31	11
50-54	**1737**	**915**	**822**	**13**	**3**	**11**	**158**	**88**	**70**
50	394	213	181	2		2	48	31	17
51	381	200	181	2	1	1	32	20	13
52	450	247	203	4	1	3	40	18	22
53	308	159	149	3	1	2	23	13	9
54	204	96	108	2		2	15	5	10
55-59	**1445**	**724**	**721**	**35**	**8**	**27**	**179**	**72**	**108**
55	304	155	148	5		5	28	11	17
56	283	138	146	9	3	6	40	19	20
57	273	130	143	5		5	36	15	22
58	289	157	132	5	2	3	38	15	24
59	295	144	151	11	2	9	37	12	25
60-64	**1226**	**624**	**602**	**52**	**9**	**43**	**327**	**137**	**191**
60	270	137	132	11	3	7	58	22	36
61	286	148	138	9	1	9	65	29	36
62	241	117	125	13	2	11	61	22	39
63	236	129	107	12	1	10	75	39	36
64	193	93	100	8	2	7	68	25	43
65-69	**746**	**361**	**385**	**41**	**7**	**34**	**258**	**99**	**159**
65	163	87	76	10	2	8	53	26	26
66	169	77	92	14	2	12	53	12	40
67	137	67	70	6	1	5	47	19	29
68	137	63	73	4	1	3	57	22	34
69	140	67	73	7		7	48	19	29
70-74	**464**	**228**	**236**	**46**	**12**	**35**	**183**	**76**	**107**
70	111	51	60	7	1	6	40	15	24
71	101	52	50	10	4	5	40	14	26
72	89	50	39	7	1	6	34	18	17
73	84	40	44	10	3	7	34	13	21
74	78	36	42	12	2	11	35	16	20
75-79	**353**	**162**	**191**	**75**	**16**	**59**	**158**	**72**	**86**
75	86	39	48	12	4	7	36	14	22
76	70	31	39	11	2	9	37	15	23
77	73	39	34	16	1	15	32	19	14
78	64	30	34	18	6	12	28	14	14
79	60	23	37	19	3	17	23	11	13
80-84	**231**	**105**	**125**	**96**	**19**	**77**	**87**	**52**	**34**
80	54	27	27	18	6	12	25	14	11
81	48	21	28	21	4	17	18	10	7
82	57	26	32	20	2	18	22	14	8
83	46	19	27	21	3	18	16	8	8
84	25	12	13	16	3	12	6	6	
85及以上	**113**	**41**	**72**	**70**	**13**	**57**	**30**	**19**	**11**

4-1b 续表 4 单位：人

年 龄	初 中			普通高中			中 职		
	小计	男	女	小计	男	女	小计	男	女
45-49	**1094**	**578**	**516**	**227**	**117**	**110**	**76**	**49**	**26**
45	235	132	103	59	36	23	20	11	9
46	207	110	96	44	20	24	14	10	4
47	241	120	122	48	26	22	17	11	6
48	208	104	103	38	17	22	17	12	4
49	203	112	91	38	18	20	7	5	3
50-54	**966**	**512**	**455**	**402**	**195**	**207**	**44**	**26**	**18**
50	235	120	115	57	30	27	13	9	4
51	218	110	108	85	40	46	11	7	4
52	246	143	103	106	53	53	12	8	4
53	165	83	82	88	45	43	4	2	2
54	102	55	47	65	26	39	5	1	4
55-59	**734**	**387**	**347**	**372**	**185**	**187**	**35**	**14**	**21**
55	147	79	67	102	51	51	6	3	3
56	132	67	65	85	38	47	5	2	3
57	132	66	67	77	38	38	4	1	3
58	146	85	61	67	36	31	9	3	6
59	177	89	87	42	22	19	10	5	5
60-64	**624**	**355**	**268**	**85**	**43**	**42**	**47**	**21**	**26**
60	133	75	58	28	12	16	14	5	9
61	160	92	68	20	12	8	14	5	8
62	121	65	56	18	8	10	7	4	3
63	115	70	46	11	7	4	10	5	5
64	94	54	40	8	4	4	3	1	1
65-69	**322**	**180**	**142**	**40**	**22**	**18**	**32**	**16**	**16**
65	75	43	32	8	5	3	6	3	3
66	70	41	29	11	7	4	7	3	3
67	67	37	30	8	3	5	3	1	1
68	53	27	26	8	5	3	7	2	5
69	58	32	26	5	2	3	9	6	3
70-74	**162**	**98**	**64**	**32**	**16**	**16**	**18**	**13**	**5**
70	45	27	18	9	2	7	4	3	1
71	39	25	14	6	2	4	4	3	1
72	26	16	10	8	7	1	6	4	2
73	31	18	13	5	2	3	1	1	
74	21	13	8	5	3	2	2	1	1
75-79	**67**	**46**	**21**	**12**	**7**	**6**	**19**	**10**	**9**
75	21	13	8	5	1	4	8	3	5
76	18	12	6				2	1	1
77	14	12	2	4	2	1	3	2	
78	6	4	2	3	2		2	1	1
79	8	4	4	1	1		6	3	3
80-84	**15**	**13**	**2**	**9**	**6**	**2**	**7**	**3**	**3**
80	4	3	1	2	1	1	2	1	1
81	2	1	1	2	2		1	1	
82	5	5		2	1	1	2		2
83	2	2		2	2		2	1	1
84	2	2		1	1				
85及以上	**4**	**3**	**1**	**2**	**1**	**1**			

4-1b 续表 5　　单位：人

年 龄	大学专科			大学本科			研究生		
	小计	男	女	小计	男	女	小计	男	女
45-49	**108**	**64**	**44**	**97**	**58**	**39**	**10**	**6**	**4**
45	23	14	9	26	13	13	2	1	1
46	27	18	9	19	12	6	4	3	1
47	21	12	8	16	12	4	2	1	2
48	18	11	7	18	9	9			
49	19	9	11	19	12	7	2	1	1
50-54	**83**	**50**	**33**	**65**	**37**	**28**	**6**	**6**	**1**
50	17	8	9	20	13	7	2	2	
51	18	14	4	14	8	6	2	2	
52	24	14	11	14	7	7	2	2	
53	14	10	4	11	5	5			
54	10	5	5	6	3	3			
55-59	**58**	**38**	**21**	**27**	**18**	**9**	**4**	**2**	**2**
55	10	7	3	4	4	1	2	1	1
56	6	4	2	6	3	2	1	1	
57	13	7	6	5	3	3			
58	15	10	5	7	5	2	1	1	1
59	14	9	5	5	4	1			
60-64	**55**	**36**	**19**	**34**	**21**	**13**	**2**	**2**	**1**
60	17	13	3	9	6	2			
61	9	4	4	8	3	5	2	2	
62	14	10	4	7	5	2			
63	9	5	4	5	3	2			
64	7	3	3	5	3	1	1		1
65-69	**38**	**25**	**13**	**14**	**11**	**3**			
65	7	5	2	4	3	1			
66	12	8	4	3	3				
67	4	4		2	1	1			
68	5	3	2	2	2	1			
69	10	5	5	3	3	1			
70-74	**10**	**7**	**3**	**11**	**6**	**5**	**1**	**1**	
70	4	2	2	2		2			
71	2	2		2	2				
72	3	1	1	3	2	1	1	1	
73	1	1		1	1				
74				3	1	2			
75-79	**13**	**3**	**10**	**8**	**8**				
75	2		1	3	3				
76	2	1	1						
77	3		3	2	2				
78	4		4	3	3				
79	2	1	1						
80-84	**11**	**5**	**6**	**7**	**7**				
80	2	1	1	1	1				
81	2		1	2	2				
82	4	1	3	1	1				
83	1	1		2	2				
84	1	1							
85及以上	**5**	**4**	**1**	**2**	**1**	**1**			

4-1c 全市分年龄、性别、受教育程度的6岁及以上人口(乡村)

单位：人

年龄	6岁及以上人口			未上过学			小学		
	合计	男	女	小计	男	女	小计	男	女
总计	**43851**	**22983**	**20868**	**2340**	**681**	**1659**	**7736**	**3672**	**4063**
6-9	**1128**	**587**	**541**	**45**	**27**	**19**	**1082**	**560**	**522**
6	271	136	135	39	22	17	232	114	117
7	292	157	134	2	1	1	290	156	134
8	287	145	142	3	2	1	284	143	141
9	279	149	130	2	2		276	147	130
10-14	**1090**	**568**	**521**	**17**	**10**	**8**	**531**	**277**	**254**
10	252	133	120	3	1	2	243	129	115
11	218	99	119	1	1	1	199	94	105
12	175	102	73				60	37	23
13	231	120	111	3	1	1	25	15	10
14	213	115	98	10	7	3	4	3	1
15-19	**1955**	**903**	**1052**	**106**	**19**	**87**	**21**	**17**	**4**
15	274	134	140	38	10	27	2	1	1
16	268	122	147	8	1	7	9	8	1
17	349	179	169	21	4	17	3	2	1
18	445	199	246	19	4	15			
19	620	269	350	21		21	7	6	1
20-24	**3170**	**1718**	**1452**	**60**	**29**	**31**	**45**	**31**	**14**
20	691	255	437	14	4	10	2	1	2
21	532	306	226	13	4	9	8	7	1
22	567	343	224	13	6	7	11	8	3
23	593	351	242	10	7	3	11	10	2
24	787	463	323	9	7	2	12	5	7
25-29	**5182**	**2756**	**2425**	**66**	**19**	**47**	**120**	**69**	**50**
25	1017	564	452	14	4	11	20	13	7
26	1032	540	492	14	2	12	25	15	9
27	1075	583	493	14	7	7	18	12	6
28	1115	564	551	16	2	14	26	12	14
29	943	505	437	8	5	3	30	17	13
30-34	**4109**	**2230**	**1879**	**56**	**29**	**27**	**130**	**71**	**59**
30	839	456	383	15	1	14	30	16	14
31	823	457	366	14	12	2	21	11	10
32	772	405	367	10	4	6	20	12	8
33	964	541	423	11	9	2	34	18	16
34	710	370	340	7	4	3	25	13	12
35-39	**3062**	**1729**	**1333**	**41**	**22**	**19**	**195**	**98**	**97**
35	705	378	326	11	7	4	31	16	15
36	652	375	277	6	1	5	35	19	16
37	622	343	279	7	3	4	41	24	18
38	525	299	225	10	3	7	48	21	27
39	558	333	225	7	7		39	17	22
40-44	**3772**	**2055**	**1717**	**70**	**32**	**38**	**399**	**195**	**205**
40	583	318	265	11	7	4	57	29	29
41	682	373	309	13	7	6	76	37	39
42	793	432	361	8	1	7	85	42	43
43	801	443	358	11	7	3	86	47	39
44	913	488	424	27	10	17	95	40	55

4-1c 续表 1

单位：人

年 龄	初 中			普通高中			中 职		
	小计	男	女	小计	男	女	小计	男	女
总 计	**20041**	**11446**	**8595**	**4721**	**2587**	**2134**	**3648**	**2184**	**1464**
6-9									
6									
7									
8									
9									
10-14	**524**	**274**	**250**	**14**	**6**	**8**	**2**	**1**	**1**
10	6	3	3						
11	18	5	13						
12	114	65	49	1		1			
13	201	103	98	2		2			
14	186	98	88	12	6	5	2	1	1
15-19	**403**	**241**	**162**	**488**	**234**	**254**	**331**	**229**	**101**
15	99	55	44	95	45	50	37	22	15
16	44	23	21	154	62	92	41	23	18
17	73	42	31	138	70	68	73	53	21
18	77	53	24	57	30	27	81	54	28
19	110	67	42	44	27	17	99	78	20
20-24	**805**	**550**	**255**	**261**	**162**	**99**	**641**	**417**	**225**
20	108	75	33	45	28	17	106	68	38
21	137	99	38	33	18	16	121	88	33
22	159	113	46	50	31	19	119	77	42
23	176	112	63	64	43	21	119	71	48
24	224	150	75	69	42	27	177	112	65
25-29	**1651**	**980**	**672**	**503**	**290**	**213**	**1196**	**672**	**524**
25	295	185	110	86	55	31	273	168	105
26	329	186	143	89	48	41	235	133	101
27	327	200	127	115	68	47	259	149	110
28	368	215	154	120	63	56	231	116	114
29	332	195	137	94	56	38	199	105	94
30-34	**1757**	**975**	**782**	**538**	**288**	**250**	**724**	**413**	**310**
30	330	195	135	88	46	42	148	88	60
31	335	191	143	108	61	47	154	92	61
32	318	168	150	112	62	50	142	75	67
33	439	255	184	139	69	70	165	95	70
34	335	166	169	92	51	41	116	64	52
35-39	**1702**	**973**	**729**	**496**	**272**	**224**	**346**	**200**	**146**
35	355	193	162	124	58	66	101	58	44
36	339	199	140	118	65	53	81	44	37
37	334	183	151	109	63	46	61	32	29
38	306	183	123	74	41	34	53	31	21
39	369	215	153	71	46	25	50	35	14
40-44	**2494**	**1369**	**1125**	**464**	**263**	**201**	**165**	**89**	**76**
40	374	207	166	70	38	32	39	15	24
41	447	247	200	73	41	33	38	25	13
42	520	287	232	91	50	41	41	24	17
43	544	298	246	101	56	46	22	13	9
44	610	329	280	128	78	50	25	13	12

4-1c 续表 2

单位：人

年 龄	大学专科			大学本科			研究生		
	小计	男	女	小计	男	女	小计	男	女
总 计	**3042**	**1589**	**1452**	**2254**	**793**	**1461**	**71**	**31**	**40**
6-9									
6									
7									
8									
9									
10-14									
10									
11									
12									
13									
14									
15-19	**221**	**120**	**101**	**384**	**42**	**342**			
15	2	1	1						
16	5	4	2	7	1	7			
17	15	9	6	26		26			
18	81	44	38	129	14	115			
19	117	63	55	222	28	194			
20-24	**685**	**374**	**311**	**664**	**154**	**510**	**7**	**2**	**6**
20	103	54	50	313	24	288			
21	112	62	50	107	27	79			
22	132	75	57	79	31	48	2		2
23	138	74	64	72	32	40	3	2	1
24	199	109	91	94	39	55	2		2
25-29	**1006**	**452**	**554**	**604**	**263**	**341**	**36**	**11**	**25**
25	205	84	121	119	55	64	4		3
26	211	100	111	121	52	69	7	3	4
27	215	100	116	116	46	70	12	2	10
28	209	96	113	139	57	82	6	2	4
29	165	72	93	109	53	56	6	2	4
30-34	**551**	**282**	**270**	**335**	**162**	**173**	**17**	**9**	**8**
30	143	71	72	81	37	44	5	2	3
31	122	58	64	65	29	37	5	3	1
32	106	56	50	63	26	37	1	1	
33	98	52	46	77	44	34	2	1	1
34	82	44	38	48	26	22	5	2	3
35-39	**184**	**109**	**75**	**89**	**48**	**41**	**9**	**7**	**1**
35	60	32	28	20	12	8	2	2	
36	49	34	16	22	11	11	2	2	
37	39	20	19	28	16	12	3	2	1
38	22	13	9	10	5	5	1	1	
39	14	10	4	9	3	6	1		1
40-44	**127**	**73**	**54**	**52**	**32**	**20**	**1**	**1**	
40	22	17	6	10	6	4			
41	24	10	13	11	6	4			
42	34	18	16	13	9	4			
43	29	17	13	7	5	3	1	1	
44	17	11	6	11	6	4			

4-1c 续表 3 单位：人

年龄	6岁及以上人口			未上过学			小学		
	合计	男	女	小计	男	女	小计	男	女
45-49	**4216**	**2305**	**1911**	**128**	**55**	**73**	**558**	**250**	**308**
45	910	509	401	25	14	11	83	32	51
46	841	470	371	34	13	21	102	47	56
47	867	467	400	32	14	18	129	56	72
48	785	423	362	18	7	11	119	63	56
49	813	437	376	19	8	11	124	51	73
50-54	**4257**	**2244**	**2013**	**106**	**38**	**68**	**456**	**224**	**232**
50	951	502	450	23	7	16	120	56	63
51	946	512	434	25	11	14	82	39	43
52	1090	572	518	27	13	13	124	60	64
53	769	402	367	14	4	10	75	42	33
54	501	257	243	18	2	16	54	26	28
55-59	**3401**	**1735**	**1666**	**189**	**61**	**128**	**623**	**250**	**372**
55	680	331	349	21	7	14	95	40	55
56	649	346	303	25	10	15	108	43	65
57	742	374	367	44	16	29	138	53	85
58	675	348	327	57	18	39	129	56	73
59	656	335	320	42	11	31	153	58	95
60-64	**3224**	**1626**	**1598**	**297**	**88**	**208**	**1130**	**464**	**666**
60	726	362	364	50	16	34	206	87	119
61	656	320	336	71	21	49	199	79	120
62	653	332	321	70	20	50	264	111	153
63	646	345	301	64	19	44	253	114	139
64	543	267	276	43	12	30	208	74	134
65-69	**2147**	**1044**	**1103**	**200**	**43**	**157**	**980**	**385**	**595**
65	507	252	255	42	9	33	219	80	139
66	490	243	247	42	12	30	221	87	134
67	361	172	189	39	5	34	174	78	97
68	404	189	215	36	6	30	194	69	125
69	386	189	197	41	10	31	172	71	100
70-74	**1284**	**624**	**659**	**175**	**39**	**136**	**601**	**255**	**345**
70	309	148	161	32	10	22	144	57	87
71	290	150	140	33	5	28	116	47	69
72	238	117	121	35	6	29	114	53	61
73	234	102	133	38	5	33	116	45	71
74	212	107	105	37	13	24	110	53	57
75-79	**922**	**466**	**456**	**265**	**59**	**206**	**505**	**290**	**214**
75	186	86	101	44	6	39	104	54	50
76	195	98	97	45	10	36	107	59	47
77	202	111	91	56	14	42	121	73	48
78	186	98	88	62	18	44	100	59	41
79	152	74	78	57	11	47	73	46	28
80-84	**615**	**263**	**352**	**312**	**66**	**245**	**263**	**165**	**99**
80	154	69	86	64	14	50	76	44	32
81	149	70	79	78	19	59	63	44	18
82	129	48	81	65	12	53	57	30	27
83	102	45	57	55	11	44	39	28	11
84	81	32	50	49	9	40	28	18	10
85及以上	**320**	**131**	**189**	**206**	**45**	**161**	**97**	**71**	**25**

4-1c 续表 4 单位：人

年 龄	初 中			普通高中			中 职		
	小计	男	女	小计	男	女	小计	男	女
45-49	**2952**	**1653**	**1299**	**371**	**207**	**164**	**83**	**51**	**32**
45	646	374	272	97	51	46	21	14	8
46	588	336	252	76	47	29	20	11	9
47	604	332	272	65	35	30	15	12	3
48	538	290	249	64	36	28	19	9	10
49	576	322	254	67	36	31	8	5	3
50-54	**2879**	**1544**	**1335**	**688**	**361**	**327**	**47**	**30**	**17**
50	694	376	318	89	50	40	11	6	6
51	669	371	298	139	70	68	14	11	4
52	724	381	343	173	92	81	11	6	5
53	495	256	240	163	85	78	7	7	
54	297	160	136	123	63	60	4	1	2
55-59	**1854**	**1025**	**829**	**658**	**348**	**310**	**25**	**17**	**8**
55	374	188	186	177	86	91	3	3	
56	342	193	149	157	86	71	9	6	3
57	410	225	185	140	74	66	4	2	2
58	358	204	155	115	64	51	5	2	2
59	369	215	154	68	37	31	5	3	1
60-64	**1557**	**919**	**637**	**145**	**91**	**54**	**32**	**23**	**10**
60	393	214	179	59	34	25	5	3	2
61	331	184	148	32	20	11	6	3	3
62	287	181	106	16	10	6	7	4	2
63	286	181	105	22	16	6	7	7	
64	259	160	99	16	9	7	8	6	2
65-69	**857**	**540**	**317**	**44**	**28**	**16**	**29**	**19**	**10**
65	221	143	78	10	6	4	7	6	1
66	195	122	73	11	7	4	7	3	3
67	136	83	53	3		3	5	3	1
68	154	99	55	13	9	3	2	1	1
69	151	93	57	7	5	2	9	5	4
70-74	**437**	**273**	**164**	**30**	**23**	**7**	**16**	**12**	**3**
70	115	70	45	6	4	2	2	1	1
71	121	80	41	5	4	1	4	3	1
72	81	53	28	5	3	1	3	1	1
73	64	38	26	9	7	2	3	3	
74	55	32	23	6	6		4	3	1
75-79	**122**	**92**	**29**	**15**	**11**	**3**	**9**	**9**	**1**
75	33	22	11	2	2	1	1	1	
76	31	21	10	8	6	2	2	1	1
77	22	21	1	1	1		2	2	
78	21	17	4				2	2	
79	14	12	3	3	2	1	3	3	
80-84	**32**	**25**	**7**	**3**	**2**	**1**	**1**	**1**	
80	11	8	3	1	1	1	1	1	
81	6	5	1	1	1				
82	3	3	1	1	1	1	1	1	
83	8	6	2						
84	3	3							
85及以上	**16**	**13**	**3**	**1**	**1**				

4-1c 续表 5　　　　单位：人

年 龄	大学专科			大学本科			研究生		
	小计	男	女	小计	男	女	小计	男	女
45-49	**77**	**59**	**18**	**46**	**30**	**16**	**1**	**1**	
45	22	16	6	15	8	8			
46	13	10	3	6	5	1	1	1	
47	15	13	2	7	4	3			
48	15	10	5	12	8	4			
49	12	9	3	6	5	1			
50-54	**59**	**34**	**26**	**21**	**13**	**7**	**1**	**1**	
50	9	5	5	5	2	3			
51	12	9	4	3		3	1	1	
52	24	13	11	7	6	1			
53	12	6	6	1	1				
54	2	2		4	3	1			
55-59	**42**	**25**	**17**	**10**	**9**	**1**			
55	6	4	2	3	3				
56	6	6		2	2				
57	3	2	1	2	2				
58	10	3	7	1	1				
59	17	10	7	1		1			
60-64	**45**	**27**	**19**	**18**	**14**	**4**			
60	7	4	3	6	5	1			
61	13	10	3	4	3	1			
62	6	2	4	3	3				
63	11	5	5	4	2	2			
64	8	5	3	1	1				
65-69	**26**	**21**	**5**	**11**	**9**	**2**			
65	7	7	1	1	1				
66	7	6	1	7	6	1			
67	4	3	1						
68	3	3		2	2				
69	4	3	1	2	1	1			
70-74	**11**	**10**	**1**	**15**	**11**	**4**			
70	2	2	1	8	4	3			
71	5	5		6	6				
72									
73	4	4		1	1				
74				1		1			
75-79	**4**	**3**	**2**	**2**	**2**				
75	1	1							
76	2		2	1	1				
77									
78				1	1				
79	1	1							
80-84	**1**	**1**		**2**	**2**				
80	1	1							
81				1	1				
82	1	1							
83									
84				1	1				
85及以上									

4-2 全市分年龄、性别的15岁及以上文盲人口

单位：人、%

年 龄	15岁及以上人口			文盲人口			文盲人口占15岁及以上人口比重		
	合计	男	女	合计	男	女	合计	男	女
总 计	**301781**	**157519**	**144262**	**5188**	**1150**	**4037**	**1.72**	**0.73**	**2.80**
15-19	**9405**	**5122**	**4284**	**114**	**25**	**89**	**1.21**	**0.49**	**2.07**
15	1032	581	451	39	12	28	3.83	1.99	6.19
16	1120	604	516	8	1	7	0.71	0.18	1.33
17	1665	911	754	22	4	18	1.33	0.49	2.34
18	2565	1367	1197	20	5	15	0.77	0.38	1.22
19	3024	1659	1365	24	3	22	0.80	0.15	1.59
20-24	**32173**	**18920**	**13253**	**76**	**41**	**35**	**0.24**	**0.22**	**0.26**
20	6588	3835	2753	22	11	11	0.33	0.29	0.39
21	6423	3903	2520	15	6	9	0.23	0.15	0.37
22	6837	4013	2823	15	7	8	0.22	0.18	0.29
23	6291	3667	2624	14	10	4	0.22	0.28	0.14
24	6035	3503	2531	10	7	3	0.17	0.20	0.12
25-29	**43154**	**23092**	**20062**	**87**	**29**	**58**	**0.20**	**0.12**	**0.29**
25	8668	4782	3885	21	4	16	0.24	0.08	0.42
26	8712	4740	3971	14	1	12	0.16	0.02	0.31
27	8671	4633	4038	19	11	8	0.21	0.23	0.19
28	9076	4684	4391	21	4	17	0.23	0.08	0.38
29	8029	4253	3776	14	9	5	0.17	0.21	0.14
30-34	**35932**	**18521**	**17411**	**80**	**38**	**42**	**0.22**	**0.20**	**0.24**
30	6713	3478	3235	19	3	16	0.28	0.09	0.49
31	6789	3531	3258	18	12	7	0.27	0.33	0.21
32	7362	3810	3552	15	6	10	0.21	0.15	0.27
33	8343	4214	4129	15	10	5	0.18	0.24	0.12
34	6725	3488	3236	12	7	5	0.17	0.19	0.15
35-39	**27616**	**14380**	**13236**	**74**	**34**	**40**	**0.27**	**0.24**	**0.30**
35	6327	3253	3074	15	9	6	0.24	0.29	0.19
36	6108	3142	2966	16	7	9	0.26	0.22	0.30
37	5648	2986	2662	12	4	7	0.20	0.14	0.27
38	4710	2459	2252	15	5	10	0.32	0.21	0.44
39	4823	2541	2282	16	8	8	0.33	0.32	0.34
40-44	**26595**	**14045**	**12549**	**175**	**60**	**115**	**0.66**	**0.43**	**0.92**
40	4716	2453	2263	23	8	15	0.48	0.32	0.64
41	4964	2653	2311	25	11	14	0.51	0.42	0.61
42	5680	2984	2695	41	7	33	0.72	0.25	1.24
43	5506	2883	2623	27	15	13	0.50	0.51	0.49
44	5729	3072	2656	59	19	40	1.04	0.62	1.52

4-2 续表

单位：人、%

年 龄	15岁及以上人口			文盲人口			文盲人口占15岁及以上人口比重		
	合计	男	女	合计	男	女	合计	男	女
45-49	**25623**	**13768**	**11855**	**290**	**103**	**187**	**1.13**	**0.75**	**1.57**
45	5933	3229	2703	62	30	32	1.04	0.93	1.18
46	5361	2858	2503	73	25	48	1.36	0.86	1.94
47	5692	3010	2683	58	18	40	1.01	0.59	1.48
48	4175	2193	1982	53	21	32	1.27	0.97	1.62
49	4461	2478	1983	44	9	35	0.99	0.38	1.74
50-54	**25014**	**13099**	**11916**	**231**	**55**	**176**	**0.92**	**0.42**	**1.48**
50	4808	2543	2266	44	9	36	0.92	0.35	1.57
51	5391	2832	2558	51	19	32	0.95	0.68	1.25
52	6864	3614	3250	59	16	43	0.86	0.44	1.33
53	4696	2493	2203	38	8	30	0.81	0.32	1.37
54	3255	1616	1639	38	3	35	1.16	0.17	2.14
55-59	**21280**	**10690**	**10590**	**396**	**111**	**285**	**1.86**	**1.04**	**2.69**
55	4235	2104	2131	38	11	27	0.90	0.51	1.29
56	3764	1988	1776	60	17	43	1.60	0.86	2.42
57	4412	2199	2213	87	28	59	1.98	1.28	2.67
58	4530	2283	2247	111	28	83	2.45	1.24	3.69
59	4339	2115	2223	100	27	73	2.29	1.26	3.27
60-64	**19215**	**9308**	**9907**	**583**	**151**	**431**	**3.03**	**1.63**	**4.35**
60	4391	2132	2258	111	35	76	2.54	1.66	3.37
61	4189	2043	2146	120	33	87	2.87	1.62	4.06
62	3790	1803	1987	141	32	109	3.71	1.75	5.49
63	3786	1850	1937	122	33	89	3.21	1.78	4.58
64	3059	1479	1579	89	19	70	2.91	1.26	4.46
65-69	**12264**	**5826**	**6438**	**393**	**76**	**317**	**3.20**	**1.30**	**4.92**
65	3012	1460	1553	79	14	65	2.62	0.95	4.20
66	2666	1263	1403	101	28	72	3.77	2.24	5.15
67	2199	1037	1162	63	10	53	2.85	0.96	4.53
68	2264	1078	1186	76	11	65	3.38	1.05	5.49
69	2123	988	1134	74	12	62	3.48	1.26	5.42
70-74	**7978**	**3608**	**4371**	**354**	**62**	**292**	**4.44**	**1.72**	**6.68**
70	1882	854	1028	70	15	56	3.74	1.71	5.43
71	1560	722	838	62	12	50	4.00	1.72	5.96
72	1485	686	799	71	10	61	4.77	1.43	7.64
73	1527	676	851	67	9	58	4.41	1.35	6.84
74	1524	669	855	83	16	67	5.45	2.38	7.85
75-79	**7684**	**3575**	**4109**	**676**	**100**	**576**	**8.80**	**2.79**	**14.03**
75	1639	755	884	105	16	89	6.39	2.12	10.05
76	1486	665	821	115	13	101	7.71	2.00	12.34
77	1640	785	854	140	20	120	8.54	2.60	14.01
78	1494	716	779	149	26	123	9.96	3.58	15.81
79	1426	654	772	168	24	143	11.77	3.71	18.59
80-84	**5021**	**2262**	**2759**	**912**	**145**	**767**	**18.16**	**6.42**	**27.79**
80	1329	623	706	187	36	151	14.04	5.71	21.40
81	1157	509	648	200	31	169	17.27	6.01	26.12
82	1032	474	558	182	24	158	17.64	5.14	28.24
83	827	353	475	173	21	152	20.93	6.03	32.02
84	675	303	372	170	33	137	25.17	10.99	36.72
85及以上	**2827**	**1303**	**1524**	**748**	**121**	**627**	**26.47**	**9.30**	**41.17**

4-2a 全市分年龄、性别的15岁及以上文盲人口(城市)

单位：人、%

年 龄	15岁及以上人口			文盲人口			文盲人口占15岁及以上人口比重		
	合计	男	女	合计	男	女	合计	男	女
总 计	**241567**	**125758**	**115809**	**2618**	**447**	**2171**	**1.08**	**0.36**	**1.87**
15-19	**6763**	**3825**	**2938**	**7**	**6**	**1**	**0.10**	**0.16**	**0.04**
15	676	400	276	2	1		0.24	0.30	0.15
16	785	443	342						
17	1236	680	556				0.04	0.07	
18	1971	1075	896	2	2		0.09	0.16	
19	2094	1227	868	3	3	1	0.15	0.21	0.07
20-24	**27353**	**16144**	**11209**	**13**	**11**	**2**	**0.05**	**0.07**	**0.02**
20	5484	3304	2180	6	6		0.12	0.20	
21	5542	3351	2191	1	1		0.02	0.04	
22	6001	3504	2497	1		1	0.02		0.05
23	5407	3145	2263	4	3	1	0.07	0.10	0.03
24	4918	2840	2078				0.01		0.02
25-29	**35370**	**18948**	**16422**	**21**	**10**	**11**	**0.06**	**0.05**	**0.06**
25	7146	3937	3209	7	1	6	0.10	0.03	0.18
26	7151	3918	3233						
27	7077	3775	3302	4	3	1	0.06	0.08	0.03
28	7410	3842	3568	5	2	3	0.06	0.05	0.08
29	6586	3476	3110	5	4	1	0.08	0.12	0.03
30-34	**29687**	**15148**	**14539**	**20**	**6**	**14**	**0.07**	**0.04**	**0.10**
30	5436	2786	2651	4	2	2	0.07	0.09	0.06
31	5581	2869	2712	4		4	0.08		0.16
32	6166	3166	2999	4	1	3	0.07	0.02	0.11
33	6908	3426	3483	5	2	3	0.07	0.05	0.09
34	5595	2901	2694	3	1	2	0.05	0.05	0.06
35-39	**22933**	**11787**	**11146**	**26**	**12**	**14**	**0.11**	**0.10**	**0.13**
35	5231	2670	2561	3	2	2	0.06	0.06	0.07
36	5068	2566	2502	8	5	2	0.15	0.21	0.09
37	4705	2465	2240	4	1	3	0.09	0.04	0.15
38	3941	2022	1919	3	2	1	0.08	0.10	0.06
39	3987	2063	1924	7	2	6	0.19	0.08	0.30
40-44	**21091**	**11074**	**10018**	**101**	**26**	**74**	**0.48**	**0.24**	**0.74**
40	3850	1982	1868	9		9	0.23		0.47
41	3971	2113	1858	14	4	10	0.35	0.17	0.55
42	4537	2373	2164	31	6	25	0.69	0.26	1.16
43	4320	2239	2082	16	6	9	0.36	0.28	0.45
44	4412	2367	2045	31	10	21	0.71	0.44	1.02

4-2a 续表 单位：人、%

年 龄	15岁及以上人口			文盲人口			文盲人口占15岁及以上人口比重		
	合计	男	女	合计	男	女	合计	男	女
45–49	**19570**	**10456**	**9114**	**157**	**47**	**110**	**0.80**	**0.45**	**1.21**
45	4615	2492	2123	36	15	21	0.78	0.61	0.99
46	4155	2182	1973	36	11	25	0.86	0.51	1.24
47	4426	2328	2098	22	4	18	0.50	0.16	0.87
48	3057	1598	1459	39	16	23	1.26	0.99	1.57
49	3317	1854	1463	25	2	23	0.75	0.09	1.58
50–54	**19020**	**9939**	**9081**	**121**	**18**	**103**	**0.64**	**0.18**	**1.14**
50	3463	1828	1635	20	1	19	0.59	0.07	1.16
51	4064	2121	1943	27	8	18	0.65	0.39	0.93
52	5324	2796	2528	30	2	28	0.57	0.07	1.12
53	3619	1932	1687	25	5	20	0.69	0.25	1.20
54	2550	1262	1288	19	2	18	0.75	0.12	1.37
55–59	**16435**	**8231**	**8203**	**190**	**45**	**146**	**1.16**	**0.54**	**1.78**
55	3252	1618	1634	13	4	9	0.40	0.22	0.58
56	2832	1504	1328	29	5	23	1.01	0.35	1.76
57	3397	1695	1702	45	14	31	1.34	0.82	1.85
58	3566	1778	1788	52	8	44	1.47	0.47	2.45
59	3388	1636	1752	51	13	38	1.51	0.82	2.14
60–64	**14765**	**7058**	**7706**	**257**	**56**	**201**	**1.74**	**0.79**	**2.61**
60	3395	1633	1762	55	17	39	1.63	1.01	2.21
61	3247	1575	1672	45	11	34	1.39	0.71	2.03
62	2896	1355	1541	64	10	54	2.20	0.72	3.51
63	2904	1376	1528	52	12	40	1.80	0.90	2.61
64	2323	1120	1203	41	6	35	1.75	0.53	2.88
65–69	**9371**	**4421**	**4950**	**172**	**31**	**141**	**1.84**	**0.70**	**2.85**
65	2343	1121	1222	33	5	28	1.41	0.43	2.30
66	2007	943	1063	49	15	34	2.44	1.59	3.19
67	1701	798	903	21	4	17	1.26	0.56	1.87
68	1724	826	898	39	4	35	2.27	0.51	3.89
69	1597	733	864	30	3	27	1.86	0.36	3.12
70–74	**6231**	**2755**	**3476**	**151**	**14**	**137**	**2.42**	**0.52**	**3.93**
70	1462	655	807	34	4	30	2.33	0.67	3.68
71	1168	520	648	23	3	20	2.00	0.67	3.07
72	1158	520	638	30	3	27	2.59	0.62	4.19
73	1209	534	674	26	2	24	2.15	0.41	3.53
74	1234	526	708	38	1	37	3.04	0.18	5.17
75–79	**6409**	**2947**	**3463**	**361**	**33**	**328**	**5.62**	**1.11**	**9.47**
75	1366	630	736	50	6	44	3.67	0.93	6.01
76	1221	536	685	63	3	60	5.15	0.60	8.71
77	1364	635	729	74	7	68	5.45	1.05	9.29
78	1244	588	657	77	5	72	6.19	0.93	10.89
79	1214	557	657	96	11	85	7.93	2.04	12.92
80–84	**4175**	**1894**	**2281**	**529**	**65**	**465**	**12.68**	**3.42**	**20.37**
80	1120	527	593	110	16	95	9.85	2.98	15.96
81	960	418	542	106	9	97	11.05	2.14	17.93
82	846	400	445	101	10	90	11.91	2.60	20.28
83	680	289	391	102	9	93	15.03	3.06	23.88
84	569	259	310	110	21	89	19.33	8.03	28.80
85及以上	**2394**	**1132**	**1262**	**492**	**68**	**424**	**20.53**	**5.97**	**33.58**

4-2b 全市分年龄、性别的15岁及以上文盲人口(镇)

单位：人、%

年龄	15岁及以上人口			文盲人口			文盲人口占15岁及以上人口比重		
	合计	男	女	合计	男	女	合计	男	女
总计	**18580**	**9933**	**8647**	**431**	**90**	**341**	**2.32**	**0.90**	**3.95**
15-19	**687**	**394**	**293**	**1**		**1**	**0.19**	**0.08**	**0.33**
15	82	47	35						
16	67	39	28				0.47	0.80	
17	81	52	29				0.61		1.68
18	149	94	55						
19	309	163	146				0.16		0.34
20-24	**1651**	**1059**	**592**	**3**	**1**	**2**	**0.17**	**0.11**	**0.29**
20	413	276	137	1		1	0.23		0.70
21	349	245	103				0.13	0.18	
22	269	167	102	1	1		0.26	0.42	
23	291	171	120						
24	330	200	130	1		1	0.23		0.59
25-29	**2602**	**1388**	**1214**	**2**	**1**	**1**	**0.07**	**0.06**	**0.09**
25	504	280	224						
26	529	283	247						
27	519	275	243	1	1		0.15	0.29	
28	550	278	272						
29	500	271	229	1		1	0.23		0.50
30-34	**2136**	**1144**	**993**	**4**	**2**	**2**	**0.19**	**0.21**	**0.16**
30	437	237	201						
31	385	204	180	1		1	0.28		0.61
32	425	238	187	1	1	1	0.32	0.36	0.27
33	470	247	223						
34	419	217	202	2	2		0.38	0.73	
35-39	**1621**	**864**	**757**	**5**	**1**	**4**	**0.32**	**0.17**	**0.49**
35	392	205	187	1	1	1	0.37	0.27	0.47
36	387	201	186	2	1	1	0.45	0.43	0.48
37	320	177	143						
38	245	137	108						
39	277	144	133	2		2	0.71		1.48
40-44	**1732**	**917**	**815**	**11**	**4**	**7**	**0.66**	**0.44**	**0.90**
40	283	153	130	3	1	3	1.19	0.57	1.93
41	310	167	144	1	1		0.18	0.33	
42	350	179	171	1	1	1	0.41	0.31	0.52
43	385	202	183	1	1		0.33	0.64	
44	404	217	187	5	1	4	1.16	0.35	2.11

4-2b 续表 单位：人、%

年 龄	15岁及以上人口			文盲人口			文盲人口占15岁及以上人口比重		
	合计	男	女	合计	男	女	合计	男	女
45-49	**1837**	**1007**	**830**	**12**	**4**	**8**	**0.67**	**0.42**	**0.98**
45	408	229	179	2	1	1	0.56	0.54	0.58
46	366	206	160	4	2	3	1.14	0.78	1.60
47	399	214	185	4	1	4	1.02	0.24	1.92
48	333	171	162	1	1		0.26	0.51	
49	331	187	144	1		1	0.31		0.71
50-54	**1737**	**915**	**822**	**12**	**2**	**9**	**0.67**	**0.25**	**1.14**
50	394	213	181	2		2	0.57		1.24
51	381	200	181	1	1	1	0.35	0.26	0.45
52	450	247	203	4	1	3	0.86	0.51	1.28
53	308	159	149	3		2	0.86	0.30	1.45
54	204	96	108	2		2	0.77		1.45
55-59	**1445**	**724**	**721**	**31**	**7**	**24**	**2.13**	**0.92**	**3.34**
55	304	155	148	5		5	1.49		3.06
56	283	138	146	7	2	5	2.48	1.67	3.24
57	273	130	143	4		4	1.33		2.53
58	289	157	132	5	2	3	1.75	1.32	2.25
59	295	144	151	11	2	8	3.57	1.60	5.45
60-64	**1226**	**624**	**602**	**51**	**9**	**42**	**4.19**	**1.43**	**7.04**
60	270	137	132	11	3	7	3.89	2.34	5.50
61	286	148	138	8	1	8	2.94	0.34	5.72
62	241	117	125	13	2	11	5.58	1.70	9.21
63	236	129	107	11	1	9	4.50	1.11	8.61
64	193	93	100	8	2	7	4.30	1.91	6.53
65-69	**746**	**361**	**385**	**34**	**5**	**29**	**4.58**	**1.43**	**7.53**
65	163	87	76	8	1	7	5.15	1.10	9.80
66	169	77	92	12	2	9	6.88	2.98	10.12
67	137	67	70	6	1	5	4.10	1.41	6.66
68	137	63	73	3	1	2	2.52	1.55	3.35
69	140	67	73	5		5	3.62		6.94
70-74	**464**	**228**	**236**	**43**	**10**	**33**	**9.22**	**4.44**	**13.86**
70	111	51	60	6	1	5	5.59	1.80	8.81
71	101	52	50	9	4	5	8.52	7.74	9.33
72	89	50	39	7	1	6	7.72	1.04	16.22
73	84	40	44	10	3	7	11.43	7.24	15.23
74	78	36	42	11	2	10	14.67	5.07	22.79
75-79	**353**	**162**	**191**	**66**	**13**	**53**	**18.76**	**8.20**	**27.68**
75	86	39	48	11	4	7	12.91	11.25	14.27
76	70	31	39	10	2	8	13.67	4.95	20.48
77	73	39	34	14	1	13	19.39	2.61	38.53
78	64	30	34	14	3	11	22.26	11.41	31.90
79	60	23	37	17	3	14	28.62	12.64	38.85
80-84	**231**	**105**	**125**	**92**	**17**	**75**	**39.70**	**16.05**	**59.58**
80	54	27	27	18	5	12	32.64	20.06	45.48
81	48	21	28	21	4	17	42.80	18.97	60.61
82	57	26	32	21	2	18	36.10	9.53	57.70
83	46	19	27	18	2	17	40.25	8.94	62.88
84	25	12	13	14	3	11	56.26	26.92	84.99
85及以上	**113**	**41**	**72**	**64**	**12**	**52**	**56.36**	**29.44**	**71.57**

4-2c　全市分年龄、性别的15岁及以上文盲人口(乡村)

单位：人、%

年　龄	15岁及以上人口			文盲人口			文盲人口占15岁及以上人口比重		
	合计	男	女	合计	男	女	合计	男	女
总　计	**41634**	**21828**	**19806**	**2138**	**613**	**1525**	**5.14**	**2.81**	**7.70**
15-19	**1955**	**903**	**1052**	**105**	**19**	**87**	**5.40**	**2.06**	**8.26**
15	274	134	140	38	10	27	13.84	7.74	19.71
16	268	122	147	8	1	7	2.86	0.65	4.69
17	349	179	169	21	4	17	6.07	2.22	10.15
18	445	199	246	18	3	15	4.08	1.74	5.96
19	620	269	350	21		21	3.33		5.88
20-24	**3170**	**1718**	**1452**	**60**	**29**	**31**	**1.90**	**1.69**	**2.14**
20	691	255	437	14	4	10	2.06	1.77	2.24
21	532	306	226	13	4	9	2.49	1.29	4.11
22	567	343	224	13	6	7	2.37	1.88	3.14
23	593	351	242	10	7	3	1.73	2.04	1.28
24	787	463	323	9	7	2	1.13	1.50	0.59
25-29	**5182**	**2756**	**2425**	**65**	**18**	**47**	**1.25**	**0.65**	**1.92**
25	1017	564	452	14	3	11	1.34	0.52	2.37
26	1032	540	492	14	1	12	1.31	0.21	2.52
27	1075	583	493	14	7	7	1.28	1.21	1.36
28	1115	564	551	16	2	14	1.42	0.36	2.50
29	943	505	437	8	5	3	0.82	0.92	0.71
30-34	**4109**	**2230**	**1879**	**56**	**29**	**27**	**1.35**	**1.30**	**1.42**
30	839	456	383	15	1	14	1.77	0.16	3.69
31	823	457	366	13	12	1	1.57	2.53	0.37
32	772	405	367	10	4	6	1.27	1.01	1.54
33	964	541	423	11	9	2	1.12	1.61	0.49
34	710	370	340	7	4	3	1.01	1.02	1.00
35-39	**3062**	**1729**	**1333**	**43**	**21**	**22**	**1.39**	**1.22**	**1.62**
35	705	378	326	11	7	3	1.51	1.92	1.03
36	652	375	277	6	1	6	0.96	0.20	2.00
37	622	343	279	7	3	4	1.14	0.93	1.40
38	525	299	225	12	3	9	2.28	1.07	3.88
39	558	333	225	7	7		1.19	2.00	
40-44	**3772**	**2055**	**1717**	**63**	**30**	**34**	**1.67**	**1.44**	**1.95**
40	583	318	265	10	7	3	1.76	2.22	1.21
41	682	373	309	11	7	4	1.62	1.89	1.28
42	793	432	361	8	1	7	1.01	0.14	2.05
43	801	443	358	11	7	3	1.33	1.62	0.97
44	913	488	424	23	8	16	2.54	1.58	3.66

4-2c 续表

单位：人、%

年 龄	15岁及以上人口			文盲人口			文盲人口占15岁及以上人口比重		
	合计	男	女	合计	男	女	合计	男	女
45-49	**4216**	**2305**	**1911**	**120**	**51**	**69**	**2.85**	**2.23**	**3.59**
45	910	509	401	23	14	10	2.58	2.68	2.44
46	841	470	371	33	12	21	3.95	2.52	5.76
47	867	467	400	31	14	18	3.63	2.90	4.48
48	785	423	362	14	5	9	1.74	1.07	2.54
49	813	437	376	18	8	10	2.25	1.81	2.76
50-54	**4257**	**2244**	**2013**	**98**	**34**	**63**	**2.29**	**1.54**	**3.13**
50	951	502	450	22	7	14	2.29	1.49	3.18
51	946	512	434	23	10	13	2.47	2.01	3.01
52	1090	572	518	25	13	12	2.29	2.24	2.36
53	769	402	367	10	3	8	1.35	0.67	2.08
54	501	257	243	17	1	16	3.41	0.47	6.52
55-59	**3401**	**1735**	**1666**	**175**	**60**	**115**	**5.15**	**3.44**	**6.93**
55	680	331	349	21	7	13	3.03	2.17	3.84
56	649	346	303	25	10	15	3.79	2.77	4.95
57	742	374	367	38	14	24	5.15	3.79	6.53
58	675	348	327	54	18	36	7.96	5.08	11.04
59	656	335	320	38	11	27	5.79	3.27	8.43
60-64	**3224**	**1626**	**1598**	**274**	**87**	**188**	**8.51**	**5.34**	**11.74**
60	726	362	364	45	16	30	6.25	4.29	8.21
61	656	320	336	67	21	45	10.17	6.69	13.49
62	653	332	321	63	20	43	9.70	5.98	13.54
63	646	345	301	59	19	40	9.10	5.55	13.16
64	543	267	276	40	11	29	7.38	4.06	10.59
65-69	**2147**	**1044**	**1103**	**186**	**40**	**147**	**8.68**	**3.79**	**13.31**
65	507	252	255	38	8	30	7.43	3.19	11.62
66	490	243	247	40	11	29	8.17	4.57	11.71
67	361	172	189	36	5	31	9.87	2.65	16.44
68	404	189	215	34	6	28	8.39	3.24	12.92
69	386	189	197	39	10	29	10.17	5.17	14.95
70-74	**1284**	**624**	**659**	**160**	**38**	**123**	**12.49**	**6.02**	**18.61**
70	309	148	161	30	9	21	9.76	6.30	12.95
71	290	150	140	30	5	25	10.45	3.29	18.13
72	238	117	121	34	6	28	14.31	5.23	23.07
73	234	102	133	32	4	28	13.55	3.95	20.90
74	212	107	105	34	13	21	16.04	12.26	19.90
75-79	**922**	**466**	**456**	**249**	**54**	**196**	**27.04**	**11.52**	**42.92**
75	186	86	101	44	6	38	23.37	6.73	37.58
76	195	98	97	42	9	34	21.63	8.70	34.70
77	202	111	91	52	13	39	25.47	11.48	42.45
78	186	98	88	58	17	41	30.93	17.12	46.21
79	152	74	78	54	10	44	35.80	13.50	56.82
80-84	**615**	**263**	**352**	**291**	**64**	**227**	**47.26**	**24.17**	**64.47**
80	154	69	86	59	14	44	37.90	20.91	51.56
81	149	70	79	73	18	55	49.14	25.30	70.36
82	129	48	81	61	12	49	47.03	24.20	60.37
83	102	45	57	53	11	42	51.71	23.93	73.56
84	81	32	50	46	9	37	56.39	29.08	73.65
85及以上	**320**	**131**	**189**	**193**	**42**	**152**	**60.42**	**31.82**	**80.16**

4-3 全市分学业完成情况、性别、受教育程度的6岁及以上人口

单位：人

学业完成情况	合计			小学		
	合计	男	女	小计	男	女
总计	**309638**	**163440**	**146199**	**32555**	**15309**	**17246**
在校	40094	22773	17321	11017	5777	5240
毕业	266652	138963	127690	20113	8832	11281
肄业	1748	1099	649	785	402	383
辍学	834	456	378	560	270	290
其他	309	149	160	80	28	52

4-3 续表 1

单位：人

学业完成情况	初中			普通高中			中职		
	小计	男	女	小计	男	女	小计	男	女
总计	**80056**	**45111**	**34945**	**42731**	**22404**	**20327**	**20622**	**10731**	**9891**
在校	3767	2019	1748	2834	1727	1107	756	461	295
毕业	75312	42400	32912	39606	20479	19127	19796	10225	9571
肄业	659	484	175	218	155	63	24	17	7
辍学	217	149	68	41	27	14	13	7	6
其他	100	58	42	32	16	15	32	20	12

4-3 续表 2

单位：人

学业完成情况	大学专科			大学本科			研究生		
	小计	男	女	小计	男	女	小计	男	女
总计	**42613**	**21802**	**20810**	**69969**	**36643**	**33326**	**21094**	**11439**	**9655**
在校	2390	1827	563	12800	7144	5657	6529	3819	2711
毕业	40166	19941	20224	57115	29474	27641	14544	7610	6934
肄业	26	14	12	28	21	7	8	6	2
辍学	3	3		1	1				
其他	28	17	11	25	4	21	13	5	8

4-3a 全市分学业完成情况、性别、受教育程度的6岁及以上人口(城市)

单位：人

学业完成情况	合计			小学		
	合计	男	女	小计	男	女
总　计	**249198**	**130880**	**118318**	**22211**	**10364**	**11847**
在　校	33781	19701	14081	8653	4556	4097
毕　业	213511	110011	103500	12783	5419	7364
肄　业	1288	842	446	487	257	230
辍　学	428	242	186	245	120	124
其　他	190	83	106	43	12	32

4-3a 续表 1

单位：人

学业完成情况	初中			普通高中			中职		
	小计	男	女	小计	男	女	小计	男	女
总　计	**52622**	**29507**	**23115**	**35057**	**18043**	**17013**	**15362**	**7621**	**7741**
在　校	2844	1534	1310	1783	994	789	467	276	190
毕　业	49062	27461	21601	33027	16881	16146	14848	7313	7535
肄　业	531	396	136	192	137	55	19	13	6
辍　学	140	94	45	32	20	11	9	4	5
其　他	46	23	23	23	11	12	19	15	4

4-3a 续表 2

单位：人

学业完成情况	大学专科			大学本科			研究生		
	小计	男	女	小计	男	女	小计	男	女
总　计	**37446**	**19115**	**18332**	**65649**	**34901**	**30748**	**20850**	**11328**	**9522**
在　校	1923	1568	355	11611	6965	4646	6501	3808	2693
毕　业	35475	17516	17959	53988	27913	26075	14328	7509	6818
肄　业	24	14	10	25	19	7	8	6	2
辍　学	3	3							
其　他	21	14	7	25	4	21	13	5	8

4-3b 全市分学业完成情况、性别、受教育程度的6岁及以上人口(镇)

单位：人

学业完成情况	合计			小学		
	合计	男	女	小计	男	女
总计	**18931**	**10259**	**8672**	**2608**	**1273**	**1335**
在校	2139	1229	910	760	390	371
毕业	16627	8940	7687	1736	829	908
肄业	105	56	49	76	38	37
辍学	52	31	21	31	14	17
其他	8	3	5	4	2	2

4-3b 续表 1

单位：人

学业完成情况	初中			普通高中			中职		
	小计	男	女	小计	男	女	小计	男	女
总计	**7393**	**4157**	**3235**	**2954**	**1774**	**1180**	**1612**	**926**	**686**
在校	274	145	129	592	519	73	55	43	12
毕业	7079	3986	3093	2353	1249	1104	1556	883	673
肄业	19	12	7	7	4	3	1		1
辍学	18	14	4	2	2				
其他	2	1	1						

4-3b 续表 2

单位：人

学业完成情况	大学专科			大学本科			研究生		
	小计	男	女	小计	男	女	小计	男	女
总计	**2125**	**1099**	**1026**	**2066**	**950**	**1117**	**173**	**80**	**93**
在校	105	59	46	338	68	269	15	5	10
毕业	2018	1039	978	1727	880	847	158	75	83
肄业	1		1	1	1				
辍学				1	1				
其他	1		1						

4-3c　全市分学业完成情况、性别、受教育程度的6岁及以上人口(乡村)

单位：人

学业完成情况	合计			小学		
	合计	男	女	小计	男	女
总　计	**41510**	**22301**	**19209**	**7735**	**3672**	**4063**
在　校	4174	1843	2331	1604	831	773
毕　业	36514	20011	16503	5593	2584	3009
肄　业	356	201	155	222	106	115
辍　学	354	183	171	284	135	149
其　他	112	62	50	32	15	18

4-3c　续表 1

单位：人

学业完成情况	初中			普通高中			中职		
	小计	男	女	小计	男	女	小计	男	女
总　计	**20040**	**11446**	**8594**	**4720**	**2586**	**2134**	**3648**	**2184**	**1464**
在　校	649	340	309	459	214	245	235	142	93
毕　业	19172	10954	8217	4227	2350	1877	3392	2029	1363
肄　业	109	76	33	18	13	5	4	4	
辍　学	59	41	18	7	4	3	4	3	1
其　他	52	35	17	9	5	4	12	4	8

4-3c　续表 2

单位：人

学业完成情况	大学专科			大学本科			研究生		
	小计	男	女	小计	男	女	小计	男	女
总　计	**3042**	**1589**	**1452**	**2254**	**793**	**1461**	**71**	**31**	**40**
在　校	362	200	162	852	110	741	13	6	8
毕　业	2672	1386	1286	1401	682	719	58	25	32
肄　业	1		1	1	1	1			
辍　学									
其　他	6	4	3						

5 就业

5-1 各地区分性别、行业门类的就业人口

单位：人

地区	就业人口			一、农、林、牧、渔业			二、采矿业		
	合计	男	女	小计	男	女	小计	男	女
全 市	**171691**	**101492**	**70199**	**4726**	**2738**	**1989**	**505**	**350**	**155**
东城区	6084	3384	2700	3	1	2	10	8	2
西城区	9771	5315	4456	11	6	5	19	10	9
朝阳区	35197	21375	13823	62	34	28	68	42	26
丰台区	16950	9569	7380	40	22	18	21	11	10
石景山区	4748	2671	2077	11	5	5	15	10	5
海淀区	27309	15089	12220	153	85	68	161	95	66
门头沟区	1740	1064	676	22	12	10	54	49	5
房山区	7319	4634	2685	260	171	89	18	16	2
通州区	10314	6296	4018	361	211	150	23	16	7
顺义区	8581	5286	3294	508	318	190	10	9	1
昌平区	18205	11188	7017	492	289	203	57	40	17
大兴区	13607	8283	5324	854	457	396	7	6	1
怀柔区	3109	2010	1098	227	133	94	1	1	
平谷区	3166	1877	1289	828	436	391	4	3	
密云区	3298	2100	1198	555	353	202	37	34	3
延庆区	2293	1352	941	339	204	136	2	1	1

5-1 续表 1

单位：人

地区	三、制造业			四、电力、热力、燃气及水生产和供应业			五、建筑业		
	小计	男	女	小计	男	女	小计	男	女
全 市	**23286**	**15026**	**8260**	**2268**	**1654**	**614**	**11987**	**10118**	**1869**
东城区	289	184	106	66	53	13	252	210	42
西城区	527	307	220	167	108	59	208	136	72
朝阳区	2489	1575	914	261	177	84	3787	3403	383
丰台区	2009	1244	765	250	187	63	879	678	201
石景山区	481	327	154	69	44	24	330	275	55
海淀区	2052	1252	800	648	490	158	1573	1194	379
门头沟区	196	145	51	21	16	5	121	106	15
房山区	1163	806	357	113	80	32	833	693	139
通州区	2787	1786	1002	145	108	36	551	442	110
顺义区	2389	1618	771	79	58	21	684	599	85
昌平区	3253	2176	1077	198	147	52	1013	851	162
大兴区	3533	2176	1357	121	89	32	877	745	132
怀柔区	982	714	268	41	30	11	218	186	32
平谷区	500	323	177	36	26	10	225	201	24
密云区	492	301	191	33	28	6	281	255	26
延庆区	143	91	52	20	14	6	155	143	11

5-1 续表 2

单位：人

地区	六、批发和零售业			七、交通运输、仓储和邮政业			八、住宿和餐饮业		
	小计	男	女	小计	男	女	小计	男	女
全 市	**26513**	**13604**	**12909**	**10803**	**8436**	**2367**	**9929**	**5473**	**4456**
东城区	1072	531	540	382	272	110	796	429	367
西城区	1557	778	779	385	273	112	767	462	304
朝阳区	5700	2971	2729	1753	1289	464	2016	1188	828
丰台区	3762	1922	1840	1208	914	295	845	472	373
石景山区	750	362	389	259	191	67	362	227	135
海淀区	3514	1776	1738	952	688	264	1793	900	893
门头沟区	261	120	141	202	159	43	64	28	36
房山区	1091	568	523	899	751	148	346	175	170
通州区	1552	772	780	829	672	158	380	204	175
顺义区	1010	480	530	933	711	223	502	236	267
昌平区	2968	1652	1316	866	681	185	585	335	251
大兴区	2125	1156	969	951	792	159	884	517	367
怀柔区	301	152	149	232	197	36	234	137	98
平谷区	303	136	168	329	290	40	100	47	53
密云区	331	140	191	363	326	37	154	75	80
延庆区	217	90	127	258	232	26	101	40	60

5-1 续表 3

单位：人

地区	九、信息传输、软件和信息技术服务业			十、金融业			十一、房地产业		
	小计	男	女	小计	男	女	小计	男	女
全 市	**12605**	**7903**	**4703**	**7688**	**3780**	**3908**	**6258**	**4025**	**2233**
东城区	334	224	110	459	219	241	223	140	84
西城区	727	470	258	907	430	477	397	268	129
朝阳区	2564	1623	941	1801	907	894	1418	861	558
丰台区	902	531	371	801	390	411	620	401	219
石景山区	374	215	159	237	108	129	193	127	65
海淀区	3480	2122	1358	1496	728	768	1408	939	468
门头沟区	56	36	20	59	28	31	84	50	33
房山区	189	119	70	180	75	105	242	144	99
通州区	438	286	153	345	170	175	334	222	113
顺义区	164	93	71	177	93	84	203	113	90
昌平区	2754	1818	936	668	391	277	641	454	187
大兴区	442	264	178	298	131	167	340	224	116
怀柔区	31	20	11	63	27	36	27	14	13
平谷区	42	20	22	68	29	39	35	18	17
密云区	70	42	28	85	35	50	54	29	25
延庆区	38	20	17	44	20	24	40	23	17

5-1 续表 4

单位：人

地 区	十二、租赁和商务服务业			十三、科学研究和技术服务业			十四、水利、环境和公共设施管理业		
	小计	男	女	小计	男	女	小计	男	女
全 市	**10591**	**6682**	**3909**	**5849**	**3479**	**2370**	**2542**	**1708**	**833**
东城区	385	191	195	172	101	71	122	99	24
西城区	647	344	302	556	323	233	166	127	40
朝阳区	4632	3286	1346	1264	729	535	332	202	130
丰台区	1212	739	473	644	393	251	315	199	117
石景山区	203	121	82	193	127	65	61	50	11
海淀区	1104	588	516	1635	966	668	323	178	145
门头沟区	71	45	26	24	15	10	42	30	13
房山区	230	138	93	139	73	65	90	54	36
通州区	461	293	168	177	110	67	131	104	27
顺义区	171	111	60	132	80	52	125	78	47
昌平区	685	347	337	573	361	212	205	130	75
大兴区	498	315	182	256	145	111	308	229	79
怀柔区	61	40	21	24	17	7	43	29	15
平谷区	50	29	21	21	12	9	31	20	11
密云区	83	44	39	18	10	8	155	126	29
延庆区	97	50	47	21	15	6	92	56	36

5-1 续表 5

单位：人

地 区	十五、居民服务、修理和其他服务业			十六、教育			十七、卫生和社会工作		
	小计	男	女	小计	男	女	小计	男	女
全 市	**6049**	**2806**	**3243**	**9050**	**3457**	**5593**	**5607**	**1668**	**3939**
东城区	221	86	135	237	84	154	268	84	184
西城区	413	192	221	550	224	326	483	149	333
朝阳区	1554	687	867	1376	460	916	756	241	515
丰台区	559	225	334	747	286	461	751	207	544
石景山区	164	78	87	273	84	189	313	67	246
海淀区	994	446	548	2508	1079	1429	1182	344	838
门头沟区	61	34	27	92	29	62	75	21	54
房山区	235	140	94	397	145	252	236	77	159
通州区	315	170	145	420	145	275	251	63	189
顺义区	320	148	172	381	133	248	196	62	135
昌平区	513	236	277	1063	460	603	451	157	293
大兴区	399	200	198	517	169	348	306	98	207
怀柔区	62	29	33	134	45	89	83	25	57
平谷区	78	41	37	145	44	101	113	29	84
密云区	89	49	40	112	41	72	79	27	52
延庆区	72	46	26	99	30	69	65	16	49

5-1 续表 6

单位：人

地 区	十八、文化、体育和娱乐业			十九、公共管理、社会保障和社会组织			二十、国际组织		
	小计	男	女	小计	男	女	小计	男	女
全 市	**5548**	**2693**	**2856**	**9851**	**5873**	**3977**	**34**	**17**	**17**
东城区	299	166	133	487	301	186	5	3	2
西城区	479	240	239	803	465	337	4	3	2
朝阳区	1790	744	1046	1557	946	611	20	11	9
丰台区	478	231	247	903	517	386	1		1
石景山区	188	99	89	273	151	122			
海淀区	1019	488	531	1310	730	580	3		3
门头沟区	23	9	14	212	131	81			
房山区	103	53	50	556	355	201			
通州区	296	178	119	517	347	170			
顺义区	103	56	47	492	291	201			
昌平区	422	209	213	798	454	343			
大兴区	257	157	100	634	411	223			
怀柔区	39	34	5	307	183	124			
平谷区	17	9	8	241	163	77			
密云区	18	10	8	287	176	111			
延庆区	17	10	7	474	252	222			

5-1a 各地区分性别、行业门类的就业人口(城市)

单位：人

地 区	就业人口			一、农、林、牧、渔业			二、采矿业		
	合计	男	女	小计	男	女	小计	男	女
全 市	**135882**	**78886**	**56996**	**501**	**290**	**211**	**376**	**239**	**137**
东城区	6084	3384	2700	3	1	2	10	8	2
西城区	9771	5315	4456	11	6	5	19	10	9
朝阳区	34969	21223	13746	53	29	24	68	42	26
丰台区	16705	9418	7287	35	19	15	21	11	10
石景山区	4748	2671	2077	11	5	5	15	10	5
海淀区	26695	14758	11937	128	69	59	161	95	66
门头沟区	1117	673	443	5	3	1	18	14	3
房山区	4439	2741	1698	39	29	10	7	4	2
通州区	4207	2377	1830	5	4	2	9	4	4
顺义区	3654	2160	1493	24	15	9	3	3	
昌平区	12192	7367	4825	19	13	6	38	29	10
大兴区	8159	4878	3281	46	34	13	6	5	1
怀柔区	1851	1159	693	11	9	2			
平谷区	1292	762	530	111	55	56	3	3	

5-1a 续表 1 单位：人

地 区	三、制造业			四、电力、热力、燃气及水生产和供应业			五、建筑业		
	小计	男	女	小计	男	女	小计	男	女
全 市	**13873**	**8846**	**5026**	**1868**	**1339**	**529**	**9333**	**7779**	**1553**
东城区	289	184	106	66	53	13	252	210	42
西城区	527	307	220	167	108	59	208	136	72
朝阳区	2467	1557	910	260	176	84	3748	3367	381
丰台区	1975	1222	753	248	186	62	860	661	199
石景山区	481	327	154	69	44	24	330	275	55
海淀区	1941	1190	750	639	483	156	1541	1164	377
门头沟区	145	106	39	13	10	4	73	63	10
房山区	617	417	200	79	56	23	505	406	100
通州区	543	362	181	60	37	23	189	135	54
顺义区	871	584	288	29	21	8	235	208	27
昌平区	1838	1235	603	97	66	31	609	506	103
大兴区	1429	841	588	90	64	26	558	452	107
怀柔区	516	354	162	29	19	10	142	124	19
平谷区	235	161	74	21	14	7	83	73	10

5-1a 续表 2 单位：人

地 区	六、批发和零售业			七、交通运输、仓储和邮政业			八、住宿和餐饮业		
	小计	男	女	小计	男	女	小计	男	女
全 市	**22118**	**11364**	**10754**	**7290**	**5467**	**1823**	**8459**	**4783**	**3676**
东城区	1072	531	540	382	272	110	796	429	367
西城区	1557	778	779	385	273	112	767	462	304
朝阳区	5656	2950	2706	1718	1257	461	2003	1182	821
丰台区	3705	1894	1812	1184	897	287	844	471	372
石景山区	750	362	389	259	191	67	362	227	135
海淀区	3421	1725	1696	908	659	249	1779	894	885
门头沟区	185	88	97	102	83	20	45	20	25
房山区	658	358	301	500	395	105	249	128	121
通州区	766	370	396	193	133	60	157	91	66
顺义区	470	226	244	416	293	123	184	95	89
昌平区	1867	998	869	388	306	82	380	243	136
大兴区	1614	899	715	584	475	109	677	412	265
怀柔区	224	112	112	132	111	21	158	97	61
平谷区	173	74	99	139	122	17	59	31	29

5-1a 续表 3　　单位：人

地　区	九、信息传输、软件和信息技术服务业			十、金融业			十一、房地产业		
	小计	男	女	小计	男	女	小计	男	女
全　市	**11877**	**7474**	**4403**	**7122**	**3522**	**3600**	**5520**	**3551**	**1969**
东城区	334	224	110	459	219	241	223	140	84
西城区	727	470	258	907	430	477	397	268	129
朝阳区	2560	1620	940	1797	906	891	1410	856	555
丰台区	892	524	368	792	385	406	606	389	217
石景山区	374	215	159	237	108	129	193	127	65
海淀区	3448	2110	1338	1484	726	758	1377	925	452
门头沟区	37	24	14	43	23	20	52	31	21
房山区	140	93	47	124	53	71	182	107	75
通州区	338	221	118	273	137	136	228	154	74
顺义区	111	67	44	125	68	57	123	64	60
昌平区	2490	1650	840	544	317	227	427	289	138
大兴区	382	234	148	247	111	136	266	181	85
怀柔区	20	13	7	50	20	30	20	11	10
平谷区	23	11	13	40	18	23	15	9	6

5-1a 续表 4　　单位：人

地　区	十二、租赁和商务服务业			十三、科学研究和技术服务业			十四、水利、环境和公共设施管理业		
	小计	男	女	小计	男	女	小计	男	女
全　市	**9631**	**6067**	**3565**	**5538**	**3295**	**2242**	**1823**	**1205**	**618**
东城区	385	191	195	172	101	71	122	99	24
西城区	647	344	302	556	323	233	166	127	40
朝阳区	4622	3278	1344	1264	729	535	329	200	129
丰台区	1204	734	470	641	391	250	303	191	113
石景山区	203	121	82	193	127	65	61	50	11
海淀区	1092	582	510	1622	963	659	305	163	142
门头沟区	52	33	19	17	11	7	29	20	9
房山区	155	98	58	111	59	53	62	34	28
通州区	262	143	119	134	85	49	51	35	16
顺义区	86	51	35	100	62	37	51	35	16
昌平区	508	250	258	487	303	184	112	70	42
大兴区	349	197	151	214	124	90	193	158	35
怀柔区	42	30	12	17	12	5	27	18	9
平谷区	24	16	8	9	5	4	10	7	3

5-1a 续表 5

单位：人

地　区	十五、居民服务、修理和其他服务业			十六、教育			十七、卫生和社会工作		
	小计	男	女	小计	男	女	小计	男	女
全　市	**5028**	**2268**	**2760**	**7913**	**3025**	**4888**	**4923**	**1445**	**3478**
东城区	221	86	135	237	84	154	268	84	184
西城区	413	192	221	550	224	326	483	149	333
朝阳区	1534	681	853	1368	459	909	753	239	513
丰台区	551	222	329	738	279	458	744	206	538
石景山区	164	78	87	273	84	189	313	67	246
海淀区	966	433	533	2437	1052	1385	1156	334	822
门头沟区	41	25	16	66	21	45	55	16	39
房山区	140	86	54	287	101	185	154	48	106
通州区	140	70	71	274	84	190	156	39	116
顺义区	115	53	62	276	96	181	136	43	93
昌平区	387	172	215	819	353	466	339	111	228
大兴区	273	132	141	390	125	265	235	71	164
怀柔区	45	22	23	112	37	74	64	21	43
平谷区	38	17	21	85	26	60	67	14	53

5-1a 续表 6

单位：人

地　区	十八、文化、体育和娱乐业			十九、公共管理、社会保障和社会组织			二十、国际组织		
	小计	男	女	小计	男	女	小计	男	女
全　市	**5126**	**2437**	**2689**	**7530**	**4473**	**3058**	**34**	**17**	**17**
东城区	299	166	133	487	301	186	5	3	2
西城区	479	240	239	803	465	337	4	3	2
朝阳区	1787	742	1045	1552	942	610	20	11	9
丰台区	467	223	244	894	512	383	1		1
石景山区	188	99	89	273	151	122			
海淀区	1016	485	531	1271	704	567	3		3
门头沟区	17	7	11	120	76	44			
房山区	63	32	31	365	237	129			
通州区	179	106	73	250	167	82			
顺义区	40	17	23	258	158	100			
昌平区	349	171	178	494	285	210			
大兴区	195	111	84	409	252	157			
怀柔区	36	31	5	207	121	86			
平谷区	9	5	4	146	102	44			

5-1b 各地区分性别、行业门类的就业人口(镇)

单位：人

地　区	就业人口			一、农、林、牧、渔业			二、采矿业		
	合计	男	女	小计	男	女	小计	男	女
全　市	**10972**	**6888**	**4084**	**468**	**269**	**199**	**81**	**73**	**8**
朝阳区									
丰台区	142	87	56						
海淀区									
门头沟区	397	244	153	2	1	1	35	33	1
房山区	792	513	279	23	15	8	2	2	
通州区	2065	1309	756	38	21	17	12	9	3
顺义区	834	554	279	24	16	8	1	1	
昌平区	2467	1564	903	71	36	36			
大兴区	549	350	200	19	11	8			
怀柔区	172	106	66	38	19	19	1	1	
平谷区	471	287	184	117	65	52			
密云区	1965	1224	741	78	50	28	29	26	3
延庆区	1116	650	466	57	35	21	2	1	1

5-1b 续表 1

单位：人

地　区	三、制造业			四、电力、热力、燃气及水生产和供应业			五、建筑业		
	小计	男	女	小计	男	女	小计	男	女
全　市	**2351**	**1540**	**811**	**139**	**111**	**28**	**911**	**788**	**122**
朝阳区									
丰台区	19	11	8				3	3	
海淀区									
门头沟区	28	21	8	5	4	1	32	28	3
房山区	158	117	41	8	6	2	93	78	15
通州区	837	535	302	56	52	4	93	68	24
顺义区	230	164	66	6	4	2	87	75	12
昌平区	502	333	169	18	9	9	226	191	35
大兴区	83	49	34	1		1	89	87	2
怀柔区	13	10	3	4	3	1	4	3	1
平谷区	82	51	31	8	6	1	42	39	4
密云区	319	196	123	24	19	4	170	150	20
延庆区	79	52	28	10	7	3	73	67	7

5-1b 续表 2

单位：人

地 区	六、批发和零售业			七、交通运输、仓储和邮政业			八、住宿和餐饮业		
	小计	男	女	小计	男	女	小计	男	女
全 市	**1624**	**843**	**782**	**1147**	**966**	**182**	**478**	**240**	**239**
朝阳区									
丰台区	43	22	21	13	8	5			
海淀区									
门头沟区	53	22	31	64	48	16	13	4	8
房山区	103	49	54	134	120	13	16	7	10
通州区	300	159	141	137	115	23	111	65	46
顺义区	142	76	66	128	101	27	51	20	31
昌平区	472	284	187	177	131	46	80	37	43
大兴区	105	61	44	39	37	2	52	31	21
怀柔区	10	5	5	48	41	7	11	5	6
平谷区	35	16	19	45	42	3	17	7	10
密云区	241	102	139	199	176	23	79	45	34
延庆区	119	46	73	163	147	16	48	18	30

5-1b 续表 3

单位：人

地 区	九、信息传输、软件和信息技术服务业			十、金融业			十一、房地产业		
	小计	男	女	小计	男	女	小计	男	女
全 市	**348**	**214**	**133**	**268**	**128**	**139**	**361**	**251**	**110**
朝阳区									
丰台区	9	6	3	8	4	4	10	10	
海淀区									
门头沟区	14	10	4	12	3	8	21	14	7
房山区	18	10	8	21	9	12	23	11	12
通州区	52	41	12	26	14	13	46	30	16
顺义区	11	6	4	15	9	6	20	14	6
昌平区	137	81	56	69	37	32	165	131	34
大兴区	11	5	6	7	4	2	12	8	4
怀柔区	2		2	5	3	2	2	1	1
平谷区	6	4	1	8	3	5	3	2	1
密云区	63	38	25	65	27	39	38	18	20
延庆区	25	13	12	31	15	16	21	13	9

5-1b 续表 4

单位：人

地　区	十二、租赁和商务服务业			十三、科学研究和技术服务业			十四、水利、环境和公共设施管理业		
	小计	男	女	小计	男	女	小计	男	女
全　市	**346**	**179**	**168**	**128**	**75**	**53**	**315**	**225**	**91**
朝阳区									
丰台区	4	3	1	1	1		3	1	1
海淀区									
门头沟区	12	8	4	4	2	2	8	4	4
房山区	20	12	8	11	5	6	12	7	5
通州区	39	24	14	9	4	5	15	11	4
顺义区	16	9	7	7	3	3	6	6	
昌平区	107	51	55	54	37	18	56	40	15
大兴区	10	4	5	7	2	5	20	6	14
怀柔区	5	2	3	1	1				
平谷区	10	6	4	2	1	1	8	4	4
密云区	70	35	35	15	8	7	141	118	23
延庆区	54	25	29	15	11	4	47	26	21

5-1b 续表 5

单位：人

地　区	十五、居民服务、修理和其他服务业			十六、教育			十七、卫生和社会工作		
	小计	男	女	小计	男	女	小计	男	女
全　市	**319**	**165**	**154**	**457**	**157**	**300**	**262**	**85**	**177**
朝阳区									
丰台区	4	1	3	4	4		4		4
海淀区									
门头沟区	16	7	9	21	6	15	13	3	10
房山区	27	13	15	41	15	26	27	7	20
通州区	41	24	17	49	17	33	33	9	24
顺义区	31	15	16	14	3	11	4	2	3
昌平区	65	25	40	99	44	56	45	23	21
大兴区	24	15	9	18	5	13	12	5	7
怀柔区	1	1		9	3	6	4	1	4
平谷区	13	9	5	29	9	21	13	4	9
密云区	57	32	25	92	29	63	61	22	39
延庆区	40	24	16	79	22	57	46	10	36

5-1b 续表 6

单位：人

地区	十八、文化、体育和娱乐业			十九、公共管理、社会保障和社会组织			二十、国际组织		
	小计	男	女	小计	男	女	小计	男	女
全市	**191**	**110**	**81**	**777**	**470**	**307**			
朝阳区									
丰台区	11	8	3	6	3	3			
海淀区									
门头沟区	5	2	3	39	22	17			
房山区	4	3	2	50	28	22			
通州区	83	51	33	87	62	24			
顺义区	8	6	2	33	23	10			
昌平区	40	22	18	84	49	34			
大兴区	12	3	9	28	15	14			
怀柔区	1	1		15	10	5			
平谷区	2	1		29	19	10			
密云区	15	8	7	210	126	84			
延庆区	9	4	4	198	114	84			

5-1c 各地区分性别、行业门类的就业人口(乡村)

单位：人

地区	就业人口			一、农、林、牧、渔业			二、采矿业		
	合计	男	女	小计	男	女	小计	男	女
全市	**24837**	**15718**	**9119**	**3757**	**2178**	**1579**	**48**	**38**	**9**
朝阳区	228	151	77	9	5	4	1	1	
丰台区	103	64	38	5	3	2			
海淀区	614	331	283	25	16	9			
门头沟区	226	147	80	15	8	8	2	2	
房山区	2088	1379	709	197	127	71	9	9	
通州区	4042	2609	1432	317	186	131	2	2	
顺义区	4093	2572	1522	460	286	173	6	5	1
昌平区	3546	2257	1288	401	241	161	19	11	8
大兴区	4898	3055	1843	788	412	376	1	1	
怀柔区	1086	746	340	178	106	73			
平谷区	1403	828	575	600	317	283	1	1	
密云区	1333	876	457	477	303	174	8	8	1
延庆区	1177	702	475	283	169	114			

5-1c 续表 1

单位：人

地　区	三、制造业			四、电力、热力、燃气及水生产和供应业			五、建筑业		
	小计	男	女	小计	男	女	小计	男	女
全　市	**7062**	**4640**	**2423**	**261**	**205**	**56**	**1744**	**1551**	**193**
朝阳区	22	18	4	1	1		39	36	3
丰台区	15	11	4	2	1	1	17	15	2
海淀区	112	62	50	9	7	2	32	30	2
门头沟区	23	18	5	3	2	1	16	15	1
房山区	389	273	116	25	18	8	234	210	25
通州区	1407	889	519	29	19	10	270	239	31
顺义区	1287	870	417	44	33	12	362	316	47
昌平区	913	608	305	84	72	12	178	154	25
大兴区	2021	1286	735	30	25	5	230	206	23
怀柔区	453	350	103	8	7	1	72	60	12
平谷区	183	111	72	8	6	2	100	90	10
密云区	173	105	69	10	8	1	111	105	6
延庆区	64	39	25	10	7	3	81	77	5

5-1c 续表 2

单位：人

地　区	六、批发和零售业			七、交通运输、仓储和邮政业			八、住宿和餐饮业		
	小计	男	女	小计	男	女	小计	男	女
全　市	**2771**	**1397**	**1374**	**2366**	**2004**	**363**	**991**	**450**	**541**
朝阳区	44	21	23	35	32	3	13	6	7
丰台区	14	6	8	11	9	3	2	1	1
海淀区	93	50	42	44	29	15	14	6	8
门头沟区	23	9	13	36	29	8	6	4	2
房山区	330	162	168	266	236	30	80	41	39
通州区	486	242	243	499	424	75	112	49	63
顺义区	398	178	219	390	316	73	267	120	147
昌平区	630	370	260	301	244	57	126	54	72
大兴区	406	196	210	328	280	48	155	74	81
怀柔区	67	35	31	53	45	7	66	35	30
平谷区	95	46	49	145	126	19	23	9	14
密云区	90	37	53	163	150	13	75	29	46
延庆区	97	43	54	95	85	10	53	22	31

5-1c 续表 3

单位：人

地 区	九、信息传输、软件和信息技术服务业			十、金融业			十一、房地产业		
	小计	男	女	小计	男	女	小计	男	女
全 市	**380**	**214**	**166**	**299**	**130**	**169**	**377**	**223**	**154**
朝阳区	4	3	1	3	1	3	8	5	3
丰台区	1	1		1		1	5	3	2
海淀区	32	13	20	13	2	11	31	14	17
门头沟区	4	3	2	4	1	3	10	4	6
房山区	30	16	14	35	13	22	37	25	12
通州区	48	24	23	46	19	27	61	38	23
顺义区	43	20	22	37	16	21	59	34	25
昌平区	127	87	40	54	36	18	49	34	16
大兴区	49	24	25	45	16	28	62	35	27
怀柔区	9	6	2	8	4	4	5	2	2
平谷区	13	5	8	20	8	12	16	7	9
密云区	8	5	3	20	8	12	16	11	5
延庆区	13	7	5	13	5	8	19	10	9

5-1c 续表 4

单位：人

地 区	十二、租赁和商务服务业			十三、科学研究和技术服务业			十四、水利、环境和公共设施管理业		
	小计	男	女	小计	男	女	小计	男	女
全 市	**614**	**437**	**177**	**183**	**108**	**75**	**403**	**279**	**125**
朝阳区	10	8	2	1	1		3	2	1
丰台区	4	2	2	1		1	9	7	3
海淀区	12	6	6	13	3	9	17	15	2
门头沟区	7	5	3	3	2	1	5	5	
房山区	54	28	26	16	9	7	16	13	3
通州区	160	126	35	34	22	12	64	58	7
顺义区	69	51	18	25	14	11	68	38	31
昌平区	70	46	24	31	21	10	38	20	18
大兴区	139	114	26	35	19	16	95	65	30
怀柔区	15	9	6	6	5	1	16	11	5
平谷区	16	8	8	10	6	4	13	9	4
密云区	13	9	4	3	2	1	15	8	6
延庆区	44	26	18	6	4	2	44	29	15

5-1c 续表 5

单位：人

地 区	十五、居民服务、修理和其他服务业			十六、教育			十七、卫生和社会工作		
	小计	男	女	小计	男	女	小计	男	女
全 市	**701**	**373**	**328**	**681**	**275**	**405**	**422**	**138**	**284**
朝阳区	19	6	13	7	1	6	3	1	2
丰台区	4	2	3	4	2	3	3	1	2
海淀区	28	13	16	71	28	44	26	9	16
门头沟区	4	3	2	4	2	2	7	2	5
房山区	68	42	25	70	29	41	55	22	33
通州区	133	76	57	97	44	53	62	14	48
顺义区	174	80	95	91	34	57	56	17	39
昌平区	61	39	22	144	63	81	67	23	44
大兴区	102	53	48	109	39	70	59	22	37
怀柔区	16	6	10	14	5	8	15	4	11
平谷区	27	15	11	30	10	21	32	11	22
密云区	32	17	15	20	12	8	18	6	13
延庆区	32	22	10	20	8	12	19	6	13

5-1c 续表 6

单位：人

地 区	十八、文化、体育和娱乐业			十九、公共管理、社会保障和社会组织			二十、国际组织		
	小计	男	女	小计	男	女	小计	男	女
全 市	**232**	**146**	**86**	**1543**	**931**	**612**			
朝阳区	2	2	1	4	3	1			
丰台区				3	2	1			
海淀区	2	2		40	27	13			
门头沟区	1	1		54	34	20			
房山区	36	18	18	141	90	51			
通州区	34	21	13	181	117	63			
顺义区	55	33	22	202	111	91			
昌平区	32	16	17	220	120	100			
大兴区	50	43	7	196	144	52			
怀柔区	2	2		85	52	33			
平谷区	6	2	4	65	42	23			
密云区	3	2	1	77	51	26			
延庆区	8	5	3	276	137	138			

5-2 全市分年龄、性别、行业门类的就业人口

单位：人

年 龄	就业人口			一、农、林、牧、渔业			二、采矿业		
	合计	男	女	小计	男	女	小计	男	女
总 计	**171691**	**101492**	**70199**	**4726**	**2738**	**1989**	**505**	**350**	**155**
16-19	**2034**	**1327**	**707**	**16**	**12**	**4**	**1**	**1**	
16	164	119	45	1	1		1	1	
17	366	246	121	1	1				
18	610	405	204	9	7	2			
19	894	557	336	5	3	2			
20-24	**14218**	**8269**	**5948**	**61**	**43**	**17**	**16**	**9**	**7**
20	1504	922	581	3	2				
21	1947	1183	764	4	1	3			
22	2950	1678	1272	11	9	2	5	2	3
23	3587	2060	1527	22	16	7	1	1	
24	4230	2426	1804	20	14	6	11	7	4
25-29	**35038**	**19350**	**15688**	**216**	**130**	**86**	**91**	**41**	**50**
25	6741	3789	2952	31	17	14	6	3	3
26	6985	3868	3117	29	16	12	19	7	12
27	6962	3829	3133	48	39	9	19	8	12
28	7584	4080	3505	60	30	30	23	11	11
29	6766	3784	2982	48	27	21	23	12	11
30-34	**30525**	**16820**	**13705**	**257**	**143**	**114**	**95**	**71**	**24**
30	5690	3147	2543	45	30	15	22	15	7
31	5797	3212	2584	54	25	28	19	14	5
32	6245	3433	2812	38	21	18	11	8	2
33	7078	3856	3222	60	36	24	24	21	3
34	5716	3172	2544	60	31	30	20	13	7
35-39	**23231**	**13048**	**10183**	**284**	**152**	**132**	**84**	**58**	**26**
35	5334	2942	2392	60	36	23	16	14	3
36	5122	2861	2260	53	30	23	21	12	9
37	4777	2739	2038	57	27	30	14	9	6
38	3981	2232	1749	54	25	29	12	9	2
39	4016	2273	1743	60	34	26	20	14	6
40-44	**22129**	**12541**	**9588**	**479**	**256**	**223**	**69**	**45**	**24**
40	3944	2227	1717	66	42	24	4	4	
41	4169	2374	1795	93	49	44	17	12	6
42	4744	2664	2080	97	49	48	13	8	5
43	4559	2561	1999	100	54	46	20	13	8
44	4713	2715	1997	124	63	61	15	9	6
45-49	**20070**	**11930**	**8139**	**751**	**392**	**359**	**53**	**43**	**10**
45	4828	2833	1995	144	76	68	10	9	1
46	4268	2498	1770	126	67	58	11	8	3
47	4464	2608	1856	163	83	80	16	12	4
48	3181	1869	1312	137	69	68	9	7	1
49	3329	2123	1206	181	97	84	7	7	1
50-54	**14507**	**10245**	**4261**	**942**	**510**	**432**	**64**	**55**	**10**
50	3165	2136	1029	222	111	111	8	8	
51	3209	2247	962	181	98	82	12	11	1
52	3932	2829	1103	250	133	116	16	13	2
53	2613	1879	734	182	105	77	16	12	4
54	1587	1154	434	107	62	46	13	10	3
55-59	**7044**	**5777**	**1267**	**801**	**482**	**319**	**21**	**19**	**2**
55	1681	1313	368	173	100	73	8	8	1
56	1359	1141	217	158	97	62	4	4	
57	1438	1187	251	159	97	62	3	2	1
58	1388	1157	231	154	96	58	4	4	
59	1180	980	200	156	93	64	1	1	
60-64	**2003**	**1503**	**499**	**580**	**374**	**206**	**8**	**6**	**1**
60	605	451	153	154	102	52	2	2	
61	439	324	115	116	69	47	2	1	1
62	359	273	86	124	86	37	1	1	
63	383	292	90	111	65	45	2	2	
64	217	162	55	76	51	25	1	1	
65及以上	**893**	**679**	**214**	**339**	**244**	**95**	**4**	**2**	**2**

5-2 续表 1 单位：人

年 龄	三、制造业			四、电力、热力、燃气及水生产和供应业			五、建筑业		
	小计	男	女	小计	男	女	小计	男	女
总 计	**23286**	**15026**	**8260**	**2268**	**1654**	**614**	**11987**	**10118**	**1869**
16-19	**413**	**289**	**124**	**15**	**15**		**81**	**79**	**2**
16	28	21	7	2	2		3	3	
17	80	56	24	5	5		10	10	
18	121	83	38				18	18	
19	185	130	55	8	8		50	49	2
20-24	**2159**	**1474**	**684**	**149**	**126**	**23**	**726**	**618**	**108**
20	272	204	68	16	16		73	68	6
21	337	244	93	24	22	2	99	91	8
22	403	257	146	29	20	10	141	121	20
23	476	316	160	45	41	4	195	152	43
24	670	454	216	35	28	7	218	187	31
25-29	**5055**	**3236**	**1820**	**413**	**282**	**131**	**1833**	**1461**	**373**
25	946	642	304	76	55	21	374	318	56
26	961	641	320	72	47	25	360	264	97
27	1075	665	411	85	55	29	365	279	87
28	1109	682	428	89	56	34	396	336	60
29	963	606	357	91	70	22	337	264	73
30-34	**4325**	**2587**	**1738**	**416**	**293**	**123**	**1733**	**1362**	**371**
30	799	493	305	81	60	21	336	258	78
31	845	517	328	80	60	20	301	221	80
32	881	528	354	75	40	35	387	320	67
33	1050	613	437	87	67	20	384	285	99
34	750	436	315	93	66	26	324	277	47
35-39	**3279**	**2002**	**1277**	**300**	**218**	**82**	**1508**	**1228**	**281**
35	761	474	288	56	41	15	308	246	61
36	710	431	280	57	40	16	338	275	63
37	695	417	278	65	51	14	309	259	50
38	596	371	225	59	37	22	253	203	49
39	515	310	206	63	48	15	301	244	56
40-44	**2894**	**1676**	**1218**	**340**	**240**	**99**	**1770**	**1463**	**307**
40	496	272	224	66	57	8	355	294	61
41	563	328	235	53	33	20	324	259	65
42	628	371	257	64	44	19	360	294	66
43	587	343	244	69	45	25	327	269	58
44	621	363	258	88	61	27	404	347	57
45-49	**2501**	**1575**	**925**	**291**	**200**	**91**	**2021**	**1775**	**246**
45	614	373	241	70	43	27	496	423	73
46	554	347	208	60	44	16	398	353	45
47	542	352	190	54	33	21	438	379	58
48	390	242	147	47	35	12	314	275	38
49	401	261	140	60	45	15	376	345	31
50-54	**1714**	**1337**	**377**	**207**	**160**	**47**	**1455**	**1317**	**138**
50	366	270	96	52	39	12	371	326	45
51	363	274	90	39	32	7	319	285	35
52	480	388	91	59	45	15	363	336	27
53	313	242	71	44	32	11	278	257	21
54	191	162	29	13	12	2	123	113	10
55-59	**749**	**677**	**72**	**129**	**112**	**17**	**612**	**577**	**35**
55	177	158	19	36	33	3	147	134	13
56	141	128	13	25	21	4	126	125	1
57	148	132	16	22	17	5	138	127	10
58	152	142	11	18	15	3	134	126	7
59	131	118	13	28	26	1	68	65	3
60-64	**148**	**134**	**14**	**7**	**7**		**203**	**194**	**9**
60	37	33	3	2	2		56	50	6
61	40	35	5	1	1		69	66	4
62	24	23	1	3	3		32	32	
63	33	30	3	1	1		35	35	
64	14	12	2				12	12	
65及以上	**49**	**38**	**11**	**2**	**2**		**45**	**45**	**1**

5-2 续表 2

单位：人

年 龄	六、批发和零售业			七、交通运输、仓储和邮政业			八、住宿和餐饮业		
	小计	男	女	小计	男	女	小计	男	女
总 计	**26513**	**13604**	**12909**	**10803**	**8436**	**2367**	**9929**	**5473**	**4456**
16-19	**302**	**184**	**118**	**84**	**72**	**11**	**505**	**328**	**177**
16	23	15	8	7	6	1	61	45	15
17	54	35	19	10	8	2	112	83	30
18	97	64	34	32	32		156	101	55
19	128	70	57	35	26	9	176	100	77
20-24	**2277**	**1106**	**1171**	**661**	**476**	**186**	**1442**	**956**	**486**
20	226	115	111	53	42	10	304	205	99
21	334	154	180	84	63	21	282	176	106
22	504	247	257	132	89	43	268	175	92
23	551	264	287	178	124	54	279	182	96
24	662	326	336	215	158	58	310	217	92
25-29	**5616**	**2732**	**2884**	**1695**	**1229**	**466**	**2023**	**1204**	**819**
25	1011	521	489	291	202	89	459	279	180
26	1080	516	564	332	223	108	389	240	149
27	1129	528	600	314	234	80	376	258	119
28	1277	614	664	366	266	100	415	226	189
29	1119	553	567	393	303	90	383	201	182
30-34	**5139**	**2533**	**2607**	**1729**	**1258**	**470**	**1456**	**746**	**710**
30	938	457	481	318	228	90	258	138	120
31	944	462	482	343	257	86	300	142	158
32	1025	526	500	347	254	94	299	143	156
33	1137	578	560	425	295	130	342	176	166
34	1095	510	585	295	224	71	258	147	111
35-39	**4066**	**1977**	**2088**	**1611**	**1237**	**373**	**1081**	**565**	**516**
35	966	461	505	348	270	78	234	133	101
36	906	432	474	341	261	80	239	126	113
37	807	379	429	347	268	79	210	109	101
38	651	336	315	255	190	66	211	101	109
39	735	369	366	320	248	71	187	96	91
40-44	**3788**	**1837**	**1951**	**1776**	**1334**	**442**	**1265**	**601**	**664**
40	741	353	388	257	177	80	227	111	117
41	712	339	373	331	261	70	229	120	109
42	771	348	423	413	322	91	239	119	120
43	797	411	385	397	297	100	290	122	168
44	767	385	383	379	278	101	280	130	150
45-49	**2831**	**1467**	**1364**	**1562**	**1267**	**295**	**1205**	**479**	**726**
45	741	378	363	352	288	64	298	131	167
46	617	318	299	353	284	70	263	83	181
47	652	327	325	329	257	72	255	114	141
48	407	213	193	269	230	40	219	75	144
49	414	230	184	258	209	49	170	77	93
50-54	**1591**	**1062**	**529**	**1171**	**1067**	**104**	**577**	**322**	**255**
50	383	252	131	254	225	29	153	61	92
51	371	241	130	250	230	20	135	82	53
52	407	273	134	319	285	34	150	93	57
53	260	169	91	228	217	11	89	61	28
54	170	127	43	119	109	11	49	25	25
55-59	**655**	**526**	**130**	**464**	**447**	**17**	**289**	**214**	**75**
55	166	136	30	128	122	6	76	51	26
56	125	99	26	107	103	4	56	41	15
57	137	112	25	87	85	2	54	38	16
58	135	102	34	80	77	3	55	46	9
59	92	78	15	62	60	3	48	37	10
60-64	**187**	**135**	**52**	**38**	**36**	**2**	**64**	**39**	**25**
60	52	39	14	9	9		26	15	11
61	36	28	7	9	9		13	6	6
62	31	23	9	8	8		12	7	5
63	42	29	12	7	7		11	9	2
64	27	16	10	5	3	2	2	2	
65及以上	**60**	**46**	**15**	**13**	**13**		**21**	**17**	**4**

5-2 续表 3

单位：人

年 龄	九、信息传输、软件和信息技术服务业			十、金融业			十一、房地产业		
	小计	男	女	小计	男	女	小计	男	女
总 计	**12605**	**7903**	**4703**	**7688**	**3780**	**3908**	**6258**	**4025**	**2233**
16-19	**56**	**33**	**23**	**19**	**9**	**10**	**38**	**32**	**5**
16	5	2	4	3		3	4	4	
17	4	2	2	5	1	4	7	3	4
18	9	5	3	4	2	1	7	7	
19	38	24	14	7	6	2	20	19	1
20-24	**1539**	**964**	**575**	**745**	**368**	**377**	**491**	**293**	**198**
20	100	55	45	25	6	19	62	43	19
21	129	85	44	73	48	25	62	40	23
22	334	196	138	170	85	86	96	49	47
23	450	305	145	240	127	112	124	88	35
24	526	323	203	237	102	135	147	74	73
25-29	**4284**	**2633**	**1651**	**2305**	**1083**	**1222**	**1180**	**718**	**463**
25	862	549	313	414	183	231	241	132	109
26	964	617	347	505	257	248	223	141	82
27	785	470	315	468	219	249	253	165	88
28	906	523	383	475	202	273	242	148	93
29	768	474	294	444	223	221	220	130	90
30-34	**2950**	**1831**	**1119**	**1824**	**893**	**931**	**1000**	**601**	**400**
30	570	366	204	377	211	166	175	90	84
31	582	368	214	346	155	191	185	115	70
32	632	400	232	400	202	197	221	139	82
33	664	399	265	420	187	234	222	132	90
34	502	299	203	282	138	143	198	125	74
35-39	**1774**	**1100**	**674**	**1016**	**469**	**547**	**774**	**449**	**324**
35	457	262	195	278	116	162	163	101	62
36	380	228	152	218	115	103	208	125	83
37	370	247	123	204	96	108	146	86	59
38	287	177	110	168	71	97	133	68	66
39	281	185	95	147	71	77	123	69	54
40-44	**1037**	**675**	**362**	**788**	**387**	**401**	**726**	**404**	**322**
40	240	145	96	128	67	61	123	73	51
41	209	145	64	169	78	91	127	74	53
42	230	164	66	158	73	85	158	83	75
43	184	111	73	172	84	88	154	85	69
44	174	110	64	161	85	76	165	90	75
45-49	**566**	**353**	**213**	**566**	**292**	**274**	**803**	**497**	**306**
45	157	106	50	156	76	80	148	92	55
46	140	84	56	123	65	58	165	103	62
47	123	77	46	129	72	57	214	134	80
48	74	44	31	88	43	45	142	78	63
49	72	42	30	69	35	34	135	90	46
50-54	**298**	**227**	**71**	**314**	**187**	**128**	**672**	**530**	**142**
50	56	49	7	61	28	33	119	97	22
51	56	43	13	75	44	31	150	114	36
52	93	71	22	89	57	31	190	151	40
53	65	44	20	54	32	22	134	107	27
54	29	19	9	35	24	10	78	61	17
55-59	**89**	**79**	**10**	**100**	**84**	**16**	**443**	**391**	**52**
55	21	16	6	23	18	5	94	84	10
56	27	25	2	18	17	2	91	80	11
57	16	13	3	23	21	2	101	86	15
58	15	15		18	15	3	88	79	9
59	10	10		18	14	4	69	63	7
60-64	**8**	**6**	**2**	**9**	**6**	**3**	**103**	**87**	**16**
60	3	3		5	3	2	26	19	7
61	2		2	3	3		28	25	3
62							22	18	4
63	1	1		1		1	19	18	1
64	1	1					9	7	1
65及以上	**4**	**3**	**1**	**3**	**3**		**28**	**23**	**5**

5-2 续表 4

单位：人

年 龄	十二、租赁和商务服务业			十三、科学研究和技术服务业			十四、水利、环境和公共设施管理业		
	小计	男	女	小计	男	女	小计	男	女
总 计	**10591**	**6682**	**3909**	**5849**	**3479**	**2370**	**2542**	**1708**	**833**
16-19	**101**	**90**	**11**	**27**	**19**	**8**	**3**	**2**	**1**
16	7	7		2	2				
17	15	13	2	2	2		1		1
18	33	32	1	10	6	4			
19	46	38	8	13	9	4	2	2	
20-24	**855**	**498**	**357**	**295**	**181**	**114**	**63**	**44**	**19**
20	74	55	20	14	7	8	5	3	2
21	104	78	26	34	22	12	2		1
22	217	148	69	50	37	13	15	12	3
23	207	85	122	106	61	44	13	9	4
24	252	131	120	91	54	37	28	20	8
25-29	**2241**	**1162**	**1079**	**1312**	**715**	**597**	**292**	**188**	**104**
25	466	248	218	201	109	92	47	27	20
26	389	188	201	281	158	122	47	29	18
27	442	210	232	268	154	115	65	43	21
28	514	294	220	282	133	149	70	45	25
29	430	222	208	280	160	120	64	45	19
30-34	**2033**	**1150**	**884**	**1316**	**756**	**560**	**358**	**215**	**143**
30	400	232	168	267	150	116	64	34	30
31	350	184	166	277	149	128	53	40	13
32	403	223	180	260	151	109	83	43	40
33	485	266	219	299	177	122	90	55	35
34	396	245	151	214	129	84	68	43	25
35-39	**1536**	**894**	**642**	**946**	**554**	**393**	**304**	**196**	**108**
35	342	184	158	204	139	66	70	47	23
36	341	186	155	225	122	103	65	49	15
37	313	203	110	211	120	91	76	51	25
38	311	191	120	167	99	68	38	19	20
39	230	131	99	140	74	66	55	29	25
40-44	**1427**	**978**	**449**	**692**	**411**	**280**	**341**	**172**	**169**
40	275	190	85	114	56	58	55	28	27
41	288	194	94	129	71	57	58	36	22
42	317	209	108	153	92	61	72	29	43
43	247	167	80	155	101	54	78	40	38
44	299	217	82	140	91	49	78	39	39
45-49	**1240**	**919**	**321**	**564**	**331**	**233**	**455**	**287**	**168**
45	334	243	91	139	90	49	89	51	37
46	258	198	61	125	72	53	94	56	38
47	270	187	83	125	64	60	113	67	46
48	199	155	44	87	49	38	69	41	28
49	178	137	42	89	56	33	91	72	19
50-54	**783**	**647**	**136**	**465**	**311**	**153**	**407**	**323**	**84**
50	181	136	45	80	59	21	102	73	29
51	169	142	27	105	73	32	96	76	20
52	217	189	28	136	87	49	100	87	13
53	141	117	24	92	57	35	55	42	13
54	75	63	12	52	36	16	54	45	9
55-59	**301**	**275**	**26**	**185**	**160**	**24**	**237**	**210**	**26**
55	66	60	6	38	28	10	59	48	11
56	53	45	7	38	35	2	44	39	4
57	57	54	2	25	24	1	47	44	3
58	72	68	4	45	36	9	38	34	3
59	53	47	6	39	37	2	49	45	4
60-64	**60**	**58**	**3**	**28**	**24**	**3**	**55**	**50**	**5**
60	24	22	2	11	11		19	17	3
61	4	4		6	4	2	8	7	1
62	13	13		4	4		7	6	1
63	11	11		6	4	2	13	13	
64	8	8		1	1		7	7	
65及以上	**14**	**12**	**2**	**21**	**16**	**4**	**27**	**22**	**6**

5-2 续表 5

单位：人

年 龄	十五、居民服务、修理和其他服务业			十六、教育			十七、卫生和社会工作		
	小计	男	女	小计	男	女	小计	男	女
总 计	**6049**	**2806**	**3243**	**9050**	**3457**	**5593**	**5607**	**1668**	**3939**
16-19	**174**	**87**	**87**	**44**	**16**	**29**	**35**	**3**	**32**
16	15	9	6	3	1	2			
17	42	24	17	5	3	2			
18	57	30	27	10	1	9	11		11
19	60	25	35	27	10	17	23	3	21
20-24	**583**	**329**	**255**	**615**	**216**	**399**	**591**	**96**	**495**
20	100	44	57	50	16	34	63	14	49
21	77	48	29	61	18	43	89	16	73
22	106	58	48	140	56	84	121	21	100
23	131	88	42	161	57	103	152	15	136
24	169	90	79	203	68	134	166	30	137
25-29	**1039**	**544**	**495**	**1642**	**514**	**1129**	**1228**	**293**	**935**
25	198	108	89	339	109	230	274	62	212
26	224	103	121	348	110	238	233	50	183
27	214	121	94	296	82	213	263	58	205
28	208	96	112	332	103	230	258	79	180
29	195	116	79	328	110	218	199	44	155
30-34	**823**	**414**	**409**	**1559**	**487**	**1072**	**994**	**279**	**715**
30	158	77	81	274	76	199	188	45	143
31	177	105	72	268	88	180	181	51	130
32	138	65	73	329	95	233	205	49	156
33	180	93	87	345	108	237	253	80	172
34	169	74	96	343	120	223	167	54	113
35-39	**633**	**291**	**342**	**1359**	**432**	**927**	**697**	**224**	**473**
35	147	74	73	303	92	211	174	52	122
36	126	53	72	326	96	230	124	40	84
37	129	64	65	273	80	193	146	51	95
38	99	46	53	224	81	143	126	42	84
39	131	53	78	233	84	149	127	40	87
40-44	**826**	**291**	**534**	**1300**	**493**	**807**	**665**	**198**	**467**
40	142	57	86	246	100	146	99	30	68
41	158	54	104	235	86	149	119	38	81
42	194	63	130	300	119	182	148	37	111
43	163	59	104	261	96	164	151	46	105
44	169	59	110	258	93	165	148	47	101
45-49	**884**	**306**	**578**	**1151**	**451**	**700**	**586**	**178**	**408**
45	219	77	142	285	92	192	146	41	105
46	176	49	127	230	89	141	136	41	95
47	200	69	131	257	99	159	116	33	83
48	134	46	88	194	85	108	92	26	66
49	155	64	91	185	86	99	97	38	59
50-54	**626**	**289**	**337**	**829**	**420**	**409**	**483**	**185**	**298**
50	139	57	82	190	85	105	91	31	61
51	150	59	91	173	87	86	123	60	62
52	155	81	74	213	109	103	152	54	98
53	109	50	60	153	80	72	65	19	46
54	73	42	31	101	58	43	52	20	32
55-59	**307**	**180**	**127**	**427**	**332**	**94**	**198**	**136**	**62**
55	76	36	40	91	63	28	43	21	22
56	61	34	28	75	64	11	31	22	9
57	58	39	20	84	65	19	44	33	11
58	69	47	22	77	59	18	49	32	17
59	42	26	17	100	82	17	31	28	3
60-64	**109**	**48**	**61**	**86**	**67**	**19**	**72**	**36**	**36**
60	38	21	17	43	35	8	25	11	14
61	28	9	18	18	14	4	11	4	7
62	21	9	13	12	6	6	7	5	2
63	17	7	10	8	6	1	15	7	9
64	6	3	3	6	6		14	9	5
65及以上	**45**	**27**	**18**	**38**	**29**	**9**	**58**	**42**	**17**

5-2 续表 6 单位：人

年 龄	十八、文化、体育和娱乐业			十九、公共管理、社会保障和社会组织			二十、国际组织		
	小计	男	女	小计	男	女	小计	男	女
总 计	**5548**	**2693**	**2856**	**9851**	**5873**	**3977**	**34**	**17**	**17**
16-19	**98**	**38**	**60**	**23**	**18**	**4**			
16				2	2				
17	13		13	1		1			
18	31	13	18	6	5	1			
19	54	25	29	14	12	3			
20-24	**610**	**263**	**346**	**339**	**208**	**131**	**1**	**1**	
20	39	11	28	23	18	5			
21	115	57	58	36	18	18			
22	140	53	87	66	43	23	1	1	
23	161	65	96	97	62	35			
24	155	77	77	116	66	50			
25-29	**1427**	**601**	**826**	**1139**	**585**	**554**	**7**	**2**	**6**
25	291	114	177	214	112	103			
26	336	157	180	192	101	91	2	2	
27	249	117	133	245	126	120	2		2
28	306	108	197	253	128	125	2		2
29	245	105	140	233	118	115	2		2
30-34	**1044**	**473**	**571**	**1469**	**728**	**741**	**4**	**2**	**2**
30	186	72	114	233	113	120	1		1
31	213	103	110	279	157	122	1		1
32	201	87	115	309	140	170	1	1	
33	251	114	137	360	173	187	1	1	
34	192	96	96	288	145	143			
35-39	**787**	**368**	**420**	**1181**	**628**	**553**	**11**	**6**	**5**
35	178	63	114	265	134	131	4	3	1
36	180	91	89	260	146	114	3	2	1
37	162	87	74	238	135	104	5	2	3
38	137	64	72	200	101	99			
39	131	61	70	217	112	106			
40-44	**543**	**295**	**248**	**1401**	**783**	**618**	**3**	**1**	**2**
40	96	51	45	212	121	91	1	1	
41	114	62	52	241	135	106			
42	104	64	40	325	178	147	2		2
43	114	58	57	295	162	134			
44	116	61	54	327	187	140			
45-49	**456**	**226**	**230**	**1576**	**888**	**688**	**7**	**4**	**3**
45	91	46	45	340	196	144	2	2	
46	106	51	56	332	188	144			
47	108	60	48	357	190	167	3		3
48	72	25	47	239	129	110			
49	78	44	34	309	186	123	2	2	
50-54	**354**	**233**	**121**	**1556**	**1065**	**491**	**2**	**2**	
50	53	33	20	280	192	88	2	2	
51	81	51	30	362	244	118			
52	111	75	36	433	301	131			
53	66	44	22	269	191	79			
54	42	30	12	212	137	75			
55-59	**191**	**159**	**32**	**846**	**715**	**132**			
55	45	30	15	214	169	45			
56	39	38	1	140	124	16			
57	33	29	4	199	169	30			
58	33	31	3	151	135	16			
59	40	32	8	142	119	24			
60-64	**28**	**28**		**209**	**167**	**42**			
60	11	11		62	46	16			
61	5	5		41	34	7			
62	3	3		34	25	9			
63	8	8		43	40	3			
64	2	2		29	22	6			
65及以上	**10**	**9**	**1**	**112**	**89**	**23**			

5-2a 全市分年龄、性别、行业门类的就业人口(城市)

单位：人

年　龄	就业人口			一、农、林、牧、渔业			二、采矿业		
	合计	男	女	小计	男	女	小计	男	女
总　计	**135882**	**78886**	**56996**	**501**	**290**	**211**	**376**	**239**	**137**
16-19	**1469**	**929**	**539**				**1**	**1**	
16	120	91	29				1	1	
17	259	171	89						
18	438	277	162						
19	651	391	260						
20-24	**11264**	**6381**	**4883**	**9**	**6**	**3**	**14**	**7**	**7**
20	1186	704	482						
21	1487	871	616						
22	2377	1312	1066				4	2	3
23	2896	1643	1253	3	2	1			
24	3318	1853	1465	5	3	2	10	6	4
25-29	**28702**	**15603**	**13099**	**37**	**18**	**19**	**75**	**27**	**48**
25	5513	3036	2477	2	1	1	5	1	3
26	5728	3131	2597	4	4		17	5	12
27	5640	3036	2603	10	7	3	17	5	12
28	6229	3315	2913	13	7	7	17	6	11
29	5592	3085	2507	7		7	19	10	9
30-34	**25387**	**13749**	**11638**	**61**	**26**	**35**	**81**	**59**	**22**
30	4654	2521	2133	11	6	5	19	12	7
31	4804	2613	2191	17	7	10	15	10	5
32	5262	2850	2411	4		4	8	5	2
33	5900	3143	2756	18	8	10	21	20	1
34	4768	2621	2146	12	4	7	19	12	7
35-39	**19402**	**10703**	**8699**	**69**	**34**	**35**	**66**	**43**	**23**
35	4445	2416	2028	20	12	8	12	10	2
36	4274	2339	1935	14	7	6	17	8	9
37	4000	2259	1741	14	8	5	11	6	5
38	3353	1844	1509	11	2	9	8	6	2
39	3331	1844	1486	11	4	6	18	12	5
40-44	**17600**	**9858**	**7742**	**65**	**36**	**28**	**52**	**31**	**21**
40	3231	1804	1427	9	8	2	2	2	
41	3338	1878	1460	15	8	6	14	9	5
42	3803	2105	1699	18	11	8	9	4	5
43	3585	1979	1606	11	5	6	18	10	8
44	3643	2092	1551	11	4	7	10	7	3
45-49	**15359**	**8988**	**6371**	**82**	**47**	**35**	**35**	**27**	**9**
45	3753	2170	1582	21	10	11	5	5	
46	3303	1888	1415	13	6	7	8	4	3
47	3478	2004	1474	19	9	10	12	8	4
48	2353	1347	1006	16	11	5	7	5	1
49	2472	1578	894	13	11	2	4	4	
50-54	**10702**	**7629**	**3073**	**66**	**44**	**22**	**40**	**33**	**7**
50	2230	1509	721	17	9	8	4	4	
51	2364	1672	692	12	7	5	6	5	1
52	2972	2158	814	21	17	4	9	8	1
53	1945	1416	529	13	9	4	10	7	3
54	1191	874	317	4	2	1	10	8	2
55-59	**4843**	**4162**	**681**	**61**	**48**	**13**	**12**	**10**	**2**
55	1172	960	212	12	10	2	7	6	1
56	914	805	109	12	10	2	1	1	
57	982	852	130	15	10	5	2	1	1
58	964	835	129	11	9	2	2	2	
59	811	710	101	11	9	2			
60-64	**845**	**650**	**195**	**33**	**20**	**13**	**1**	**1**	
60	307	234	73	8	4	5	1	1	
61	187	150	38	11	6	4			
62	123	90	33	5	4	1			
63	153	121	32	5	4	1			
64	74	55	19	4	3	2			
65及以上	**310**	**233**	**76**	**17**	**10**	**7**			

5-2a 续表 1　　　　单位：人

年 龄	三、制造业			四、电力、热力、燃气及水生产和供应业			五、建筑业		
	小计	男	女	小计	男	女	小计	男	女
总 计	**13873**	**8846**	**5026**	**1868**	**1339**	**529**	**9333**	**7779**	**1553**
16-19	**86**	**56**	**30**	**12**	**12**		**66**	**64**	**2**
16	8	6	2				1	1	
17	17	12	5	5	5		5	5	
18	35	21	14				13	13	
19	26	18	8	7	7		46	45	2
20-24	**996**	**631**	**366**	**106**	**92**	**14**	**593**	**506**	**87**
20	127	93	34	15	15		58	52	6
21	140	89	51	10	9	1	85	78	7
22	183	98	85	22	13	9	115	99	16
23	226	144	83	32	29	3	163	130	33
24	320	207	113	27	25	1	172	146	25
25-29	**2908**	**1798**	**1110**	**320**	**215**	**104**	**1530**	**1216**	**314**
25	499	309	190	61	43	18	332	285	47
26	537	357	180	51	32	19	298	215	83
27	632	381	252	63	41	21	301	227	74
28	654	396	258	67	38	30	324	278	47
29	585	355	230	78	61	17	275	212	63
30-34	**2731**	**1583**	**1148**	**357**	**244**	**113**	**1395**	**1079**	**316**
30	463	281	183	75	54	20	259	195	64
31	517	303	214	71	51	20	244	172	72
32	592	345	246	55	28	28	325	267	57
33	665	372	293	72	54	18	308	223	85
34	494	281	213	83	57	26	260	223	37
35-39	**2186**	**1325**	**861**	**251**	**178**	**73**	**1231**	**989**	**241**
35	491	314	178	52	38	14	259	203	56
36	479	280	199	43	30	13	277	223	54
37	474	282	191	52	40	12	255	211	44
38	403	243	160	52	32	20	203	162	40
39	339	207	133	52	39	14	237	190	48
40-44	**1766**	**1039**	**727**	**296**	**208**	**89**	**1428**	**1174**	**254**
40	314	170	143	57	50	7	290	241	49
41	348	205	143	49	30	19	254	198	57
42	386	228	159	59	41	18	295	240	55
43	357	213	144	62	40	22	263	218	45
44	360	223	137	70	48	23	326	278	48
45-49	**1517**	**982**	**535**	**237**	**158**	**79**	**1552**	**1348**	**204**
45	368	229	139	57	33	25	393	332	61
46	333	218	116	52	38	14	285	248	37
47	346	229	117	47	29	18	337	292	45
48	230	139	91	33	22	10	237	203	34
49	240	168	72	47	35	12	299	272	27
50-54	**1111**	**912**	**198**	**168**	**128**	**40**	**1006**	**903**	**102**
50	213	165	49	41	31	10	264	227	36
51	219	173	45	25	20	5	217	195	22
52	327	280	47	51	38	13	240	221	19
53	207	168	39	38	28	10	207	190	17
54	145	126	19	12	11	2	78	70	8
55-59	**511**	**475**	**36**	**117**	**99**	**17**	**402**	**377**	**25**
55	123	113	10	31	28	3	91	83	8
56	93	85	9	24	20	4	79	79	
57	98	92	6	19	13	5	97	89	7
58	104	99	5	16	13	3	91	85	6
59	93	87	7	26	25	1	44	41	3
60-64	**40**	**33**	**7**	**3**	**3**		**99**	**92**	**8**
60	13	11	2	1	1		26	21	6
61	9	9					39	37	2
62	8	6	1				12	12	
63	6	3	3	1	1		19	19	
64	4	4	1				4	4	
65及以上	**20**	**12**	**8**	**2**	**2**		**31**	**31**	

5-2a 续表 2 单位：人

年龄	六、批发和零售业			七、交通运输、仓储和邮政业			八、住宿和餐饮业		
	小计	男	女	小计	男	女	小计	男	女
总　计	**22118**	**11364**	**10754**	**7290**	**5467**	**1823**	**8459**	**4783**	**3676**
16-19	**252**	**147**	**105**	**48**	**40**	**7**	**460**	**308**	**152**
16	21	13	8	2	2		53	43	10
17	42	27	15	4	2	2	101	78	23
18	74	46	29	19	19		143	94	49
19	115	61	54	22	17	5	163	92	71
20-24	**1921**	**914**	**1007**	**443**	**322**	**121**	**1315**	**878**	**437**
20	197	103	94	32	25	7	287	194	93
21	272	121	151	58	48	11	262	162	101
22	431	208	223	90	60	30	240	158	82
23	470	215	256	129	90	39	255	172	84
24	551	268	283	133	99	34	270	193	77
25-29	**4691**	**2290**	**2401**	**1198**	**858**	**341**	**1780**	**1072**	**708**
25	843	439	404	191	131	59	410	247	163
26	907	432	474	232	152	80	333	210	123
27	918	419	499	217	152	65	337	235	102
28	1076	525	550	268	195	72	364	202	162
29	947	474	473	291	227	64	337	179	158
30-34	**4334**	**2147**	**2186**	**1202**	**836**	**366**	**1219**	**641**	**578**
30	785	380	405	225	160	65	225	123	102
31	780	384	396	241	173	67	256	125	132
32	872	452	420	245	173	72	249	115	134
33	964	490	474	297	195	103	284	156	128
34	931	440	491	193	135	58	205	123	82
35-39	**3483**	**1705**	**1778**	**1111**	**816**	**295**	**890**	**475**	**414**
35	807	397	410	253	187	66	187	108	79
36	768	366	403	231	171	61	199	111	88
37	697	320	377	236	177	59	170	94	76
38	571	299	272	180	127	53	177	84	93
39	640	323	316	211	155	56	157	78	78
40-44	**3144**	**1541**	**1603**	**1103**	**756**	**346**	**1052**	**506**	**546**
40	622	294	328	171	106	65	198	98	100
41	587	288	299	218	156	63	187	93	93
42	635	291	344	256	188	68	196	101	95
43	667	345	321	236	166	70	243	98	145
44	633	322	311	222	141	81	227	115	113
45-49	**2340**	**1213**	**1127**	**1011**	**762**	**249**	**1003**	**408**	**595**
45	619	318	301	215	166	49	253	113	139
46	522	266	255	230	172	58	218	69	149
47	542	276	267	220	157	63	212	100	111
48	325	171	154	170	138	32	180	60	120
49	332	183	149	175	128	47	141	65	75
50-54	**1277**	**856**	**421**	**809**	**725**	**84**	**456**	**273**	**183**
50	305	201	104	150	126	23	115	50	65
51	301	197	103	165	149	16	106	71	35
52	338	229	109	231	204	27	122	78	44
53	195	120	74	171	164	7	72	54	18
54	139	109	31	92	82	10	40	20	20
55-59	**517**	**434**	**83**	**336**	**322**	**13**	**241**	**188**	**53**
55	139	120	20	96	92	4	62	44	18
56	89	75	15	71	68	3	46	37	9
57	109	89	21	61	59	2	42	31	11
58	102	84	17	60	57	3	49	42	6
59	77	67	10	47	45	1	42	34	8
60-64	**127**	**92**	**35**	**22**	**21**	**1**	**35**	**24**	**11**
60	37	28	9	7	7		14	10	4
61	25	22	3	4	4		5	5	1
62	16	10	6	4	4		9	5	4
63	33	23	10	4	4		5	4	2
64	16	9	7	4	3	1	1	1	
65及以上	**33**	**24**	**9**	**8**	**8**		**10**	**9**	**1**

5-2a 续表 3 单位：人

年 龄	九、信息传输、软件和信息技术服务业			十、金融业			十一、房地产业		
	小计	男	女	小计	男	女	小计	男	女
总 计	**11877**	**7474**	**4403**	**7122**	**3522**	**3600**	**5520**	**3551**	**1969**
16-19	**49**	**31**	**18**	**18**	**8**	**10**	**33**	**29**	**4**
16	2	2		3		3	4	4	
17	3	2	2	5		4	6	2	4
18	8	4	3	4	2	1	6	6	
19	36	23	13	7	5	1	17	16	
20-24	**1417**	**891**	**525**	**664**	**330**	**335**	**437**	**258**	**179**
20	91	51	40	20	3	17	52	37	15
21	112	74	39	67	46	21	55	33	22
22	304	177	127	154	77	77	90	46	44
23	416	284	132	216	115	101	110	79	32
24	494	306	188	207	88	118	129	63	66
25-29	**3999**	**2466**	**1533**	**2086**	**990**	**1097**	**1041**	**628**	**413**
25	806	513	293	376	172	204	212	117	96
26	904	583	321	453	233	220	209	130	79
27	723	431	291	429	202	228	226	149	77
28	846	491	356	429	182	246	209	127	82
29	720	449	271	400	201	198	186	106	80
30-34	**2784**	**1735**	**1050**	**1720**	**842**	**878**	**901**	**548**	**353**
30	532	343	189	351	196	155	156	79	77
31	552	350	202	321	142	179	169	109	61
32	601	383	218	375	190	185	200	126	73
33	623	372	251	405	180	225	197	117	80
34	477	287	191	267	135	133	180	117	62
35-39	**1707**	**1062**	**645**	**972**	**450**	**522**	**682**	**391**	**291**
35	433	250	183	262	107	155	140	86	54
36	365	220	145	210	113	97	180	106	74
37	358	241	117	197	93	105	126	73	53
38	276	170	106	161	69	92	121	60	61
39	274	180	94	141	69	72	116	66	50
40-44	**1003**	**653**	**349**	**749**	**374**	**375**	**650**	**364**	**286**
40	236	141	95	121	65	57	110	66	45
41	202	142	60	161	75	86	115	69	46
42	221	158	63	149	70	79	141	75	67
43	175	106	69	164	82	82	136	76	61
44	169	106	63	154	82	72	147	79	68
45-49	**537**	**334**	**203**	**522**	**269**	**252**	**678**	**423**	**256**
45	149	101	48	148	73	76	122	78	44
46	135	80	56	111	58	53	148	96	53
47	118	74	44	122	68	55	171	109	62
48	68	40	28	78	39	39	126	70	56
49	67	38	28	63	32	30	111	70	41
50-54	**289**	**221**	**68**	**289**	**171**	**118**	**597**	**471**	**126**
50	52	45	7	54	26	28	97	79	18
51	53	42	12	71	41	30	138	105	33
52	91	71	20	80	51	29	172	136	36
53	65	44	20	50	30	21	119	96	23
54	29	19	9	33	23	10	70	54	16
55-59	**83**	**74**	**9**	**92**	**79**	**12**	**386**	**345**	**41**
55	18	13	6	20	17	3	82	77	5
56	26	25	1	18	17	2	75	67	9
57	15	12	3	21	19	2	92	79	13
58	14	14		16	14	2	75	67	8
59	10	10		17	14	3	60	55	5
60-64	**8**	**6**	**2**	**8**	**6**	**2**	**89**	**74**	**15**
60	3	3		4	3	1	24	18	6
61	2		2	3	3		26	24	3
62							15	12	4
63	1	1		1		1	17	16	1
64	1	1					7	5	1
65及以上	**1**	**1**		**3**	**3**		**25**	**20**	**4**

5-2a 续表 4

单位：人

年 龄	十二、租赁和商务服务业			十三、科学研究和技术服务业			十四、水利、环境和公共设施管理业		
	小计	男	女	小计	男	女	小计	男	女
总 计	**9631**	**6067**	**3565**	**5538**	**3295**	**2242**	**1823**	**1205**	**618**
16-19	**87**	**78**	**9**	**24**	**17**	**7**	**3**	**2**	**1**
16	7	7		2	2				
17	14	12	2	2	2		1		1
18	29	28	1	10	6	4			
19	38	32	6	11	8	3	2	2	
20-24	**781**	**453**	**328**	**262**	**163**	**100**	**33**	**25**	**8**
20	71	52	19	13	5	8	1	1	
21	90	70	21	30	22	8			
22	204	138	66	46	35	11	8	6	2
23	187	74	113	98	57	41	8	7	2
24	228	119	109	76	44	32	15	11	4
25-29	**2033**	**1045**	**989**	**1214**	**670**	**543**	**226**	**141**	**85**
25	420	220	199	179	99	80	36	21	15
26	354	168	186	258	150	108	35	20	14
27	397	187	210	255	149	105	48	29	19
28	472	270	202	260	122	137	56	36	20
29	391	200	191	262	150	112	50	33	17
30-34	**1870**	**1058**	**812**	**1247**	**715**	**532**	**294**	**173**	**121**
30	363	211	152	252	144	108	42	18	24
31	322	167	155	266	141	125	44	33	11
32	375	209	166	240	137	102	67	34	34
33	453	250	203	284	169	115	84	51	33
34	358	221	137	205	123	82	56	37	19
35-39	**1410**	**824**	**587**	**920**	**533**	**387**	**239**	**155**	**84**
35	306	166	140	200	134	66	57	38	19
36	313	175	138	216	117	99	55	43	12
37	291	188	103	204	115	90	59	40	19
38	296	181	114	162	95	67	27	13	14
39	204	113	91	138	73	65	41	22	19
40-44	**1314**	**905**	**409**	**672**	**400**	**272**	**257**	**130**	**127**
40	254	177	77	110	54	56	43	19	24
41	269	183	86	125	71	55	44	30	14
42	294	193	101	151	91	60	55	24	31
43	220	148	72	152	98	53	57	28	29
44	277	203	74	134	86	48	57	28	29
45-49	**1109**	**824**	**285**	**541**	**317**	**224**	**300**	**187**	**112**
45	305	223	83	130	85	45	60	36	24
46	233	179	54	119	68	51	63	39	24
47	243	167	76	120	63	58	77	42	35
48	172	135	37	84	47	38	42	25	17
49	155	120	35	87	55	32	58	45	13
50-54	**703**	**581**	**123**	**447**	**298**	**148**	**271**	**211**	**60**
50	160	118	42	73	56	18	70	46	23
51	146	125	21	104	72	32	66	52	14
52	201	175	26	132	84	49	65	57	8
53	131	109	21	87	53	34	35	26	9
54	65	54	12	50	34	16	36	30	6
55-59	**268**	**246**	**22**	**172**	**149**	**23**	**156**	**144**	**12**
55	55	51	4	35	26	9	43	33	10
56	46	40	6	37	34	2	23	23	
57	54	52	2	25	23	1	29	28	
58	65	61	4	38	30	8	26	24	1
59	47	42	5	36	35	2	37	36	1
60-64	**48**	**46**	**3**	**22**	**19**	**3**	**25**	**24**	**2**
60	22	20	2	10	10		15	13	2
61	1	1		5	3	2	1	1	
62	10	10		4	4		1	1	
63	11	10		4	2	2	6	6	
64	4	4					2	2	
65及以上	**8**	**8**		**16**	**13**	**3**	**20**	**14**	**6**

5-2a 续表 5

单位：人

年 龄	十五、居民服务、修理和其他服务业			十六、教育			十七、卫生和社会工作		
	小计	男	女	小计	男	女	小计	男	女
总 计	**5028**	**2268**	**2760**	**7913**	**3025**	**4888**	**4923**	**1445**	**3478**
16-19	**165**	**79**	**86**	**31**	**10**	**20**	**29**	**3**	**27**
16	15	9	6						
17	40	22	17	2	1	1			
18	52	25	27	7	1	7	10		10
19	58	23	35	21	9	12	20	3	17
20-24	**516**	**279**	**237**	**506**	**196**	**310**	**467**	**69**	**398**
20	86	30	56	40	15	25	46	10	36
21	69	41	27	47	15	32	67	7	60
22	99	54	46	121	56	65	95	17	78
23	109	74	35	132	51	80	118	11	106
24	154	80	74	166	59	108	141	24	117
25-29	**884**	**450**	**434**	**1417**	**457**	**959**	**1050**	**259**	**791**
25	170	89	81	292	101	190	235	56	179
26	200	93	107	296	96	200	199	41	158
27	174	94	79	250	70	180	225	55	171
28	173	75	98	287	88	198	219	68	151
29	166	98	68	293	102	192	171	38	133
30-34	**690**	**342**	**348**	**1392**	**444**	**948**	**901**	**251**	**650**
30	132	60	72	245	68	176	164	38	126
31	150	88	61	229	79	151	163	48	115
32	114	52	62	295	87	208	191	45	146
33	149	77	73	307	97	210	232	73	159
34	144	65	80	315	113	203	150	48	103
35-39	**524**	**238**	**285**	**1223**	**377**	**846**	**648**	**207**	**442**
35	118	58	60	277	81	196	162	49	114
36	101	40	61	294	86	208	111	35	76
37	111	56	56	244	65	179	137	46	91
38	81	39	42	200	71	129	118	38	80
39	112	46	66	208	75	134	120	39	81
40-44	**680**	**233**	**448**	**1153**	**432**	**721**	**598**	**172**	**426**
40	126	50	76	221	90	131	87	27	59
41	130	45	85	211	76	135	110	33	77
42	166	50	116	267	102	165	138	33	105
43	120	43	77	233	86	147	135	41	94
44	138	44	94	222	78	144	129	38	92
45-49	**731**	**246**	**485**	**1016**	**394**	**622**	**532**	**159**	**373**
45	183	60	123	248	79	169	127	33	94
46	142	37	105	212	80	132	126	37	89
47	164	56	107	233	88	145	109	31	79
48	110	38	72	163	71	92	86	24	61
49	132	54	78	160	76	84	84	34	50
50-54	**510**	**227**	**283**	**724**	**358**	**366**	**445**	**169**	**276**
50	112	44	68	169	74	95	79	24	55
51	118	45	73	152	77	75	118	58	60
52	130	63	67	181	92	88	143	52	91
53	87	38	48	134	66	68	60	18	41
54	63	35	28	88	49	40	46	16	29
55-59	**222**	**127**	**95**	**356**	**280**	**75**	**174**	**117**	**57**
55	53	25	28	80	54	26	36	17	19
56	45	24	21	65	55	10	29	21	9
57	41	29	12	62	49	13	40	31	9
58	52	34	18	68	52	17	43	27	17
59	31	15	16	81	71	10	25	22	3
60-64	**70**	**29**	**41**	**72**	**58**	**13**	**42**	**16**	**26**
60	26	15	11	41	33	8	19	6	13
61	15	3	13	13	11	2	6	2	4
62	15	4	11	7	5	2	5	4	1
63	11	6	6	4	3	1	6	1	5
64	3	1	1	6	6		6	2	4
65及以上	**36**	**19**	**17**	**24**	**18**	**6**	**36**	**24**	**11**

5-2a 续表 6 单位：人

年龄	十八、文化、体育和娱乐业			十九、公共管理、社会保障和社会组织			二十、国际组织		
	小计	男	女	小计	男	女	小计	男	女
总计	**5126**	**2437**	**2689**	**7530**	**4473**	**3058**	**34**	**17**	**17**
16-19	**89**	**30**	**58**	**18**	**14**	**4**			
16				2	2				
17	13		13	1		1			
18	25	8	17	5	5				
19	52	23	29	10	8	3			
20-24	**562**	**233**	**329**	**219**	**128**	**91**	**1**	**1**	
20	37	10	27	12	7	5			
21	101	50	51	20	6	14			
22	131	45	86	37	22	15	1	1	
23	149	57	92	73	52	21			
24	144	71	73	77	40	37			
25-29	**1327**	**544**	**783**	**880**	**458**	**423**	**7**	**2**	**6**
25	279	108	171	164	82	82			
26	311	142	170	130	67	63	2	2	
27	228	103	125	190	100	90	2		2
28	286	99	187	207	111	96	2		2
29	223	93	130	189	98	92	2		2
30-34	**959**	**420**	**539**	**1246**	**604**	**641**	**4**	**2**	**2**
30	171	63	107	184	90	94	1		1
31	197	93	104	249	139	110	1		1
32	189	82	107	264	117	146	1	1	
33	226	97	129	309	142	167	1	1	
34	176	84	92	240	117	123			
35-39	**742**	**346**	**396**	**1037**	**548**	**489**	**11**	**6**	**5**
35	167	59	108	237	117	120	4	3	1
36	171	86	85	227	122	105	3	2	1
37	154	84	71	204	119	86	5	2	3
38	130	62	69	176	91	84			
39	120	56	63	193	99	94			
40-44	**496**	**269**	**228**	**1119**	**635**	**484**	**3**	**1**	**2**
40	85	45	40	176	102	74	1	1	
41	103	57	46	195	111	84			
42	94	58	36	270	147	123	2		2
43	106	51	56	230	124	106			
44	107	58	49	249	152	97			
45-49	**428**	**213**	**215**	**1181**	**673**	**508**	**7**	**4**	**3**
45	87	45	42	258	150	108	2	2	
46	104	50	54	248	142	107			
47	100	55	44	282	152	130	3		3
48	68	23	45	159	85	73			
49	69	40	29	233	144	89	2	2	
50-54	**325**	**214**	**111**	**1169**	**833**	**336**	**2**	**2**	
50	48	31	17	205	149	56	2	2	
51	72	44	28	275	194	81			
52	104	70	35	334	232	102			
53	61	41	21	204	155	49			
54	39	29	10	151	103	49			
55-59	**173**	**144**	**29**	**566**	**502**	**63**			
55	40	27	13	147	124	23			
56	38	37	1	96	89	7			
57	31	26	4	129	118	11			
58	28	26	3	104	97	7			
59	36	29	8	90	74	16			
60-64	**22**	**22**		**78**	**65**	**13**			
60	10	10		27	21	6			
61	3	3		18	17	2			
62	2	2		10	8	3			
63	6	6		12	11	1			
64	2	2		11	9	2			
65及以上	**3**	**3**		**18**	**13**	**5**			

5-2b 全市分年龄、性别、行业门类的就业人口(镇)

单位：人

年 龄	就业人口			一、农、林、牧、渔业			二、采矿业		
	合计	男	女	小计	男	女	小计	男	女
总 计	**10972**	**6888**	**4084**	**468**	**269**	**199**	**81**	**73**	**8**
16-19	**129**	**99**	**30**						
16	13	9	4						
17	24	20	5						
18	53	45	7						
19	40	25	15						
20-24	**909**	**573**	**335**	**5**	**2**	**2**	**2**	**2**	
20	94	67	27						
21	160	100	59	1	1				
22	155	92	63						
23	228	137	91	2	1	2	1	1	
24	272	177	95	1	1		1	1	
25-29	**2166**	**1259**	**907**	**19**	**10**	**9**	**10**	**9**	**1**
25	418	254	165	3	1	1	1	1	
26	435	261	173	1	1	1	2	2	
27	442	252	190	3	3		3	3	
28	457	244	213	6	2	5	2	2	1
29	415	248	166	6	4	2	3	2	1
30-34	**1753**	**1036**	**717**	**23**	**14**	**9**	**10**	**9**	**2**
30	351	204	147	3	2	1	3	3	
31	320	183	137	4	3	1	2	2	
32	355	223	132	6	4	2	2	2	
33	381	222	159	6	5	2	2		2
34	347	204	143	3	1	2	1	1	
35-39	**1311**	**779**	**532**	**22**	**11**	**11**	**14**	**11**	**3**
35	320	186	133	5	3	2	4	3	1
36	311	181	130	3	1	2	2	2	
37	257	162	95	3	2	2	2	2	1
38	200	118	81	6	2	4	3	3	1
39	224	131	93	5	3	2	3	2	1
40-44	**1433**	**835**	**598**	**45**	**20**	**25**	**11**	**10**	**1**
40	234	138	96	7	4	3	2	2	
41	260	157	103	4	1	3	2	2	1
42	289	165	124	5	2	3	2	2	
43	315	178	136	13	6	7	2	2	
44	335	196	139	17	7	10	3	2	
45-49	**1417**	**888**	**528**	**75**	**40**	**35**	**12**	**11**	**1**
45	335	204	131	16	9	7	4	4	
46	292	186	106	11	7	4	2	2	
47	309	190	119	19	10	9	1	1	
48	240	147	93	12	5	7	2	2	
49	240	161	79	17	9	8	2	2	1
50-54	**1024**	**747**	**277**	**96**	**58**	**37**	**12**	**12**	
50	263	188	75	21	13	8	1	1	
51	225	161	65	20	14	7	3	3	
52	258	195	63	23	13	10	3	3	
53	169	126	43	18	11	8	4	4	
54	109	78	31	12	8	5	2	2	
55-59	**533**	**439**	**94**	**92**	**55**	**36**	**5**	**5**	
55	119	100	19	16	10	6			
56	108	86	23	13	5	8	2	2	
57	101	82	18	20	12	8	1	1	
58	110	95	15	18	12	7	1	1	
59	95	76	19	25	16	8	1	1	
60-64	**210**	**163**	**47**	**57**	**34**	**23**	**2**	**2**	
60	45	35	10	14	10	4	1	1	
61	57	39	18	14	7	7			
62	38	30	9	13	8	6			
63	48	41	7	10	4	6	1	1	
64	21	18	3	6	5		1	1	
65及以上	**89**	**69**	**20**	**34**	**23**	**11**	**2**	**2**	**1**

5-2b 续表 1 单位：人

年 龄	三、制造业			四、电力、热力、燃气及水生产和供应业			五、建筑业		
	小计	男	女	小计	男	女	小计	男	女
总 计	**2351**	**1540**	**811**	**139**	**111**	**28**	**911**	**788**	**122**
16-19	**32**	**25**	**7**	**2**	**2**		**9**	**9**	
16	2	2		2	2				
17	7	5	1				3	3	
18	12	9	2				5	5	
19	12	9	3				1	1	
20-24	**264**	**173**	**91**	**10**	**7**	**2**	**63**	**51**	**12**
20	23	15	8				13	13	
21	43	33	11	1	1		4	3	1
22	39	25	14	4	4		11	9	3
23	63	36	26	1	1		20	13	7
24	96	64	32	3	2	1	15	14	1
25-29	**614**	**398**	**217**	**40**	**28**	**12**	**121**	**95**	**26**
25	133	95	38	6	4	2	24	18	6
26	135	93	42	5	5	1	27	22	4
27	122	79	43	9	6	4	23	18	5
28	127	67	60	13	10	3	21	15	6
29	97	64	33	7	4	3	26	21	5
30-34	**419**	**265**	**154**	**24**	**23**	**1**	**122**	**104**	**18**
30	89	56	33	1	1		27	23	4
31	85	53	32	5	5		23	20	3
32	86	59	26	6	5	1	17	14	3
33	87	49	38	4	4		34	28	6
34	72	48	25	8	8		22	20	2
35-39	**278**	**175**	**103**	**17**	**11**	**6**	**96**	**77**	**19**
35	75	52	22	2	1	1	13	10	3
36	57	34	23	6	5	1	27	21	6
37	61	37	24	4	3	1	15	13	1
38	45	32	13	3	2	1	18	15	3
39	41	20	20	2		1	23	18	5
40-44	**264**	**156**	**108**	**13**	**11**	**2**	**118**	**96**	**22**
40	34	20	14	3	3		25	19	7
41	47	29	17	2	1	1	22	21	1
42	53	31	23				23	20	4
43	68	40	28	4	3	1	22	16	7
44	62	36	26	4	4		25	21	4
45-49	**240**	**149**	**91**	**17**	**11**	**6**	**139**	**130**	**9**
45	54	33	22	3	2	2	29	27	2
46	61	38	23	3	2	1	37	36	1
47	56	37	18	4	2	2	28	24	4
48	37	21	15	2	2		30	28	2
49	32	19	13	5	4	2	16	15	1
50-54	**146**	**116**	**30**	**11**	**11**		**145**	**134**	**11**
50	40	33	7	3	3		42	39	2
51	30	21	9	3	3		30	26	4
52	41	36	5	3	3		34	32	2
53	19	14	5	2	2		25	23	2
54	15	11	4	1	1		15	14	1
55-59	**58**	**51**	**7**	**5**	**5**		**68**	**64**	**4**
55	12	11	1	3	3		19	18	1
56	11	10	1				18	18	1
57	8	7	1	1	1		12	9	2
58	17	15	2				13	13	
59	9	8	1				6	6	
60-64	**32**	**29**	**3**	**2**	**2**		**28**	**26**	**1**
60	3	3					9	9	
61	9	8	1				10	9	1
62	3	3		2	2		5	5	
63	14	14					1	1	
64	2	2	1				2	2	
65及以上	**3**	**3**					**1**	**1**	

5-2b 续表 2

单位：人

年 龄	六、批发和零售业			七、交通运输、仓储和邮政业			八、住宿和餐饮业		
	小计	男	女	小计	男	女	小计	男	女
总 计	**1624**	**843**	**782**	**1147**	**966**	**182**	**478**	**240**	**239**
16-19	**26**	**20**	**6**	**22**	**19**	**2**	**12**	**9**	**3**
16				5	4	1	3	1	2
17	3	3		5	5		4	3	2
18	14	11	3	5	5		4	4	
19	9	6	3	7	6	1	1	1	
20-24	**145**	**86**	**59**	**69**	**54**	**15**	**42**	**30**	**11**
20	11	5	6	9	9		7	6	1
21	38	20	17	13	8	5	6	4	2
22	23	11	12	12	9	3	6	5	1
23	34	25	9	13	9	4	10	6	4
24	39	24	15	21	19	3	13	10	3
25-29	**347**	**172**	**175**	**151**	**117**	**34**	**92**	**55**	**36**
25	55	31	25	29	23	5	16	10	6
26	66	40	26	27	18	10	24	16	7
27	79	34	45	29	24	5	10	6	4
28	85	39	46	34	25	9	22	12	11
29	61	29	33	31	26	5	20	11	9
30-34	**310**	**154**	**155**	**166**	**130**	**36**	**84**	**42**	**42**
30	61	32	28	30	21	9	8	4	5
31	56	28	27	27	19	8	15	6	9
32	63	32	31	41	35	6	20	14	6
33	66	35	30	35	27	8	18	5	13
34	65	27	38	34	29	5	22	12	10
35-39	**205**	**98**	**107**	**159**	**127**	**32**	**59**	**30**	**29**
35	53	21	32	30	25	5	11	5	6
36	55	29	26	39	29	11	13	4	9
37	36	20	15	32	27	4	17	9	8
38	31	11	20	25	19	6	9	4	5
39	31	17	13	33	27	6	8	7	2
40-44	**256**	**118**	**138**	**214**	**179**	**35**	**80**	**39**	**41**
40	47	24	23	29	23	5	13	7	6
41	54	27	27	41	36	5	15	12	3
42	48	19	29	49	42	7	19	6	12
43	53	25	29	48	37	11	17	10	7
44	54	24	30	47	41	6	17	5	12
45-49	**170**	**88**	**82**	**187**	**165**	**22**	**62**	**19**	**43**
45	48	23	25	50	41	8	14	5	9
46	31	17	14	35	30	5	15	4	11
47	37	18	19	39	34	5	15	4	11
48	25	12	13	29	27	2	11	4	8
49	29	18	11	34	32	2	6	2	4
50-54	**104**	**62**	**42**	**127**	**122**	**5**	**36**	**9**	**27**
50	25	13	12	32	32		13	2	11
51	26	17	8	30	28	2	6	2	4
52	25	13	12	35	32	3	7	3	4
53	19	13	6	20	20		7	1	6
54	9	5	5	9	9		4	2	1
55-59	**42**	**30**	**12**	**47**	**47**		**6**	**3**	**2**
55	7	5	2	13	13		2	1	
56	13	9	3	10	10		1	1	1
57	7	6	1	12	12				
58	9	6	3	7	7		1	1	
59	6	3	3	5	5		1	1	1
60-64	**13**	**10**	**3**	**5**	**5**		**2**		**2**
60	2	1	1						
61	2	1	1	2	2		2		2
62	2	2		1	1				
63	4	3	1	2	2				
64	2	2	1						
65及以上	**6**	**5**	**1**	**1**	**1**		**4**	**3**	**1**

5-2b 续表 3 单位：人

年龄	九、信息传输、软件和信息技术服务业			十、金融业			十一、房地产业		
	小计	男	女	小计	男	女	小计	男	女
总计	**348**	**214**	**133**	**268**	**128**	**139**	**361**	**251**	**110**
16-19	**2**	**2**		**1**	**1**		**3**	**2**	**1**
16									
17	1	1		1	1		1	1	
18	1	1					1	1	
19				1			1	1	1
20-24	**51**	**39**	**12**	**35**	**20**	**15**	**25**	**21**	**4**
20	2	1	1	3	2	1	6	5	1
21	12	10	2	2		1	5	4	1
22	14	11	3	9	4	5	2	1	1
23	14	11	3	9	5	4	6	5	1
24	9	6	3	12	9	4	6	6	
25-29	**115**	**72**	**44**	**95**	**45**	**49**	**59**	**43**	**15**
25	22	13	9	16	5	11	9	6	3
26	24	16	9	16	6	10	5	3	2
27	25	18	7	18	8	9	14	11	3
28	25	16	10	20	10	11	12	7	4
29	19	11	9	24	16	8	19	16	3
30-34	**82**	**43**	**39**	**54**	**23**	**30**	**52**	**31**	**21**
30	14	6	8	15	7	8	8	7	1
31	14	9	5	13	4	9	8	2	6
32	15	7	8	12	8	4	9	7	3
33	24	17	7	8	3	6	12	10	2
34	15	4	12	4	1	4	14	5	9
35-39	**53**	**30**	**23**	**26**	**7**	**19**	**43**	**31**	**12**
35	20	10	9	8	3	5	15	11	4
36	10	5	5	5	1	4	16	12	4
37	10	5	5	4	1	3	5	3	2
38	7	4	3	5	1	4	5	4	1
39	7	5	1	4		4	3	2	1
40-44	**17**	**10**	**6**	**21**	**10**	**11**	**33**	**19**	**14**
40	3	2	1	5	2	2	7	5	3
41	2		2	6	3	3	3	1	3
42	5	3	2	3	2	1	6	4	2
43	4	2	2	4	1	3	6	4	2
44	3	3		4	2	2	10	6	4
45-49	**20**	**14**	**5**	**22**	**11**	**11**	**76**	**47**	**28**
45	5	4	1	3	1	2	19	12	7
46	5	4	1	8	5	3	10	4	6
47	2	1	1	3	3		25	16	9
48	4	2	1	4	2	2	6	2	3
49	4	2	1	4	1	3	17	13	3
50-54	**6**	**4**	**3**	**9**	**8**	**1**	**33**	**24**	**9**
50	3	3		2	1	1	14	11	3
51	2	1	1	1	1		3	1	2
52	2		2	4	3	1	8	6	2
53				1	1		6	4	2
54				2	2		2	2	1
55-59	**1**	**1**		**4**	**3**	**1**	**30**	**26**	**5**
55							5	4	1
56							9	8	1
57	1	1		1	1		5	4	1
58				1	1		5	4	1
59				1		1	6	5	1
60-64				**1**		**1**	**6**	**5**	**1**
60				1		1			
61							1	1	1
62							1	1	
63							3	3	
64							1	1	
65及以上							**1**	**1**	

5-2b 续表 4

单位：人

年 龄	十二、租赁和商务服务业			十三、科学研究和技术服务业			十四、水利、环境和公共设施管理业		
	小计	男	女	小计	男	女	小计	男	女
总 计	**346**	**179**	**168**	**128**	**75**	**53**	**315**	**225**	**91**
16-19	**3**		**2**						
16									
17									
18									
19	3		2						
20-24	**28**	**14**	**15**	**13**	**7**	**6**	**11**	**6**	**5**
20	2	1	1	1	1				
21	4	1	3	1		1			
22	4	4		1	1	1	3	3	
23	7	4	4	3	1	2	2		2
24	11	4	7	7	4	2	5	3	3
25-29	**80**	**40**	**40**	**29**	**13**	**16**	**30**	**22**	**8**
25	25	14	11	9	5	3	5	3	2
26	18	8	9	7	1	5	5	3	2
27	10	4	6	2	1	1	8	7	1
28	12	7	5	6	2	4	6	3	2
29	15	6	8	6	3	3	7	5	2
30-34	**66**	**35**	**31**	**34**	**17**	**17**	**33**	**20**	**13**
30	18	10	8	8	3	5	11	6	4
31	9	5	3	4	3	1	5	4	1
32	13	4	8	9	4	5	6	4	2
33	10	4	6	9	5	5	4	3	1
34	17	12	5	3	2	1	8	4	4
35-39	**55**	**25**	**30**	**16**	**14**	**2**	**37**	**22**	**14**
35	15	5	10	4	4		7	5	2
36	11	3	8	5	4	1	6	4	2
37	11	8	3	3	3		10	6	4
38	4	1	3	3	3		4	2	2
39	13	7	6	1	1		10	5	5
40-44	**35**	**14**	**21**	**9**	**4**	**5**	**39**	**20**	**20**
40	5	2	3	3	1	2	8	6	2
41	7	2	5	1		1	5	1	4
42	8	5	3	2		2	9	1	8
43	9	3	6	1	1		7	5	2
44	7	3	4	2	2		11	7	4
45-49	**45**	**23**	**22**	**12**	**8**	**4**	**67**	**49**	**18**
45	11	5	6	2	1	1	12	8	5
46	5	2	3	3	3		14	9	5
47	9	5	4	2	1	2	13	9	4
48	9	5	5	2	2		13	9	4
49	10	5	4	2	1	1	15	14	1
50-54	**21**	**14**	**6**	**6**	**4**	**2**	**50**	**44**	**6**
50	5	2	3	2	1	2	9	8	
51	6	3	3				11	11	
52	4	4		1	1		16	13	3
53	6	5	1	2	1	1	8	6	2
54	1	1		1	1		7	6	1
55-59	**10**	**8**	**2**	**6**	**5**	**1**	**35**	**31**	**5**
55	2	2		1	1		7	6	1
56	2	1	1				12	9	3
57							6	6	
58	3	3		4	3	1	6	5	1
59	2	1	1	1	1		4	4	
60-64	**4**	**4**		**1**	**1**		**14**	**12**	**2**
60	1	1					3	2	1
61							5	4	1
62	1	1					3	3	
63	1	1		1	1		1	1	
64	2	2					2	2	
65及以上				**3**	**3**				

5-2b 续表 5 单位：人

年 龄	十五、居民服务、修理和其他服务业			十六、教育			十七、卫生和社会工作		
	小计	男	女	小计	男	女	小计	男	女
总 计	**319**	**165**	**154**	**457**	**157**	**300**	**262**	**85**	**177**
16-19	**3**	**3**		**6**	**1**	**5**	**1**		**1**
16				1		1			
17									
18	3	3		1	1	1			
19				3		3	1		1
20-24	**24**	**17**	**7**	**43**	**10**	**33**	**37**	**11**	**26**
20	6	5	1	6	1	4	2		2
21	6	4	2	4	2	3	9	5	4
22				8		8	9	2	7
23	8	7	1	12	3	9	12	2	10
24	3	1	2	13	4	9	5	2	3
25-29	**59**	**33**	**26**	**80**	**19**	**61**	**69**	**13**	**57**
25	11	8	3	21	4	17	15	2	13
26	7	2	4	17	5	12	12	3	9
27	16	8	8	14	1	13	13		13
28	12	8	4	14	4	10	14	4	9
29	13	6	7	14	5	9	16	4	12
30-34	**36**	**18**	**17**	**74**	**22**	**52**	**40**	**12**	**29**
30	5	3	3	12	3	9	8	3	5
31	7	5	1	16	4	13	10	1	9
32	7	4	4	14	5	8	5	2	4
33	11	5	6	17	4	12	8	3	5
34	5	2	3	16	6	10	8	4	5
35-39	**35**	**19**	**17**	**68**	**22**	**46**	**28**	**9**	**18**
35	10	7	3	12	3	9	8	2	7
36	7	2	5	15	5	10	10	3	6
37	7	4	2	14	5	9	3	2	1
38	4	2	3	13	5	7	4	2	2
39	8	4	4	14	3	11	2	1	2
40-44	**48**	**18**	**30**	**67**	**22**	**45**	**26**	**11**	**15**
40	6	1	5	10	3	7	5	2	3
41	6	1	6	10	4	7	4	1	3
42	11	5	6	17	7	10	5	3	2
43	11	3	7	13	3	11	4	1	3
44	14	8	7	16	6	11	8	4	4
45-49	**50**	**19**	**31**	**56**	**21**	**35**	**29**	**9**	**20**
45	12	6	6	13	4	9	11	5	7
46	11	3	8	8	2	6	6	2	4
47	11	4	7	12	5	6	4	1	3
48	8	2	7	15	7	8	3		3
49	8	4	4	9	3	6	5	1	4
50-54	**35**	**17**	**18**	**36**	**16**	**20**	**16**	**6**	**10**
50	11	4	7	6	2	4	5	3	2
51	11	4	7	10	2	7	1		1
52	6	4	1	8	4	4	5	2	3
53	6	4	2	8	6	2	2	1	1
54	2	1	1	5	3	2	3		3
55-59	**17**	**13**	**4**	**23**	**22**	**1**	**5**	**5**	
55	5	4	2	5	4	1			
56	2	1	1	3	3				
57	3	3	1	6	6		2	1	
58	2	2		5	5				
59	5	4	1	4	4		3	3	
60-64	**9**	**5**	**4**	**2**	**1**	**1**	**5**	**5**	
60	1	1		1	1		1	1	
61	4	2	2				1	1	
62	1		1	1		1			
63	1	1					2	2	
64	1	1					2	2	
65及以上	**4**	**3**	**1**				**5**	**4**	**1**

5-2b 续表 6

单位：人

年 龄	十八、文化、体育和娱乐业			十九、公共管理、社会保障和社会组织			二十、国际组织		
	小计	男	女	小计	男	女	小计	男	女
总 计	**191**	**110**	**81**	**777**	**470**	**307**			
16-19	**7**	**5**	**2**						
16									
17									
18	7	5	1						
19									
20-24	**16**	**7**	**9**	**25**	**15**	**10**			
20	2	1	1						
21	5	1	4	5	3	2			
22	2	1	1	6	3	2			
23	4	3	1	4	3	1			
24	3	1	2	9	5	4			
25-29	**47**	**25**	**22**	**109**	**50**	**59**			
25	6	2	3	14	8	6			
26	10	6	4	27	11	15			
27	14	9	5	31	13	18			
28	9	5	4	16	6	10			
29	9	3	6	21	11	10			
30-34	**30**	**18**	**12**	**94**	**55**	**40**			
30	4	2	2	26	14	12			
31	7	4	2	10	5	4			
32	6	2	4	18	11	8			
33	8	5	2	17	10	7			
34	5	4	1	24	15	9			
35-39	**29**	**14**	**16**	**70**	**45**	**25**			
35	5	2	3	21	13	8			
36	8	6	2	16	12	5			
37	6	2	4	15	9	6			
38	3	2	1	7	5	2			
39	7	2	5	11	7	4			
40-44	**22**	**11**	**10**	**115**	**66**	**49**			
40	6	2	4	17	10	7			
41	6	2	4	22	13	9			
42	5	4	1	22	12	9			
43	2	1	1	27	17	10			
44	3	2	1	27	13	13			
45-49	**14**	**7**	**7**	**125**	**67**	**58**			
45	2		1	26	14	11			
46	1	1		27	16	11			
47	6	3	2	25	12	12			
48	2	1	1	25	12	13			
49	3	1	2	23	13	10			
50-54	**11**	**9**	**2**	**125**	**78**	**46**			
50	1		1	30	18	12			
51	4	4	1	28	18	10			
52	4	3	1	31	21	10			
53	1	1		17	11	6			
54	1	1		19	11	8			
55-59	**11**	**10**	**1**	**68**	**55**	**13**			
55	4	3	1	16	12	3			
56	1	1		12	9	3			
57	1	1		13	10	3			
58	2	2		13	12	1			
59	2	2		14	12	2			
60-64	**2**	**2**		**24**	**19**	**5**			
60				7	5	2			
61	2	2		3	2	1			
62				5	4	1			
63				9	8				
64				1		1			
65及以上	**3**	**2**	**1**	**22**	**18**	**3**			

5-2c 全市分年龄、性别、行业门类的就业人口(乡村)

单位：人

年龄	就业人口			一、农、林、牧、渔业			二、采矿业		
	合计	男	女	小计	男	女	小计	男	女
总计	**24837**	**15718**	**9119**	**3757**	**2178**	**1579**	**48**	**38**	**9**
16-19	**436**	**299**	**137**	**16**	**12**	**4**			
16	32	19	13	1	1				
17	83	55	28	1	1				
18	119	84	35	9	7	2			
19	203	141	62	5	3	2			
20-24	**2045**	**1315**	**730**	**47**	**35**	**12**			
20	224	152	72	2	2				
21	300	212	88	3	1	3			
22	417	274	143	11	9	2			
23	464	280	183	17	13	4			
24	640	396	243	14	10	4			
25-29	**4171**	**2488**	**1683**	**160**	**102**	**58**	**6**	**4**	**1**
25	810	500	310	26	15	11	1	1	
26	822	476	347	23	12	11	1	1	
27	881	541	340	35	29	6			
28	899	520	378	41	22	19	3	3	
29	759	451	308	35	23	12	1		1
30-34	**3385**	**2035**	**1350**	**173**	**102**	**70**	**4**	**4**	
30	685	422	263	30	22	8	1	1	
31	673	417	256	32	15	17	2	2	
32	629	359	269	29	17	12	1	1	
33	797	491	307	36	23	12	1	1	
34	601	346	255	45	25	21			
35-39	**2518**	**1566**	**952**	**193**	**107**	**86**	**3**	**3**	
35	570	340	230	34	21	13			
36	537	341	196	37	22	15	1	1	
37	520	318	202	40	17	23	1	1	
38	429	270	159	37	21	17	1	1	
39	462	297	165	45	27	18			
40-44	**3096**	**1848**	**1248**	**370**	**199**	**170**	**6**	**5**	**2**
40	479	285	194	50	30	20	1	1	
41	571	339	232	74	39	35	1	1	
42	652	394	257	74	36	38	3	3	
43	660	403	257	76	43	32	1	1	
44	735	427	308	96	51	45	2		2
45-49	**3294**	**2054**	**1240**	**594**	**305**	**288**	**6**	**6**	**1**
45	740	458	282	107	56	51	1	1	1
46	673	423	249	101	54	47	1	1	
47	676	413	263	125	64	61	2	2	
48	588	375	213	109	52	56			
49	617	385	233	151	78	74	1	1	
50-54	**2781**	**1869**	**912**	**780**	**408**	**373**	**13**	**9**	**3**
50	672	439	233	184	89	95	3	3	
51	620	415	206	148	78	71	2	2	
52	702	477	225	206	103	102	4	3	1
53	499	337	162	151	86	65	3	2	1
54	287	202	85	91	51	40	1		1
55-59	**1668**	**1176**	**492**	**648**	**378**	**270**	**5**	**5**	
55	391	253	137	145	80	65	1	1	
56	336	251	85	133	82	52	2	2	
57	355	252	103	124	74	50	1	1	
58	314	227	87	125	75	50	1	1	
59	273	193	80	121	67	54			
60-64	**949**	**691**	**257**	**489**	**319**	**170**	**4**	**3**	**1**
60	252	182	70	131	89	43			
61	195	135	60	92	56	36	2	1	1
62	199	153	45	105	74	30	1	1	
63	182	131	50	96	58	38	1	1	
64	121	89	32	66	43	23			
65及以上	**494**	**376**	**118**	**288**	**211**	**78**	**1**		**1**

5-2c 续表 1 单位：人

年 龄	三、制造业			四、电力、热力、燃气及水生产和供应业			五、建筑业		
	小计	男	女	小计	男	女	小计	男	女
总 计	**7062**	**4640**	**2423**	**261**	**205**	**56**	**1744**	**1551**	**193**
16-19	**294**	**208**	**87**	**1**	**1**		**6**	**6**	
16	17	13	4				2	2	
17	56	38	18				2	2	
18	74	53	21						
19	147	104	43	1	1		3	3	
20-24	**898**	**671**	**227**	**33**	**27**	**6**	**70**	**61**	**9**
20	122	95	27				3	3	
21	154	123	31	13	12	1	9	9	
22	181	134	47	3	3		14	13	1
23	187	136	51	12	11	1	12	9	3
24	254	183	71	5	1	4	32	27	5
25-29	**1533**	**1040**	**493**	**53**	**38**	**15**	**182**	**150**	**33**
25	314	238	76	9	7	1	18	15	3
26	289	192	97	15	10	5	36	26	10
27	321	205	116	13	8	5	41	34	7
28	328	219	109	9	8	1	51	43	8
29	281	187	94	7	5	2	36	31	5
30-34	**1174**	**739**	**435**	**36**	**27**	**9**	**216**	**178**	**38**
30	246	157	90	6	5	1	50	41	9
31	243	161	82	4	4		35	29	6
32	204	123	81	14	7	7	46	39	7
33	297	192	105	10	9	2	43	35	8
34	184	106	77	2	2		42	34	8
35-39	**814**	**502**	**312**	**33**	**29**	**4**	**182**	**162**	**20**
35	195	108	88	3	3		36	33	2
36	174	117	57	7	5	2	35	32	3
37	161	98	63	10	9	1	39	34	5
38	148	97	52	4	3	1	31	25	6
39	135	83	53	9	9		41	37	4
40-44	**864**	**481**	**383**	**30**	**21**	**9**	**223**	**193**	**30**
40	148	82	67	6	5	1	40	35	5
41	168	94	74	2	2		48	40	8
42	188	113	75	5	3	2	42	35	7
43	162	90	72	3	2	2	41	35	6
44	199	104	95	14	9	5	53	48	4
45-49	**744**	**445**	**300**	**37**	**31**	**6**	**330**	**297**	**32**
45	191	111	80	9	8	1	73	64	10
46	160	91	69	5	4		75	68	7
47	141	86	55	4	2	2	73	64	9
48	123	82	41	12	11	1	47	44	3
49	130	75	55	8	6	2	62	58	4
50-54	**458**	**309**	**149**	**28**	**21**	**7**	**304**	**279**	**24**
50	113	73	40	8	5	2	66	60	6
51	115	79	36	11	9	1	73	64	9
52	112	72	39	5	4	2	89	83	6
53	86	59	27	4	3	1	47	44	3
54	32	25	7				30	29	1
55-59	**180**	**151**	**29**	**8**	**8**		**142**	**136**	**6**
55	42	34	8	1	1		37	33	3
56	37	34	3				29	28	1
57	42	33	9	3	3		29	29	1
58	31	28	4	2	2		30	28	1
59	28	23	5	2	2		17	17	
60-64	**76**	**72**	**4**	**2**	**2**		**76**	**76**	
60	21	19	1	1	1		21	21	
61	22	19	3	1	1		20	20	
62	14	14		1	1		14	14	
63	12	12					15	15	
64	7	7					6	6	
65及以上	**27**	**23**	**3**				**13**	**12**	**1**

5-2c 续表 2 单位：人

年 龄	六、批发和零售业			七、交通运输、仓储和邮政业			八、住宿和餐饮业		
	小计	男	女	小计	男	女	小计	男	女
总 计	**2771**	**1397**	**1374**	**2366**	**2004**	**363**	**991**	**450**	**541**
16-19	**25**	**17**	**7**	**15**	**12**	**2**	**33**	**11**	**22**
16	3	3					5	1	4
17	9	5	4	1	1		7	2	6
18	9	7	2	8	8		8	2	6
19	4	3	1	6	3	2	12	6	6
20-24	**211**	**106**	**105**	**150**	**100**	**50**	**86**	**48**	**38**
20	18	7	11	11	8	3	10	5	5
21	24	12	12	13	7	5	14	11	3
22	50	28	22	29	19	10	21	13	9
23	47	24	22	35	25	10	14	5	9
24	71	34	37	61	40	21	27	14	12
25-29	**578**	**270**	**308**	**346**	**254**	**92**	**151**	**77**	**75**
25	112	52	60	72	48	24	33	21	12
26	107	43	64	72	54	19	33	14	18
27	131	75	56	68	57	11	30	17	13
28	117	50	67	64	46	18	29	13	16
29	111	50	61	70	50	20	26	12	15
30-34	**496**	**231**	**265**	**361**	**292**	**69**	**153**	**62**	**90**
30	92	45	47	63	47	16	25	12	13
31	108	50	58	76	66	11	28	11	17
32	90	41	49	61	45	15	30	14	16
33	107	52	55	93	74	19	39	15	25
34	98	42	56	68	60	8	30	11	19
35-39	**377**	**174**	**203**	**340**	**294**	**46**	**132**	**60**	**72**
35	106	43	63	65	58	6	36	20	16
36	82	37	45	71	62	9	27	12	16
37	75	38	37	79	64	15	23	6	17
38	49	27	22	50	44	6	24	13	11
39	65	29	36	76	67	9	22	11	11
40-44	**388**	**178**	**209**	**459**	**399**	**60**	**133**	**56**	**77**
40	73	35	38	58	48	10	16	5	10
41	71	25	46	71	69	2	28	15	13
42	87	38	49	108	92	15	24	12	12
43	77	41	35	113	94	19	30	13	16
44	80	39	41	110	96	14	36	11	25
45-49	**321**	**165**	**155**	**365**	**340**	**24**	**141**	**52**	**88**
45	74	37	37	86	80	6	31	12	18
46	65	35	29	89	81	7	31	10	21
47	73	33	39	70	66	4	28	9	19
48	56	30	26	70	64	6	28	11	17
49	54	30	24	49	48	1	23	10	13
50-54	**210**	**144**	**66**	**235**	**220**	**15**	**85**	**40**	**45**
50	54	38	16	72	67	5	25	9	16
51	45	26	19	55	53	2	22	9	13
52	44	31	13	52	49	3	22	13	9
53	46	35	11	37	33	4	10	7	4
54	21	13	8	18	18	1	6	2	3
55-59	**97**	**62**	**35**	**82**	**78**	**4**	**43**	**22**	**21**
55	20	11	9	18	17	2	12	5	7
56	23	15	8	26	25	1	9	4	6
57	20	17	3	14	14		11	7	4
58	25	11	14	12	12		5	3	2
59	9	7	1	11	10	1	5	3	2
60-64	**47**	**33**	**14**	**11**	**10**	**1**	**27**	**16**	**12**
60	13	9	4	2	2		12	5	7
61	9	5	4	3	3		5	2	3
62	12	10	2	4	4		3	3	1
63	5	4	1	1	1		5	5	
64	8	6	3	1	1	1	2	2	
65及以上	**22**	**17**	**5**	**4**	**4**		**8**	**6**	**2**

5-2c 续表 3

单位：人

年 龄	九、信息传输、软件和信息技术服务业			十、金融业			十一、房地产业		
	小计	男	女	小计	男	女	小计	男	女
总 计	**380**	**214**	**166**	**299**	**130**	**169**	**377**	**223**	**154**
16-19	**5**	**1**	**4**				**2**	**2**	
16	4		4						
17									
18									
19	2	1	1				2	2	
20-24	**71**	**34**	**37**	**46**	**18**	**27**	**29**	**14**	**15**
20	7	3	4	2	1	1	4		3
21	5	1	4	4	2	2	3	3	
22	16	9	7	8	3	4	4	2	2
23	20	10	10	14	7	7	7	4	2
24	23	11	12	18	5	13	12	4	7
25-29	**170**	**95**	**75**	**124**	**48**	**76**	**81**	**46**	**34**
25	34	23	10	21	6	16	20	10	10
26	35	19	17	36	19	17	10	8	2
27	37	21	16	21	9	13	14	5	8
28	35	17	18	26	10	16	22	14	7
29	29	15	14	20	6	15	15	8	7
30-34	**84**	**53**	**31**	**50**	**27**	**23**	**47**	**22**	**25**
30	23	16	7	10	8	2	11	4	7
31	17	9	8	11	8	3	7	4	3
32	17	10	7	12	4	8	12	6	6
33	17	9	8	7	4	3	13	5	7
34	10	9	1	10	3	7	5	2	2
35-39	**15**	**9**	**6**	**19**	**12**	**7**	**48**	**27**	**21**
35	3	1	2	8	5	3	8	4	5
36	5	4	1	3	1	2	13	7	6
37	2	1	2	3	2	1	14	10	4
38	4	3	1	2	1	1	7	3	4
39				3	2	1	5	2	3
40-44	**18**	**12**	**6**	**18**	**3**	**15**	**43**	**21**	**22**
40	1	1		2		2	6	2	3
41	5	3	3	2		2	9	5	4
42	4	3	1	6	1	5	10	4	6
43	5	3	2	4		4	11	5	6
44	2	2	1	4	1	2	8	4	3
45-49	**9**	**5**	**4**	**22**	**12**	**10**	**49**	**27**	**22**
45	2	1	1	5	3	2	7	3	4
46				4	2	2	7	3	3
47	4	2	1	4	2	2	17	8	9
48	2	1	2	6	3	3	10	6	4
49	1	1		3	2	1	8	6	2
50-54	**3**	**2**	**1**	**16**	**8**	**8**	**42**	**35**	**7**
50	1	1		5	1	4	9	7	2
51	1	1		3	2	1	9	8	1
52	1		1	5	3	2	10	8	2
53				3	2	2	9	7	2
54							5	5	
55-59	**5**	**4**	**1**	**4**	**1**	**3**	**27**	**21**	**6**
55	3	3		3	1	2	7	3	4
56	1		1				7	6	1
57				1	1		3	3	1
58	1	1		1		1	8	8	
59							3	3	
60-64							**8**	**8**	**1**
60							1	1	1
61									
62							6	6	
63									
64							1	1	
65及以上	**2**	**1**	**1**				**2**	**1**	**1**

5-2c 续表 4 单位：人

年 龄	十二、租赁和商务服务业			十三、科学研究和技术服务业			十四、水利、环境和公共设施管理业		
	小计	男	女	小计	男	女	小计	男	女
总 计	**614**	**437**	**177**	**183**	**108**	**75**	**403**	**279**	**125**
16-19	**12**	**12**		**2**	**1**	**1**			
16									
17	2	2							
18	5	5		1	1				
19	5	5		2	1	1			
20-24	**46**	**31**	**15**	**20**	**11**	**8**	**18**	**13**	**6**
20	1	1		1	1		4	2	2
21	10	8	2	4	1	3	1		1
22	9	6	3	2	1	1	4	3	
23	13	7	6	5	3	2	3	2	1
24	14	9	5	8	5	3	7	6	1
25-29	**128**	**77**	**50**	**69**	**31**	**38**	**37**	**25**	**11**
25	21	14	8	13	5	8	6	3	3
26	18	12	6	16	8	9	7	5	2
27	35	19	16	12	4	9	9	7	2
28	30	17	13	16	9	7	8	5	3
29	23	16	8	12	7	5	7	6	1
30-34	**97**	**56**	**41**	**35**	**24**	**10**	**32**	**23**	**9**
30	19	11	8	7	3	4	12	10	2
31	19	12	7	6	4	2	4	4	1
32	15	10	6	11	10	2	10	5	4
33	23	12	11	5	3	2	2	1	1
34	22	12	9	5	4	1	4	2	2
35-39	**71**	**45**	**26**	**11**	**7**	**4**	**28**	**19**	**10**
35	20	13	8	1	1		6	5	2
36	17	8	10	4	2	2	4	3	1
37	10	6	4	3	2	1	7	5	2
38	11	9	3	2	2		7	4	3
39	12	10	2	1		1	4	2	2
40-44	**77**	**59**	**19**	**11**	**7**	**3**	**45**	**22**	**23**
40	17	11	5	1	1		4	3	2
41	12	9	3	3	1	2	9	5	4
42	16	11	5	1	1		8	5	4
43	18	17	2	3	2	1	14	7	7
44	15	11	4	3	3	1	10	3	6
45-49	**86**	**72**	**14**	**11**	**6**	**6**	**89**	**51**	**38**
45	17	15	2	7	4	3	16	7	9
46	20	16	4	3	1	2	17	8	9
47	18	14	4	2	1	1	23	16	8
48	18	16	3				14	7	7
49	13	11	2				18	13	5
50-54	**59**	**51**	**8**	**12**	**9**	**3**	**85**	**68**	**17**
50	16	16	1	4	2	2	24	18	5
51	17	14	3	1	1		20	13	7
52	12	11	1	3	2	1	19	17	2
53	4	3	1	3	3		12	10	2
54	9	8	1	1	1		11	9	1
55-59	**23**	**21**	**2**	**7**	**6**	**1**	**45**	**36**	**9**
55	8	7	1	2	1	1	9	9	1
56	4	4		1	1		10	8	1
57	2	2					12	9	3
58	4	4		2	2		7	5	1
59	5	5		1	1		8	5	3
60-64	**8**	**8**		**4**	**4**		**15**	**14**	**1**
60	1	1		1	1		2	2	
61	2	2		1	1		3	3	
62	3	3		1	1		3	2	1
63				1	1		6	6	
64	2	2		1	1		2	2	
65及以上	**7**	**5**	**2**	**2**	**1**	**1**	**8**	**8**	

5-2c 续表 5

单位：人

年 龄	十五、居民服务、修理和其他服务业			十六、教育			十七、卫生和社会工作		
	小计	男	女	小计	男	女	小计	男	女
总 计	**701**	**373**	**328**	**681**	**275**	**405**	**422**	**138**	**284**
16-19	**6**	**5**	**1**	**7**	**4**	**3**	**5**		**5**
16				1	1	1			
17	2	2		2	2				
18	2	2		1		1	2		2
19	2	2	1	3	1	1	3		3
20-24	**43**	**32**	**11**	**65**	**10**	**55**	**86**	**15**	**71**
20	9	9		4		4	14	4	10
21	2	2		10	2	9	13	4	9
22	6	5	2	10		10	17	1	15
23	13	7	6	17	3	14	22	2	20
24	12	9	3	23	5	18	21	4	16
25-29	**96**	**61**	**35**	**146**	**38**	**108**	**108**	**21**	**87**
25	16	11	5	27	4	23	23	4	19
26	17	7	9	34	9	26	22	5	16
27	25	18	7	32	12	20	25	3	22
28	23	13	10	32	10	22	26	6	20
29	16	12	4	20	3	17	12	2	10
30-34	**97**	**53**	**44**	**93**	**21**	**72**	**53**	**16**	**37**
30	21	14	7	17	4	13	16	4	12
31	21	12	9	22	6	17	7	2	5
32	16	9	7	20	3	17	9	2	7
33	19	11	8	21	7	15	13	5	8
34	20	7	13	12	2	11	8	2	6
35-39	**73**	**34**	**40**	**68**	**34**	**34**	**21**	**8**	**13**
35	19	9	10	14	8	7	3	2	2
36	18	11	7	17	5	12	3	1	2
37	12	4	7	15	10	5	6	3	3
38	14	6	8	12	5	6	4	1	3
39	11	4	8	11	6	5	4		4
40-44	**98**	**40**	**57**	**80**	**40**	**40**	**40**	**15**	**26**
40	10	5	5	15	8	8	7	1	6
41	22	9	13	14	6	8	6	4	2
42	17	8	9	16	10	7	5	1	4
43	32	13	20	14	7	7	12	4	9
44	17	6	10	20	9	10	11	5	6
45-49	**104**	**42**	**61**	**78**	**35**	**43**	**25**	**10**	**15**
45	24	11	13	24	9	15	7	3	4
46	24	9	14	10	7	4	4	2	2
47	25	9	16	12	5	7	3	1	2
48	16	6	10	16	8	8	4	2	2
49	15	6	9	15	6	9	8	2	5
50-54	**81**	**45**	**35**	**69**	**46**	**23**	**22**	**10**	**12**
50	16	10	6	16	9	6	7	4	3
51	20	9	11	11	8	3	4	2	1
52	19	13	6	24	13	10	4		4
53	17	8	9	11	8	3	3		3
54	8	6	2	7	7	1	3	3	
55-59	**68**	**41**	**27**	**48**	**30**	**18**	**19**	**15**	**4**
55	17	7	10	7	5	1	6	3	2
56	14	9	5	7	6	1	1	1	
57	14	7	7	16	10	7	3	2	1
58	15	11	4	3	2	1	6	6	
59	7	7		15	7	8	3	3	
60-64	**30**	**15**	**16**	**12**	**8**	**4**	**25**	**15**	**10**
60	10	5	6	2	2		5	4	1
61	8	5	3	4	3	1	4	1	3
62	6	4	1	4	1	3	2	1	1
63	4		4	3	3		8	4	4
64	2	1	1				6	5	1
65及以上	**5**	**4**	**1**	**14**	**11**	**3**	**17**	**13**	**4**

5-2c 续表 6 单位：人

年龄	十八、文化、体育和娱乐业			十九、公共管理、社会保障和社会组织			二十、国际组织		
	小计	男	女	小计	男	女	小计	男	女
总　计	**232**	**146**	**86**	**1543**	**931**	**612**			
16-19	**2**	**2**		**5**	**5**	**1**			
16									
17									
18				1	1	1			
19	2	2		4	4				
20-24	**32**	**23**	**9**	**95**	**65**	**30**			
20				11	10				
21	8	6	2	11	9	1			
22	8	7	1	24	17	6			
23	8	4	3	20	7	13			
24	8	6	2	30	21	9			
25-29	**54**	**33**	**21**	**150**	**77**	**72**			
25	7	4	3	37	21	16			
26	16	9	6	35	23	12			
27	7	4	2	24	12	12			
28	11	5	6	30	11	19			
29	13	10	3	23	10	13			
30-34	**56**	**35**	**21**	**129**	**69**	**60**			
30	12	7	5	23	10	13			
31	9	5	3	21	13	8			
32	6	2	4	28	12	16			
33	17	12	6	34	21	12			
34	12	9	3	24	13	11			
35-39	**16**	**8**	**8**	**74**	**35**	**39**			
35	5	2	3	7	5	2			
36	2		2	17	12	5			
37	2	2		18	7	12			
38	3	1	2	18	5	12			
39	4	3	1	14	6	8			
40-44	**25**	**15**	**10**	**167**	**82**	**85**			
40	5	4	1	19	8	11			
41	4	2	1	24	11	13			
42	4	1	3	34	19	15			
43	6	6		39	21	18			
44	6	1	4	51	22	30			
45-49	**14**	**6**	**8**	**270**	**148**	**123**			
45	3	1	2	56	32	24			
46	1		1	56	30	26			
47	3	1	1	50	26	24			
48	2	1	1	55	31	24			
49	6	3	3	54	29	24			
50-54	**17**	**11**	**7**	**262**	**153**	**108**			
50	4	2	2	46	25	20			
51	4	3	1	58	31	27			
52	3	2	1	68	48	20			
53	4	2	1	48	25	23			
54	2	1	2	42	24	18			
55-59	**7**	**5**	**2**	**213**	**157**	**55**			
55	1		1	51	32	19			
56				32	26	6			
57	2	2		57	41	16			
58	2	2		34	26	8			
59	1	1	1	38	32	6			
60-64	**5**	**5**		**107**	**83**	**24**			
60	1	1		28	21	8			
61				20	15	5			
62	1	1		19	14	5			
63	2	2		22	20	2			
64				17	13	4			
65及以上	**4**	**4**		**72**	**58**	**15**			

5-3 全市分受教育程度、性别、行业门类的就业人口

单位：人

行业门类	就业人口			未上过学			小学		
	合计	男	女	小计	男	女	小计	男	女
总 计	**171691**	**101492**	**70199**	**728**	**283**	**445**	**7850**	**4801**	**3049**
农、林、牧、渔业	4726	2738	1989	122	51	71	874	473	401
采矿业	505	350	155				11	11	
制造业	23286	15026	8260	61	25	36	983	581	401
电力、热力、燃气及水生产和供应业	2268	1654	614	10	4	6	26	19	8
建筑业	11987	10118	1869	44	30	14	1166	1048	118
批发和零售业	26513	13604	12909	142	54	89	1280	660	620
交通运输、仓储和邮政业	10803	8436	2367	25	17	8	362	308	54
住宿和餐饮业	9929	5473	4456	84	18	66	732	277	454
信息传输、软件和信息技术服务业	12605	7903	4703	2		2	22	12	9
金融业	7688	3780	3908	4		4	22	7	16
房地产业	6258	4025	2233	29	8	21	308	191	117
租赁和商务服务业	10591	6682	3909	12	5	6	657	579	78
科学研究和技术服务业	5849	3479	2370	4	2	2	24	10	13
水利、环境和公共设施管理业	2542	1708	833	26	15	11	238	165	72
居民服务、修理和其他服务业	6049	2806	3243	106	30	76	675	208	468
教育	9050	3457	5593	6	1	5	88	45	43
卫生和社会工作	5607	1668	3939	13	1	11	86	25	61
文化、体育和娱乐业	5548	2693	2856	9	5	4	36	15	22
公共管理、社会保障和社会组织	9851	5873	3977	30	16	14	260	167	93
国际组织	34	17	17						

5-3 续表 1

单位：人

行业门类	初中			普通高中			中职		
	小计	男	女	小计	男	女	小计	男	女
总 计	**44337**	**30076**	**14261**	**21335**	**13986**	**7348**	**12020**	**7376**	**4644**
农、林、牧、渔业	2833	1687	1146	491	281	211	134	92	42
采矿业	94	80	14	33	29	5	16	12	3
制造业	7438	4983	2455	2897	2060	836	2487	1767	720
电力、热力、燃气及水生产和供应业	375	310	65	417	354	63	195	152	43
建筑业	5649	5258	390	1254	1121	133	490	421	69
批发和零售业	7827	4200	3627	4805	2431	2374	2262	1076	1185
交通运输、仓储和邮政业	3919	3418	501	2011	1699	313	1207	947	260
住宿和餐饮业	4689	2634	2055	1872	1132	740	920	563	357
信息传输、软件和信息技术服务业	284	188	95	526	360	166	507	309	198
金融业	281	137	144	420	236	184	278	140	138
房地产业	1482	1104	377	1012	762	250	428	285	143
租赁和商务服务业	2573	2187	386	1337	1036	301	568	396	172
科学研究和技术服务业	259	182	77	371	266	104	199	130	69
水利、环境和公共设施管理业	927	658	269	323	254	69	155	102	52
居民服务、修理和其他服务业	2478	1106	1372	1140	562	578	489	316	173
教育	659	344	315	550	309	241	345	128	217
卫生和社会工作	465	187	279	361	177	184	487	115	372
文化、体育和娱乐业	435	277	158	499	282	217	381	149	232
公共管理、社会保障和社会组织	1669	1134	535	1009	632	378	472	276	196
国际组织				6	5	1	1		1

5-3　续表 2　　单位：人

行业门类	大学专科			大学本科			研究生		
	小计	男	女	小计	男	女	小计	男	女
总　计	**27753**	**14819**	**12934**	**44206**	**23046**	**21160**	**13461**	**7104**	**6357**
农、林、牧、渔业	132	86	47	104	54	50	37	15	22
采矿业	66	38	28	182	107	75	103	74	29
制造业	3460	2141	1319	4583	2696	1887	1377	772	605
电力、热力、燃气及水生产和供应业	420	279	140	601	394	207	225	143	82
建筑业	1323	905	418	1788	1164	624	273	171	102
批发和零售业	4705	2316	2389	4723	2451	2272	770	416	354
交通运输、仓储和邮政业	1622	1073	549	1466	858	608	190	115	74
住宿和餐饮业	952	520	432	638	305	333	41	24	17
信息传输、软件和信息技术服务业	2647	1666	980	6672	4199	2473	1947	1168	778
金融业	1667	794	873	3500	1687	1813	1516	780	736
房地产业	1336	746	590	1463	811	653	200	119	80
租赁和商务服务业	1596	767	829	3061	1355	1706	787	357	430
科学研究和技术服务业	879	486	394	2465	1425	1040	1648	977	671
水利、环境和公共设施管理业	311	190	121	436	256	180	126	67	60
居民服务、修理和其他服务业	622	321	301	492	241	251	46	22	24
教育	1481	506	975	4081	1325	2756	1840	799	1041
卫生和社会工作	1575	317	1258	1982	569	1413	638	277	360
文化、体育和娱乐业	1176	590	585	2307	1119	1188	706	256	450
公共管理、社会保障和社会组织	1778	1074	704	3649	2024	1625	983	550	433
国际组织	5	3	2	13	6	7	10	3	7

5-3a　全市分受教育程度、性别、行业门类的就业人口(城市)

单位：人

行业门类	就业人口			未上过学			小　学		
	合计	男	女	小计	男	女	小计	男	女
总　计	**135882**	**78886**	**56996**	**453**	**162**	**291**	**4882**	**2950**	**1932**
农、林、牧、渔业	501	290	211	5	2	4	65	38	27
采矿业	376	239	137				2	2	
制造业	13873	8846	5026	30	14	15	337	186	151
电力、热力、燃气及水生产和供应业	1868	1339	529	10	4	6	16	13	3
建筑业	9333	7779	1553	28	15	12	820	739	81
批发和零售业	22118	11364	10754	110	40	70	944	476	468
交通运输、仓储和邮政业	7290	5467	1823	20	14	6	268	226	42
住宿和餐饮业	8459	4783	3676	71	16	55	610	230	379
信息传输、软件和信息技术服务业	11877	7474	4403	2		2	14	8	6
金融业	7122	3522	3600	4		4	19	6	13
房地产业	5520	3551	1969	27	7	20	236	134	102
租赁和商务服务业	9631	6067	3565	4	3	1	612	541	71
科学研究和技术服务业	5538	3295	2242	3	1	2	19	8	11
水利、环境和公共设施管理业	1823	1205	618	18	13	6	115	62	53
居民服务、修理和其他服务业	5028	2268	2760	96	25	71	561	162	399
教育	7913	3025	4888	5		5	65	36	29
卫生和社会工作	4923	1445	3478	10	1	8	73	20	53
文化、体育和娱乐业	5126	2437	2689	4	2	2	26	10	15
公共管理、社会保障和社会组织	7530	4473	3058	8	4	4	80	53	27
国际组织	34	17	17						

5-3a 续表 1

单位：人

行业门类	初中			普通高中			中职		
	小计	男	女	小计	男	女	小计	男	女
总 计	**26898**	**18456**	**8443**	**16781**	**11046**	**5735**	**8195**	**4887**	**3308**
农、林、牧、渔业	188	113	75	56	39	18	12	7	4
采矿业	17	13	4	17	15	2	8	5	3
制造业	2481	1746	734	1750	1291	459	1126	786	341
电力、热力、燃气及水生产和供应业	189	148	42	357	304	53	142	112	30
建筑业	4085	3845	240	947	845	102	355	308	46
批发和零售业	5844	3137	2708	4088	2081	2008	1717	837	879
交通运输、仓储和邮政业	2025	1729	296	1458	1219	239	698	529	168
住宿和餐饮业	3800	2222	1579	1666	1026	640	802	502	300
信息传输、软件和信息技术服务业	176	118	58	475	334	141	427	264	163
金融业	209	104	104	357	207	150	217	110	107
房地产业	1176	903	273	916	701	215	337	219	118
租赁和商务服务业	2223	1910	313	1210	947	263	449	326	123
科学研究和技术服务业	202	146	56	342	245	97	163	106	56
水利、环境和公共设施管理业	571	418	153	249	201	48	105	68	37
居民服务、修理和其他服务业	1916	822	1095	997	484	513	400	251	149
教育	403	206	197	430	245	186	257	98	159
卫生和社会工作	336	121	215	320	155	164	376	84	292
文化、体育和娱乐业	286	180	106	454	256	197	329	119	210
公共管理、社会保障和社会组织	769	575	194	685	445	240	277	154	123
国际组织				6	5	1	1		1

5-3a 续表 2

单位：人

行业门类	大学专科			大学本科			研究生		
	小计	男	女	小计	男	女	小计	男	女
总 计	**23982**	**12735**	**11246**	**41431**	**21642**	**19789**	**13260**	**7008**	**6253**
农、林、牧、渔业	61	41	20	82	40	42	32	11	20
采矿业	53	28	25	176	101	75	102	74	28
制造业	2661	1627	1034	4159	2447	1712	1329	749	580
电力、热力、燃气及水生产和供应业	372	246	126	563	371	192	219	141	78
建筑业	1145	770	375	1684	1090	594	268	166	102
批发和零售业	4175	2063	2112	4478	2318	2159	763	412	351
交通运输、仓储和邮政业	1261	831	430	1374	807	568	186	112	74
住宿和餐饮业	867	476	391	605	288	317	40	24	16
信息传输、软件和信息技术服务业	2450	1554	896	6408	4039	2369	1925	1156	768
金融业	1489	713	776	3319	1604	1715	1509	778	731
房地产业	1226	687	539	1406	783	623	196	118	78
租赁和商务服务业	1441	692	749	2917	1294	1623	775	352	423
科学研究和技术服务业	811	453	358	2366	1371	995	1632	965	668
水利、环境和公共设施管理业	252	150	103	386	227	159	126	67	60
居民服务、修理和其他服务业	550	277	273	463	225	237	46	22	24
教育	1255	450	805	3678	1193	2485	1819	797	1022
卫生和社会工作	1356	263	1093	1822	524	1297	630	275	355
文化、体育和娱乐业	1099	541	558	2236	1081	1154	693	247	446
公共管理、社会保障和社会组织	1455	872	582	3296	1831	1465	960	538	421
国际组织	5	3	2	13	6	7	10	3	7

5-3b 全市分受教育程度、性别、行业门类的就业人口(镇)

单位：人

行业门类	就业人口			未上过学			小学		
	合计	男	女	小计	男	女	小计	男	女
总计	**10972**	**6888**	**4084**	**50**	**21**	**29**	**674**	**469**	**205**
农、林、牧、渔业	468	269	199	11	6	6	78	46	32
采矿业	81	73	8				5	5	
制造业	2351	1540	811	3	2	2	136	93	43
电力、热力、燃气及水生产和供应业	139	111	28				1	1	
建筑业	911	788	122	7	7	1	90	80	10
批发和零售业	1624	843	782	4	2	2	75	38	37
交通运输、仓储和邮政业	1147	966	182				26	22	3
住宿和餐饮业	478	240	239	6		6	42	14	27
信息传输、软件和信息技术服务业	348	214	133				3	2	1
金融业	268	128	139				1	1	
房地产业	361	251	110	2	1	1	54	46	8
租赁和商务服务业	346	179	168	3	1	2	4	3	
科学研究和技术服务业	128	75	53						
水利、环境和公共设施管理业	315	225	91	4	1	3	80	74	6
居民服务、修理和其他服务业	319	165	154	2		2	29	17	12
教育	457	157	300	1	1		9	2	6
卫生和社会工作	262	85	177				4	1	3
文化、体育和娱乐业	191	110	81	3		3	4		3
公共管理、社会保障和社会组织	777	470	307	4	1	2	34	22	12
国际组织									

5-3b 续表 1

单位：人

行业门类	初中			普通高中			中职		
	小计	男	女	小计	男	女	小计	男	女
总计	**4356**	**2943**	**1413**	**1470**	**968**	**502**	**1153**	**736**	**417**
农、林、牧、渔业	291	164	127	62	36	26	7	5	2
采矿业	46	43	3	9	9	1	5	4	1
制造业	1001	691	310	311	202	109	370	245	125
电力、热力、燃气及水生产和供应业	70	63	7	16	15	1	12	8	4
建筑业	509	456	53	109	98	11	51	43	8
批发和零售业	686	365	321	298	160	137	180	80	99
交通运输、仓储和邮政业	539	470	69	207	177	29	170	150	20
住宿和餐饮业	272	132	140	74	42	33	36	23	13
信息传输、软件和信息技术服务业	66	49	17	25	15	10	22	12	10
金融业	28	10	18	24	11	13	26	14	12
房地产业	149	104	45	44	30	14	32	25	8
租赁和商务服务业	78	51	27	38	20	17	47	26	21
科学研究和技术服务业	14	7	7	11	7	4	10	5	5
水利、环境和公共设施管理业	116	73	43	29	20	10	20	13	7
居民服务、修理和其他服务业	159	73	86	56	32	24	26	16	10
教育	57	26	31	33	22	11	26	11	15
卫生和社会工作	32	15	17	16	10	6	35	9	26
文化、体育和娱乐业	36	20	16	18	9	9	18	12	6
公共管理、社会保障和社会组织	207	130	77	91	53	38	60	34	26
国际组织									

5-3b　续表 2

单位：人

行业门类	大学专科			大学本科			研究生		
	小计	男	女	小计	男	女	小计	男	女
总　计	**1582**	**882**	**699**	**1539**	**797**	**742**	**148**	**71**	**77**
农、林、牧、渔业	12	8	4	7	4	3			
采矿业	12	9	3	4	3	1			
制造业	283	165	118	209	121	88	38	21	17
电力、热力、燃气及水生产和供应业	17	13	4	20	10	10	3	1	2
建筑业	81	63	18	62	40	22	2	2	
批发和零售业	243	121	121	133	72	60	6	3	3
交通运输、仓储和邮政业	153	114	39	50	30	20	3	2	1
住宿和餐饮业	34	21	13	13	8	6	1		1
信息传输、软件和信息技术服务业	78	42	35	137	84	53	17	10	8
金融业	82	42	41	103	50	53	4	1	3
房地产业	50	31	19	28	14	14	1		1
租赁和商务服务业	72	33	39	97	42	54	9	2	7
科学研究和技术服务业	25	14	11	55	33	22	13	9	3
水利、环境和公共设施管理业	30	23	7	36	21	15			
居民服务、修理和其他服务业	32	18	14	15	9	7			
教育	96	22	73	218	70	148	17	2	15
卫生和社会工作	91	25	66	81	24	56	4		4
文化、体育和娱乐业	53	33	19	48	27	21	11	7	4
公共管理、社会保障和社会组织	139	85	54	224	133	91	19	11	8
国际组织									

5-3c　全市分受教育程度、性别、行业门类的就业人口(乡村)

单位：人

行业门类	就业人口			未上过学			小　学		
	合计	男	女	小计	男	女	小计	男	女
总　计	**24837**	**15718**	**9119**	**226**	**100**	**126**	**2294**	**1382**	**912**
农、林、牧、渔业	3757	2178	1579	105	43	62	731	389	341
采矿业	48	38	9				4	4	
制造业	7062	4640	2423	28	9	19	509	302	207
电力、热力、燃气及水生产和供应业	261	205	56				10	5	5
建筑业	1744	1551	193	9	8	1	256	229	27
批发和零售业	2771	1397	1374	28	12	17	261	146	115
交通运输、仓储和邮政业	2366	2004	363	5	3	1	69	60	9
住宿和餐饮业	991	450	541	8	2	6	80	33	47
信息传输、软件和信息技术服务业	380	214	166				5	2	2
金融业	299	130	169				3		3
房地产业	377	223	154				18	11	7
租赁和商务服务业	614	437	177	5	2	3	41	34	7
科学研究和技术服务业	183	108	75	1	1		4	2	2
水利、环境和公共设施管理业	403	279	125	4	2	2	42	29	13
居民服务、修理和其他服务业	701	373	328	8	5	3	85	29	56
教育	681	275	405				14	6	8
卫生和社会工作	422	138	284	3		3	9	5	5
文化、体育和娱乐业	232	146	86	3	3		7	4	3
公共管理、社会保障和社会组织	1543	931	612	19	11	8	146	92	54
国际组织									

5-3c 续表 1 单位：人

行 业 门 类	初 中			普通高中			中 职		
	小计	男	女	小计	男	女	小计	男	女
总 计	**13083**	**8677**	**4405**	**3083**	**1972**	**1111**	**2672**	**1753**	**919**
农、林、牧、渔业	2354	1410	944	373	206	167	115	79	36
采矿业	31	24	7	7	5	2	3	3	
制造业	3957	2546	1411	836	567	268	991	736	255
电力、热力、燃气及水生产和供应业	116	100	16	43	34	9	41	32	10
建筑业	1055	957	97	198	178	20	84	69	15
批发和零售业	1297	698	598	419	189	229	365	159	206
交通运输、仓储和邮政业	1355	1220	136	346	302	44	340	268	72
住宿和餐饮业	617	280	337	132	64	68	82	38	44
信息传输、软件和信息技术服务业	41	21	21	26	11	15	58	33	26
金融业	45	23	22	39	18	21	35	16	19
房地产业	156	97	59	52	31	21	59	41	17
租赁和商务服务业	272	226	46	89	68	21	73	44	28
科学研究和技术服务业	44	29	14	19	15	4	26	18	8
水利、环境和公共设施管理业	240	167	73	45	33	12	30	21	9
居民服务、修理和其他服务业	403	211	192	87	46	41	64	50	14
教育	199	112	87	87	43	44	62	19	43
卫生和社会工作	97	50	47	26	12	14	76	21	55
文化、体育和娱乐业	113	77	36	27	17	10	34	17	17
公共管理、社会保障和社会组织	692	429	264	234	134	100	135	88	47
国际组织									

5-3c 续表 2 单位：人

行 业 门 类	大学专科			大学本科			研究生		
	小计	男	女	小计	男	女	小计	男	女
总 计	**2190**	**1201**	**988**	**1237**	**607**	**630**	**54**	**25**	**28**
农、林、牧、渔业	59	37	22	15	10	5	5	3	2
采矿业	1	1		2	2				
制造业	516	349	167	215	128	87	10	2	8
电力、热力、燃气及水生产和供应业	31	21	10	18	13	5	3	1	2
建筑业	97	72	24	42	35	8	2	2	
批发和零售业	287	132	155	113	60	53	1	1	
交通运输、仓储和邮政业	209	129	80	42	22	20	1	1	
住宿和餐饮业	52	24	28	20	9	11			
信息传输、软件和信息技术服务业	119	70	49	127	76	51	5	3	2
金融业	96	39	57	79	33	45	3	1	2
房地产业	61	29	32	30	13	16	2	1	1
租赁和商务服务业	83	41	41	47	18	29	3	3	1
科学研究和技术服务业	43	19	24	43	21	23	4	3	1
水利、环境和公共设施管理业	29	18	11	14	8	5			
居民服务、修理和其他服务业	40	26	14	14	7	7			
教育	130	34	97	184	61	123	4		4
卫生和社会工作	127	28	99	80	20	59	4	2	2
文化、体育和娱乐业	24	16	8	23	11	12	1	1	
公共管理、社会保障和社会组织	184	117	68	129	60	69	5	1	4
国际组织									

5-4 各地区分性别、职业大类的就业人口

单位：人

地 区	就业人口			一、党的机关、国家机关、群众团体和社会组织、企事业单位负责人		
	合计	男	女	小计	男	女
全 市	**171691**	**101492**	**70199**	**6716**	**4744**	**1972**
东城区	6084	3384	2700	287	193	94
西城区	9771	5315	4456	469	325	144
朝阳区	35197	21375	13823	651	451	200
丰台区	16950	9569	7380	831	575	256
石景山区	4748	2671	2077	170	112	58
海淀区	27309	15089	12220	1692	1147	545
门头沟区	1740	1064	676	83	55	28
房山区	7319	4634	2685	257	202	55
通州区	10314	6296	4018	578	416	162
顺义区	8581	5286	3294	277	223	54
昌平区	18205	11188	7017	641	467	174
大兴区	13607	8283	5324	544	399	145
怀柔区	3109	2010	1098	61	44	16
平谷区	3166	1877	1289	64	50	14
密云区	3298	2100	1198	76	56	21
延庆区	2293	1352	941	34	28	6

5-4 续表 1

单位：人

地 区	二、专业技术人员			三、办事人员和有关人员			四、社会生产服务和生活服务人员		
	小计	男	女	小计	男	女	小计	男	女
全 市	**41201**	**19098**	**22103**	**21215**	**12221**	**8994**	**73698**	**43672**	**30027**
东城区	1583	693	890	937	539	398	2907	1643	1264
西城区	3104	1353	1750	1482	831	651	4432	2586	1846
朝阳区	8242	3842	4399	4926	2994	1932	15417	8857	6560
丰台区	4611	2023	2588	1819	1030	788	8198	4805	3393
石景山区	1499	713	786	525	303	223	2184	1245	938
海淀区	9277	4434	4843	4604	2414	2190	10312	5961	4351
门头沟区	313	127	186	220	134	85	831	503	328
房山区	1188	510	678	667	392	275	3454	2180	1274
通州区	1988	953	1035	1154	675	478	4087	2507	1580
顺义区	1285	645	640	817	476	341	3645	2096	1549
昌平区	4155	2043	2112	1887	1108	779	8244	5206	3038
大兴区	2234	999	1235	1296	784	513	5575	3434	2141
怀柔区	482	222	260	215	125	91	1229	776	453
平谷区	472	192	280	204	137	67	922	526	396
密云区	476	227	249	271	158	113	1207	748	459
延庆区	292	121	171	192	121	71	1054	597	457

5-4 续表 2

单位：人

地 区	五、农、林、牧、渔业生产及辅助人员			六、生产制造及有关人员			七、不便分类的其他从业人员		
	小计	男	女	小计	男	女	小计	男	女
全 市	**4800**	**2793**	**2007**	**23939**	**18891**	**5048**	**123**	**73**	**49**
东城区	5	3	2	357	307	49	9	6	3
西城区	6	4	3	271	211	60	8	5	3
朝阳区	25	12	13	5927	5210	717	9	7	2
丰台区	36	17	20	1453	1119	334	1		1
石景山区	3	1	2	364	295	70	3	2	1
海淀区	74	49	26	1350	1084	266			
门头沟区	43	26	18	244	216	28	5	2	3
房山区	266	173	93	1482	1175	307	4	2	2
通州区	340	201	140	2157	1538	619	10	5	4
顺义区	459	280	179	2087	1560	527	11	5	6
昌平区	650	396	255	2617	1963	654	11	6	6
大兴区	833	447	386	3084	2194	890	40	26	15
怀柔区	231	132	99	884	707	178	6	4	2
平谷区	795	419	376	709	553	157	1		1
密云区	561	356	205	706	555	151	1		1
延庆区	471	278	194	245	204	42	4	3	1

5-4a 各地区分性别、职业大类的就业人口(城市)

单位：人

地 区	就业人口			一、党的机关、国家机关、群众团体和社会组织、企事业单位负责人		
	合计	男	女	小计	男	女
全 市	**135882**	**78886**	**56996**	**5891**	**4109**	**1782**
东城区	6084	3384	2700	287	193	94
西城区	9771	5315	4456	469	325	144
朝阳区	34969	21223	13746	650	450	200
丰台区	16705	9418	7287	811	560	252
石景山区	4748	2671	2077	170	112	58
海淀区	26695	14758	11937	1672	1129	544
门头沟区	1117	673	443	63	44	19
房山区	4439	2741	1698	175	135	40
通州区	4207	2377	1830	402	283	119
顺义区	3654	2160	1493	139	108	31
昌平区	12192	7367	4825	516	371	144
大兴区	8159	4878	3281	458	337	121
怀柔区	1851	1159	693	40	30	9
平谷区	1292	762	530	41	33	8

5-4a 续表 1

单位：人

地 区	二、专业技术人员			三、办事人员和有关人员			四、社会生产服务和生活服务人员		
	小计	男	女	小计	男	女	小计	男	女
全 市	**37255**	**17235**	**20020**	**18573**	**10597**	**7975**	**59529**	**34996**	**24533**
东城区	1583	693	890	937	539	398	2907	1643	1264
西城区	3104	1353	1750	1482	831	651	4432	2586	1846
朝阳区	8218	3828	4390	4917	2988	1929	15268	8770	6498
丰台区	4565	1998	2567	1807	1026	781	8070	4728	3342
石景山区	1499	713	786	525	303	223	2184	1245	938
海淀区	9157	4388	4769	4539	2377	2162	10019	5805	4214
门头沟区	231	97	134	154	93	61	527	320	207
房山区	865	376	489	462	273	190	2121	1331	790
通州区	1336	635	701	679	385	294	1587	919	668
顺义区	843	398	444	426	236	189	1553	881	672
昌平区	3422	1679	1743	1351	781	570	5692	3586	2106
大兴区	1795	804	992	992	576	416	3935	2438	1497
怀柔区	370	171	200	175	102	73	798	503	295
平谷区	268	102	165	127	88	38	437	239	199

5-4a 续表 2

单位：人

地 区	五、农、林、牧、渔业生产及辅助人员			六、生产制造及有关人员			七、不便分类的其他从业人员		
	小计	男	女	小计	男	女	小计	男	女
全 市	**347**	**202**	**145**	**14186**	**11684**	**2502**	**101**	**63**	**37**
东城区	5	3	2	357	307	49	9	6	3
西城区	6	4	3	271	211	60	8	5	3
朝阳区	25	12	13	5882	5168	714	9	7	2
丰台区	29	12	16	1421	1094	327	1		1
石景山区	3	1	2	364	295	70	3	2	1
海淀区	57	38	19	1251	1021	230			
门头沟区	3	3		133	114	19	5	2	3
房山区	45	27	17	771	599	172			
通州区	1	1		193	150	43	9	4	4
顺义区	12	9	3	680	526	154	2	2	
昌平区	12	8	4	1188	936	251	11	6	6
大兴区	33	24	8	908	674	233	38	26	13
怀柔区	10	7	3	454	341	112	5	4	2
平谷区	107	53	55	312	247	65			

5-4b 各地区分性别、职业大类的就业人口(镇)

单位：人

地区	就业人口			一、党的机关、国家机关、群众团体和社会组织、企事业单位负责人		
	合计	男	女	小计	男	女
全市	**10972**	**6888**	**4084**	**266**	**207**	**59**
朝阳区						
丰台区	142	87	56	17	13	4
海淀区						
门头沟区	397	244	153	10	5	5
房山区	792	513	279	17	13	4
通州区	2065	1309	756	64	50	15
顺义区	834	554	279	24	22	3
昌平区	2467	1564	903	54	40	14
大兴区	549	350	200	12	10	1
怀柔区	172	106	66	2	1	1
平谷区	471	287	184	5	5	
密云区	1965	1224	741	38	31	7
延庆区	1116	650	466	22	17	4

5-4b 续表1

单位：人

地区	二、专业技术人员			三、办事人员和有关人员			四、社会生产服务和生活服务人员		
	小计	男	女	小计	男	女	小计	男	女
全市	**1668**	**749**	**920**	**1042**	**607**	**435**	**4988**	**3090**	**1899**
朝阳区									
丰台区	33	18	14	5	3	3	80	48	31
海淀区									
门头沟区	60	21	39	52	32	20	193	110	83
房山区	99	35	64	63	34	29	357	224	133
通州区	264	143	121	151	83	69	845	538	307
顺义区	54	21	33	56	33	23	455	281	174
昌平区	389	181	208	287	165	122	1236	801	435
大兴区	59	18	41	35	21	14	275	158	116
怀柔区	26	10	16	9	6	3	74	50	25
平谷区	65	27	37	17	13	4	143	85	58
密云区	399	186	213	225	130	94	775	466	309
延庆区	221	87	134	142	87	55	555	328	227

5-4b 续表 2

单位：人

地 区	五、农、林、牧、渔业生产及辅助人员			六、生产制造及有关人员			七、不便分类的其他从业人员		
	小计	男	女	小计	男	女	小计	男	女
全 市	**531**	**320**	**211**	**2468**	**1910**	**558**	**8**	**5**	**3**
朝阳区									
丰台区	1	1		6	3	3			
海淀区									
门头沟区	2	1	1	80	75	6			
房山区	25	16	9	226	189	38	4	2	2
通州区	32	18	13	709	476	232	1	1	
顺义区	7	4	2	238	194	44			
昌平区	159	104	55	342	273	69			
大兴区	19	11	8	149	130	19			
怀柔区	38	19	19	22	19	3			
平谷区	116	64	52	125	93	32			
密云区	75	48	28	452	363	89	1		1
延庆区	56	33	23	117	95	21	3	2	1

5-4c 各地区分性别、职业大类的就业人口(乡村)

单位：人

地 区	就业人口			一、党的机关、国家机关、群众团体和社会组织、企事业单位负责人		
	合计	男	女	小计	男	女
全 市	**24837**	**15718**	**9119**	**558**	**427**	**131**
朝阳区	228	151	77	1	1	
丰台区	103	64	38	3	2	
海淀区	614	331	283	20	19	1
门头沟区	226	147	80	10	6	4
房山区	2088	1379	709	65	54	11
通州区	4042	2609	1432	112	84	28
顺义区	4093	2572	1522	114	93	21
昌平区	3546	2257	1288	71	55	16
大兴区	4898	3055	1843	75	52	23
怀柔区	1086	746	340	19	13	6
平谷区	1403	828	575	18	13	5
密云区	1333	876	457	38	24	13
延庆区	1177	702	475	12	11	1

5-4c 续表 1 单位：人

地 区	二、专业技术人员			三、办事人员和有关人员			四、社会生产服务和生活服务人员		
	小计	男	女	小计	男	女	小计	男	女
全 市	**2277**	**1114**	**1163**	**1600**	**1017**	**583**	**9181**	**5586**	**3595**
朝阳区	24	15	9	9	6	3	149	87	63
丰台区	12	6	6	6	2	4	49	29	20
海淀区	120	46	74	65	37	28	293	156	137
门头沟区	22	9	14	14	9	4	111	73	38
房山区	224	99	126	142	85	57	976	625	352
通州区	389	175	213	323	208	115	1655	1050	605
顺义区	389	226	162	335	207	128	1637	934	703
昌平区	344	183	161	249	162	87	1316	819	497
大兴区	380	177	202	269	187	82	1366	838	528
怀柔区	85	41	44	32	17	15	357	223	134
平谷区	139	62	77	60	36	24	341	202	139
密云区	77	41	36	47	28	19	432	282	149
延庆区	71	34	37	50	34	16	499	269	230

5-4c 续表 2 单位：人

地 区	五、农、林、牧、渔业生产及辅助人员			六、生产制造及有关人员			七、不便分类的其他从业人员		
	小计	男	女	小计	男	女	小计	男	女
全 市	**3922**	**2271**	**1651**	**7285**	**5297**	**1988**	**14**	**6**	**9**
朝阳区				45	43	3			
丰台区	6	3	3	27	23	4			
海淀区	17	10	7	99	63	35			
门头沟区	38	22	16	31	27	3			
房山区	196	130	66	484	387	97			
通州区	308	181	127	1255	911	344			
顺义区	441	268	173	1169	840	328	9	3	6
昌平区	480	284	196	1087	754	333			
大兴区	781	412	369	2026	1390	637	2		2
怀柔区	184	106	78	408	346	62	1	1	1
平谷区	571	302	269	272	213	59	1		1
密云区	485	308	177	254	192	62			
延庆区	416	245	171	128	108	20	1	1	

5-5 全市分年龄、性别、职业大类的就业人口

单位：人

年 龄	就业人口			一、党的机关、国家机关、群众团体和社会组织、企事业单位负责人		
	合计	男	女	小计	男	女
总 计	**171691**	**101492**	**70199**	**6716**	**4744**	**1972**
16-19	**2034**	**1327**	**707**	**6**	**5**	
16	164	119	45			
17	366	246	121			
18	610	405	204			
19	894	557	336	5	5	
20-24	**14218**	**8269**	**5948**	**128**	**84**	**44**
20	1504	922	581	4	1	3
21	1947	1183	764	14	7	7
22	2950	1678	1272	22	8	14
23	3587	2060	1527	40	31	9
24	4230	2426	1804	48	37	11
25-29	**35038**	**19350**	**15688**	**713**	**451**	**262**
25	6741	3789	2952	102	64	38
26	6985	3868	3117	116	72	43
27	6962	3829	3133	133	93	40
28	7584	4080	3505	185	120	65
29	6766	3784	2982	177	102	75
30-34	**30525**	**16820**	**13705**	**1147**	**717**	**430**
30	5690	3147	2543	187	113	75
31	5797	3212	2584	192	124	68
32	6245	3433	2812	227	134	93
33	7078	3856	3222	298	197	101
34	5716	3172	2544	242	149	93
35-39	**23231**	**13048**	**10183**	**1166**	**819**	**346**
35	5334	2942	2392	230	164	66
36	5122	2861	2260	250	179	71
37	4777	2739	2038	283	191	93
38	3981	2232	1749	213	147	66
39	4016	2273	1743	189	139	50
40-44	**22129**	**12541**	**9588**	**1194**	**839**	**356**
40	3944	2227	1717	199	143	56
41	4169	2374	1795	238	173	65
42	4744	2664	2080	240	158	82
43	4559	2561	1999	255	178	77
44	4713	2715	1997	262	186	76
45-49	**20070**	**11930**	**8139**	**1070**	**784**	**286**
45	4828	2833	1995	249	188	61
46	4268	2498	1770	254	179	75
47	4464	2608	1856	240	175	65
48	3181	1869	1312	155	115	40
49	3329	2123	1206	172	127	45
50-54	**14507**	**10245**	**4261**	**812**	**628**	**183**
50	3165	2136	1029	159	128	31
51	3209	2247	962	199	138	61
52	3932	2829	1103	238	192	46
53	2613	1879	734	133	105	28
54	1587	1154	434	83	65	17
55-59	**7044**	**5777**	**1267**	**371**	**326**	**45**
55	1681	1313	368	82	68	14
56	1359	1141	217	73	59	14
57	1438	1187	251	84	81	3
58	1388	1157	231	78	69	9
59	1180	980	200	54	49	5
60-64	**2003**	**1503**	**499**	**89**	**76**	**13**
60	605	451	153	30	27	3
61	439	324	115	14	12	2
62	359	273	86	13	12	1
63	383	292	90	21	18	3
64	217	162	55	11	7	4
65及以上	**893**	**679**	**214**	**20**	**14**	**6**

5-5 续表 1 单位：人

年 龄	二、专业技术人员			三、办事人员和有关人员			四、社会生产服务和生活服务人员		
	小计	男	女	小计	男	女	小计	男	女
总 计	**41201**	**19098**	**22103**	**21215**	**12221**	**8994**	**73698**	**43672**	**30027**
16-19	**181**	**67**	**113**	**98**	**74**	**25**	**1234**	**789**	**446**
16	9	8	1	8	8		111	75	37
17	25	8	17	12	6	6	229	156	73
18	52	14	39	26	18	8	373	247	125
19	94	37	56	52	41	11	521	311	210
20-24	**3323**	**1392**	**1931**	**1236**	**634**	**602**	**7258**	**4345**	**2913**
20	209	81	128	99	67	32	888	535	353
21	399	175	224	107	54	53	1039	624	415
22	725	316	409	269	142	127	1489	852	637
23	976	405	571	325	169	156	1761	1078	683
24	1015	415	600	436	203	234	2081	1256	825
25-29	**9520**	**4010**	**5511**	**3943**	**1798**	**2145**	**16344**	**9589**	**6755**
25	1718	737	981	731	349	382	3249	1886	1363
26	1916	827	1088	763	326	437	3333	1983	1350
27	1906	790	1116	801	345	456	3174	1871	1303
28	2095	815	1281	875	406	469	3470	2006	1463
29	1885	841	1045	771	372	400	3119	1843	1275
30-34	**8720**	**3892**	**4829**	**4047**	**1957**	**2091**	**12836**	**7460**	**5375**
30	1567	693	875	740	338	402	2442	1425	1017
31	1667	774	893	770	385	386	2487	1425	1061
32	1802	769	1032	821	387	434	2621	1565	1055
33	2071	909	1162	903	430	473	2946	1693	1253
34	1614	746	867	813	418	395	2341	1352	989
35-39	**6512**	**2909**	**3603**	**3015**	**1617**	**1398**	**9445**	**5445**	**4000**
35	1542	669	873	679	327	353	2196	1261	935
36	1461	648	814	673	363	310	2110	1207	903
37	1364	642	722	636	346	290	1873	1110	763
38	1141	508	633	529	294	235	1555	896	659
39	1004	442	561	497	287	210	1711	971	739
40-44	**4979**	**2274**	**2705**	**2719**	**1609**	**1109**	**9281**	**4989**	**4293**
40	936	456	480	468	278	190	1666	858	808
41	926	384	542	523	306	217	1732	976	755
42	1107	517	590	587	350	237	1969	1050	919
43	980	442	538	559	319	240	1959	1035	925
44	1030	475	554	582	356	226	1955	1069	886
45-49	**3771**	**1816**	**1955**	**2508**	**1558**	**950**	**8403**	**4566**	**3837**
45	992	471	521	546	338	208	2066	1116	950
46	822	401	421	563	348	215	1759	923	837
47	826	379	447	595	357	238	1876	1020	856
48	555	256	299	378	235	143	1375	717	658
49	575	308	267	426	280	146	1327	790	537
50-54	**2714**	**1554**	**1160**	**2156**	**1627**	**529**	**5423**	**3770**	**1653**
50	536	298	238	389	292	97	1282	819	463
51	617	356	262	477	366	111	1171	796	375
52	751	428	323	622	472	150	1440	1037	403
53	500	290	210	388	291	98	953	674	279
54	311	183	128	280	206	73	577	444	134
55-59	**1160**	**945**	**215**	**1154**	**1047**	**107**	**2602**	**2091**	**510**
55	252	185	67	294	258	35	635	483	152
56	216	191	24	208	190	18	520	437	83
57	220	176	44	241	219	21	525	419	106
58	249	206	42	222	206	16	488	390	98
59	223	187	37	191	174	17	434	363	71
60-64	**211**	**157**	**55**	**228**	**207**	**21**	**619**	**437**	**182**
60	89	58	32	63	57	6	189	136	53
61	42	33	10	51	46	6	144	97	46
62	31	28	2	39	34	5	108	71	38
63	25	19	7	50	49	2	117	87	29
64	24	19	5	24	21	3	62	46	16
65及以上	**110**	**82**	**28**	**110**	**93**	**17**	**253**	**190**	**63**

5-5 续表 2

单位：人

年 龄	五、农、林、牧、渔业生产及辅助人员			六、生产制造及有关人员			七、不便分类的其他从业人员		
	小计	男	女	小计	男	女	小计	男	女
总 计	**4800**	**2793**	**2007**	**23939**	**18891**	**5048**	**123**	**73**	**49**
16-19	**15**	**10**	**4**	**498**	**381**	**117**	**2**		**1**
16	1	1		33	26	7	1		
17	1	1		99	75	24			
18	9	7	2	148	119	29			
19	3	1	2	217	161	57			
20-24	**59**	**39**	**20**	**2204**	**1772**	**432**	**10**	**4**	**6**
20	4	3	1	297	234	63	3	2	1
21	4	2	2	384	322	62	1		1
22	10	8	2	432	351	80	3		3
23	20	15	5	464	361	103	1	1	
24	20	11	9	627	503	123	3	1	2
25-29	**178**	**104**	**74**	**4324**	**3388**	**935**	**17**	**10**	**7**
25	28	15	13	910	737	172	3	1	2
26	29	16	13	825	642	183	3	1	2
27	33	24	9	913	705	208	2	2	
28	48	25	22	909	706	203	2	1	1
29	41	24	17	766	598	168	7	5	2
30-34	**219**	**125**	**94**	**3535**	**2656**	**879**	**21**	**13**	**8**
30	33	24	9	717	553	164	3	2	1
31	42	19	23	636	484	152	3	2	1
32	38	20	19	731	554	177	5	3	3
33	47	29	18	806	593	214	7	5	2
34	59	33	26	645	473	172	2	1	1
35-39	**262**	**147**	**115**	**2819**	**2101**	**718**	**13**	**10**	**4**
35	46	29	17	637	489	148	3	3	
36	52	33	19	572	429	143	3	3	
37	51	23	28	568	427	142	1	1	
38	49	24	25	490	362	128	3	1	2
39	63	37	25	551	395	156	2		1
40-44	**476**	**254**	**222**	**3456**	**2565**	**891**	**24**	**12**	**12**
40	64	36	29	605	451	153	7	5	2
41	95	50	45	652	484	168	3		3
42	98	50	48	738	535	203	5	4	1
43	91	54	37	711	533	178	4	1	3
44	128	65	62	750	561	189	6	2	4
45-49	**785**	**412**	**373**	**3517**	**2788**	**730**	**16**	**8**	**8**
45	151	77	73	822	642	180	2		2
46	139	70	69	727	574	153	3	2	1
47	171	92	79	751	582	169	4	2	2
48	138	72	66	579	473	106	1		1
49	186	100	86	637	516	121	5	3	2
50-54	**990**	**530**	**460**	**2398**	**2124**	**274**	**13**	**11**	**2**
50	226	111	115	573	487	86	2	2	
51	190	101	90	547	485	63	7	6	2
52	258	138	120	620	560	60	3	3	
53	193	113	80	444	405	39	2	1	1
54	123	67	55	214	188	26	1	1	
55-59	**846**	**512**	**333**	**907**	**852**	**56**	**4**	**4**	**1**
55	191	110	81	227	208	19			
56	172	105	67	169	159	10			
57	163	98	65	203	193	10	2	1	1
58	161	102	58	190	182	8	1	1	
59	159	97	62	119	110	9	1	1	
60-64	**623**	**408**	**215**	**230**	**217**	**13**	**2**	**2**	
60	163	109	54	70	64	5	1	1	
61	118	70	48	69	66	3			
62	133	92	40	35	35	1	1	1	
63	131	85	46	38	34	4			
64	79	52	27	18	18				
65及以上	**348**	**252**	**96**	**51**	**47**	**4**			

5-5a 全市分年龄、性别、职业大类的就业人口(城市)

单位：人

年 龄	就业人口			一、党的机关、国家机关、群众团体和社会组织、企事业单位负责人		
	合计	男	女	小计	男	女
总 计	**135882**	**78886**	**56996**	**5891**	**4109**	**1782**
16-19	**1469**	**929**	**539**	**5**	**5**	
16	120	91	29			
17	259	171	89			
18	438	277	162			
19	651	391	260	5	5	
20-24	**11264**	**6381**	**4883**	**110**	**73**	**37**
20	1186	704	482	3	1	2
21	1487	871	616	12	6	6
22	2377	1312	1066	19	6	13
23	2896	1643	1253	35	28	7
24	3318	1853	1465	40	32	8
25-29	**28702**	**15603**	**13099**	**629**	**392**	**237**
25	5513	3036	2477	96	59	37
26	5728	3131	2597	105	68	38
27	5640	3036	2603	115	82	33
28	6229	3315	2913	159	100	60
29	5592	3085	2507	153	84	69
30-34	**25387**	**13749**	**11638**	**1003**	**613**	**390**
30	4654	2521	2133	167	97	70
31	4804	2613	2191	170	110	61
32	5262	2850	2411	196	112	85
33	5900	3143	2756	268	173	95
34	4768	2621	2146	201	122	79
35-39	**19402**	**10703**	**8699**	**1059**	**736**	**323**
35	4445	2416	2028	213	150	63
36	4274	2339	1935	217	151	66
37	4000	2259	1741	259	173	86
38	3353	1844	1509	196	137	60
39	3331	1844	1486	174	125	49
40-44	**17600**	**9858**	**7742**	**1074**	**738**	**336**
40	3231	1804	1427	175	122	53
41	3338	1878	1460	215	158	58
42	3803	2105	1699	220	140	80
43	3585	1979	1606	234	161	73
44	3643	2092	1551	230	157	73
45-49	**15359**	**8988**	**6371**	**933**	**676**	**258**
45	3753	2170	1582	218	166	52
46	3303	1888	1415	226	155	71
47	3478	2004	1474	208	149	59
48	2353	1347	1006	129	94	35
49	2472	1578	894	153	112	41
50-54	**10702**	**7629**	**3073**	**688**	**539**	**149**
50	2230	1509	721	133	108	25
51	2364	1672	692	164	117	47
52	2972	2158	814	213	171	42
53	1945	1416	529	112	89	23
54	1191	874	317	66	53	13
55-59	**4843**	**4162**	**681**	**318**	**281**	**37**
55	1172	960	212	75	62	13
56	914	805	109	58	46	12
57	982	852	130	70	68	2
58	964	835	129	66	62	5
59	811	710	101	48	44	5
60-64	**845**	**650**	**195**	**60**	**49**	**11**
60	307	234	73	22	19	2
61	187	150	38	9	7	2
62	123	90	33	8	7	1
63	153	121	32	13	12	2
64	74	55	19	8	4	4
65及以上	**310**	**233**	**76**	**13**	**8**	**5**

5-5a 续表 1

单位：人

年 龄	二、专业技术人员			三、办事人员和有关人员			四、社会生产服务和生活服务人员		
	小计	男	女	小计	男	女	小计	男	女
总 计	**37255**	**17235**	**20020**	**18573**	**10597**	**7975**	**59529**	**34996**	**24533**
16-19	**147**	**50**	**96**	**83**	**61**	**22**	**1080**	**682**	**397**
16	7	7		8	8		95	69	26
17	24	8	16	6	1	5	200	138	63
18	38	6	33	25	18	7	320	206	114
19	77	30	47	44	34	10	464	270	194
20-24	**2841**	**1200**	**1641**	**997**	**504**	**494**	**6193**	**3679**	**2515**
20	174	68	107	76	51	25	776	460	316
21	329	144	184	78	37	40	871	515	356
22	639	286	353	213	114	99	1286	726	560
23	841	360	481	273	144	129	1520	928	591
24	858	342	516	358	158	200	1740	1050	691
25-29	**8466**	**3599**	**4867**	**3408**	**1541**	**1867**	**13732**	**8047**	**5685**
25	1525	656	869	630	295	335	2758	1600	1158
26	1712	758	953	637	266	371	2826	1682	1144
27	1682	708	974	688	289	400	2633	1534	1100
28	1859	712	1147	775	371	404	2898	1689	1209
29	1688	764	924	678	320	357	2616	1541	1075
30-34	**7956**	**3566**	**4390**	**3622**	**1725**	**1896**	**10660**	**6166**	**4494**
30	1398	625	773	640	287	352	2041	1177	864
31	1516	707	809	697	341	356	2060	1166	893
32	1644	706	938	731	341	390	2195	1309	886
33	1906	837	1068	810	380	430	2434	1395	1040
34	1493	691	802	744	376	368	1929	1120	810
35-39	**6069**	**2702**	**3367**	**2723**	**1442**	**1282**	**7747**	**4426**	**3321**
35	1443	630	813	603	286	316	1783	1023	760
36	1355	598	757	608	322	286	1728	978	750
37	1265	590	675	574	309	265	1522	891	631
38	1071	476	595	487	269	218	1295	736	559
39	936	409	527	452	255	197	1419	798	622
40-44	**4582**	**2076**	**2506**	**2439**	**1440**	**998**	**7238**	**3822**	**3416**
40	871	416	455	422	245	177	1355	695	660
41	858	357	501	473	278	195	1371	760	610
42	1027	473	554	530	313	218	1540	800	739
43	896	405	492	498	287	211	1491	762	729
44	929	425	504	515	318	197	1481	805	677
45-49	**3436**	**1622**	**1814**	**2210**	**1372**	**838**	**6425**	**3404**	**3021**
45	893	417	475	483	302	181	1613	843	770
46	763	367	396	503	310	193	1353	686	667
47	770	347	423	533	317	216	1440	776	664
48	494	217	276	318	195	123	1030	525	505
49	517	273	243	373	248	124	990	575	415
50-54	**2500**	**1414**	**1086**	**1905**	**1431**	**474**	**4070**	**2854**	**1216**
50	482	266	217	329	247	82	927	581	345
51	566	323	242	418	317	101	869	601	268
52	699	392	307	559	421	138	1106	805	302
53	464	266	198	351	263	88	717	514	203
54	288	166	122	248	183	66	452	353	99
55-59	**1030**	**843**	**187**	**973**	**890**	**83**	**1913**	**1584**	**329**
55	225	164	62	259	230	29	464	367	98
56	191	170	21	174	161	14	379	329	50
57	191	154	37	202	186	16	377	311	66
58	225	185	40	184	172	12	368	302	66
59	198	170	28	154	141	13	324	274	49
60-64	**156**	**110**	**46**	**156**	**143**	**13**	**343**	**240**	**103**
60	74	46	28	53	48	5	120	91	29
61	34	26	7	34	31	3	78	57	22
62	19	18	1	21	17	4	53	28	25
63	12	6	6	38	37	2	61	43	18
64	17	13	4	10	10		31	22	10
65及以上	**72**	**52**	**20**	**56**	**48**	**8**	**128**	**92**	**36**

5-5a　续表 2　　　　单位：人

年　龄	五、农、林、牧、渔业生产及辅助人员			六、生产制造及有关人员			七、不便分类的其他从业人员		
	小计	男	女	小计	男	女	小计	男	女
总　计	**347**	**202**	**145**	**14186**	**11684**	**2502**	**101**	**63**	**37**
16-19				**154**	**131**	**23**			
16				10	7	2			
17				28	24	4			
18				55	48	7			
19				61	52	9			
20-24	**7**	**3**	**5**	**1109**	**921**	**188**	**7**	**2**	**4**
20				156	124	32			
21				197	168	29			
22				218	181	37	3		3
23	3	2	1	224	180	44	1	1	
24	4		4	315	269	46	3	1	2
25-29	**20**	**7**	**12**	**2436**	**2008**	**428**	**12**	**9**	**3**
25	1	1	1	501	424	77	2	1	1
26	3	1	2	444	355	89	2	1	1
27	6	3	3	512	419	93	2	2	
28	5	3	2	532	440	92	1	1	
29	5		5	447	371	76	5	4	2
30-34	**22**	**12**	**10**	**2106**	**1655**	**452**	**18**	**12**	**6**
30	2	2		403	331	72	3	2	1
31	6	4	2	352	282	69	3	2	1
32	3		3	488	381	107	5	3	2
33	5	1	4	471	353	118	6	5	1
34	5	5		393	308	86	2	1	1
35-39	**30**	**18**	**13**	**1760**	**1370**	**390**	**13**	**9**	**4**
35	10	6	4	389	317	72	3	3	
36	8	5	2	356	282	74	3	3	
37	6	3	3	374	292	81	1	1	
38	2		2	297	225	73	3	1	2
39	5	3	1	344	254	89	2		1
40-44	**42**	**24**	**19**	**2204**	**1746**	**457**	**21**	**12**	**10**
40	4	4		398	318	80	6	5	1
41	9	4	5	408	320	88	3		3
42	14	9	5	468	365	103	4	4	
43	5	3	2	456	360	97	3	1	2
44	10	3	7	472	382	89	6	2	4
45-49	**56**	**27**	**29**	**2285**	**1880**	**405**	**13**	**6**	**7**
45	16	7	9	528	436	92	2		2
46	11	3	8	444	366	77	3	2	1
47	11	4	7	514	409	105	3	2	1
48	7	6	2	375	311	65	1		1
49	11	8	3	424	358	66	5	3	2
50-54	**73**	**47**	**26**	**1455**	**1335**	**120**	**11**	**9**	**2**
50	17	7	10	342	298	43	2	2	
51	14	8	5	327	299	28	6	5	2
52	22	17	5	370	350	21	1	1	
53	12	10	2	288	273	15	1	1	
54	8	4	4	128	114	13	1	1	
55-59	**48**	**35**	**13**	**558**	**528**	**31**	**3**	**2**	**1**
55	9	7	1	139	130	9			
56	12	8	4	99	90	9			
57	12	7	5	129	126	3	2	1	1
58	8	6	2	112	107	5	1	1	
59	7	6	1	80	75	5			
60-64	**33**	**21**	**12**	**94**	**85**	**9**	**2**	**2**	
60	8	4	5	30	26	4	1	1	
61	9	6	3	23	22				
62	7	6	1	15	14	1	1	1	
63	4	3	1	24	20	4			
64	4	3	2	3	3				
65及以上	**16**	**9**	**7**	**25**	**25**				

5-5b 全市分年龄、性别、职业大类的就业人口(镇)

单位：人

年 龄	就业人口			一、党的机关、国家机关、群众团体和社会组织、企事业单位负责人		
	合计	男	女	小计	男	女
总 计	**10972**	**6888**	**4084**	**266**	**207**	**59**
16-19	**129**	**99**	**30**			
16	13	9	4			
17	24	20	5			
18	53	45	7			
19	40	25	15			
20-24	**909**	**573**	**335**	**3**	**2**	**1**
20	94	67	27			
21	160	100	59	1	1	
22	155	92	63	1		1
23	228	137	91			
24	272	177	95	1	1	
25-29	**2166**	**1259**	**907**	**23**	**17**	**6**
25	418	254	165	2	2	
26	435	261	173	3	2	1
27	442	252	190	5	1	3
28	457	244	213	7	6	1
29	415	248	166	7	5	1
30-34	**1753**	**1036**	**717**	**57**	**41**	**16**
30	351	204	147	3	2	1
31	320	183	137	7	5	3
32	355	223	132	15	13	2
33	381	222	159	13	12	
34	347	204	143	18	9	9
35-39	**1311**	**779**	**532**	**37**	**29**	**8**
35	320	186	133	7	6	1
36	311	181	130	13	10	3
37	257	162	95	8	7	2
38	200	118	81	5	3	2
39	224	131	93	4	3	1
40-44	**1433**	**835**	**598**	**39**	**33**	**6**
40	234	138	96	10	9	1
41	260	157	103	7	4	3
42	289	165	124	6	6	
43	315	178	136	3	2	
44	335	196	139	12	12	
45-49	**1417**	**888**	**528**	**49**	**42**	**7**
45	335	204	131	9	8	1
46	292	186	106	8	7	1
47	309	190	119	13	11	2
48	240	147	93	11	8	2
49	240	161	79	8	7	1
50-54	**1024**	**747**	**277**	**37**	**25**	**11**
50	263	188	75	9	5	4
51	225	161	65	11	7	4
52	258	195	63	8	6	1
53	169	126	43	5	4	1
54	109	78	31	5	3	1
55-59	**533**	**439**	**94**	**15**	**12**	**3**
55	119	100	19	1	1	
56	108	86	23	5	3	2
57	101	82	18	2	2	
58	110	95	15	5	4	1
59	95	76	19	1	1	
60-64	**210**	**163**	**47**	**5**	**5**	
60	45	35	10	1	1	
61	57	39	18	1	1	
62	38	30	9	3	3	
63	48	41	7	1	1	
64	21	18	3	1	1	
65及以上	**89**	**69**	**20**	**1**	**1**	

5-5b 续表 1　　单位：人

年龄	二、专业技术人员			三、办事人员和有关人员			四、社会生产服务和生活服务人员		
	小计	男	女	小计	男	女	小计	男	女
总　计	**1668**	**749**	**920**	**1042**	**607**	**435**	**4988**	**3090**	**1899**
16-19	**14**	**8**	**6**	**1**	**1**		**70**	**56**	**13**
16	2	2					7	5	2
17							14	11	3
18	6	6		1	1		28	25	3
19	6		6	1			20	15	5
20-24	**168**	**71**	**97**	**70**	**30**	**40**	**408**	**278**	**131**
20	10	3	7	4	1	3	50	39	11
21	24	10	14	9	2	7	86	57	29
22	32	14	18	20	8	12	64	40	25
23	43	13	30	17	8	8	99	70	30
24	58	32	27	20	10	10	109	72	36
25-29	**428**	**169**	**259**	**208**	**94**	**114**	**963**	**589**	**374**
25	72	29	43	34	18	15	185	116	69
26	92	32	60	50	19	30	174	111	63
27	90	33	56	48	22	26	190	116	74
28	95	45	50	38	13	24	221	124	97
29	79	29	50	39	21	18	192	121	71
30-34	**345**	**140**	**205**	**177**	**91**	**86**	**790**	**475**	**314**
30	72	24	48	47	25	22	142	85	57
31	75	33	42	23	10	12	135	80	55
32	69	29	41	37	17	20	167	113	54
33	73	26	47	37	19	18	179	105	75
34	55	28	27	32	20	13	167	93	74
35-39	**237**	**101**	**135**	**137**	**84**	**53**	**615**	**366**	**248**
35	48	19	29	44	23	21	151	87	64
36	63	28	35	31	19	13	149	87	62
37	51	25	26	26	17	8	126	84	42
38	40	19	21	14	11	3	87	44	43
39	34	10	23	23	14	8	101	64	37
40-44	**183**	**80**	**103**	**136**	**76**	**60**	**713**	**399**	**314**
40	29	17	11	27	16	10	118	63	55
41	35	13	22	22	12	10	139	84	55
42	32	15	18	28	18	10	152	82	70
43	42	13	29	29	13	16	147	85	62
44	45	22	22	29	16	13	157	85	73
45-49	**136**	**68**	**68**	**116**	**65**	**51**	**681**	**390**	**292**
45	39	20	19	26	14	11	177	104	73
46	26	10	16	24	15	9	128	69	58
47	26	14	13	22	14	8	154	83	72
48	26	15	11	21	12	9	108	57	51
49	20	10	10	23	10	13	114	77	37
50-54	**93**	**55**	**37**	**93**	**74**	**19**	**446**	**295**	**151**
50	23	14	9	26	21	5	115	74	41
51	20	11	10	18	16	2	97	59	38
52	19	11	8	24	19	4	117	83	35
53	17	11	6	15	11	4	73	53	20
54	13	9	5	10	7	4	43	27	17
55-59	**42**	**39**	**4**	**73**	**65**	**8**	**204**	**165**	**39**
55	8	8		15	12	3	46	38	8
56	6	6	1	15	12	3	45	36	9
57	9	7	1	11	11		41	34	7
58	10	9	1	13	13		37	31	7
59	9	8	1	18	17	2	34	26	9
60-64	**14**	**12**	**2**	**20**	**16**	**4**	**68**	**51**	**17**
60	4	2	1	2	1	1	13	10	4
61	3	2	1	5	4	1	23	14	9
62	4	3	1	5	4	1	10	8	1
63	3	3		5	5		16	14	2
64	2	2		4	3	1	6	5	1
65及以上	**9**	**6**	**3**	**10**	**10**		**31**	**26**	**5**

5-5b 续表 2

单位：人

年 龄	五、农、林、牧、渔业生产及辅助人员			六、生产制造及有关人员			七、不便分类的其他从业人员		
	小计	男	女	小计	男	女	小计	男	女
总 计	**531**	**320**	**211**	**2468**	**1910**	**558**	**8**	**5**	**3**
16-19				**42**	**33**	**9**	**2**		**1**
16				2	2		1		
17				10	9	1			
18				17	14	4			
19				12	9	4			
20-24	**5**	**2**	**3**	**253**	**189**	**64**	**2**	**1**	**1**
20				28	23	5	2	1	1
21	1	1		38	29	9			
22	1	1		38	30	8			
23	2		2	66	46	21			
24	1	1		83	61	22			
25-29	**13**	**8**	**5**	**530**	**382**	**148**			
25	2	1	1	123	87	36			
26	1	1		115	95	19			
27	2	2		107	77	30			
28	4	1	3	92	54	38			
29	5	4	1	93	68	25			
30-34	**22**	**10**	**12**	**363**	**279**	**84**	**1**		**1**
30	2		1	84	68	17			
31	4	1	2	76	53	23			
32	9	5	4	57	48	9	1		1
33	4	3		75	56	19			
34	4	1	4	71	55	16			
35-39	**31**	**19**	**12**	**253**	**178**	**75**	**1**	**1**	
35	4	3	2	65	48	17			
36	6	5	2	48	33	15			
37	4	2	2	41	27	14	1	1	
38	8	4	4	44	36	8			
39	8	5	3	55	34	21			
40-44	**59**	**30**	**29**	**304**	**217**	**86**	**1**		**1**
40	9	4	5	42	29	13			
41	7	4	3	50	40	10			
42	7	3	4	62	41	22	1		1
43	16	9	7	77	56	21			
44	20	10	10	72	51	21			
45-49	**103**	**58**	**45**	**329**	**265**	**64**	**1**	**1**	
45	21	10	11	63	48	15			
46	19	11	8	88	74	14			
47	27	16	11	65	52	13	1	1	
48	17	11	7	57	44	13			
49	19	10	9	55	47	8			
50-54	**102**	**66**	**36**	**252**	**230**	**22**	**1**	**1**	
50	24	16	8	67	59	8			
51	20	14	6	58	54	5			
52	26	15	10	65	60	5			
53	21	13	8	38	34	4			
54	12	9	4	25	24	1			
55-59	**96**	**61**	**36**	**101**	**97**	**5**			
55	18	12	6	29	27	2			
56	15	7	8	22	22				
57	19	11	8	18	16	2			
58	24	17	7	20	20				
59	20	13	7	13	12				
60-64	**66**	**43**	**23**	**36**	**36**	**1**			
60	14	10	4	11	11				
61	13	6	7	14	13	1			
62	12	6	6	5	5				
63	21	15	6	3	3				
64	6	5		3	3				
65及以上	**33**	**22**	**11**	**5**	**4**	**1**			

5-5c 全市分年龄、性别、职业大类的就业人口(乡村)

单位：人

年 龄	就业人口			一、党的机关、国家机关、群众团体和社会组织、企事业单位负责人		
	合计	男	女	小计	男	女
总 计	**24837**	**15718**	**9119**	**558**	**427**	**131**
16-19	**436**	**299**	**137**	**1**	**1**	
16	32	19	13			
17	83	55	28			
18	119	84	35			
19	203	141	62	1	1	
20-24	**2045**	**1315**	**730**	**15**	**9**	**7**
20	224	152	72	1		1
21	300	212	88	1		1
22	417	274	143	3	3	
23	464	280	183	5	3	2
24	640	396	243	6	3	3
25-29	**4171**	**2488**	**1683**	**61**	**42**	**19**
25	810	500	310	4	3	1
26	822	476	347	7	3	4
27	881	541	340	14	10	3
28	899	520	378	19	14	5
29	759	451	308	17	12	5
30-34	**3385**	**2035**	**1350**	**87**	**63**	**24**
30	685	422	263	17	14	3
31	673	417	256	15	9	5
32	629	359	269	15	10	6
33	797	491	307	17	12	5
34	601	346	255	23	18	5
35-39	**2518**	**1566**	**952**	**70**	**54**	**15**
35	570	340	230	10	8	2
36	537	341	196	20	18	2
37	520	318	202	16	11	5
38	429	270	159	12	7	5
39	462	297	165	12	11	1
40-44	**3096**	**1848**	**1248**	**82**	**68**	**14**
40	479	285	194	14	12	2
41	571	339	232	16	12	4
42	652	394	257	14	12	2
43	660	403	257	19	15	4
44	735	427	308	20	17	3
45-49	**3294**	**2054**	**1240**	**88**	**66**	**21**
45	740	458	282	23	15	8
46	673	423	249	20	17	3
47	676	413	263	19	14	5
48	588	375	213	16	13	3
49	617	385	233	11	7	4
50-54	**2781**	**1869**	**912**	**87**	**64**	**23**
50	672	439	233	18	15	2
51	620	415	206	24	14	10
52	702	477	225	17	14	3
53	499	337	162	16	12	4
54	287	202	85	12	9	3
55-59	**1668**	**1176**	**492**	**38**	**32**	**6**
55	391	253	137	6	5	1
56	336	251	85	11	10	1
57	355	252	103	11	10	1
58	314	227	87	7	3	3
59	273	193	80	4	4	
60-64	**949**	**691**	**257**	**24**	**22**	**2**
60	252	182	70	7	7	1
61	195	135	60	5	5	
62	199	153	45	3	3	
63	182	131	50	7	6	1
64	121	89	32	2	2	
65及以上	**494**	**376**	**118**	**5**	**5**	**1**

5-5c 续表 1

单位：人

年 龄	二、专业技术人员			三、办事人员和有关人员			四、社会生产服务和生活服务人员		
	小计	男	女	小计	男	女	小计	男	女
总 计	**2277**	**1114**	**1163**	**1600**	**1017**	**583**	**9181**	**5586**	**3595**
16-19	**20**	**9**	**11**	**14**	**12**	**2**	**85**	**50**	**35**
16	1		1				9	1	8
17	1		1	6	5	1	15	7	7
18	8	2	6	1		1	25	16	8
19	11	7	4	8	7	1	37	25	12
20-24	**314**	**121**	**194**	**169**	**100**	**69**	**656**	**388**	**268**
20	24	10	14	19	15	4	62	36	26
21	46	21	25	20	14	6	81	52	29
22	54	16	38	36	20	16	139	87	52
23	92	32	60	35	16	19	142	80	62
24	99	41	58	58	35	24	233	134	98
25-29	**626**	**242**	**384**	**326**	**163**	**163**	**1650**	**953**	**697**
25	120	52	68	68	36	31	306	169	137
26	112	37	75	77	41	36	332	189	144
27	134	48	86	65	34	31	351	221	130
28	142	58	84	63	21	41	350	193	157
29	118	47	71	55	30	24	310	181	129
30-34	**419**	**186**	**233**	**249**	**141**	**108**	**1386**	**819**	**567**
30	97	44	54	53	26	28	258	163	95
31	76	34	42	50	33	18	292	179	113
32	89	35	53	53	29	24	259	144	115
33	92	46	46	56	31	25	332	194	138
34	66	28	38	37	22	15	245	139	106
35-39	**206**	**106**	**100**	**154**	**91**	**64**	**1083**	**653**	**430**
35	51	21	30	33	18	16	262	150	111
36	43	22	21	34	22	12	233	142	91
37	47	27	21	37	20	17	224	135	89
38	29	13	16	28	13	15	173	116	57
39	34	23	11	22	18	5	190	110	81
40-44	**214**	**118**	**96**	**144**	**93**	**52**	**1330**	**768**	**562**
40	36	23	13	19	17	2	194	101	93
41	33	14	19	28	16	11	222	132	90
42	47	29	18	29	19	9	277	167	110
43	42	24	18	31	18	13	321	188	133
44	56	28	28	38	22	16	316	180	136
45-49	**198**	**125**	**73**	**182**	**121**	**60**	**1296**	**772**	**524**
45	60	33	27	37	22	16	275	169	106
46	33	24	9	36	24	13	278	167	111
47	30	19	12	40	27	13	282	162	120
48	36	24	12	39	28	11	237	136	102
49	38	25	13	30	21	8	223	138	85
50-54	**122**	**85**	**37**	**158**	**122**	**36**	**907**	**622**	**285**
50	30	18	12	35	24	10	240	164	76
51	31	21	10	40	32	8	205	137	68
52	33	25	8	40	32	7	216	149	67
53	18	12	6	22	16	6	164	108	56
54	9	8	1	21	17	4	82	64	19
55-59	**87**	**64**	**24**	**108**	**92**	**16**	**485**	**343**	**142**
55	18	13	5	20	17	3	124	78	46
56	18	15	3	18	17	1	96	72	24
57	20	15	6	27	22	6	107	74	33
58	14	12	2	25	21	4	82	56	25
59	17	9	8	18	16	2	76	63	13
60-64	**41**	**35**	**7**	**52**	**47**	**4**	**208**	**146**	**62**
60	12	9	2	9	8	1	56	35	21
61	6	4	2	13	11	2	43	27	16
62	7	7	1	13	13		46	35	11
63	11	10	1	7	7		40	30	10
64	6	5	1	10	8	1	24	19	5
65及以上	**29**	**25**	**4**	**44**	**35**	**9**	**94**	**72**	**22**

5-5c 续表 2 单位：人

年龄	五、农、林、牧、渔业生产及辅助人员			六、生产制造及有关人员			七、不便分类的其他从业人员		
	小计	男	女	小计	男	女	小计	男	女
总计	**3922**	**2271**	**1651**	**7285**	**5297**	**1988**	**14**	**6**	**9**
16-19	**14**	**10**	**4**	**302**	**217**	**85**			
16	1	1		21	17	4			
17	1	1		60	42	19			
18	9	7	2	76	58	18			
19	3	1	2	144	100	44			
20-24	**47**	**35**	**12**	**843**	**662**	**181**	**1**		**1**
20	4	3		114	88	26			
21	3	1	2	150	125	25	1		1
22	10	8	2	176	140	36			
23	16	13	3	174	136	38			
24	15	10	5	229	173	56			
25-29	**145**	**88**	**57**	**1358**	**998**	**359**	**5**	**1**	**3**
25	25	14	11	285	226	59	1		1
26	25	14	11	267	192	75	1		1
27	25	19	6	294	209	85			
28	39	22	17	285	212	73	1		1
29	31	20	11	227	159	67	1	1	
30-34	**176**	**103**	**73**	**1066**	**723**	**343**	**2**	**1**	**1**
30	29	22	7	230	154	76	1	1	
31	32	14	18	208	149	60			
32	26	15	11	187	126	61			
33	38	24	14	261	184	77	1		1
34	50	28	22	181	111	70			
35-39	**200**	**110**	**90**	**806**	**553**	**253**			
35	32	20	12	182	123	59			
36	38	23	15	168	114	54			
37	41	18	24	154	108	46			
38	38	20	19	149	101	47			
39	50	29	21	153	106	46			
40-44	**375**	**201**	**174**	**948**	**601**	**347**	**2**		**2**
40	52	28	23	164	104	60	1		1
41	78	41	38	194	124	70	1		1
42	78	38	40	207	129	78			
43	70	42	28	177	116	60	1		1
44	98	52	46	206	128	79			
45-49	**626**	**327**	**299**	**903**	**642**	**261**	**2**	**1**	**1**
45	114	61	53	231	158	73			
46	109	57	53	195	134	61	1	1	
47	133	72	61	172	120	51	1		1
48	113	56	58	147	119	28			
49	157	82	75	158	111	47			
50-54	**815**	**416**	**398**	**691**	**559**	**132**	**2**	**1**	**1**
50	185	88	97	164	129	35			
51	157	79	78	162	132	31			
52	210	105	105	185	151	35	1	1	
53	160	90	71	118	98	20	1		1
54	102	55	47	61	50	11			
55-59	**701**	**417**	**284**	**248**	**227**	**20**	**1**	**1**	
55	164	90	74	59	51	8			
56	145	90	55	48	46	1			
57	132	80	52	57	52	5			
58	128	79	49	58	55	3			
59	131	77	54	27	23	4	1	1	
60-64	**524**	**344**	**180**	**100**	**96**	**3**			
60	140	95	45	29	27	1			
61	96	57	38	33	31	2			
62	114	81	33	15	15				
63	105	67	39	11	11				
64	69	44	25	11	11				
65及以上	**300**	**221**	**79**	**22**	**18**	**3**			

5-6 全市分受教育程度、性别、职业大类的就业人口

单位：人

职业大类	就业人口			未上过学			小学		
	合计	男	女	小计	男	女	小计	男	女
总 计	**171691**	**101492**	**70199**	**728**	**283**	**445**	**7850**	**4801**	**3049**
党的机关、国家机关、群众团体和社会组织、企事业单位负责人	6716	4744	1972	2	1	2	70	49	21
专业技术人员	41201	19098	22103	10	3	7	213	143	71
办事人员和有关人员	21215	12221	8994	43	37	5	327	265	62
社会生产服务和生活服务人员	73698	43672	30027	444	137	306	3831	1838	1993
农、林、牧、渔业生产及辅助人员	4800	2793	2007	136	59	77	951	538	413
生产制造及有关人员	23939	18891	5048	90	44	46	2447	1963	484
不便分类的其他从业人员	123	73	49	3	1	2	11	6	5

5-6 续表 1

单位：人

职业大类	初中			普通高中			中职		
	小计	男	女	小计	男	女	小计	男	女
总 计	**44337**	**30076**	**14261**	**21335**	**13986**	**7348**	**12020**	**7376**	**4644**
党的机关、国家机关、群众团体和社会组织、企事业单位负责人	810	632	179	782	587	195	320	219	101
专业技术人员	2148	1408	740	2332	1317	1015	1997	818	1179
办事人员和有关人员	2699	2197	502	2233	1567	666	1203	714	490
社会生产服务和生活服务人员	23378	14144	9234	12213	7560	4653	6153	3794	2360
农、林、牧、渔业生产及辅助人员	2938	1744	1193	503	280	223	128	85	43
生产制造及有关人员	12339	9935	2404	3259	2668	591	2213	1743	470
不便分类的其他从业人员	25	16	9	12	8	4	6	3	3

5-6 续表 2

单位：人

职业大类	大学专科			大学本科			研究生		
	小计	男	女	小计	男	女	小计	男	女
总 计	**27753**	**14819**	**12934**	**44206**	**23046**	**21160**	**13461**	**7104**	**6357**
党的机关、国家机关、群众团体和社会组织、企事业单位负责人	1313	953	360	2597	1730	867	821	572	249
专业技术人员	8238	3338	4900	18610	8282	10328	7652	3788	3863
办事人员和有关人员	4549	2349	2200	8076	4012	4064	2084	1080	1004
社会生产服务和生活服务人员	11643	6712	4931	13444	8013	5431	2593	1474	1119
农、林、牧、渔业生产及辅助人员	88	57	32	39	22	17	17	8	8
生产制造及有关人员	1893	1392	501	1411	970	441	287	176	111
不便分类的其他从业人员	28	18	11	29	16	13	8	5	3

5-6a 全市分受教育程度、性别、职业大类的就业人口(城市)

单位：人

职业大类	就业人口			未上过学			小学		
	合计	男	女	小计	男	女	小计	男	女
总计	**135882**	**78886**	**56996**	**453**	**162**	**291**	**4882**	**2950**	**1932**
党的机关、国家机关、群众团体和社会组织、企事业单位负责人	5891	4109	1782	2		2	48	33	15
专业技术人员	37255	17235	20020	8	2	6	134	83	51
办事人员和有关人员	18573	10597	7975	34	30	4	234	197	37
社会生产服务和生活服务人员	59529	34996	24533	358	106	252	2919	1330	1589
农、林、牧、渔业生产及辅助人员	347	202	145	8	4	5	53	33	20
生产制造及有关人员	14186	11684	2502	41	19	22	1484	1268	217
不便分类的其他从业人员	101	63	37	2	1	1	9	6	3

5-6a 续表 1

单位：人

职业大类	初中			普通高中			中职		
	小计	男	女	小计	男	女	小计	男	女
总计	**26898**	**18456**	**8443**	**16781**	**11046**	**5735**	**8195**	**4887**	**3308**
党的机关、国家机关、群众团体和社会组织、企事业单位负责人	516	401	115	630	461	169	233	159	74
专业技术人员	1385	890	495	1914	1096	818	1525	611	913
办事人员和有关人员	1867	1610	257	1916	1356	561	897	527	371
社会生产服务和生活服务人员	16319	9687	6631	10121	6272	3849	4504	2760	1744
农、林、牧、渔业生产及辅助人员	177	101	76	42	25	16	12	6	6
生产制造及有关人员	6619	5756	863	2148	1829	319	1021	822	199
不便分类的其他从业人员	16	11	5	9	7	2	4	3	1

5-6a 续表 2

单位：人

职业大类	大学专科			大学本科			研究生		
	小计	男	女	小计	男	女	小计	男	女
总计	**23982**	**12735**	**11246**	**41431**	**21642**	**19789**	**13260**	**7008**	**6253**
党的机关、国家机关、群众团体和社会组织、企事业单位负责人	1156	832	324	2498	1658	840	808	565	243
专业技术人员	7237	2961	4276	17486	7833	9654	7566	3759	3807
办事人员和有关人员	4026	2077	1950	7545	3739	3806	2053	1062	990
社会生产服务和生活服务人员	10147	5853	4294	12613	7540	5073	2550	1448	1102
农、林、牧、渔业生产及辅助人员	21	15	6	25	15	10	10	4	6
生产制造及有关人员	1370	984	386	1236	842	395	266	165	101
不便分类的其他从业人员	25	14	10	27	16	12	8	5	3

5-6b 全市分受教育程度、性别、职业大类的就业人口(镇)

单位：人

职业大类	就业人口			未上过学			小学		
	合计	男	女	小计	男	女	小计	男	女
总计	**10972**	**6888**	**4084**	**50**	**21**	**29**	**674**	**469**	**205**
党的机关、国家机关、群众团体和社会组织、企事业单位负责人	266	207	59	1	1		6	4	2
专业技术人员	1668	749	920				10	5	5
办事人员和有关人员	1042	607	435	1	1		21	18	3
社会生产服务和生活服务人员	4988	3090	1899	28	8	20	279	161	117
农、林、牧、渔业生产及辅助人员	531	320	211	12	6	7	124	87	37
生产制造及有关人员	2468	1910	558	8	6	2	234	193	41
不便分类的其他从业人员	8	5	3						

5-6b 续表 1

单位：人

职业大类	初中			普通高中			中职		
	小计	男	女	小计	男	女	小计	男	女
总计	**4356**	**2943**	**1413**	**1470**	**968**	**502**	**1153**	**736**	**417**
党的机关、国家机关、群众团体和社会组织、企事业单位负责人	78	64	14	33	28	6	26	19	6
专业技术人员	210	136	74	157	88	70	157	70	87
办事人员和有关人员	220	141	80	108	72	36	98	54	44
社会生产服务和生活服务人员	2248	1404	843	805	513	292	528	348	181
农、林、牧、渔业生产及辅助人员	307	175	133	59	34	24	6	4	2
生产制造及有关人员	1291	1022	268	307	233	74	336	240	96
不便分类的其他从业人员	2	2		2		1	2		2

5-6b 续表 2

单位：人

职业大类	大学专科			大学本科			研究生		
	小计	男	女	小计	男	女	小计	男	女
总计	**1582**	**882**	**699**	**1539**	**797**	**742**	**148**	**71**	**77**
党的机关、国家机关、群众团体和社会组织、企事业单位负责人	61	47	14	52	39	12	9	5	4
专业技术人员	440	169	271	636	263	372	60	18	42
办事人员和有关人员	242	127	115	323	177	146	28	16	12
社会生产服务和生活服务人员	632	384	248	441	254	186	29	18	11
农、林、牧、渔业生产及辅助人员	14	7	7	4	3	1	4	4	
生产制造及有关人员	191	147	44	84	59	25	18	10	8
不便分类的其他从业人员	2	2		1	1				

5-6c 全市分受教育程度、性别、职业大类的就业人口(乡村)

单位：人

职业大类	就业人口			未上过学			小学		
	合计	男	女	小计	男	女	小计	男	女
总计	**24837**	**15718**	**9119**	**226**	**100**	**126**	**2294**	**1382**	**912**
党的机关、国家机关、群众团体和社会组织、企事业单位负责人	558	427	131				16	12	4
专业技术人员	2277	1114	1163	2	1	1	69	54	15
办事人员和有关人员	1600	1017	583	8	6	1	72	50	22
社会生产服务和生活服务人员	9181	5586	3595	58	24	35	633	346	287
农、林、牧、渔业生产及辅助人员	3922	2271	1651	116	50	66	773	417	356
生产制造及有关人员	7285	5297	1988	41	18	22	728	502	226
不便分类的其他从业人员	14	6	9	1		1	2		2

5-6c 续表 1

单位：人

职业大类	初中			普通高中			中职		
	小计	男	女	小计	男	女	小计	男	女
总计	**13083**	**8677**	**4405**	**3083**	**1972**	**1111**	**2672**	**1753**	**919**
党的机关、国家机关、群众团体和社会组织、企事业单位负责人	216	166	50	118	98	20	61	41	20
专业技术人员	553	382	171	260	133	127	316	137	179
办事人员和有关人员	612	447	165	209	139	69	208	132	75
社会生产服务和生活服务人员	4812	3053	1759	1288	775	513	1121	686	435
农、林、牧、渔业生产及辅助人员	2454	1469	985	403	220	183	110	75	35
生产制造及有关人员	4429	3157	1272	804	606	198	856	681	175
不便分类的其他从业人员	7	3	4	1		1			

5-6c 续表 2

单位：人

职业大类	大学专科			大学本科			研究生		
	小计	男	女	小计	男	女	小计	男	女
总计	**2190**	**1201**	**988**	**1237**	**607**	**630**	**54**	**25**	**28**
党的机关、国家机关、群众团体和社会组织、企事业单位负责人	96	74	22	47	33	14	4	3	1
专业技术人员	562	209	353	488	186	302	26	11	14
办事人员和有关人员	281	145	136	208	95	113	4	2	2
社会生产服务和生活服务人员	864	476	388	391	219	172	14	8	7
农、林、牧、渔业生产及辅助人员	53	34	19	11	5	6	3	1	2
生产制造及有关人员	332	262	71	91	69	22	3	1	2
不便分类的其他从业人员	2	1	1	1		1			

5-7 各地区分性别、受教育程度的就业人口

单位：人

地 区	就业人口			未上过学			小 学		
	合计	男	女	小计	男	女	小计	男	女
全 市	**171691**	**101492**	**70199**	**728**	**283**	**445**	**7850**	**4801**	**3049**
东城区	6084	3384	2700	18	3	15	135	68	67
西城区	9771	5315	4456	31	3	28	212	72	139
朝阳区	35197	21375	13823	130	54	75	1899	1278	620
丰台区	16950	9569	7380	51	17	34	476	256	220
石景山区	4748	2671	2077	15	3	11	170	90	80
海淀区	27309	15089	12220	106	31	74	794	432	361
门头沟区	1740	1064	676	5	2	3	78	54	24
房山区	7319	4634	2685	31	18	13	395	266	130
通州区	10314	6296	4018	30	13	16	524	319	205
顺义区	8581	5286	3294	51	21	30	475	295	181
昌平区	18205	11188	7017	59	24	35	747	465	282
大兴区	13607	8283	5324	78	38	40	955	572	383
怀柔区	3109	2010	1098	31	16	15	198	125	73
平谷区	3166	1877	1289	26	4	22	249	139	110
密云区	3298	2100	1198	32	15	18	339	243	97
延庆区	2293	1352	941	36	19	16	204	128	76

5-7 续表 1

单位：人

地 区	初 中			普通高中			中 职		
	小计	男	女	小计	男	女	小计	男	女
全 市	**44337**	**30076**	**14261**	**21335**	**13986**	**7348**	**12020**	**7376**	**4644**
东城区	1079	698	381	988	627	360	435	247	189
西城区	1363	921	442	1224	834	390	464	263	201
朝阳区	8437	6263	2174	4198	2971	1227	2173	1320	853
丰台区	3365	2056	1309	2494	1597	897	1137	662	475
石景山区	888	596	292	598	384	214	297	170	127
海淀区	4047	2701	1346	3081	1925	1156	1141	657	484
门头沟区	479	332	148	264	170	94	184	117	67
房山区	2985	2066	919	743	490	254	796	506	290
通州区	3717	2517	1200	1200	780	420	1081	637	444
顺义区	3595	2412	1184	1065	676	389	834	523	311
昌平区	4606	3083	1523	2037	1290	747	1206	728	479
大兴区	5150	3421	1729	1667	1112	555	1045	684	361
怀柔区	1021	704	317	488	324	164	405	319	86
平谷区	1323	840	483	471	290	181	355	230	125
密云区	1351	905	446	480	318	162	250	165	85
延庆区	928	562	366	334	196	138	217	147	70

5-7 续表 2

单位：人

地　区	大学专科			大学本科			研究生		
	小计	男	女	小计	男	女	小计	男	女
全　市	**27753**	**14819**	**12934**	**44206**	**23046**	**21160**	**13461**	**7104**	**6357**
东城区	1129	581	548	1828	926	903	472	234	237
西城区	1537	746	791	3405	1662	1742	1537	813	724
朝阳区	5419	2811	2608	9780	5057	4723	3161	1619	1542
丰台区	3114	1678	1437	4975	2585	2389	1338	719	619
石景山区	925	442	483	1517	800	717	338	186	152
海淀区	4510	2295	2215	9400	4799	4601	4229	2247	1982
门头沟区	332	175	157	328	163	165	69	51	18
房山区	1219	704	516	1057	533	524	91	51	40
通州区	1655	889	765	1861	1006	855	246	134	112
顺义区	1099	612	487	1271	647	624	191	101	90
昌平区	3405	2022	1383	4886	2890	1996	1259	687	572
大兴区	1880	1017	863	2382	1208	1174	450	231	219
怀柔区	475	285	190	455	227	228	35	10	25
平谷区	376	191	185	350	176	174	15	6	9
密云区	401	219	182	426	227	199	20	9	11
延庆区	277	153	124	286	141	145	12	6	6

5-7a　各地区分性别、受教育程度的就业人口(城市)

单位：人

地　区	就业人口			未上过学			小　学		
	合计	男	女	小计	男	女	小计	男	女
全　市	**135882**	**78886**	**56996**	**453**	**162**	**291**	**4882**	**2950**	**1932**
东城区	6084	3384	2700	18	3	15	135	68	67
西城区	9771	5315	4456	31	3	28	212	72	139
朝阳区	34969	21223	13746	130	54	75	1879	1266	613
丰台区	16705	9418	7287	51	17	34	467	252	216
石景山区	4748	2671	2077	15	3	11	170	90	80
海淀区	26695	14758	11937	106	31	74	762	421	341
门头沟区	1117	673	443	3	1	1	46	33	13
房山区	4439	2741	1698	15	7	8	247	164	84
通州区	4207	2377	1830	4	2	3	80	47	33
顺义区	3654	2160	1493	3		3	104	61	43
昌平区	12192	7367	4825	20	8	12	250	147	103
大兴区	8159	4878	3281	44	25	19	387	241	146
怀柔区	1851	1159	693	9	5	4	68	46	23
平谷区	1292	762	530	5	1	4	73	43	30

5-7a　续表 1

单位：人

地　区	初　中			普通高中			中　职		
	小计	男	女	小计	男	女	小计	男	女
全　市	**26898**	**18456**	**8443**	**16781**	**11046**	**5735**	**8195**	**4887**	**3308**
东城区	1079	698	381	988	627	360	435	247	189
西城区	1363	921	442	1224	834	390	464	263	201
朝阳区	8307	6174	2133	4159	2943	1216	2163	1315	848
丰台区	3290	2006	1284	2458	1569	889	1105	642	463
石景山区	888	596	292	598	384	214	297	170	127
海淀区	3809	2544	1265	2965	1863	1102	1097	640	457
门头沟区	241	164	76	173	115	58	101	64	38
房山区	1485	1013	472	463	307	156	406	240	166
通州区	504	324	180	479	309	170	267	143	124
顺义区	847	582	265	480	291	189	325	205	120
昌平区	1946	1276	670	1249	782	467	701	427	274
大兴区	2185	1496	690	1048	702	346	499	306	193
怀柔区	520	377	143	308	200	107	209	148	61
平谷区	433	284	150	190	120	70	125	77	48

5-7a　续表 2

单位：人

地　区	大学专科			大学本科			研究生		
	小计	男	女	小计	男	女	小计	男	女
全　市	**23982**	**12735**	**11246**	**41431**	**21642**	**19789**	**13260**	**7008**	**6253**
东城区	1129	581	548	1828	926	903	472	234	237
西城区	1537	746	791	3405	1662	1742	1537	813	724
朝阳区	5404	2804	2600	9765	5047	4718	3161	1619	1542
丰台区	3070	1651	1419	4927	2563	2365	1336	719	618
石景山区	925	442	483	1517	800	717	338	186	152
海淀区	4401	2250	2151	9329	4762	4567	4226	2246	1980
门头沟区	235	118	117	257	131	125	60	46	14
房山区	860	504	356	879	460	419	83	46	37
通州区	1088	575	513	1557	853	704	227	123	103
顺义区	701	395	306	1017	532	485	176	94	82
昌平区	2685	1592	1093	4169	2489	1680	1171	644	527
大兴区	1431	794	637	2133	1094	1039	431	220	211
怀柔区	316	180	135	392	192	200	30	10	21
平谷区	199	102	97	254	129	125	11	6	6

5-7b 各地区分性别、受教育程度的就业人口(镇)

单位：人

地　区	就业人口			未上过学			小　学		
	合计	男	女	小计	男	女	小计	男	女
全　市	**10972**	**6888**	**4084**	**50**	**21**	**29**	**674**	**469**	**205**
朝阳区									
丰台区	142	87	56				4	1	3
海淀区									
门头沟区	397	244	153	1		1	20	15	5
房山区	792	513	279	3	3		18	11	7
通州区	2065	1309	756	8	2	6	96	53	42
顺义区	834	554	279	7	3	3	34	23	12
昌平区	2467	1564	903	9	3	5	173	130	44
大兴区	549	350	200	7	3	4	64	40	24
怀柔区	172	106	66	5	3	2	14	9	6
平谷区	471	287	184	1		1	32	20	12
密云区	1965	1224	741	6	2	5	180	144	36
延庆区	1116	650	466	3	2		38	23	15

5-7b 续表 1

单位：人

地　区	初　中			普通高中			中　职		
	小计	男	女	小计	男	女	小计	男	女
全　市	**4356**	**2943**	**1413**	**1470**	**968**	**502**	**1153**	**736**	**417**
朝阳区									
丰台区	34	24	11	17	14	3	11	7	4
海淀区									
门头沟区	130	89	41	60	36	23	50	32	18
房山区	347	248	99	83	57	26	129	86	44
通州区	962	648	314	268	181	87	326	193	133
顺义区	485	334	150	112	78	34	72	48	24
昌平区	941	652	289	283	172	111	196	130	66
大兴区	218	150	68	78	57	21	52	39	13
怀柔区	55	33	22	37	29	8	15	9	6
平谷区	216	144	73	71	44	27	64	37	27
密云区	610	404	206	294	197	97	138	89	50
延庆区	357	217	140	168	103	64	99	67	33

5-7b 续表 2

单位：人

地 区	大学专科			大学本科			研究生		
	小计	男	女	小计	男	女	小计	男	女
全 市	**1582**	**882**	**699**	**1539**	**797**	**742**	**148**	**71**	**77**
朝阳区									
丰台区	35	21	14	40	20	20	1		1
海淀区									
门头沟区	74	41	32	55	26	29	7	4	3
房山区	130	76	54	78	31	47	3	2	2
通州区	234	142	93	158	85	74	14	7	7
顺义区	65	38	27	57	28	29	3	2	1
昌平区	380	215	165	406	225	182	79	37	42
大兴区	72	34	39	48	22	27	10	5	4
怀柔区	27	13	14	17	10	7	1	1	1
平谷区	59	28	31	27	14	13			
密云区	317	168	149	400	212	189	20	9	11
延庆区	189	106	82	252	125	127	10	6	5

5-7c 各地区分性别、受教育程度的就业人口(乡村)

单位：人

地 区	就业人口			未上过学			小 学		
	合计	男	女	小计	男	女	小计	男	女
全 市	**24837**	**15718**	**9119**	**226**	**100**	**126**	**2294**	**1382**	**912**
朝阳区	228	151	77				20	13	7
丰台区	103	64	38				4	3	1
海淀区	614	331	283				32	11	20
门头沟区	226	147	80	1	1	1	12	6	6
房山区	2088	1379	709	13	7	5	129	91	38
通州区	4042	2609	1432	18	10	8	348	218	129
顺义区	4093	2572	1522	41	18	23	337	211	126
昌平区	3546	2257	1288	31	13	18	323	188	135
大兴区	4898	3055	1843	27	10	17	504	291	213
怀柔区	1086	746	340	17	8	9	115	70	45
平谷区	1403	828	575	20	3	17	143	76	68
密云区	1333	876	457	26	13	13	160	98	61
延庆区	1177	702	475	33	17	16	166	105	61

5-7c 续表 1 单位：人

地区	初中			普通高中			中职		
	小计	男	女	小计	男	女	小计	男	女
全市	**13083**	**8677**	**4405**	**3083**	**1972**	**1111**	**2672**	**1753**	**919**
朝阳区	130	88	41	40	28	11	10	5	5
丰台区	41	26	15	20	15	5	20	12	8
海淀区	238	157	81	116	62	54	44	17	27
门头沟区	108	78	30	32	19	12	33	21	11
房山区	1153	805	348	197	126	71	261	180	81
通州区	2252	1545	706	454	291	163	488	301	186
顺义区	2264	1496	768	473	307	166	437	270	167
昌平区	1719	1155	564	505	335	170	309	171	138
大兴区	2747	1775	972	541	353	188	494	339	155
怀柔区	446	294	152	144	95	49	182	163	19
平谷区	674	413	261	210	127	83	166	116	50
密云区	741	500	240	186	122	64	112	77	35
延庆区	571	345	226	166	93	74	118	80	38

5-7c 续表 2 单位：人

地区	大学专科			大学本科			研究生		
	小计	男	女	小计	男	女	小计	男	女
全市	**2190**	**1201**	**988**	**1237**	**607**	**630**	**54**	**25**	**28**
朝阳区	15	7	8	14	10	5			
丰台区	10	5	4	8	3	5			
海淀区	110	46	64	71	37	34	4	1	2
门头沟区	23	16	8	16	6	10	1	1	1
房山区	230	123	106	100	42	58	5	4	1
通州区	332	172	160	146	68	78	5	4	1
顺义区	333	178	154	197	87	111	12	5	7
昌平区	339	214	125	310	175	134	9	5	3
大兴区	376	189	187	200	92	108	9	5	4
怀柔区	132	91	41	46	25	21	4		4
平谷区	118	61	57	69	32	37	3		3
密云区	84	50	33	26	15	11			
延庆区	88	47	41	34	16	19	1		1

6 婚姻

6-1 全市分年龄、性别、婚姻状况的人口

单位：人

年 龄	合 计			未 婚		
	合计	男	女	小计	男	女
总 计	**300830**	**157063**	**143768**	**68685**	**40131**	**28555**
15-19	**9389**	**5113**	**4277**	**9275**	**5054**	**4221**
15	1028	578	451	1027	577	451
16	1116	602	514	1111	599	512
17	1662	909	753	1643	897	746
18	2561	1365	1196	2525	1342	1183
19	3021	1658	1363	2969	1640	1329
20-24	**32126**	**18896**	**13230**	**28872**	**17324**	**11548**
20	6581	3830	2751	6444	3774	2671
21	6411	3897	2514	6124	3762	2362
22	6826	4008	2818	6316	3771	2545
23	6285	3664	2621	5340	3225	2116
24	6024	3498	2526	4647	2792	1855
25-29	**43049**	**23046**	**20003**	**20548**	**11999**	**8549**
25	8654	4777	3877	5863	3415	2448
26	8687	4734	3953	4980	2946	2034
27	8657	4624	4032	3984	2362	1622
28	9044	4669	4375	3294	1827	1467
29	8008	4241	3767	2428	1450	978
30-34	**35835**	**18475**	**17360**	**5505**	**3092**	**2412**
30	6687	3463	3224	1482	825	657
31	6768	3522	3245	1236	724	512
32	7339	3802	3537	1149	638	511
33	8325	4206	4119	938	517	421
34	6716	3481	3235	700	388	311
35-39	**27541**	**14343**	**13199**	**1807**	**959**	**849**
35	6318	3249	3069	555	301	254
36	6090	3132	2958	402	194	208
37	5627	2980	2646	376	199	178
38	4698	2449	2250	266	152	114
39	4809	2533	2276	208	112	96
40-44	**26518**	**14006**	**12512**	**903**	**498**	**405**
40	4702	2445	2257	179	97	83
41	4955	2649	2307	158	84	74
42	5657	2974	2683	176	109	67
43	5492	2875	2618	190	92	99
44	5712	3064	2648	199	117	82
45-49	**25544**	**13733**	**11811**	**717**	**489**	**228**
45	5917	3225	2692	166	111	55
46	5344	2847	2497	194	124	70
47	5673	3002	2670	185	125	61
48	4162	2185	1977	103	78	24
49	4448	2473	1975	68	51	17
50-54	**24893**	**13040**	**11853**	**364**	**241**	**123**
50	4792	2539	2253	85	50	35
51	5366	2821	2545	89	60	29
52	6826	3592	3235	86	63	23
53	4670	2481	2189	65	51	14
54	3238	1607	1631	39	17	22
55-59	**21192**	**10645**	**10547**	**259**	**180**	**79**
55	4216	2094	2122	40	28	12
56	3750	1980	1770	39	28	11
57	4397	2192	2205	63	38	25
58	4513	2274	2238	63	45	18
59	4316	2104	2212	55	42	13
60-64	**19131**	**9266**	**9866**	**214**	**143**	**71**
60	4377	2125	2252	49	27	22
61	4170	2033	2137	48	37	11
62	3769	1792	1977	50	32	18
63	3772	1843	1929	51	36	15
64	3042	1471	1571	16	11	5
65及以上	**35613**	**16501**	**19112**	**222**	**151**	**71**

6-1 续表 单位：人

年 龄	有配偶			离 婚			丧 偶		
	小计	男	女	小计	男	女	小计	男	女
总 计	**215191**	**111598**	**103593**	**5805**	**2551**	**3254**	**11149**	**2783**	**8366**
15-19	**114**	**59**	**56**						
15	1	1							
16	6	3	2						
17	19	12	7						
18	36	24	12						
19	53	19	34						
20-24	**3242**	**1567**	**1674**	**12**	**5**	**7**			
20	136	56	80						
21	285	133	152	2	2				
22	509	237	272	1		1			
23	942	439	504	2	1	1			
24	1370	703	667	7	2	5			
25-29	**22297**	**10933**	**11364**	**197**	**113**	**84**	**7**	**1**	**6**
25	2772	1355	1417	19	7	12	1	1	
26	3676	1768	1909	30	21	10			
27	4639	2243	2395	33	19	15	1		1
28	5692	2811	2880	57	31	25	2		2
29	5518	2755	2763	59	36	23	3		3
30-34	**29845**	**15147**	**14698**	**471**	**229**	**242**	**15**	**7**	**8**
30	5135	2598	2537	70	41	29	1		1
31	5459	2762	2697	71	36	36	1		1
32	6091	3120	2971	97	43	54	2	1	2
33	7261	3620	3641	122	68	55	3	1	2
34	5899	3046	2853	110	42	69	7	5	2
35-39	**25095**	**13125**	**11970**	**595**	**254**	**341**	**44**	**5**	**39**
35	5629	2894	2735	127	53	74	6	1	5
36	5562	2883	2679	119	53	66	7	2	5
37	5136	2740	2396	105	41	64	10	1	9
38	4316	2257	2059	108	39	69	9	1	8
39	4453	2351	2101	136	68	68	12	1	12
40-44	**24687**	**13139**	**11548**	**819**	**343**	**476**	**109**	**27**	**82**
40	4394	2299	2095	115	46	69	13	2	10
41	4647	2508	2139	127	53	74	24	5	19
42	5298	2788	2510	168	73	94	16	4	12
43	5092	2694	2398	178	80	98	32	9	23
44	5256	2849	2407	232	91	141	25	7	18
45-49	**23753**	**12840**	**10913**	**878**	**367**	**511**	**196**	**37**	**159**
45	5498	3012	2486	216	97	119	37	6	31
46	4936	2642	2294	182	75	106	32	7	26
47	5246	2787	2459	199	83	116	42	8	35
48	3874	2048	1825	151	55	96	35	4	31
49	4200	2352	1848	131	57	73	49	13	36
50-54	**23097**	**12264**	**10833**	**1047**	**450**	**597**	**385**	**84**	**301**
50	4462	2402	2060	190	75	115	55	12	43
51	4951	2645	2305	249	104	144	78	11	66
52	6367	3397	2969	276	109	168	98	23	75
53	4301	2294	2007	210	106	104	94	31	64
54	3017	1526	1492	122	56	66	60	7	53
55-59	**19461**	**9941**	**9519**	**821**	**377**	**443**	**651**	**146**	**505**
55	3904	1951	1953	193	105	88	79	11	68
56	3467	1855	1611	141	71	69	105	26	78
57	4031	2055	1975	175	69	106	128	29	99
58	4092	2105	1986	175	76	100	182	48	134
59	3968	1975	1993	137	56	80	157	32	125
60-64	**17370**	**8696**	**8674**	**475**	**195**	**281**	**1072**	**232**	**841**
60	3993	2003	1989	127	49	78	209	46	163
61	3819	1905	1915	108	44	63	195	47	148
62	3383	1656	1727	103	47	56	233	57	176
63	3415	1728	1687	78	37	41	228	42	186
64	2760	1404	1356	59	17	42	207	39	168
65及以上	**26231**	**13887**	**12344**	**489**	**217**	**272**	**8670**	**2245**	**6425**

6-1a 全市分年龄、性别、婚姻状况的人口(城市)

单位：人

年龄	合计			未婚		
	合计	男	女	小计	男	女
总 计	**240812**	**125397**	**115415**	**58468**	**34082**	**24386**
15-19	**6750**	**3817**	**2933**	**6660**	**3769**	**2891**
15	674	398	276	673	396	276
16	782	442	341	779	440	339
17	1233	678	555	1218	670	548
18	1969	1074	895	1936	1050	886
19	2093	1226	867	2054	1212	842
20-24	**27316**	**16126**	**11190**	**25027**	**15011**	**10016**
20	5479	3301	2178	5378	3258	2120
21	5533	3346	2187	5331	3251	2080
22	5994	3501	2493	5627	3321	2306
23	5401	3142	2259	4734	2831	1903
24	4909	2835	2073	3958	2350	1608
25-29	**35284**	**18912**	**16373**	**18233**	**10536**	**7697**
25	7137	3935	3201	5141	2960	2181
26	7131	3914	3217	4409	2565	1844
27	7065	3768	3297	3554	2105	1449
28	7385	3830	3555	2959	1629	1330
29	6568	3465	3102	2171	1278	893
30-34	**29608**	**15110**	**14497**	**4944**	**2752**	**2192**
30	5415	2774	2641	1290	710	580
31	5562	2861	2701	1129	656	473
32	6148	3161	2987	1040	574	467
33	6895	3420	3475	846	455	390
34	5588	2895	2694	638	357	282
35-39	**22872**	**11757**	**11115**	**1635**	**843**	**793**
35	5224	2667	2557	499	260	240
36	5055	2559	2496	358	168	191
37	4686	2460	2226	344	181	163
38	3932	2013	1919	246	136	110
39	3975	2058	1918	188	98	90
40-44	**21034**	**11043**	**9991**	**762**	**398**	**365**
40	3840	1976	1863	154	77	77
41	3963	2109	1854	137	67	71
42	4519	2365	2154	150	90	60
43	4310	2232	2078	162	72	90
44	4402	2361	2041	160	92	68
45-49	**19504**	**10426**	**9077**	**573**	**386**	**187**
45	4601	2489	2113	137	90	47
46	4141	2174	1966	155	101	53
47	4408	2321	2086	151	101	50
48	3048	1592	1456	75	55	20
49	3307	1850	1456	55	39	17
50-54	**18919**	**9890**	**9029**	**278**	**182**	**96**
50	3450	1824	1626	67	37	29
51	4043	2111	1932	65	40	24
52	5294	2778	2517	64	44	19
53	3595	1922	1673	57	46	10
54	2537	1256	1281	26	14	12
55-59	**16365**	**8194**	**8172**	**161**	**102**	**59**
55	3237	1610	1627	31	20	10
56	2819	1497	1322	24	14	10
57	3386	1688	1698	36	19	18
58	3553	1771	1782	30	21	8
59	3370	1628	1742	40	28	12
60-64	**14710**	**7032**	**7678**	**111**	**57**	**54**
60	3387	1628	1759	35	14	22
61	3236	1571	1665	23	16	7
62	2882	1347	1535	27	12	15
63	2893	1371	1522	22	14	9
64	2312	1116	1196	3	2	1
65及以上	**28449**	**13089**	**15360**	**85**	**47**	**37**

6-1a 续表 单位：人

年 龄	有配偶			离 婚			丧 偶		
	小计	男	女	小计	男	女	小计	男	女
总 计	**169125**	**87332**	**81793**	**4861**	**1996**	**2865**	**8358**	**1987**	**6371**
15-19	**91**	**48**	**42**						
15	1	1							
16	4	2	2						
17	15	8	6						
18	32	23	9						
19	39	14	25						
20-24	**2282**	**1111**	**1170**	**7**	**4**	**3**			
20	101	43	58						
21	201	93	108	2	2				
22	367	181	186						
23	666	310	356	1	1				
24	946	484	462	5	2	3			
25-29	**16911**	**8299**	**8613**	**137**	**77**	**60**	**4**		**4**
25	1983	973	1011	12	2	10			
26	2701	1333	1368	21	16	5			
27	3484	1648	1836	28	16	12			
28	4387	2179	2208	37	22	15	1		1
29	4356	2167	2190	38	21	17	2		2
30-34	**24311**	**12197**	**12114**	**345**	**156**	**189**	**8**	**5**	**2**
30	4070	2032	2038	54	32	23			
31	4386	2185	2201	47	20	27			
32	5035	2558	2478	73	30	43			
33	5958	2916	3042	88	48	41	3	1	2
34	4862	2506	2356	83	28	55	5	4	
35-39	**20735**	**10734**	**10001**	**474**	**179**	**295**	**28**	**2**	**26**
35	4618	2372	2246	103	35	68	3		3
36	4604	2354	2250	87	35	52	5	2	3
37	4244	2246	1999	89	33	56	9		9
38	3594	1852	1742	88	25	62	4		4
39	3674	1910	1764	107	49	58	6		6
40-44	**19539**	**10379**	**9160**	**654**	**248**	**407**	**79**	**19**	**59**
40	3583	1865	1718	93	33	61	9	1	7
41	3709	2000	1709	99	38	61	18	4	14
42	4221	2217	2004	137	55	82	12	3	9
43	3986	2091	1895	139	62	77	23	8	15
44	4040	2206	1833	185	60	126	17	3	14
45-49	**18062**	**9730**	**8333**	**738**	**293**	**445**	**131**	**18**	**113**
45	4260	2318	1942	184	79	104	20	1	19
46	3811	2009	1802	152	60	92	23	5	18
47	4064	2157	1906	165	62	103	28	1	27
48	2823	1494	1330	125	43	82	24	1	24
49	3105	1752	1352	112	49	63	34	10	24
50-54	**17453**	**9275**	**8178**	**912**	**375**	**536**	**277**	**58**	**219**
50	3188	1724	1464	153	53	100	43	9	33
51	3706	1979	1726	214	85	128	59	6	53
52	4917	2628	2289	244	90	153	69	15	54
53	3285	1758	1527	188	95	92	65	22	43
54	2357	1185	1171	113	51	62	41	6	35
55-59	**14987**	**7676**	**7311**	**743**	**323**	**419**	**475**	**93**	**382**
55	2977	1494	1484	175	91	84	54	5	49
56	2591	1407	1185	125	59	66	78	17	61
57	3098	1589	1509	157	60	98	94	20	73
58	3221	1653	1568	166	69	97	136	27	110
59	3099	1533	1566	119	44	75	112	23	88
60-64	**13421**	**6677**	**6745**	**421**	**162**	**259**	**757**	**136**	**621**
60	3086	1546	1540	110	39	72	156	30	125
61	2986	1488	1498	98	41	57	129	26	102
62	2595	1259	1336	94	43	51	165	32	133
63	2637	1306	1331	68	29	39	165	22	144
64	2117	1078	1039	50	10	39	142	25	117
65及以上	**21333**	**11207**	**10126**	**430**	**179**	**251**	**6601**	**1656**	**4945**

6-1b 全市分年龄、性别、婚姻状况的人口(镇)

单位：人

年 龄	合 计			未 婚		
	合计	男	女	小计	男	女
总 计	**18386**	**9839**	**8547**	**3238**	**2079**	**1160**
15-19	**685**	**393**	**291**	**678**	**390**	**288**
15	81	46	35	81	46	35
16	66	39	27	64	37	27
17	81	52	29	80	52	29
18	148	94	54	146	93	52
19	309	163	146	307	162	145
20-24	**1640**	**1052**	**588**	**1374**	**927**	**447**
20	411	274	137	401	271	130
21	346	245	101	322	229	93
22	264	164	101	230	151	80
23	291	171	120	207	133	74
24	329	199	130	214	144	70
25-29	**2582**	**1378**	**1205**	**824**	**520**	**304**
25	501	278	223	259	161	98
26	524	281	244	203	127	76
27	516	274	243	158	96	61
28	544	275	268	110	68	42
29	497	270	227	95	68	27
30-34	**2119**	**1135**	**983**	**208**	**129**	**79**
30	434	234	200	67	47	20
31	382	204	178	36	19	17
32	419	236	183	40	21	19
33	466	245	221	44	30	14
34	417	216	201	20	11	9
35-39	**1607**	**856**	**751**	**51**	**32**	**19**
35	389	203	186	21	13	8
36	382	198	185	12	10	3
37	318	177	141	9	3	5
38	242	136	106	4	4	
39	275	142	133	5	2	3
40-44	**1713**	**908**	**804**	**34**	**20**	**14**
40	279	150	129	5	5	
41	310	167	143	6	4	2
42	345	177	168	9	6	3
43	381	200	182	9	1	8
44	397	215	182	5	4	1
45-49	**1825**	**1002**	**822**	**24**	**20**	**4**
45	406	228	178	6	4	2
46	363	203	160	4	4	
47	398	214	184	7	5	2
48	329	171	159	4	4	
49	329	186	143	3	3	
50-54	**1717**	**906**	**811**	**7**	**6**	**1**
50	390	213	177	1		
51	377	199	178	4	3	1
52	442	242	200	2	2	
53	307	158	149	1	1	
54	200	93	107			
55-59	**1425**	**716**	**709**	**17**	**14**	**3**
55	298	152	146	2		2
56	283	138	145	3	3	
57	270	130	140	4	4	
58	284	155	129	6	5	1
59	290	140	150	2	2	
60-64	**1198**	**608**	**589**	**10**	**9**	**1**
60	264	135	129	1	1	
61	278	143	136	2	1	1
62	235	114	121	1	1	
63	233	128	105	4	4	
64	187	89	98	2	2	
65及以上	**1876**	**883**	**993**	**10**	**10**	

6-1b 续表 单位：人

年 龄	有配偶			离 婚			丧 偶		
	小计	男	女	小计	男	女	小计	男	女
总 计	**14109**	**7410**	**6699**	**316**	**157**	**159**	**722**	**193**	**530**
15−19	**7**	**3**	**4**						
15									
16	2	2							
17									
18	3		2						
19	2	1	1						
20−24	**264**	**125**	**139**	**2**		**2**			
20	10	3	7						
21	24	16	8						
22	34	13	21						
23	83	37	46						
24	113	56	58	1		1			
25−29	**1740**	**844**	**897**	**18**	**13**	**5**			
25	241	116	125	1	1				
26	320	153	168	2	1	1			
27	358	177	181	1	1				
28	429	204	225	5	3	2			
29	392	194	198	9	7	2			
30−34	**1878**	**989**	**889**	**33**	**18**	**15**			
30	361	184	177	6	3	3			
31	341	182	158	4	2	2			
32	376	214	162	3	1	2			
33	414	211	203	9	5	4			
34	386	198	188	11	6	4			
35−39	**1506**	**802**	**704**	**42**	**22**	**21**	**8**		**8**
35	359	185	173	9	5	4			
36	357	182	175	12	6	6	1		1
37	306	173	133	3	1	2	1		1
38	232	130	102	5	3	2	1		1
39	253	133	120	13	7	6	4		4
40−44	**1611**	**859**	**752**	**57**	**26**	**30**	**12**	**3**	**8**
40	267	143	124	4	2	3	3		3
41	293	161	133	8	2	6	3		3
42	321	164	157	13	7	7	2	1	1
43	360	194	165	11	3	8	2	1	1
44	370	198	172	20	12	8	3	1	1
45−49	**1730**	**950**	**779**	**52**	**24**	**28**	**20**	**8**	**12**
45	386	216	170	11	7	4	3	1	2
46	342	193	149	13	5	8	4	1	3
47	374	199	174	12	6	6	5	4	2
48	314	162	151	10	4	6	2	1	1
49	314	179	135	6	2	3	6	2	4
50−54	**1626**	**870**	**756**	**49**	**18**	**31**	**34**	**11**	**23**
50	370	204	166	14	7	7	6	2	4
51	354	188	166	12	5	7	6	3	3
52	422	235	187	10	3	7	9	3	6
53	284	151	133	11	3	8	11	3	8
54	195	93	103	3		2	2		2
55−59	**1326**	**670**	**656**	**21**	**14**	**8**	**61**	**18**	**43**
55	284	144	140	4	4		8	4	4
56	265	129	136	6	4	2	9	2	7
57	252	123	129	4	1	3	10	2	9
58	262	141	121	1	1		16	8	7
59	264	134	130	7	4	3	18	1	16
60−64	**1088**	**561**	**526**	**22**	**11**	**11**	**78**	**27**	**51**
60	244	127	117	7	3	4	12	4	8
61	256	136	120	3	1	2	18	5	13
62	213	105	109	4	1	2	16	6	10
63	204	111	94	6	5	1	19	8	11
64	170	83	88	2	1	1	12	3	9
65及以上	**1335**	**736**	**599**	**20**	**11**	**9**	**510**	**126**	**384**

6-1c 全市分年龄、性别、婚姻状况的人口(乡村)

单位：人

年 龄	合 计			未 婚		
	合计	男	女	小计	男	女
总 计	**41632**	**21827**	**19805**	**6979**	**3970**	**3009**
15-19	**1954**	**902**	**1052**	**1937**	**895**	**1042**
15	274	134	140	274	134	140
16	268	122	147	268	122	147
17	349	179	169	344	176	169
18	444	198	246	443	198	245
19	620	269	350	608	266	342
20-24	**3170**	**1718**	**1452**	**2471**	**1386**	**1084**
20	691	255	437	666	245	421
21	532	306	226	471	282	190
22	567	343	224	459	300	158
23	593	351	242	399	260	138
24	787	463	323	476	299	177
25-29	**5182**	**2756**	**2425**	**1491**	**943**	**548**
25	1017	564	452	463	294	169
26	1032	540	492	369	254	115
27	1075	583	493	272	161	112
28	1115	564	551	225	129	95
29	943	505	437	162	104	58
30-34	**4109**	**2230**	**1879**	**353**	**212**	**142**
30	839	456	383	124	67	58
31	823	457	366	70	49	21
32	772	405	367	68	43	25
33	964	541	423	49	32	17
34	710	370	340	41	20	21
35-39	**3062**	**1729**	**1333**	**121**	**84**	**37**
35	705	378	326	35	28	7
36	652	375	277	31	17	14
37	622	343	279	24	14	9
38	525	299	225	16	12	4
39	558	333	225	15	12	3
40-44	**3771**	**2055**	**1717**	**106**	**80**	**26**
40	583	318	264	20	14	6
41	682	373	309	15	13	2
42	793	432	361	17	13	5
43	801	443	358	19	18	1
44	913	488	424	35	22	13
45-49	**4215**	**2304**	**1911**	**120**	**84**	**37**
45	910	509	401	23	17	6
46	841	470	371	36	19	17
47	867	467	400	28	18	9
48	785	423	362	24	19	4
49	812	436	376	10	10	
50-54	**4257**	**2244**	**2013**	**79**	**53**	**25**
50	951	502	450	17	12	5
51	946	512	434	20	17	4
52	1090	572	518	20	17	3
53	769	402	367	8	4	4
54	501	257	243	13	4	9
55-59	**3401**	**1735**	**1666**	**81**	**64**	**17**
55	680	331	349	7	7	
56	649	346	303	12	11	1
57	742	374	367	23	16	7
58	675	348	327	27	19	8
59	656	335	320	13	12	1
60-64	**3224**	**1626**	**1598**	**93**	**77**	**16**
60	726	362	364	12	12	
61	656	320	336	24	21	3
62	653	332	321	22	18	3
63	646	345	301	24	18	6
64	543	267	276	10	7	3
65及以上	**5288**	**2528**	**2760**	**127**	**93**	**34**

6-1c 续表 单位：人

年 龄	有配偶			离 婚			丧 偶		
	小计	男	女	小计	男	女	小计	男	女
总 计	**31957**	**16856**	**15101**	**628**	**397**	**230**	**2068**	**603**	**1465**
15-19	**17**	**7**	**10**						
15									
16									
17	4	3	1						
18	1		1						
19	12	4	8						
20-24	**696**	**331**	**365**	**3**	**1**	**2**			
20	26	10	16						
21	60	24	36						
22	107	42	65	1		1			
23	193	91	102	1		1			
24	310	164	147	1	1				
25-29	**3645**	**1790**	**1855**	**43**	**23**	**20**	**3**	**1**	**2**
25	548	266	282	6	4	2	1	1	
26	655	282	374	7	3	4			
27	797	419	378	5	3	2	1		1
28	876	429	447	14	6	8	1		1
29	769	394	375	11	7	4	1		1
30-34	**3656**	**1961**	**1695**	**93**	**56**	**37**	**7**	**1**	**5**
30	704	383	321	9	6	3	1		1
31	732	394	338	20	14	6	1		1
32	680	349	331	21	12	9	2	1	2
33	890	494	396	26	15	10			
34	650	341	309	17	8	9	2	1	2
35-39	**2854**	**1589**	**1265**	**78**	**53**	**25**	**9**	**3**	**6**
35	653	337	316	15	13	2	2	1	1
36	601	346	254	20	12	8			
37	585	322	264	13	6	6	1	1	
38	490	275	214	15	11	4	4	1	3
39	525	308	217	16	12	4	2	1	2
40-44	**3537**	**1900**	**1637**	**109**	**69**	**40**	**19**	**5**	**14**
40	544	292	252	18	12	6	1	1	
41	645	348	297	20	12	8	3	1	2
42	756	408	348	17	12	6	2		2
43	747	409	338	28	15	13	7	1	7
44	846	445	401	26	19	7	6	3	3
45-49	**3961**	**2160**	**1801**	**88**	**50**	**38**	**45**	**11**	**34**
45	852	478	375	21	10	11	14	4	10
46	783	440	343	17	10	6	5	1	5
47	809	430	379	22	15	7	9	3	5
48	737	393	344	16	8	8	8	3	6
49	781	420	361	13	6	7	9	1	8
50-54	**4018**	**2119**	**1899**	**86**	**56**	**30**	**74**	**15**	**59**
50	904	474	429	24	15	9	7	1	6
51	891	478	413	23	14	8	12	3	10
52	1027	535	493	23	15	7	20	5	15
53	731	385	346	11	7	4	19	6	13
54	465	248	218	6	5	1	17	2	15
55-59	**3148**	**1595**	**1553**	**56**	**40**	**16**	**116**	**35**	**80**
55	643	314	329	14	10	4	17	1	15
56	610	319	291	10	8	1	17	7	10
57	680	343	337	14	9	6	24	7	17
58	609	311	298	8	6	2	30	13	18
59	605	308	297	11	8	2	27	7	20
60-64	**2861**	**1458**	**1403**	**32**	**22**	**11**	**238**	**69**	**169**
60	663	331	332	9	7	2	42	12	29
61	577	281	296	7	3	4	48	16	33
62	574	292	283	6	3	2	51	18	33
63	573	311	262	4	3	1	44	12	32
64	474	244	230	6	6	1	53	10	42
65及以上	**3564**	**1945**	**1619**	**39**	**27**	**11**	**1559**	**463**	**1096**

6-2 全市分性别、受教育程度、婚姻状况的人口

单位：人

受教育程度	合计			未婚		
	合计	男	女	小计	男	女
总　计	**300830**	**157063**	**143768**	**68685**	**40131**	**28555**
未上过学	5800	1292	4507	845	476	370
小　学	21467	9491	11975	706	581	125
初　中	76630	43296	33334	6682	4903	1779
普通高中	42655	22374	20281	7181	4508	2673
中　职	20613	10727	9886	4820	3083	1737
大学专科	42610	21802	20808	11737	6760	4976
大学本科	69962	36640	33322	27682	15064	12618
研 究 生	21094	11439	9655	9033	4756	4278

6-2 续表

单位：人

受教育程度	有配偶			离婚			丧偶		
	小计	男	女	小计	男	女	小计	男	女
总　计	**215191**	**111598**	**103593**	**5805**	**2551**	**3254**	**11149**	**2783**	**8366**
未上过学	2718	568	2150	61	19	42	2176	229	1946
小　学	16911	7824	9087	305	163	142	3545	923	2622
初　中	65611	36680	28930	1716	915	802	2621	798	1823
普通高中	33140	17019	16121	1254	540	714	1081	308	773
中　职	14813	7338	7475	460	187	273	520	119	400
大学专科	29449	14590	14859	870	298	572	555	155	400
大学本科	40731	20986	19745	922	351	572	626	239	387
研 究 生	11819	6593	5226	216	79	137	25	11	14

6-2a 全市分性别、受教育程度、婚姻状况的人口(城市)

单位：人

受教育程度	合计			未婚		
	合计	男	女	小计	男	女
总　计	**240812**	**125397**	**115415**	**58468**	**34082**	**24386**
未上过学	3050	548	2503	162	115	47
小　学	13501	5774	7727	414	318	96
初　中	49968	28095	21874	4792	3495	1296
普通高中	35001	18021	16980	5546	3354	2192
中　职	15357	7619	7737	3129	1889	1240
大学专科	37444	19115	18329	9914	5750	4164
大学本科	65642	34898	30744	25555	14423	11132
研究生	20850	11328	9522	8956	4737	4219

6-2a 续表

单位：人

受教育程度	有配偶			离婚			丧偶		
	小计	男	女	小计	男	女	小计	男	女
总　计	**169125**	**87332**	**81793**	**4861**	**1996**	**2865**	**8358**	**1987**	**6371**
未上过学	1571	314	1256	37	10	26	1281	108	1173
小　学	10434	4805	5628	198	88	109	2455	562	1893
初　中	41976	23469	18507	1224	594	630	1976	536	1440
普通高中	27348	13912	13437	1127	477	650	979	278	701
中　职	11363	5474	5889	367	144	223	498	112	386
大学专科	26192	12950	13243	808	269	539	530	146	384
大学本科	38586	19906	18681	885	335	551	615	234	380
研究生	11654	6502	5152	215	79	136	25	10	14

6-2b 全市分性别、受教育程度、婚姻状况的人口(镇)

单位：人

受教育程度	合计			未婚		
	合计	男	女	小计	男	女
总　计	**18386**	**9839**	**8547**	**3238**	**2079**	**1160**
未上过学	472	100	372	23	21	3
小　学	1845	883	962	65	56	9
初　中	7145	4029	3117	566	423	143
普通高中	2949	1773	1176	807	673	135
中　职	1611	926	685	414	288	126
大学专科	2125	1099	1026	556	305	251
大学本科	2066	950	1117	768	304	463
研究生	173	80	93	38	10	29

6-2b 续表

单位：人

受教育程度	有配偶			离婚			丧偶		
	小计	男	女	小计	男	女	小计	男	女
总　计	**14109**	**7410**	**6699**	**316**	**157**	**159**	**722**	**193**	**530**
未上过学	234	52	182	7	3	4	207	24	183
小　学	1496	728	768	36	24	11	248	75	173
初　中	6251	3453	2797	146	78	68	182	74	108
普通高中	2053	1073	980	43	18	25	45	9	36
中　职	1154	622	532	30	14	16	14	2	12
大学专科	1519	777	742	34	13	21	16	4	12
大学本科	1270	635	635	19	6	13	10	4	6
研究生	133	69	63	1		1	1	1	

6-2c 全市分性别、受教育程度、婚姻状况的人口(乡村)

单位：人

受教育程度	合计			未婚		
	合计	男	女	小计	男	女
总　计	**41632**	**21827**	**19805**	**6979**	**3970**	**3009**
未上过学	2277	645	1632	660	340	320
小　学	6121	2834	3287	227	207	20
初　中	19516	11172	8344	1324	984	340
普通高中	4706	2580	2126	827	481	346
中　职	3646	2182	1463	1277	906	372
大学专科	3042	1589	1452	1266	705	561
大学本科	2254	793	1461	1359	337	1022
研究生	71	31	40	39	10	30

6-2c 续表

单位：人

受教育程度	有配偶			离婚			丧偶		
	小计	男	女	小计	男	女	小计	男	女
总　计	**31957**	**16856**	**15101**	**628**	**397**	**230**	**2068**	**603**	**1465**
未上过学	913	202	711	17	6	11	687	97	590
小　学	4981	2291	2691	71	50	21	842	287	556
初　中	17384	9758	7626	346	243	103	462	187	275
普通高中	3738	2034	1704	84	44	39	57	21	36
中　职	2297	1242	1055	63	29	34	8	6	3
大学专科	1738	863	874	29	16	13	9	4	5
大学本科	875	445	429	18	10	8	2	1	1
研究生	32	21	10						

6-3 全市分性别、职业、婚姻状况的人口

单位：人

职业大类	合计			未婚		
	合计	男	女	小计	男	女
总 计	**171722**	**101521**	**70201**	**36922**	**21196**	**15726**
党的机关、国家机关、群众团体和社会组织、企事业单位负责人	6716	4744	1972	620	380	240
专业技术人员	41201	19098	22103	10699	4774	5925
办事人员和有关人员	21215	12222	8994	4041	2002	2038
社会生产服务和生活服务人员	73721	43693	30028	17526	10780	6746
农、林、牧、渔业生产及辅助人员	4802	2794	2007	208	168	40
生产制造及有关人员	23946	18898	5048	3810	3083	728
不便分类的其他从业人员	123	73	49	19	9	9

6-3 续表

单位：人

职业大类	有配偶			离婚			丧偶		
	小计	男	女	小计	男	女	小计	男	女
总 计	**131234**	**78620**	**52615**	**2882**	**1431**	**1451**	**684**	**275**	**409**
党的机关、国家机关、群众团体和社会组织、企事业单位负责人	5949	4296	1652	127	62	65	20	5	15
专业技术人员	29739	14072	15668	654	220	434	108	32	76
办事人员和有关人员	16627	9931	6697	470	245	225	77	43	34
社会生产服务和生活服务人员	54609	32170	22439	1266	635	632	319	108	211
农、林、牧、渔业生产及辅助人员	4402	2507	1894	88	69	19	103	50	53
生产制造及有关人员	19807	15581	4226	274	199	75	54	35	19
不便分类的其他从业人员	102	63	38	1		1	2	1	1

6-3a 全市分性别、职业、婚姻状况的人口(城市)

单位：人

职业大类	合计			未婚		
	合计	男	女	小计	男	女
总计	**135901**	**78905**	**56996**	**31488**	**17581**	**13908**
党的机关、国家机关、群众团体和社会组织、企事业单位负责人	5891	4109	1782	569	350	219
专业技术人员	37255	17235	20020	9769	4398	5370
办事人员和有关人员	18573	10597	7975	3572	1732	1839
社会生产服务和生活服务人员	59546	35013	24533	15595	9482	6113
农、林、牧、渔业生产及辅助人员	347	202	145	14	8	6
生产制造及有关人员	14188	11686	2502	1957	1603	354
不便分类的其他从业人员	101	63	37	13	7	6

6-3a 续表

单位：人

职业大类	有配偶			离婚			丧偶		
	小计	男	女	小计	男	女	小计	男	女
总计	**101725**	**60133**	**41592**	**2296**	**1058**	**1239**	**391**	**133**	**258**
党的机关、国家机关、群众团体和社会组织、企事业单位负责人	5189	3700	1489	117	55	62	17	5	12
专业技术人员	26794	12607	14187	603	203	400	90	27	63
办事人员和有关人员	14518	8620	5898	426	216	210	58	30	28
社会生产服务和生活服务人员	42770	25000	17770	985	476	509	196	54	142
农、林、牧、渔业生产及辅助人员	319	185	134	8	5	3	7	3	3
生产制造及有关人员	12052	9966	2085	157	102	55	22	14	8
不便分类的其他从业人员	85	56	30	1		1	2	1	1

6-3b 全市分性别、职业、婚姻状况的人口(镇)

单位：人

职业大类	合计			未婚		
	合计	男	女	小计	男	女
总　计	**10978**	**6893**	**4085**	**1827**	**1197**	**630**
党的机关、国家机关、群众团体和社会组织、企事业单位负责人	266	207	59	18	11	7
专业技术人员	1669	749	920	342	145	198
办事人员和有关人员	1042	607	435	154	75	80
社会生产服务和生活服务人员	4991	3092	1899	773	562	211
农、林、牧、渔业生产及辅助人员	531	320	211	37	30	7
生产制造及有关人员	2472	1914	558	500	374	126
不便分类的其他从业人员	8	5	3	4	2	2

6-3b 续表

单位：人

职业大类	有配偶			离婚			丧偶		
	小计	男	女	小计	男	女	小计	男	女
总　计	**8872**	**5550**	**3322**	**195**	**107**	**88**	**84**	**39**	**45**
党的机关、国家机关、群众团体和社会组织、企事业单位负责人	242	192	50	7	5	2			
专业技术人员	1299	599	700	21	3	18	6	2	4
办事人员和有关人员	864	520	343	19	9	9	5	3	3
社会生产服务和生活服务人员	4063	2451	1611	106	56	50	49	23	26
农、林、牧、渔业生产及辅助人员	463	269	194	15	13	2	15	8	7
生产制造及有关人员	1937	1515	422	27	21	6	8	4	4
不便分类的其他从业人员	4	3	2						

6-3c 全市分性别、职业、婚姻状况的人口(乡村)

单位：人

职业大类	合计			未婚		
	合计	男	女	小计	男	女
总　计	**24843**	**15723**	**9121**	**3607**	**2418**	**1188**
党的机关、国家机关、群众团体和社会组织、企事业单位负责人	558	427	131	33	20	14
专业技术人员	2277	1114	1163	588	231	357
办事人员和有关人员	1601	1018	583	315	196	119
社会生产服务和生活服务人员	9184	5588	3595	1158	736	422
农、林、牧、渔业生产及辅助人员	3924	2272	1652	157	130	27
生产制造及有关人员	7286	5298	1988	1354	1106	248
不便分类的其他从业人员	14	6	9	2	1	1

6-3c　续表

单位：人

职业大类	有配偶			离婚			丧偶		
	小计	男	女	小计	男	女	小计	男	女
总　计	**20637**	**12936**	**7701**	**391**	**266**	**125**	**209**	**102**	**107**
党的机关、国家机关、群众团体和社会组织、企事业单位负责人	518	405	113	4	2	1	3	1	3
专业技术人员	1647	866	781	31	14	17	12	3	9
办事人员和有关人员	1246	790	456	26	20	5	14	11	3
社会生产服务和生活服务人员	7776	4718	3058	175	102	73	74	32	43
农、林、牧、渔业生产及辅助人员	3620	2053	1567	65	51	14	82	39	43
生产制造及有关人员	5818	4099	1719	91	76	14	24	17	7
不便分类的其他从业人员	12	5	7						

7

家庭

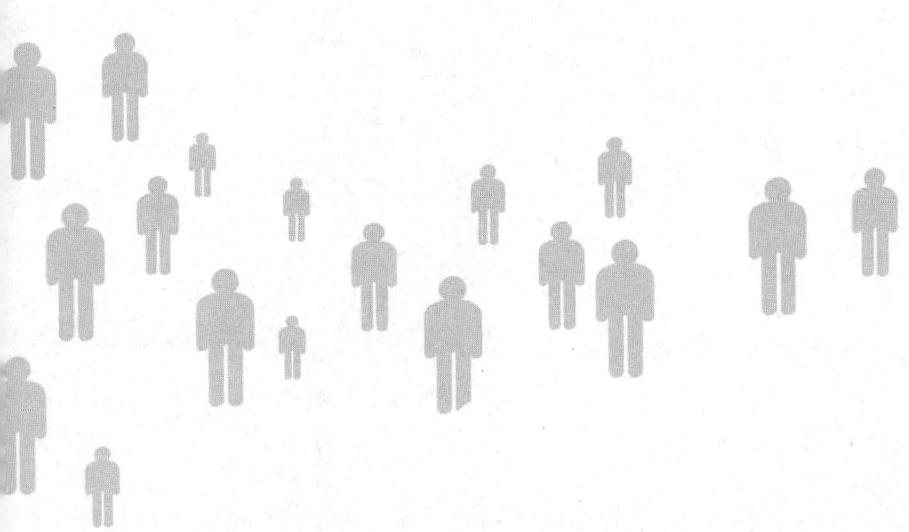

7-1 各地区家庭户规模

单位：户

地 区	家庭户户 数	一人户	二人户	三人户	四人户	五人户	六人户	七人户	八人户	九人户	十人及以上户
全 市	**110525**	**23836**	**34214**	**31383**	**11358**	**7480**	**1565**	**398**	**193**	**63**	**34**
东城区	4813	1079	1366	1415	544	306	71	18	9	3	2
西城区	6931	1516	1982	2204	728	390	72	22	7	4	5
朝阳区	20751	5065	6686	5516	1955	1197	238	49	24	15	5
丰台区	13089	3254	4227	3621	1129	707	97	32	15	4	3
石景山区	3351	614	1057	1144	321	185	26	3	1		
海淀区	17186	3437	4955	5301	1906	1248	239	58	31	6	5
门头沟区	1670	295	554	540	172	90	12	5	2		
房山区	4907	696	1407	1539	630	454	113	39	19	5	6
通州区	6683	1272	1997	1935	737	548	134	32	16	10	2
顺义区	5146	1051	1632	1340	529	441	103	31	15	4	1
昌平区	9811	2540	3044	2369	953	710	142	35	16		2
大兴区	7931	1748	2530	1979	829	606	167	40	24	5	3
怀柔区	1971	355	629	606	214	119	40	5	2	1	
平谷区	2035	276	589	578	283	215	60	21	8	4	1
密云区	2555	398	894	783	267	174	32	5	1	1	
延庆区	1694	240	665	513	161	91	20	3	2		

7-1a 各地区家庭户规模(城市)

单位：户

地 区	家庭户户 数	一人户	二人户	三人户	四人户	五人户	六人户	七人户	八人户	九人户	十人及以上户
全 市	**88906**	**19669**	**27553**	**25869**	**8887**	**5492**	**1014**	**243**	**115**	**39**	**26**
东城区	4813	1079	1366	1415	544	306	71	18	9	3	2
西城区	6931	1516	1982	2204	728	390	72	22	7	4	5
朝阳区	20619	5039	6648	5474	1943	1187	236	48	23	14	5
丰台区	12885	3207	4155	3559	1118	697	96	32	14	4	3
石景山区	3351	614	1057	1144	321	185	26	3	1		
海淀区	16828	3387	4888	5190	1849	1184	231	58	31	6	5
门头沟区	1036	164	329	349	117	62	10	4	1		
房山区	2778	461	818	915	311	196	47	13	11	2	3
通州区	3253	571	994	1079	363	212	32	3			
顺义区	2280	387	763	721	222	148	29	8	1	1	
昌平区	6514	1599	2070	1651	640	453	76	17	6		1
大兴区	5606	1304	1885	1504	519	327	49	9	5	2	1
怀柔区	1179	222	357	387	120	72	19	1	1	1	
平谷区	832	119	239	277	94	73	19	6	4	1	

7-1b　各地区家庭户规模(镇)

单位：户

地　　区	家庭户户　数	一人户	二人户	三人户	四人户	五人户	六人户	七人户	八人户	九人户	十人及以上户
全　市	**7086**	**1390**	**2187**	**2027**	**742**	**545**	**142**	**33**	**14**	**4**	**2**
朝阳区											
丰台区	144	41	60	40	1	1					
海淀区											
门头沟区	360	62	114	122	37	21	2	1			
房山区	634	74	181	181	97	68	22	7	2		1
通州区	1103	310	318	243	99	80	39	9	3	2	1
顺义区	511	124	158	126	49	40	13	1	1		
昌平区	1480	369	449	362	151	117	23	4	5		
大兴区	311	92	82	58	37	25	14	2	1		
怀柔区	121	12	35	48	18	6	1	1			
平谷区	277	32	72	74	48	34	10	4	1	1	
密云区	1332	176	410	483	139	108	14	2		1	
延庆区	814	98	307	291	67	45	5	1			

7-1c　各地区家庭户规模(乡村)

单位：户

地　　区	家庭户户　数	一人户	二人户	三人户	四人户	五人户	六人户	七人户	八人户	九人户	十人及以上户
全　市	**14533**	**2778**	**4474**	**3487**	**1729**	**1443**	**409**	**122**	**64**	**20**	**6**
朝阳区	132	26	37	42	12	10	2	1	1	1	
丰台区	61	5	11	23	9	8	1		1		
海淀区	357	50	68	111	57	64	8				
门头沟区	274	69	111	69	18	8					
房山区	1495	161	408	442	222	189	43	18	6	3	1
通州区	2328	391	685	613	276	257	63	20	13	9	1
顺义区	2356	541	711	493	259	252	61	22	14	3	1
昌平区	1817	572	524	356	162	140	44	13	4		1
大兴区	2014	351	562	418	273	254	104	29	18	3	2
怀柔区	671	121	237	171	77	41	20	3	1		
平谷区	925	126	278	228	141	107	31	11	2	1	1
密云区	1223	222	484	300	129	66	18	3	1		
延庆区	880	141	358	222	94	47	14	2	2		

7-2 各地区家庭户类别

单位：户

地　区	家庭户户数	一代户	二代户	三代户	四代户	五代及以上户
全　市	**110525**	**52922**	**41897**	**15398**	**307**	**1**
东城区	4813	2071	1963	762	17	
西城区	6931	3066	2916	940	10	
朝阳区	20751	10961	7135	2620	35	
丰台区	13089	6850	4761	1460	19	
石景山区	3351	1471	1452	423	5	
海淀区	17186	7131	7328	2699	28	
门头沟区	1670	747	725	195	3	
房山区	4907	1905	2062	907	33	
通州区	6683	3065	2515	1072	31	
顺义区	5146	2564	1755	796	32	
昌平区	9811	5334	3141	1315	21	
大兴区	7931	4066	2740	1091	35	
怀柔区	1971	892	828	247	3	
平谷区	2035	797	825	387	25	1
密云区	2555	1185	1053	308	8	
延庆区	1694	818	698	177	1	

7-2a 各地区家庭户类别(城市)

单位：户

地　区	家庭户户数	一代户	二代户	三代户	四代户	五代及以上户
全　市	**88906**	**42784**	**34174**	**11787**	**161**	
东城区	4813	2071	1963	762	17	
西城区	6931	3066	2916	940	10	
朝阳区	20619	10897	7082	2605	34	
丰台区	12885	6741	4684	1442	18	
石景山区	3351	1471	1452	423	5	
海淀区	16828	7025	7171	2605	28	
门头沟区	1036	436	457	141	2	
房山区	2778	1170	1183	413	13	
通州区	3253	1459	1340	450	4	
顺义区	2280	1084	890	298	8	
昌平区	6514	3492	2174	841	6	
大兴区	5606	3022	1982	596	6	
怀柔区	1179	514	525	139	1	
平谷区	832	336	356	133	8	

7-2b 各地区家庭户类别(镇)

单位：户

地　区	家庭户户数	一代户	二代户	三代户	四代户	五代及以上户
全　市	**7086**	**3328**	**2718**	**994**	**46**	
朝阳区						
丰台区	144	93	49	1		
海淀区						
门头沟区	360	154	166	39	1	
房山区	634	219	268	141	7	
通州区	1103	607	322	160	14	
顺义区	511	273	170	66	3	
昌平区	1480	788	469	214	9	
大兴区	311	166	92	49	3	
怀柔区	121	43	68	10		
平谷区	277	94	111	65	7	
密云区	1332	532	627	169	4	
延庆区	814	359	375	79		

7-2c 各地区家庭户类别(乡村)

单位：户

地　区	家庭户户数	一代户	二代户	三代户	四代户	五代及以上户
全　市	**14533**	**6810**	**5005**	**2618**	**99**	**1**
朝阳区	132	64	53	14	1	
丰台区	61	16	28	17	1	
海淀区	357	106	157	94		
门头沟区	274	157	102	15		
房山区	1495	516	612	352	14	
通州区	2328	1000	853	462	13	
顺义区	2356	1207	695	432	22	
昌平区	1817	1054	498	259	6	
大兴区	2014	877	666	445	25	
怀柔区	671	335	236	98	2	
平谷区	925	367	358	190	10	1
密云区	1223	653	427	139	4	
延庆区	880	458	322	99	1	

7-3 各地区家庭户中民族混合户户数

单位：户、%

地 区	合 计	单一民族户		二个民族户		三个民族户		四个及以上民族户	
		户数	比重	户数	比重	户数	比重	户数	比重
全 市	**110525**	**105720**	**95.65**	**4771**	**4.32**	**34**	**0.03**		
东城区	4813	4548	94.48	264	5.49	2	0.03		
西城区	6931	6481	93.51	446	6.43	4	0.06		
朝阳区	20751	19740	95.13	996	4.80	14	0.07		
丰台区	13089	12601	96.27	488	3.73				
石景山区	3351	3223	96.18	127	3.80	1	0.02		
海淀区	17186	16466	95.81	717	4.17	3	0.02		
门头沟区	1670	1640	98.19	30	1.81				
房山区	4907	4782	97.46	124	2.53	1	0.01		
通州区	6683	6473	96.85	210	3.14	1	0.01		
顺义区	5146	4948	96.15	198	3.85				
昌平区	9811	9387	95.68	420	4.28	4	0.04		
大兴区	7931	7662	96.61	267	3.37	2	0.02		
怀柔区	1971	1760	89.30	210	10.67	1	0.03		
平谷区	2035	2007	98.66	27	1.34				
密云区	2555	2380	93.16	173	6.78	2	0.06		
延庆区	1694	1622	95.72	72	4.28				

7-3a 各地区家庭户中民族混合户户数(城市)

单位：户、%

地 区	合 计	单一民族户		二个民族户		三个民族户		四个及以上民族户	
		户数	比重	户数	比重	户数	比重	户数	比重
北京市	**88906**	**84849**	**95.44**	**4027**	**4.53**	**29**	**0.03**		
东城区	4813	4548	94.48	264	5.49	2	0.03		
西城区	6931	6481	93.51	446	6.43	4	0.06		
朝阳区	20619	19614	95.13	990	4.80	14	0.07		
丰台区	12885	12407	96.29	477	3.71				
石景山区	3351	3223	96.18	127	3.80	1	0.02		
海淀区	16828	16116	95.77	709	4.21	3	0.02		
门头沟区	1036	1015	98.00	21	2.00				
房山区	2778	2691	96.87	86	3.10	1	0.03		
通州区	3253	3103	95.39	149	4.58	1	0.03		
顺义区	2280	2194	96.24	86	3.76				
昌平区	6514	6177	94.82	334	5.13	3	0.05		
大兴区	5606	5391	96.16	215	3.84				
怀柔区	1179	1068	90.57	111	9.39	1	0.04		
平谷区	832	821	98.60	12	1.40				

7-3b 各地区家庭户中民族混合户户数(镇)

单位：户、%

地　区	合　计	单一民族户		二个民族户		三个民族户		四个及以上民族户	
		户数	比重	户数	比重	户数	比重	户数	比重
全　市	**7086**	**6785**	**95.74**	**300**	**4.23**	**2**	**0.02**		
朝阳区									
丰台区	144	134	93.33	10	6.67				
海淀区									
门头沟区	360	351	97.52	9	2.48				
房山区	634	623	98.26	11	1.74				
通州区	1103	1083	98.21	20	1.79				
顺义区	511	498	97.53	13	2.47				
昌平区	1480	1436	97.03	44	2.97				
大兴区	311	301	96.62	11	3.38				
怀柔区	121	110	90.99	11	9.01				
平谷区	277	273	98.82	3	1.18				
密云区	1332	1207	90.62	123	9.26	2	0.12		
延庆区	814	768	94.33	46	5.67				

7-3c 各地区家庭户中民族混合户户数(乡村)

单位：户、%

地　区	合　计	单一民族户		二个民族户		三个民族户		四个及以上民族户	
		户数	比重	户数	比重	户数	比重	户数	比重
全　市	**14533**	**14086**	**96.93**	**444**	**3.05**	**3**	**0.02**		
朝阳区	132	126	95.38	6	4.62				
丰台区	61	60	98.33	1	1.67				
海淀区	357	349	97.72	8	2.28				
门头沟区	274	274	99.77	1	0.23				
房山区	1495	1468	98.19	27	1.81				
通州区	2328	2287	98.24	41	1.76				
顺义区	2356	2256	95.77	100	4.23				
昌平区	1817	1774	97.66	41	2.28	1	0.06		
大兴区	2014	1971	97.86	41	2.06	2	0.08		
怀柔区	671	582	86.78	89	13.22				
平谷区	925	913	98.67	12	1.33				
密云区	1223	1173	95.92	50	4.08				
延庆区	880	854	97.01	26	2.99				

7-4 各地区分年龄、性别的一人户

单位：户

地 区	合 计			14岁及以下			15-19岁		
	小计	男	女	小计	男	女	小计	男	女
全 市	**26435**	**15161**	**11274**	**248**	**143**	**105**	**398**	**255**	**143**
东城区	1200	583	617	17	8	9	13	5	8
西城区	1687	809	878	21	9	12	21	9	12
朝阳区	5633	3387	2246	36	26	10	88	62	26
丰台区	3620	1926	1694	13	8	5	43	26	17
石景山区	683	363	320	6	1	5	3	2	1
海淀区	3822	2041	1781	103	59	44	73	43	30
门头沟区	326	175	151	3	2	1	1	1	
房山区	769	442	327	2	2		7	5	2
通州区	1403	852	551	2		2	21	17	4
顺义区	1153	745	408	4	2	2	27	18	9
昌平区	2808	1828	980	14	8	6	55	34	21
大兴区	1935	1235	700	10	9	1	31	21	10
怀柔区	392	244	148	6	2	4	6	5	1
平谷区	304	166	138	3	1	2	2	2	
密云区	437	224	213	6	4	2	5	3	2
延庆区	263	142	121	4	3	1	4	3	1

7-4 续表 1

单位：户

地 区	20-24岁			25-29岁			30-34岁		
	小计	男	女	小计	男	女	小计	男	女
全 市	**2252**	**1368**	**884**	**4512**	**2784**	**1728**	**3317**	**2138**	**1179**
东城区	61	26	35	137	64	73	134	78	56
西城区	120	57	63	281	130	151	214	116	98
朝阳区	585	354	231	1070	628	442	865	555	310
丰台区	232	125	107	530	295	235	450	282	168
石景山区	34	23	11	106	74	32	76	50	26
海淀区	311	182	129	687	413	274	471	302	169
门头沟区	14	11	3	31	17	14	16	7	9
房山区	42	29	13	89	58	31	77	43	34
通州区	134	94	40	251	164	87	180	124	56
顺义区	141	103	38	221	158	63	125	86	39
昌平区	368	227	141	657	467	190	361	256	105
大兴区	155	98	57	322	220	102	263	176	87
怀柔区	21	15	6	42	31	11	32	27	5
平谷区	10	8	2	32	25	7	22	18	4
密云区	19	13	6	39	30	9	23	12	11
延庆区	6	4	2	18	9	9	8	5	3

7-4　续表 2

单位：户

地　区	35-39岁			40-44岁			45-49岁		
	小计	男	女	小计	男	女	小计	男	女
全　市	**2236**	**1444**	**792**	**2187**	**1396**	**791**	**2175**	**1331**	**844**
东城区	113	59	54	86	44	42	90	45	45
西城区	125	74	51	110	62	48	145	72	73
朝阳区	490	343	147	504	344	160	430	304	126
丰台区	311	172	139	287	173	114	330	180	150
石景山区	60	30	30	45	26	19	61	32	29
海淀区	323	193	130	289	167	122	323	163	160
门头沟区	25	16	9	20	16	4	27	21	6
房山区	58	42	16	59	40	19	57	37	20
通州区	134	92	42	137	77	60	119	76	43
顺义区	86	64	22	108	77	31	89	59	30
昌平区	231	159	72	247	170	77	228	151	77
大兴区	212	150	62	210	142	68	175	128	47
怀柔区	27	20	7	33	21	12	37	27	10
平谷区	15	11	4	17	12	5	16	10	6
密云区	15	9	6	21	15	6	27	14	13
延庆区	10	9	1	13	9	4	22	13	9

7-4　续表 3

单位：户

地　区	50-54岁			55-59岁			60-64岁			65岁及以上		
	小计	男	女	小计	男	女	小计	男	女	小计	男	女
全　市	**1993**	**1158**	**835**	**1637**	**903**	**734**	**1416**	**739**	**677**	**4062**	**1501**	**2561**
东城区	79	36	43	129	66	63	107	56	51	232	93	139
西城区	143	80	63	124	58	66	105	45	60	279	99	180
朝阳区	371	238	133	262	148	114	218	98	120	712	285	427
丰台区	341	183	158	273	151	122	217	119	98	592	210	382
石景山区	59	28	31	46	24	22	51	26	25	137	47	90
海淀区	277	150	127	229	125	104	206	99	107	532	145	387
门头沟区	38	23	15	38	24	14	23	14	9	92	25	67
房山区	72	46	26	48	29	19	57	32	25	201	79	122
通州区	92	53	39	75	42	33	68	44	24	192	70	122
顺义区	63	40	23	60	41	19	58	33	25	172	65	107
昌平区	183	116	67	148	76	72	107	64	43	211	101	110
大兴区	148	89	59	110	63	47	79	42	37	220	97	123
怀柔区	43	29	14	23	15	8	29	19	10	92	32	60
平谷区	26	12	14	18	12	6	29	14	15	113	42	71
密云区	37	22	15	32	15	17	39	21	18	174	66	108
延庆区	22	14	8	24	15	9	24	13	11	111	45	66

7-4a 各地区分年龄、性别的一人户(城市)

单位：户

地 区	合 计			14岁及以下			15-19岁		
	小计	男	女	小计	男	女	小计	男	女
全 市	**21880**	**12235**	**9645**	**217**	**123**	**94**	**310**	**189**	**121**
东城区	1200	583	617	17	8	9	13	5	8
西城区	1687	809	878	21	9	12	21	9	12
朝阳区	5605	3364	2241	36	26	10	88	62	26
丰台区	3568	1903	1665	13	8	5	43	26	17
石景山区	683	363	320	6	1	5	3	2	1
海淀区	3768	2004	1764	103	59	44	70	40	30
门头沟区	183	94	89				1	1	
房山区	512	287	225	2	2		6	4	2
通州区	635	323	312	2		2	8	6	2
顺义区	430	243	187				4	1	3
昌平区	1778	1113	665	4	2	2	35	21	14
大兴区	1450	901	549	8	7	1	13	7	6
怀柔区	248	165	83	6	2	4	4	3	1
平谷区	132	82	50				1	1	

7-4a 续表 1

单位：户

地 区	20-24岁			25-29岁			30-34岁		
	小计	男	女	小计	男	女	小计	男	女
全 市	**1845**	**1070**	**775**	**3843**	**2300**	**1543**	**2890**	**1840**	**1050**
东城区	61	26	35	137	64	73	134	78	56
西城区	120	57	63	281	130	151	214	116	98
朝阳区	584	353	231	1067	625	442	859	550	309
丰台区	225	121	104	516	290	226	446	281	165
石景山区	34	23	11	106	74	32	76	50	26
海淀区	305	178	127	681	412	269	462	295	167
门头沟区	7	5	2	19	11	8	9	4	5
房山区	33	24	9	79	50	29	60	32	28
通州区	43	25	18	86	43	43	85	51	34
顺义区	36	22	14	98	64	34	65	42	23
昌平区	257	150	107	468	327	141	248	181	67
大兴区	118	72	46	250	166	84	194	127	67
怀柔区	17	11	6	33	25	8	23	21	2
平谷区	7	5	2	24	19	5	16	13	3

7-4a　续表 2　　单位：户

地　区	35-39岁			40-44岁			45-49岁		
	小计	男	女	小计	男	女	小计	男	女
全　市	**1911**	**1189**	**722**	**1797**	**1116**	**681**	**1798**	**1061**	**737**
东城区	113	59	54	86	44	42	90	45	45
西城区	125	74	51	110	62	48	145	72	73
朝阳区	488	341	147	500	341	159	426	301	125
丰台区	306	169	137	285	171	114	327	177	150
石景山区	60	30	30	45	26	19	61	32	29
海淀区	315	188	127	280	160	120	319	160	159
门头沟区	14	7	7	9	7	2	13	8	5
房山区	42	29	13	42	27	15	39	23	16
通州区	74	46	28	61	31	30	54	27	27
顺义区	32	21	11	38	23	15	28	14	14
昌平区	147	89	58	142	94	48	128	83	45
大兴区	160	111	49	160	105	55	135	96	39
怀柔区	22	17	5	25	16	9	25	17	8
平谷区	11	8	3	12	7	5	10	6	4

7-4a　续表 3　　单位：户

地　区	50-54岁			55-59岁			60-64岁			65岁及以上		
	小计	男	女	小计	男	女	小计	男	女	小计	男	女
全　市	**1665**	**935**	**730**	**1357**	**724**	**633**	**1137**	**574**	**563**	**3109**	**1113**	**1996**
东城区	79	36	43	129	66	63	107	56	51	232	93	139
西城区	143	80	63	124	58	66	105	45	60	279	99	180
朝阳区	368	237	131	261	147	114	218	98	120	711	285	426
丰台区	340	183	157	273	151	122	217	119	98	579	208	371
石景山区	59	28	31	46	24	22	51	26	25	137	47	90
海淀区	272	145	127	225	122	103	204	99	105	531	145	386
门头沟区	22	12	10	24	15	9	15	9	6	49	14	35
房山区	50	29	21	28	17	11	32	19	13	100	32	68
通州区	49	22	27	45	20	25	33	17	16	97	36	61
顺义区	29	16	13	17	10	7	18	9	9	66	22	44
昌平区	100	55	45	75	30	45	56	30	26	116	50	66
大兴区	110	64	46	93	51	42	55	29	26	154	64	90
怀柔区	31	24	7	12	7	5	15	12	3	35	11	24
平谷区	12	5	7	6	5	1	10	5	5	25	8	17

7-4b 各地区分年龄、性别的一人户(镇)

单位：户

地 区	合 计			14岁及以下			15-19岁		
	小计	男	女	小计	男	女	小计	男	女
全 市	**1546**	**974**	**572**	**7**	**5**	**2**	**24**	**17**	**7**
朝阳区									
丰台区	46	20	26						
海淀区									
门头沟区	69	43	26	2	1	1			
房山区	81	43	38						
通州区	346	234	112				9	8	1
顺义区	137	100	37				4	3	1
昌平区	410	279	131	1	1		9	4	5
大兴区	103	70	33						
怀柔区	13	6	7						
平谷区	36	20	16				1	1	
密云区	196	108	88	5	3	2	1	1	
延庆区	109	52	57	1	1		2	1	1

7-4b 续表 1

单位：户

地 区	20-24岁			25-29岁			30-34岁		
	小计	男	女	小计	男	女	小计	男	女
全 市	**153**	**110**	**43**	**268**	**186**	**82**	**165**	**101**	**64**
朝阳区									
丰台区	8	5	3	14	5	9	5	2	3
海淀区									
门头沟区	6	5	1	7	4	3	4	3	1
房山区	6	3	3	2	2		12	7	5
通州区	53	38	15	97	69	28	40	29	11
顺义区	21	17	4	21	13	8	13	8	5
昌平区	39	26	13	81	60	21	51	27	24
大兴区	4	4		8	6	2	19	13	6
怀柔区	1	1		1		1	1	1	
平谷区	2	1	1	4	3	1	1	1	
密云区	10	8	2	26	21	5	18	10	8
延庆区	3	2	1	9	5	4	3	2	1

7-4b 续表 2

单位：户

地　区	35-39岁			40-44岁			45-49岁		
	小计	男	女	小计	男	女	小计	男	女
全　市	**122**	**89**	**33**	**155**	**107**	**48**	**130**	**90**	**40**
朝阳区									
丰台区	5	3	2	2	2		3	3	
海淀区									
门头沟区	8	6	2	5	4	1	6	5	1
房山区	6	4	2	7	4	3	3	2	1
通州区	19	11	8	36	18	18	27	18	9
顺义区	14	12	2	16	16		14	10	4
昌平区	40	32	8	46	32	14	39	29	10
大兴区	11	7	4	15	13	2	10	8	2
怀柔区	2	1	1	1	1		2	1	1
平谷区	1	1		2	2		1	1	
密云区	12	8	4	16	11	5	15	7	8
延庆区	4	3	1	8	5	3	12	6	6

7-4b 续表 3

单位：户

地　区	50-54岁			55-59岁			60-64岁			65岁及以上		
	小计	男	女	小计	男	女	小计	男	女	小计	男	女
全　市	**114**	**75**	**39**	**75**	**51**	**24**	**79**	**46**	**33**	**252**	**97**	**155**
朝阳区												
丰台区										11	2	9
海淀区												
门头沟区	7	5	2	6	4	2	4	2	2	15	4	11
房山区	3	3		4	2	2	7	4	3	29	11	18
通州区	20	13	7	11	9	2	9	8	1	25	13	12
顺义区	6	4	2	7	7		6	3	3	16	7	9
昌平区	30	24	6	19	17	2	17	12	5	38	15	23
大兴区	13	8	5	3	2	1	6	5	1	14	5	9
怀柔区	2		2	2	1	1	3	1	2	2	1	1
平谷区	4	2	2	4	2	2	3	1	2	16	7	9
密云区	18	10	8	11	4	7	12	4	8	50	20	30
延庆区	12	5	7	9	4	5	12	7	5	34	11	23

7-4c 各地区分年龄、性别的一人户(乡村)

单位：户

地 区	合 计			14岁及以下			15-19岁		
	小计	男	女	小计	男	女	小计	男	女
全 市	**3008**	**1951**	**1057**	**24**	**15**	**9**	**64**	**49**	**15**
朝阳区	28	23	5				1	1	
丰台区	6	3	3						
海淀区	55	37	18				3	3	
门头沟区	75	38	37	2	1	1			
房山区	174	111	63	1	1		1	1	
通州区	423	295	128				4	3	1
顺义区	585	401	184	4	2	2	19	14	5
昌平区	620	436	184	9	5	4	10	8	2
大兴区	380	263	117	2	2		18	14	4
怀柔区	131	73	58	1	1		1	1	
平谷区	137	65	72	3	1	2	1	1	
密云区	240	116	124	1	1		4	2	2
延庆区	153	90	63	3	2	1	2	2	

7-4c 续表 1

单位：户

地 区	20-24岁			25-29岁			30-34岁		
	小计	男	女	小计	男	女	小计	男	女
全 市	**254**	**188**	**66**	**401**	**298**	**103**	**262**	**197**	**65**
朝阳区	2	2		3	3		6	5	1
丰台区									
海淀区	5	4	1	6	1	5	9	8	1
门头沟区	2	1	1	4	1	3	4	1	3
房山区	3	2	1	8	6	2	5	4	1
通州区	37	31	6	69	52	17	55	45	10
顺义区	84	64	20	103	82	21	47	36	11
昌平区	72	51	21	109	81	28	62	47	15
大兴区	33	22	11	64	48	16	51	36	15
怀柔区	4	3	1	9	7	2	9	6	3
平谷区	2	2		5	3	2	4	3	1
密云区	9	5	4	13	9	4	4	2	2
延庆区	3	2	1	8	4	4	6	4	2

7-4c　续表 2　　　　　　　　　　　　　　　　　　　　　　　　单位：户

地　区	35-39岁			40-44岁			45-49岁		
	小计	男	女	小计	男	女	小计	男	女
全　市	**203**	**166**	**37**	**235**	**173**	**62**	**246**	**180**	**66**
朝阳区	2	2		5	4	1	5	4	1
丰台区				1	1				
海淀区	8	5	3	7	6	1	4	3	1
门头沟区	3	2	1	5	4	1	9	8	1
房山区	11	10	1	10	9	1	14	11	3
通州区	41	35	6	41	28	13	39	31	8
顺义区	40	31	9	53	37	16	47	35	12
昌平区	43	38	5	59	44	15	61	39	22
大兴区	41	32	9	35	24	11	30	24	6
怀柔区	4	3	1	8	5	3	10	9	1
平谷区	3	2	1	4	3	1	6	3	3
密云区	4	2	2	6	5	1	12	7	5
延庆区	6	6		5	4	1	10	7	3

7-4c　续表 3　　　　　　　　　　　　　　　　　　　　　　　　单位：户

地　区	50-54岁			55-59岁			60-64岁			65岁及以上		
	小计	男	女	小计	男	女	小计	男	女	小计	男	女
全　市	**214**	**148**	**66**	**204**	**128**	**76**	**201**	**120**	**81**	**701**	**291**	**410**
朝阳区	3	1	2	1	1					2	1	1
丰台区	1		1							3	1	2
海淀区	5	5		4	3	1	3		3	1		1
门头沟区	9	6	3	8	5	3	3	2	1	27	7	20
房山区	18	13	5	16	10	6	18	9	9	72	36	36
通州区	23	17	6	19	13	6	26	19	7	69	21	48
顺义区	29	20	9	36	24	12	33	21	12	90	36	54
昌平区	54	38	16	53	29	24	34	22	12	57	35	22
大兴区	25	17	8	13	9	4	18	8	10	52	28	24
怀柔区	11	6	5	10	7	3	12	7	5	56	21	35
平谷区	11	6	5	9	5	4	17	9	8	73	27	46
密云区	18	11	7	21	11	10	26	17	9	124	46	78
延庆区	9	8	1	16	12	4	11	6	5	76	33	43

7-5 全市不同规模的家庭户类别

单位：户

户规模	家庭户户数	一代户	二代户	三代户	四代户	五代及以上户
总 计	**110525**	**52922**	**41897**	**15398**	**307**	**1**
一人户	23836	23836				
二人户	34214	27959	6255			
三人户	31383	751	29605	1027		
四人户	11358	244	5208	5895	11	
五人户	7480	88	663	6647	82	
六人户	1565	27	118	1286	134	
七人户	398	7	34	309	47	1
八人户	193	7	6	161	19	
九人户	63	2	6	46	9	
十人及以上户	34	1	2	27	4	

7-5a 全市不同规模的家庭户类别(城市)

单位：户

户规模	家庭户户数	一代户	二代户	三代户	四代户	五代及以上户
总 计	**88906**	**42784**	**34174**	**11787**	**161**	
一人户	19669	19669				
二人户	27553	22137	5416			
三人户	25869	658	24315	895		
四人户	8887	211	3806	4860	10	
五人户	5492	70	505	4860	56	
六人户	1014	24	92	831	67	
七人户	243	7	28	194	15	
八人户	115	6	4	95	10	
九人户	39	2	5	31	2	
十人及以上户	26	1	2	21	1	

7-5b 全市不同规模的家庭户类别(镇)

单位：户

户规模	家庭户户数	一代户	二代户	三代户	四代户	五代及以上户
总 计	**7086**	**3328**	**2718**	**994**	**46**	
一人户	1390	1390				
二人户	2187	1899	288			
三人户	2027	23	1962	42		
四人户	742	8	424	310		
五人户	545	6	38	491	10	
六人户	142	2	6	113	22	
七人户	33			21	12	
八人户	14			12	2	
九人户	4			3	1	
十人及以上户	2			2		

7-5c 全市不同规模的家庭户类别(乡村)

单位：户

户规模	家庭户户数	一代户	二代户	三代户	四代户	五代及以上户
总 计	**14533**	**6810**	**5005**	**2618**	**99**	**1**
一人户	2778	2778				
二人户	4474	3924	551			
三人户	3487	70	3328	90		
四人户	1729	25	978	725	1	
五人户	1443	11	120	1296	16	
六人户	409	1	19	342	46	
七人户	122	1	6	94	21	1
八人户	64	2	2	54	7	
九人户	20		1	13	6	
十人及以上户	6			4	2	

7-6 各地区有60岁及以上老年人口的家庭户

单位：户

地 区	合 计	一个60岁及以上老年人的户				二个60岁及以上老年人的户				其 他
		小 计	单 身老人户	一个老年人与未成年的亲属户	其 他	小 计	只有一对老夫妇的户	一对老夫妇与未成年的亲属户	其 他	
全 市	**36373**	**17236**	**4947**	**112**	**12177**	**18651**	**8204**	**346**	**10101**	**486**
东城区	2146	1105	305	8	792	984	301	21	662	57
西城区	2687	1301	346	13	942	1333	506	35	791	53
朝阳区	6499	2877	836	16	2025	3559	1555	59	1945	63
丰台区	4322	2122	727	10	1385	2146	1067	32	1048	54
石景山区	1173	578	169	3	405	583	280	10	293	12
海淀区	6137	2907	664	31	2212	3130	998	78	2053	100
门头沟区	609	307	103	3	201	297	174	4	120	5
房山区	1759	853	234	4	614	892	434	19	438	15
通州区	2156	936	236	2	698	1191	583	18	590	28
顺义区	1515	736	209	6	521	758	386	15	356	21
昌平区	2389	1134	287	4	842	1234	502	16	716	21
大兴区	1968	923	271	4	648	1018	481	13	524	28
怀柔区	616	288	111	2	175	324	188	8	127	4
平谷区	834	397	130	1	267	425	216	6	203	12
密云区	934	474	195	3	277	449	315	5	130	11
延庆区	628	297	123	1	174	329	220	5	105	1

7-6a 各地区有60岁及以上老年人口的家庭户(城市)

单位：户

地 区	合 计	一个60岁及以上老年人的户				二个60岁及以上老年人的户				其 他
		小 计	单 身老人户	一个老年人与未成年的亲属户	其 他	小 计	只有一对老夫妇的户	一对老夫妇与未成年的亲属户	其 他	
北京市	**28962**	**13644**	**3817**	**96**	**9732**	**14926**	**6326**	**297**	**8304**	**392**
东城区	2146	1105	305	8	792	984	301	21	662	57
西城区	2687	1301	346	13	942	1333	506	35	791	53
朝阳区	6482	2867	834	16	2016	3553	1552	59	1941	63
丰台区	4265	2095	715	8	1372	2117	1049	32	1036	54
石景山区	1173	578	169	3	405	583	280	10	293	12
海淀区	6031	2860	660	31	2169	3070	983	78	2009	100
门头沟区	377	189	58	2	129	184	94	2	88	4
房山区	826	393	118	2	272	429	225	11	193	4
通州区	1045	447	117	2	327	588	312	12	264	10
顺义区	618	287	76	3	208	329	197	9	123	3
昌平区	1501	667	154	1	511	821	331	11	479	14
大兴区	1300	610	188	4	417	677	356	11	310	14
怀柔区	268	126	44	2	80	140	73	3	64	2
平谷区	243	121	31		90	120	66	2	53	2

7-6b 各地区有60岁及以上老年人口的家庭户(镇)

单位：户

地区	合计	一个60岁及以上老年人的户				二个60岁及以上老年人的户				其他
		小计	单身老人户	一个老年人与未成年的亲属户	其他	小计	只有一对老夫妇的户	一对老夫妇与未成年的亲属户	其他	
全市	**2104**	**1006**	**298**	**8**	**700**	**1066**	**569**	**14**	**483**	**32**
朝阳区										
丰台区	33	16	10	1	5	16	12		4	
海淀区										
门头沟区	119	64	18		46	55	34	1	19	
房山区	269	141	33		107	127	59	1	67	1
通州区	292	120	31		89	165	71	1	93	8
顺义区	118	54	20	2	32	60	27	2	31	5
昌平区	406	208	49	1	158	192	88	4	100	6
大兴区	80	48	18		30	29	14		16	2
怀柔区	36	13	4		9	22	12	1	9	
平谷区	128	58	17		41	68	30		37	3
密云区	376	175	56	3	116	195	130		65	6
延庆区	246	108	42	1	66	137	92	3	42	1

7-6c 各地区有60岁及以上老年人口的家庭户(乡村)

单位：户

地区	合计	一个60岁及以上老年人的户				二个60岁及以上老年人的户				其他
		小计	单身老人户	一个老年人与未成年的亲属户	其他	小计	只有一对老夫妇的户	一对老夫妇与未成年的亲属户	其他	
全市	**5307**	**2586**	**833**	**8**	**1746**	**2659**	**1309**	**36**	**1314**	**62**
朝阳区	17	10	2		8	7	2		4	1
丰台区	24	11	3		8	13	5		8	
海淀区	106	47	3		43	59	15		44	
门头沟区	114	55	28		27	58	46		13	1
房山区	664	319	82	2	235	335	150	7	178	10
通州区	819	370	88		282	439	200	5	234	10
顺义区	779	396	113	2	280	369	163	4	202	14
昌平区	482	259	84	2	173	221	83	1	138	1
大兴区	589	265	65		200	312	111	3	198	12
怀柔区	312	148	63	1	85	161	102	5	54	2
平谷区	462	219	82	1	136	237	120	4	113	7
密云区	558	299	138		160	254	185	5	65	5
延庆区	382	189	81		108	193	128	2	62	

7-7 各地区有65岁及以上老年人口的家庭户

单位：户

地 区	合 计	一个65岁及以上老年人的户				二个65岁及以上老年人的户				其 他
		小 计	单 身老人户	一个老年人与未成年的亲属户	其 他	小 计	只有一对老夫妇的户	一对老夫妇与未成年的亲属户	其 他	
全 市	**25075**	**14191**	**3669**	**66**	**10456**	**10760**	**5124**	**143**	**5494**	**124**
东城区	1521	944	209	5	730	559	194	6	359	18
西城区	1933	1124	251	7	866	796	336	18	441	13
朝阳区	4612	2415	641	11	1763	2179	1031	30	1118	18
丰台区	2944	1742	533	5	1204	1196	633	10	554	5
石景山区	814	481	123	3	355	331	177	5	148	2
海淀区	4413	2390	478	22	1890	1993	691	38	1264	30
门头沟区	410	264	83	2	179	143	92	1	50	2
房山区	1153	690	182	3	504	460	257	7	196	4
通州区	1401	770	174	2	595	625	324	6	295	6
顺义区	990	581	156	4	421	403	240	5	158	5
昌平区	1544	851	191	1	659	687	301	8	378	6
大兴区	1297	724	200		524	566	295	3	268	7
怀柔区	420	239	84	1	153	180	117	3	60	1
平谷区	561	331	104		227	227	127	2	98	4
密云区	630	385	159		226	242	181	2	58	3
延庆区	432	258	101		157	174	127		46	

7-7a 各地区有65岁及以上老年人口的家庭户(城市)

单位：户

地 区	合 计	一个65岁及以上老年人的户				二个65岁及以上老年人的户				其 他
		小 计	单 身老人户	一个老年人与未成年的亲属户	其 他	小 计	只有一对老夫妇的户	一对老夫妇与未成年的亲属户	其 他	
全 市	**20088**	**11190**	**2794**	**59**	**8337**	**8796**	**4039**	**127**	**4629**	**102**
东城区	1521	944	209	5	730	559	194	6	359	18
西城区	1933	1124	251	7	866	796	336	18	441	13
朝阳区	4602	2408	639	11	1758	2176	1030	30	1116	18
丰台区	2900	1712	520	4	1188	1183	623	10	550	5
石景山区	814	481	123	3	355	331	177	5	148	2
海淀区	4342	2346	477	22	1847	1966	685	38	1243	30
门头沟区	250	161	44	2	116	87	47	1	40	1
房山区	511	292	90	1	201	219	131	4	83	1
通州区	661	344	87	2	255	314	177	3	134	3
顺义区	398	214	59	2	154	183	125	3	55	1
昌平区	973	508	104		404	461	208	5	248	4
大兴区	859	471	139		332	384	219	2	163	4
怀柔区	169	92	31	1	61	77	48	1	28	1
平谷区	155	93	22		71	62	41		20	

7-7b 各地区有65岁及以上老年人口的家庭户(镇)

单位：户

地区	合计	一个65岁及以上老年人的户				二个65岁及以上老年人的户				其他
		小计	单身老人户	一个老年人与未成年的亲属户	其他	小计	只有一对老夫妇的户	一对老夫妇与未成年的亲属户	其他	
全市	**1368**	**799**	**227**	**4**	**569**	**561**	**328**	**4**	**229**	**8**
朝阳区										
丰台区	27	21	10	1	10	7	7			
海淀区										
门头沟区	74	51	14		37	23	17		6	
房山区	180	116	26		90	64	38		26	
通州区	199	105	23		82	92	41		51	2
顺义区	71	43	15	2	26	27	14	1	12	2
昌平区	258	152	34		118	104	53	2	49	2
大兴区	51	30	13		18	21	11		11	
怀柔区	22	11	2		9	11	5	1	6	
平谷区	85	49	14		34	36	17		20	
密云区	240	135	45		90	103	75		28	2
延庆区	159	85	31		54	73	52		21	

7-7c 各地区有65岁及以上老年人口的家庭户(乡村)

单位：户

地区	合计	一个65岁及以上老年人的户				二个65岁及以上老年人的户				其他
		小计	单身老人户	一个老年人与未成年的亲属户	其他	小计	只有一对老夫妇的户	一对老夫妇与未成年的亲属户	其他	
全市	**3619**	**2201**	**647**	**4**	**1550**	**1404**	**757**	**12**	**636**	**14**
朝阳区	11	7	2		5	4	2		2	
丰台区	17	10	3		7	7	3		4	
海淀区	71	44	1		43	27	6		21	
门头沟区	85	52	25		27	33	29		4	
房山区	461	281	66	1	214	177	88	2	86	3
通州区	541	321	64		258	219	107	2	110	1
顺义区	520	324	82	1	241	193	100	1	91	3
昌平区	313	191	53	1	138	122	40		82	
大兴区	387	223	48		174	162	66	1	95	3
怀柔区	228	136	52	1	83	92	64	1	27	1
平谷区	321	189	67		122	129	69	2	58	4
密云区	390	250	115		136	139	107	2	30	1
延庆区	273	173	70		102	101	75		25	

7-8 全市家庭户户主年龄、性别构成

单位：人、%

年 龄	人口数			户 主			户主率		
	合计	男	女	合计	男	女	合计	男	女
总 计	**281274**	**139440**	**141835**	**108305**	**70592**	**37712**	**38.51**	**50.63**	**26.59**
14岁及以下	**33866**	**17852**	**16014**	**131**	**69**	**62**	**0.39**	**0.39**	**0.39**
15-19	**5153**	**2876**	**2276**	**365**	**243**	**122**	**7.08**	**8.45**	**5.35**
15	948	533	415	12	11	1	1.26	2.03	0.27
16	912	487	424	30	24	6	3.30	4.90	1.46
17	973	549	424	59	34	25	6.07	6.17	5.94
18	1102	631	471	98	66	32	8.89	10.46	6.77
19	1218	676	542	166	108	57	13.63	16.05	10.61
20-24	**11848**	**6118**	**5730**	**3143**	**1988**	**1154**	**26.53**	**32.50**	**20.15**
20	1738	925	812	292	191	101	16.82	20.66	12.45
21	1911	983	928	406	250	156	21.24	25.42	16.81
22	2368	1213	1155	637	402	235	26.90	33.16	20.32
23	2708	1394	1315	808	494	314	29.85	35.44	23.92
24	3123	1602	1521	999	651	348	32.00	40.62	22.91
25-29	**30204**	**14608**	**15595**	**10457**	**6725**	**3733**	**34.62**	**46.03**	**23.93**
25	5304	2653	2651	1746	1147	599	32.92	43.25	22.58
26	5681	2788	2893	1977	1251	726	34.79	44.87	25.09
27	6149	2933	3216	2103	1330	773	34.20	45.33	24.05
28	6743	3185	3558	2289	1473	816	33.95	46.26	22.94
29	6326	3049	3277	2342	1523	819	37.02	49.96	24.98
30-34	**31467**	**15221**	**16246**	**12321**	**8002**	**4319**	**39.16**	**52.57**	**26.59**
30	5633	2724	2910	2149	1437	712	38.15	52.77	24.46
31	5873	2836	3037	2202	1436	766	37.50	50.64	25.22
32	6516	3184	3331	2570	1683	886	39.44	52.87	26.61
33	7512	3600	3913	3006	1918	1088	40.02	53.29	27.81
34	5933	2877	3056	2394	1527	867	40.35	53.07	28.37
35-39	**24976**	**12383**	**12592**	**11120**	**7195**	**3925**	**44.52**	**58.10**	**31.17**
35	5709	2785	2924	2377	1527	850	41.64	54.83	29.07
36	5616	2761	2855	2459	1587	871	43.78	57.49	30.52
37	5074	2544	2531	2265	1479	787	44.64	58.13	31.09
38	4223	2105	2118	1969	1252	718	46.63	59.48	33.87
39	4354	2189	2165	2050	1350	700	47.08	61.69	32.32
40-44	**23778**	**11989**	**11790**	**11205**	**7483**	**3722**	**47.12**	**62.42**	**31.57**
40	4213	2060	2153	1938	1246	692	45.99	60.48	32.13
41	4435	2276	2159	2096	1429	667	47.27	62.79	30.91
42	5103	2567	2536	2420	1615	806	47.43	62.91	31.76
43	4955	2489	2466	2343	1551	792	47.29	62.30	32.13
44	5073	2597	2476	2408	1643	765	47.47	63.25	30.92
45-49	**22743**	**11604**	**11139**	**11241**	**7749**	**3492**	**49.43**	**66.78**	**31.35**
45	5272	2747	2525	2570	1726	844	48.75	62.81	33.44
46	4781	2416	2366	2362	1633	730	49.41	67.60	30.84
47	5032	2532	2500	2462	1710	752	48.92	67.51	30.08
48	3639	1793	1846	1802	1224	578	49.53	68.26	31.33
49	4019	2115	1903	2045	1457	588	50.89	68.88	30.90
50-54	**23124**	**11658**	**11466**	**11471**	**8069**	**3401**	**49.61**	**69.22**	**29.67**
50	4282	2157	2125	2103	1485	618	49.11	68.84	29.08
51	4980	2500	2480	2502	1737	764	50.24	69.51	30.82
52	6371	3234	3137	3170	2245	924	49.75	69.43	29.47
53	4374	2240	2134	2164	1543	621	49.48	68.89	29.11
54	3119	1529	1590	1533	1059	473	49.14	69.29	29.77
55-59	**20434**	**10039**	**10395**	**9968**	**6753**	**3215**	**48.78**	**67.27**	**30.92**
55	4052	1969	2083	1999	1350	649	49.35	68.59	31.16
56	3634	1886	1748	1817	1267	550	50.00	67.20	31.44
57	4223	2063	2161	2075	1433	641	49.12	69.48	29.69
58	4338	2124	2214	2079	1387	693	47.94	65.28	31.29
59	4188	1998	2190	1998	1316	682	47.71	65.88	31.13
60-64	**18741**	**8945**	**9797**	**8803**	**5827**	**2976**	**46.97**	**65.14**	**30.38**
60	4242	2026	2216	2083	1382	702	49.11	68.19	31.66
61	4081	1951	2130	1900	1256	644	46.55	64.35	30.25
62	3722	1747	1975	1694	1127	567	45.52	64.49	28.74
63	3680	1769	1911	1713	1138	575	46.53	64.31	30.08
64	3016	1451	1565	1413	925	488	46.85	63.76	31.18
65及以上	**34940**	**16146**	**18793**	**18078**	**10488**	**7590**	**51.74**	**64.96**	**40.39**

7-8a 全市家庭户户主年龄、性别构成(城市)

单位：人、%

年 龄	人口数			户 主			户主率		
	合计	男	女	合计	男	女	合计	男	女
总 计	**222213**	**109483**	**112731**	**87019**	**54099**	**32920**	**39.16**	**49.41**	**29.20**
14岁及以下	**27264**	**14389**	**12875**	**125**	**65**	**61**	**0.46**	**0.45**	**0.47**
15-19	**3527**	**2006**	**1521**	**272**	**176**	**96**	**7.71**	**8.78**	**6.31**
15	640	372	268	10	9		1.56	2.55	0.18
16	620	346	274	23	20	3	3.76	5.87	1.10
17	662	376	286	40	23	17	6.08	6.18	5.95
18	772	453	318	74	47	27	9.59	10.43	8.39
19	833	458	375	124	76	49	14.94	16.52	13.01
20-24	**8822**	**4469**	**4353**	**2551**	**1553**	**997**	**28.91**	**34.76**	**22.91**
20	1279	679	600	242	150	92	18.95	22.09	15.39
21	1410	700	710	332	200	132	23.54	28.53	18.63
22	1824	933	892	530	326	205	29.07	34.90	22.97
23	2051	1046	1005	650	390	261	31.72	37.24	25.96
24	2259	1112	1147	796	489	307	35.23	43.95	26.77
25-29	**23520**	**11289**	**12232**	**8866**	**5536**	**3330**	**37.70**	**49.04**	**27.23**
25	4054	2012	2042	1474	935	539	36.36	46.49	26.38
26	4332	2128	2204	1675	1036	639	38.67	48.69	29.00
27	4787	2243	2544	1754	1070	684	36.63	47.69	26.88
28	5298	2497	2802	1960	1231	729	36.99	49.29	26.03
29	5049	2409	2640	2003	1264	739	39.68	52.47	28.01
30-34	**26000**	**12434**	**13565**	**10690**	**6782**	**3908**	**41.12**	**54.54**	**28.81**
30	4517	2138	2379	1823	1181	643	40.37	55.23	27.01
31	4824	2305	2519	1909	1212	696	39.57	52.61	27.64
32	5443	2637	2806	2255	1450	805	41.43	54.99	28.69
33	6279	2976	3302	2625	1634	992	41.82	54.90	30.03
34	4936	2378	2559	2077	1305	772	42.07	54.87	30.18
35-39	**20854**	**10236**	**10618**	**9561**	**5965**	**3597**	**45.85**	**58.27**	**33.88**
35	4737	2295	2442	2038	1257	781	43.03	54.79	31.99
36	4689	2279	2410	2131	1324	807	45.45	58.10	33.48
37	4262	2126	2136	1958	1237	722	45.95	58.17	33.78
38	3536	1735	1801	1692	1027	664	47.84	59.22	36.88
39	3631	1802	1829	1742	1119	623	47.99	62.11	34.08
40-44	**18932**	**9496**	**9436**	**9039**	**5767**	**3272**	**47.74**	**60.73**	**34.68**
40	3458	1670	1788	1616	989	627	46.74	59.25	35.06
41	3579	1847	1733	1722	1139	584	48.12	61.67	33.69
42	4070	2027	2043	1965	1247	718	48.27	61.53	35.12
43	3909	1954	1955	1860	1179	681	47.58	60.36	34.82
44	3916	1998	1918	1875	1212	664	47.89	60.64	34.60
45-49	**17390**	**8825**	**8566**	**8587**	**5567**	**3020**	**49.38**	**63.08**	**35.26**
45	4089	2114	1975	1987	1261	727	48.60	59.63	36.79
46	3742	1858	1884	1839	1192	647	49.14	64.17	34.32
47	3911	1959	1952	1912	1253	658	48.88	63.99	33.72
48	2657	1308	1349	1316	834	482	49.52	63.72	35.76
49	2991	1586	1406	1534	1027	507	51.27	64.76	36.04
50-54	**17616**	**8873**	**8743**	**8678**	**5729**	**2949**	**49.26**	**64.57**	**33.73**
50	3086	1562	1524	1521	992	528	49.27	63.52	34.67
51	3750	1869	1880	1865	1213	652	49.74	64.90	34.68
52	4960	2514	2446	2446	1641	806	49.33	65.27	32.94
53	3376	1736	1640	1660	1117	543	49.17	64.36	33.08
54	2444	1192	1253	1186	765	421	48.52	64.23	33.57
55-59	**15828**	**7763**	**8065**	**7608**	**4824**	**2784**	**48.07**	**62.14**	**34.52**
55	3110	1514	1596	1515	956	559	48.72	63.14	35.04
56	2745	1446	1299	1356	896	461	49.40	61.94	35.45
57	3267	1592	1675	1591	1031	560	48.71	64.77	33.44
58	3425	1662	1763	1613	998	615	47.08	60.03	34.86
59	3280	1548	1732	1533	943	590	46.73	60.90	34.06
60-64	**14502**	**6860**	**7642**	**6629**	**4131**	**2498**	**45.71**	**60.22**	**32.69**
60	3305	1574	1731	1604	999	604	48.52	63.49	34.91
61	3180	1518	1662	1455	915	539	45.75	60.30	32.45
62	2863	1328	1535	1261	783	478	44.03	58.93	31.14
63	2855	1335	1521	1272	791	481	44.56	59.26	31.67
64	2299	1105	1194	1038	643	395	45.15	58.17	33.09
65及以上	**27957**	**12843**	**15114**	**14413**	**8006**	**6407**	**51.55**	**62.34**	**42.39**

7-8b 全市家庭户户主年龄、性别构成(镇)

单位：人、%

年 龄	人口数			户 主			户主率		
	合计	男	女	合计	男	女	合计	男	女
总 计	**18548**	**9383**	**9164**	**6985**	**5053**	**1931**	**37.66**	**53.85**	**21.08**
14岁及以下	**2252**	**1163**	**1090**	**2**	**2**		**0.07**	**0.14**	
15-19	**349**	**189**	**160**	**22**	**15**	**7**	**6.43**	**8.16**	**4.38**
15	73	38	35	1	1	1	1.60	1.48	1.74
16	57	31	26	1		1	1.87		4.10
17	61	34	26	4	3	1	6.61	8.42	4.24
18	79	43	36	6	4	2	7.77	9.25	5.99
19	80	43	37	10	8	2	12.66	18.64	5.65
20-24	**879**	**491**	**388**	**207**	**149**	**58**	**23.49**	**30.27**	**14.93**
20	134	76	58	13	12	1	9.99	16.13	1.95
21	155	92	63	22	12	10	14.15	13.29	15.41
22	164	84	80	39	27	12	24.00	32.38	15.16
23	198	106	92	60	41	18	30.16	39.06	19.93
24	228	132	96	72	55	17	31.60	41.78	17.50
25-29	**2220**	**1104**	**1116**	**654**	**470**	**184**	**29.49**	**42.61**	**16.50**
25	392	195	197	107	78	29	27.28	39.79	14.85
26	455	224	230	134	95	38	29.38	42.41	16.67
27	446	223	223	138	100	38	31.05	44.99	17.10
28	485	236	249	139	95	44	28.70	40.30	17.72
29	442	225	217	136	102	34	30.84	45.30	15.83
30-34	**1925**	**969**	**956**	**704**	**491**	**213**	**36.55**	**50.65**	**22.26**
30	390	197	192	136	101	35	34.83	51.08	18.17
31	344	172	172	127	89	38	36.83	51.42	22.21
32	383	202	181	142	102	41	37.21	50.42	22.48
33	426	210	216	155	110	45	36.30	52.33	20.73
34	382	187	194	144	90	54	37.67	47.88	27.84
35-39	**1497**	**767**	**730**	**635**	**455**	**180**	**42.40**	**59.27**	**24.68**
35	364	180	184	143	109	34	39.30	60.47	18.64
36	353	172	181	136	95	41	38.68	55.41	22.73
37	293	158	135	126	93	32	42.90	59.21	23.90
38	236	129	108	108	79	29	45.82	61.34	27.21
39	251	129	122	121	78	43	48.32	60.75	35.25
40-44	**1618**	**827**	**791**	**813**	**589**	**224**	**50.27**	**71.23**	**28.35**
40	261	136	125	123	88	35	47.11	64.57	28.16
41	290	146	144	141	104	36	48.63	71.42	25.40
42	332	165	167	168	119	49	50.55	72.14	29.15
43	354	177	176	184	128	56	52.04	72.08	31.89
44	381	202	179	197	150	48	51.77	74.07	26.61
45-49	**1697**	**884**	**813**	**866**	**668**	**197**	**51.01**	**75.60**	**24.28**
45	388	212	177	192	145	47	49.30	68.28	26.56
46	329	174	155	163	131	31	49.37	75.49	20.12
47	375	192	183	195	150	45	52.15	78.28	24.79
48	299	145	154	159	116	44	53.24	79.65	28.32
49	306	162	144	157	127	30	51.36	78.50	20.99
50-54	**1638**	**825**	**813**	**831**	**631**	**200**	**50.72**	**76.40**	**24.65**
50	360	184	176	175	140	35	48.67	76.42	19.74
51	362	181	181	187	138	49	51.63	76.10	27.19
52	419	218	201	220	166	54	52.56	76.10	26.99
53	297	151	147	154	115	38	51.66	76.57	26.04
54	200	92	108	95	71	24	47.54	77.38	22.17
55-59	**1405**	**685**	**721**	**708**	**528**	**180**	**50.37**	**77.15**	**24.93**
55	293	145	148	149	114	35	50.88	78.55	23.82
56	272	126	146	135	94	41	49.82	74.51	28.40
57	267	124	143	131	101	30	48.98	81.37	20.95
58	278	145	132	143	110	33	51.41	75.58	24.90
59	295	144	151	150	110	40	50.66	76.00	26.49
60-64	**1197**	**596**	**601**	**587**	**428**	**159**	**48.99**	**71.79**	**26.37**
60	267	134	132	136	99	37	50.91	73.51	28.00
61	281	142	138	139	99	40	49.60	69.68	28.99
62	238	113	125	114	85	29	48.05	75.23	23.38
63	219	114	106	102	74	28	46.72	65.38	26.61
64	193	93	100	95	71	24	49.18	76.20	24.05
65及以上	**1869**	**884**	**986**	**957**	**628**	**329**	**51.19**	**71.03**	**33.40**

7-8c 全市家庭户户主年龄、性别构成(乡村)

单位：人、%

年 龄	人口数			户 主			户主率		
	合计	男	女	合计	男	女	合计	男	女
总 计	**40518**	**20575**	**19943**	**14302**	**11440**	**2863**	**35.30**	**55.60**	**14.35**
14岁及以下	**4349**	**2301**	**2049**	**4**	**3**	**1**	**0.08**	**0.11**	**0.05**
15-19	**1277**	**681**	**596**	**70**	**52**	**19**	**5.52**	**7.57**	**3.17**
15	236	124	112	1	1		0.33	0.63	
16	234	110	124	6	4	2	2.42	3.23	1.71
17	250	138	112	15	8	7	5.90	5.57	6.31
18	252	134	117	18	15	3	7.08	10.96	2.64
19	305	175	130	31	25	7	10.30	14.16	5.09
20-24	**2146**	**1158**	**989**	**386**	**286**	**99**	**17.97**	**24.74**	**10.04**
20	325	171	154	37	29	8	11.30	17.02	4.95
21	346	192	155	52	38	14	15.04	19.92	9.02
22	379	196	184	67	49	18	17.71	25.23	9.69
23	460	242	218	98	63	35	21.38	26.07	16.17
24	636	358	278	131	107	25	20.66	29.84	8.85
25-29	**4464**	**2216**	**2248**	**937**	**719**	**218**	**20.99**	**32.42**	**9.71**
25	858	446	412	165	134	31	19.25	30.14	7.47
26	895	436	460	168	120	48	18.78	27.46	10.55
27	916	467	449	211	159	51	23.02	34.15	11.45
28	960	453	507	191	148	43	19.85	32.63	8.45
29	834	415	419	202	157	45	24.22	37.92	10.67
30-34	**3542**	**1818**	**1725**	**928**	**729**	**199**	**26.20**	**40.12**	**11.52**
30	727	388	338	190	156	34	26.17	40.11	10.15
31	704	359	346	167	135	32	23.64	37.64	9.12
32	689	345	344	172	131	41	24.95	38.04	11.83
33	808	414	394	226	175	52	28.02	42.21	13.14
34	615	312	303	173	133	40	28.15	42.50	13.36
35-39	**2624**	**1380**	**1245**	**924**	**776**	**148**	**35.21**	**56.23**	**11.91**
35	609	311	298	196	161	35	32.18	51.91	11.60
36	574	310	264	191	168	24	33.30	54.09	8.92
37	519	260	259	181	149	33	34.93	57.11	12.65
38	450	241	210	169	145	24	37.61	60.38	11.49
39	472	258	214	186	153	33	39.46	59.26	15.56
40-44	**3228**	**1666**	**1562**	**1353**	**1128**	**226**	**41.93**	**67.69**	**14.46**
40	494	254	240	198	169	30	40.17	66.37	12.36
41	566	283	283	233	186	47	41.17	65.66	16.70
42	701	374	327	288	248	40	41.06	66.37	12.10
43	692	358	334	299	244	55	43.17	68.06	16.54
44	775	397	378	336	281	54	43.27	70.89	14.32
45-49	**3655**	**1895**	**1761**	**1788**	**1514**	**274**	**48.92**	**79.90**	**15.58**
45	795	422	373	391	321	71	49.25	76.02	18.98
46	710	384	327	361	309	52	50.83	80.61	15.84
47	746	382	365	354	306	48	47.49	80.22	13.25
48	683	340	343	327	275	52	47.91	80.88	15.25
49	721	368	353	354	303	51	49.13	82.37	14.47
50-54	**3871**	**1961**	**1910**	**1962**	**1710**	**252**	**50.69**	**87.23**	**13.17**
50	835	411	424	407	352	55	48.70	85.68	12.88
51	868	449	419	450	387	63	51.82	86.04	15.09
52	992	502	490	503	438	65	50.69	87.38	13.16
53	700	353	347	351	310	40	50.07	87.86	11.59
54	475	245	230	252	223	29	53.03	90.84	12.62
55-59	**3201**	**1591**	**1610**	**1652**	**1401**	**251**	**51.61**	**88.07**	**15.58**
55	649	309	339	335	280	55	51.66	90.60	16.15
56	616	313	303	325	277	48	52.72	88.49	15.73
57	689	346	343	352	301	51	51.14	86.88	15.01
58	635	317	318	324	279	45	51.07	88.12	14.17
59	612	305	307	315	264	52	51.54	86.40	16.90
60-64	**3042**	**1489**	**1553**	**1587**	**1268**	**320**	**52.19**	**85.17**	**20.58**
60	670	318	352	344	283	60	51.29	89.19	17.10
61	621	291	330	306	241	65	49.32	82.86	19.70
62	621	306	315	319	259	60	51.45	84.67	19.14
63	606	321	285	338	272	65	55.75	84.97	22.91
64	524	253	272	280	211	69	53.46	83.60	25.40
65及以上	**5117**	**2421**	**2697**	**2711**	**1854**	**856**	**52.97**	**76.61**	**31.74**

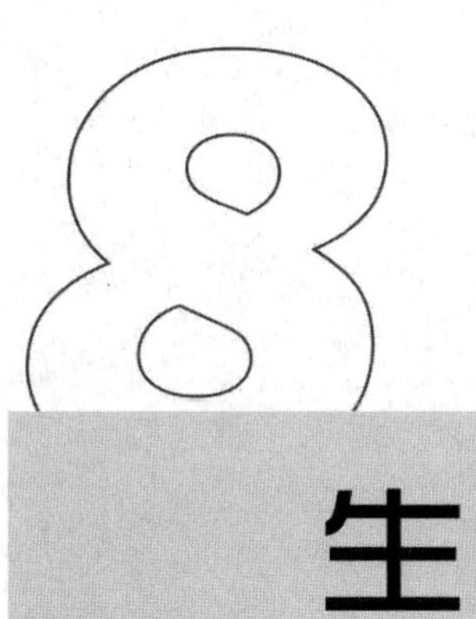

8 生育

8-1 各地区分性别、孩次的出生人口
(2014.11.1-2015.10.31)

单位：人

地　区	出生人数				第一孩			
	合计	男	女	性别比(女=100)	合计	男	女	性别比(女=100)
全　市	**2557**	**1341**	**1217**	**110.21**	**1848**	**964**	**883**	**109.17**
东城区	83	47	36	129.90	62	35	27	131.14
西城区	153	84	69	120.96	107	55	52	107.28
朝阳区	559	273	286	95.39	405	204	202	101.14
丰台区	244	125	119	104.78	182	92	89	103.04
石景山区	80	38	41	92.11	59	28	31	92.00
海淀区	370	221	149	147.74	252	144	109	132.46
门头沟区	25	10	15	68.68	18	8	9	90.72
房山区	104	55	50	109.68	78	43	35	124.96
通州区	158	85	73	116.69	117	63	53	118.57
顺义区	129	77	53	145.51	99	58	40	143.78
昌平区	255	122	133	91.87	183	91	92	98.94
大兴区	255	142	113	125.83	178	93	85	110.02
怀柔区	33	12	21	58.56	22	9	13	73.67
平谷区	41	18	24	74.26	34	14	20	70.97
密云区	46	22	23	95.69	35	17	17	99.53
延庆区	23	11	12	95.11	17	7	10	73.63

8-1 续表 1

单位：人

地　区	第二孩				第三孩			
	合计	男	女	性别比(女=100)	合计	男	女	性别比(女=100)
全　市	**681**	**357**	**323**	**110.43**	**29**	**19**	**10**	**197.00**
东城区	18	9	9	99.04	3	3		
西城区	45	28	18	155.54	1	1		
朝阳区	151	67	84	78.78	2	2		
丰台区	57	30	27	111.02	6	3	3	100.58
石景山区	20	10	11	92.45				
海淀区	115	74	41	180.36	3	3		
门头沟区	7	1	6	25.18				
房山区	27	11	15	74.82				
通州区	39	21	18	112.66	2	1	1	86.45
顺义区	28	17	11	160.34	3	2	2	93.41
昌平区	71	31	40	78.08	1		1	
大兴区	69	45	25	181.13	7	4	3	120.24
怀柔区	11	3	8	34.63				
平谷区	7	4	4	90.78				
密云区	11	5	6	84.50				
延庆区	5	3	1	204.84	1	1		

8-1　续表 2

单位：人

地　区	第四孩				第五孩及以上			
	合计	男	女	性别比（女=100）	合计	男	女	性别比（女=100）
全　市								
东城区								
西城区								
朝阳区								
丰台区								
石景山区								
海淀区								
门头沟区								
房山区								
通州区								
顺义区								
昌平区								
大兴区								
怀柔区								
平谷区								
密云区								
延庆区								

8-1a　各地区分性别、孩次的出生人口 (2014.11.1-2015.10.31)(城市)

单位：人

地　区	出生人数				第一孩			
	合计	男	女	性别比（女=100）	合计	男	女	性别比（女=100）
全　市	**2132**	**1133**	**999**	**113.35**	**1544**	**821**	**723**	**113.54**
东城区	83	47	36	129.90	62	35	27	131.14
西城区	153	84	69	120.96	107	55	52	107.28
朝阳区	553	271	282	96.13	403	203	200	101.43
丰台区	237	124	113	109.70	175	92	84	109.59
石景山区	80	38	41	92.11	59	28	31	92.00
海淀区	360	216	143	150.72	248	141	106	133.25
门头沟区	13	7	7	97.34	8	5	3	158.85
房山区	61	34	27	122.69	44	27	17	165.15
通州区	94	51	42	122.43	73	41	32	125.84
顺义区	74	46	28	162.47	60	37	23	161.70
昌平区	193	92	101	90.78	138	70	68	102.20
大兴区	192	108	84	128.76	140	76	64	119.27
怀柔区	20	7	13	53.40	13	5	8	58.71
平谷区	19	8	11	69.31	15	6	9	62.92

8-1a 续表 1

单位：人

地 区	第二孩				第三孩			
	合计	男	女	性别比（女=100）	合计	男	女	性别比（女=100）
全 市	**566**	**297**	**269**	**110.26**	**22**	**15**	**7**	**211.81**
东城区	18	9	9	99.04	3	3		
西城区	45	28	18	155.54	1	1		
朝阳区	149	67	82	80.99	2	2		
丰台区	57	30	27	111.02	6	3	3	100.58
石景山区	20	10	11	92.45				
海淀区	109	71	37	191.89	3	3		
门头沟区	5	1	4	37.89				
房山区	17	6	11	56.79				
通州区	19	11	9	122.00	1		1	
顺义区	13	8	5	149.49	1	1		
昌平区	54	22	32	69.48	1		1	
大兴区	49	30	18	165.58	4	2	2	97.68
怀柔区	7	2	5	44.66				
平谷区	4	2	2	100.72				

8-1a 续表 2

单位：人

地 区	第四孩				第五孩及以上			
	合计	男	女	性别比（女=100）	合计	男	女	性别比（女=100）
全 市								
东城区								
西城区								
朝阳区								
丰台区								
石景山区								
海淀区								
门头沟区								
房山区								
通州区								
顺义区								
昌平区								
大兴区								
怀柔区								
平谷区								

8-1b 各地区分性别、孩次的出生人口 (2014.11.1-2015.10.31)(镇)

单位：人

地区	出生人数				第一孩			
	合计	男	女	性别比(女=100)	合计	男	女	性别比(女=100)
全市	**151**	**67**	**83**	**80.88**	**108**	**47**	**62**	**76.21**
朝阳区								
丰台区	6		6		6		6	
海淀区								
门头沟区	8	2	6	43.76	6	2	4	66.61
房山区	13	7	6	113.26	9	5	5	98.21
通州区	18	9	10	89.89	10	6	4	138.98
顺义区	12	7	6	115.89	8	5	3	157.35
昌平区	39	18	21	83.05	33	13	19	70.02
大兴区	9	3	6	57.02	4		4	
怀柔区	2	1	1	200.00	2	1	1	200.00
平谷区	4	3	1	201.74	3	3		590.94
密云区	30	14	16	86.52	21	9	12	77.13
延庆区	9	4	5	69.57	7	3	5	55.54

8-1b 续表1

单位：人

地区	第二孩				第三孩			
	合计	男	女	性别比(女=100)	合计	男	女	性别比(女=100)
全市	**40**	**20**	**20**	**103.50**	**2**		**2**	
朝阳区								
丰台区								
海淀区								
门头沟区	2		2					
房山区	4	2	1	163.08				
通州区	8	3	5	50.12				
顺义区	4	2	2	103.67	1		1	
昌平区	7	4	2	193.39				
大兴区	4	3	1	304.75	1		1	
怀柔区								
平谷区	1		1					
密云区	10	5	5	110.80				
延庆区	2	1	1	197.96				

8-1b 续表 2

单位：人

地 区	第四孩				第五孩及以上			
	合计	男	女	性别比（女=100）	合计	男	女	性别比（女=100）
全 市								
朝阳区								
丰台区								
海淀区								
门头沟区								
房山区								
通州区								
顺义区								
昌平区								
大兴区								
怀柔区								
平谷区								
密云区								
延庆区								

8-1c 各地区分性别、孩次的出生人口 (2014.11.1-2015.10.31)(乡村)

单位：人

地 区	出生人数				第一孩			
	合计	男	女	性别比（女=100）	合计	男	女	性别比（女=100）
全 市	**275**	**141**	**134**	**105.04**	**195**	**96**	**99**	**97.70**
朝阳区	6	2	4	42.48	3	1	2	65.89
丰台区	1	1		200.06	1	1		200.06
海淀区	11	5	6	77.04	5	2	2	97.02
门头沟区	4	1	3	48.08	4	1	3	48.08
房山区	31	14	16	86.58	24	11	13	84.05
通州区	46	25	21	117.45	33	17	17	99.20
顺义区	43	24	19	129.01	31	16	14	112.46
昌平区	23	12	10	120.98	12	8	5	171.48
大兴区	53	30	23	132.27	35	18	18	99.01
怀柔区	12	4	7	56.87	8	4	4	85.18
平谷区	18	7	11	62.32	15	5	10	52.31
密云区	15	8	7	116.94	14	8	6	146.35
延庆区	14	7	6	115.99	10	5	5	89.39

8-1c　续表 1　　　　单位：人

地　区	第二孩				第三孩			
	合计	男	女	性别比(女=100)	合计	男	女	性别比(女=100)
全　市	**75**	**40**	**35**	**115.70**	**5**	**4**	**1**	**566.87**
朝阳区	2		2		1	1		
丰台区								
海淀区	6	2	4	64.40				
门头沟区								
房山区	6	3	3	97.62				
通州区	12	7	4	169.73	1	1		
顺义区	11	7	4	203.31	1	1	1	91.00
昌平区	10	5	6	80.39				
大兴区	16	11	5	209.82	2	2		
怀柔区	4	1	3	19.55				
平谷区	3	2	1	155.29				
密云区	1		1					
延庆区	3	2	1	208.43	1	1		

8-1c　续表 2　　　　单位：人

地　区	第四孩				第五孩及以上			
	合计	男	女	性别比(女=100)	合计	男	女	性别比(女=100)
全　市								
朝阳区								
丰台区								
海淀区								
门头沟区								
房山区								
通州区								
顺义区								
昌平区								
大兴区								
怀柔区								
平谷区								
密云区								
延庆区								

8-2 全市育龄妇女分年龄、孩次的生育状况
(2014.11.1-2015.10.31)

单位：人、‰

年 龄	平均育龄妇女人数	出生人数	生育率	第一孩		第二孩		第三孩及以上	
				出生数	生育率	出生数	生育率	出生数	生育率
总 计	93556	2560	27.36	1851	19.78	681	7.27	29	0.31
15-19	5435	11	2.09	11	2.00		0.09		
15	484								
16	635								
17	976	1	1.10	1	1.10				
18	1281	3	2.17	3	2.17				
19	2059	7	3.63	7	3.41		0.23		
20-24	13819	225	16.26	199	14.37	26	1.89		
20	2637	14	5.13	11	4.33	2	0.80		
21	2672	21	7.87	18	6.82	3	1.05		
22	2724	41	14.92	38	13.85	3	1.07		
23	2578	62	24.10	55	21.31	7	2.79		
24	3208	87	27.24	76	23.78	11	3.46		
25-29	19737	1000	50.66	861	43.64	134	6.79	5	0.24
25	3928	133	33.75	117	29.75	16	4.00		
26	4005	169	42.11	151	37.74	17	4.26		0.11
27	4215	208	49.26	184	43.65	23	5.50		0.11
28	4084	255	62.53	216	52.86	38	9.33	1	0.34
29	3505	236	67.26	193	55.18	40	11.38	2	0.69
30-34	17330	920	53.07	589	33.98	317	18.31	13	0.78
30	3247	195	59.98	139	42.68	53	16.44	3	0.87
31	3405	192	56.34	127	37.30	61	18.01	4	1.03
32	3841	212	55.17	144	37.55	65	17.05	2	0.57
33	3683	189	51.25	112	30.49	74	20.11	2	0.65
34	3155	133	42.00	67	21.19	63	20.00	3	0.80
35-39	12830	318	24.76	149	11.60	159	12.37	10	0.79
35	3020	107	35.51	55	18.21	50	16.66	2	0.64
36	2814	83	29.62	35	12.48	46	16.36	2	0.78
37	2457	56	22.95	21	8.72	33	13.29	2	0.95
38	2267	37	16.51	21	9.20	14	6.32	2	0.98
39	2273	33	14.63	16	7.23	15	6.77	1	0.63
40-44	12769	72	5.66	30	2.36	42	3.25	1	0.06
40	2287	29	12.72	11	4.63	18	7.79	1	0.31
41	2503	20	8.03	7	2.92	13	5.11		
42	2659	13	4.99	6	2.29	7	2.70		
43	2640	6	2.17	3	1.08	3	1.09		
44	2680	4	1.53	3	1.21	1	0.33		
45-49	11636	14	1.24	12	1.03	2	0.21		
45	2603	4	1.56	3	1.22	1	0.34		
46	2593	3	1.29	3	0.98	1	0.31		
47	2332	3	1.27	2	0.93	1	0.35		
48	1983	1	0.35	1	0.35				
49	2124	3	1.61	3	1.61				

8-2a 全市育龄妇女分年龄、孩次的生育状况(2014.11.1-2015.10.31)(城市)

单位：人、‰

年　龄	平均育龄妇女人数	出生人数	生育率	第一孩		第二孩		第三孩及以上	
				出生数	生育率	出生数	生育率	出生数	生育率
总　计	**76066**	**2135**	**28.06**	**1547**	**20.34**	**566**	**7.44**	**22**	**0.29**
15-19	**3890**	**8**	**2.08**	**8**	**1.96**		**0.12**		
15	309								
16	449								
17	726		0.33		0.33				
18	882	2	1.94	2	1.94				
19	1524	6	4.04	6	3.73		0.31		
20-24	**11724**	**155**	**13.26**	**135**	**11.50**	**21**	**1.76**		
20	2185	9	4.32	7	3.35	2	0.97		
21	2344	14	6.15	12	4.95	3	1.20		
22	2380	30	12.50	27	11.42	3	1.07		
23	2171	44	20.19	38	17.71	5	2.48		
24	2644	58	21.95	50	19.03	8	2.92		
25-29	**16143**	**788**	**48.82**	**689**	**42.68**	**96**	**5.97**	**3**	**0.18**
25	3221	91	28.28	80	24.89	11	3.39		
26	3267	120	36.81	108	32.93	13	3.89		
27	3435	159	46.14	143	41.76	15	4.38		
28	3339	212	63.53	186	55.57	26	7.66	1	0.31
29	2880	206	71.56	172	59.78	32	11.14	2	0.63
30-34	**14494**	**811**	**55.93**	**535**	**36.90**	**266**	**18.35**	**10**	**0.68**
30	2681	166	62.04	123	45.77	42	15.77	1	0.50
31	2856	162	56.81	112	39.21	48	16.95	2	0.65
32	3241	189	58.19	131	40.47	56	17.18	2	0.53
33	3089	172	55.63	106	34.19	64	20.67	2	0.78
34	2628	122	46.31	63	24.14	56	21.20	3	0.97
35-39	**10800**	**290**	**26.87**	**141**	**13.10**	**140**	**12.99**	**8**	**0.78**
35	2532	98	38.78	52	20.43	45	17.76	1	0.59
36	2371	75	31.78	34	14.13	40	16.91	2	0.74
37	2079	51	24.49	20	9.70	29	13.85	2	0.94
38	1921	35	18.12	20	10.56	13	6.60	2	0.96
39	1896	31	16.33	16	8.33	14	7.25	1	0.75
40-44	**10145**	**69**	**6.79**	**29**	**2.82**	**40**	**3.91**	**1**	**0.07**
40	1863	28	14.91	10	5.33	17	9.20	1	0.38
41	2011	19	9.53	7	3.64	12	5.89		
42	2123	13	6.00	6	2.75	7	3.25		
43	2063	5	2.66	3	1.26	3	1.39		
44	2084	4	1.80	3	1.38	1	0.42		
45-49	**8870**	**13**	**1.50**	**11**	**1.22**	**2**	**0.28**		
45	2048	4	1.80	3	1.38	1	0.43		
46	2035	3	1.44	2	1.04	1	0.40		
47	1778	3	1.44	2	0.98	1	0.45		
48	1461	1	0.47	1	0.47				
49	1549	3	2.20	3	2.20				

8-2b 全市育龄妇女分年龄、孩次的生育状况 (2014.11.1-2015.10.31)(镇)

单位：人、‰

年 龄	平均育龄妇女人数	出生人数	生育率	第一孩		第二孩		第三孩及以上	
				出生数	生育率	出生数	生育率	出生数	生育率
总 计	**5566**	**151**	**27.05**	**108**	**19.48**	**40**	**7.22**	**2**	**0.35**
15-19	**344**	**3**	**7.60**	**3**	**7.60**				
15	31								
16	28								
17	42	1	19.72	1	19.72				
18	101	1	10.63	1	10.63				
19	141	1	5.06	1	5.06				
20-24	**635**	**17**	**27.13**	**16**	**24.52**	**2**	**2.62**		
20	120	1	5.96	1	5.96				
21	103	1	5.96	1	5.96				
22	111	2	22.42	2	22.42				
23	125	5	39.30	5	36.69		2.61		
24	177	9	48.20	7	40.63	1	7.57		
25-29	**1203**	**74**	**61.45**	**64**	**53.03**	**9**	**7.67**	**1**	**0.75**
25	235	15	63.68	14	59.38	1	4.30		
26	245	18	72.81	17	70.97				1.83
27	258	16	61.29	15	58.43		1.12		1.74
28	250	14	55.44	10	41.18	4	14.26		
29	215	11	53.25	7	32.95	4	20.30		
30-34	**986**	**45**	**45.47**	**23**	**22.98**	**21**	**21.41**	**1**	**1.09**
30	191	12	65.23	8	40.49	4	21.93	1	2.81
31	183	13	68.84	7	35.73	6	30.19	1	2.92
32	205	9	45.74	4	18.86	6	26.87		
33	212	6	29.42	2	11.45	4	17.97		
34	194	4	21.32	2	10.73	2	10.60		
35-39	**729**	**11**	**14.99**	**3**	**4.54**	**8**	**10.45**		
35	187	4	22.80	1	6.65	3	16.15		
36	165	4	21.98	1	5.53	3	16.45		
37	125	2	15.26	1	7.26	1	7.99		
38	120	1	5.74		2.03		3.71		
39	132		3.39				3.39		
40-44	**839**	**1**	**1.27**	**1**	**0.60**	**1**	**0.67**		
40	137								
41	157		1.78				1.78		
42	177	1	3.01		1.43		1.58		
43	185		1.37		1.37				
44	183								
45-49	**831**								
45	169								
46	172								
47	173								
48	153								
49	163								

8-2c 全市育龄妇女分年龄、孩次的生育状况 (2014.11.1-2015.10.31)(乡村)

单位：人、‰

年 龄	平均育龄妇女人数	出生人数	生育率	第一孩		第二孩		第三孩及以上	
				出生数	生育率	出生数	生育率	出生数	生育率
总 计	**11924**	**275**	**23.05**	**195**	**16.35**	**75**	**6.27**	**5**	**0.43**
15-19	**1201**	**1**	**0.51**	**1**	**0.51**				
15	143								
16	158								
17	208								
18	298								
19	394	1	1.57	1	1.57				
20-24	**1460**	**52**	**35.64**	**48**	**33.00**	**4**	**2.64**		
20	331	3	10.17	3	10.17				
21	225	6	26.69	6	26.69				
22	233	8	36.09	8	34.56		1.53		
23	283	13	47.42	12	42.21	1	5.22		
24	388	21	53.75	19	48.53	2	5.23		
25-29	**2391**	**138**	**57.67**	**109**	**45.40**	**28**	**11.87**	**1**	**0.40**
25	472	27	56.15	23	48.11	4	8.04		
26	492	31	61.96	26	53.10	4	8.85		
27	522	33	63.83	25	48.81	8	15.01		
28	494	29	59.37	20	40.54	9	18.12		0.71
29	410	18	44.40	14	34.52	3	8.39	1	1.49
30-34	**1851**	**64**	**34.75**	**31**	**16.98**	**30**	**16.40**	**3**	**1.37**
30	375	16	42.57	8	21.62	7	18.44	1	2.52
31	366	17	46.48	9	23.25	7	20.13	1	3.10
32	395	14	35.33	9	23.23	4	10.95		1.15
33	382	11	27.98	4	11.20	6	16.78		
34	333	7	20.10	1	4.08	5	16.02		
35-39	**1302**	**17**	**12.68**	**4**	**3.10**	**11**	**8.32**	**2**	**1.25**
35	302	5	15.96	2	6.77	2	7.74		1.45
36	278	4	15.67	1	2.46	3	11.64		1.58
37	252	4	14.12		1.32	3	11.30		1.50
38	225	2	8.52		1.48	1	5.37		1.68
39	245	2	7.56	1	2.62	1	4.94		
40-44	**1785**	**2**	**1.31**	**1**	**0.56**	**1**	**0.75**		
40	287	1	4.56	1	2.24	1	2.32		
41	335	1	1.99			1	1.99		
42	359								
43	391								
44	413		0.87		0.87				
45-49	**1935**	**1**	**0.62**	**1**	**0.62**				
45	386		0.93		0.93				
46	386		1.08		1.08				
47	381		1.10		1.10				
48	369								
49	413								

8-3 各地区按活产子女数分的15-50岁妇女人数

单位：人

地 区	合 计	活产0个	活产1个	活产2个	活产3个	活产4个	活产5个及以上	妇女平均活产子女数
全 市	**94643**	**39462**	**43959**	**10156**	**963**	**93**	**10**	**0.71**
东城区	3383	1561	1560	224	34	3		0.63
西城区	5214	2226	2507	439	34	8		0.67
朝阳区	16966	7287	7471	1980	207	21		0.72
丰台区	9364	3484	4837	943	88	10	1	0.75
石景山区	2626	1037	1343	230	15		1	0.70
海淀区	18453	9715	7217	1387	130	4		0.56
门头沟区	1008	286	612	102	8	1		0.84
房山区	4128	1229	2302	551	44	2		0.86
通州区	6405	2639	3041	661	54	9	2	0.71
顺义区	4624	1630	2306	618	58	8	3	0.81
昌平区	9463	4409	3998	944	101	10	1	0.66
大兴区	7013	2327	3356	1174	141	14	1	0.88
怀柔区	1471	380	850	224	15	1	1	0.92
平谷区	1514	395	838	266	16			0.94
密云区	1740	418	1057	253	10	2		0.92
延庆区	1272	440	663	161	8			0.79

8-4 全市按年龄和活产子女数分的15-50岁妇女人数

单位：人

年 龄	合 计	活产0个	活产1个	活产2个	活产3个	活产4个	活产5个及以上
总 计	**94643**	**39462**	**43959**	**10156**	**963**	**93**	**10**
15-19	**4277**	**4256**	**19**	**2**			
15	451	451					
16	514	514					
17	753	750	3				
18	1196	1188	6	1			
19	1363	1353	9	1			
20-24	**13230**	**12399**	**748**	**82**	**1**		
20	2751	2720	28	3			
21	2514	2442	63	9			
22	2818	2701	104	12			
23	2621	2372	234	15			
24	2526	2164	319	43	1		
25-29	**20003**	**13175**	**5951**	**834**	**43**		
25	3877	3132	640	102	3		
26	3953	2917	904	128	3		
27	4032	2753	1139	132	9		
28	4375	2559	1574	229	11		
29	3767	1814	1694	242	16		
30-34	**17360**	**5188**	**10194**	**1852**	**119**	**7**	**1**
30	3224	1368	1569	267	19		
31	3245	1108	1807	318	12		
32	3537	1035	2095	374	31	2	
33	4119	979	2620	492	24	4	
34	3235	698	2102	400	33	1	1
35-39	**13199**	**2141**	**8816**	**2068**	**154**	**17**	**3**
35	3069	570	2054	415	29	1	
36	2958	500	1978	441	36	2	1
37	2646	441	1721	449	35		1
38	2250	340	1512	365	26	6	
39	2276	289	1551	398	28	8	2
40-44	**12512**	**1335**	**8521**	**2353**	**275**	**24**	**3**
40	2257	270	1479	455	47	4	1
41	2307	259	1597	410	36	3	1
42	2683	244	1870	495	70	4	
43	2618	283	1792	480	55	7	
44	2648	277	1783	513	68	5	1
45-49	**11811**	**841**	**8171**	**2437**	**320**	**39**	**3**
45	2692	198	1915	497	69	12	
46	2497	209	1700	521	57	9	1
47	2670	219	1830	546	69	5	
48	1977	108	1362	432	68	5	1
49	1975	106	1363	441	57	7	1
50	**2253**	**127**	**1541**	**528**	**51**	**6**	

8-5 各地区按存活子女数分的15-50岁妇女人数

单位：人

地 区	合 计	存活0个	存活1个	存活2个	存活3个	存活4个	存活5个及以上	妇女平均存活子女数
全 市	**94643**	**39625**	**43885**	**10085**	**947**	**92**	**9**	**0.71**
东城区	3383	1586	1538	221	34	3		0.62
西城区	5214	2230	2506	435	34	8		0.67
朝阳区	16966	7324	7443	1976	202	21		0.71
丰台区	9364	3498	4832	936	87	10	1	0.75
石景山区	2626	1041	1340	229	15		1	0.70
海淀区	18453	9723	7222	1378	126	4		0.56
门头沟区	1008	288	610	103	7	1		0.83
房山区	4128	1240	2298	544	44	2		0.85
通州区	6405	2648	3037	656	54	9	2	0.71
顺义区	4624	1633	2305	616	58	8	3	0.81
昌平区	9463	4434	3987	932	100	9	1	0.65
大兴区	7013	2340	3354	1164	140	14	1	0.88
怀柔区	1471	382	851	223	14	1		0.91
平谷区	1514	398	838	262	16			0.93
密云区	1740	419	1061	248	10	2		0.92
延庆区	1272	440	664	161	7			0.79

8-6 全市按年龄和存活子女数分的15-50岁妇女人数

单位：人

年龄	合计	存活0个	存活1个	存活2个	存活3个	存活4个	存活5个及以上
总计	**94643**	**39625**	**43885**	**10085**	**947**	**92**	**9**
15-19	**4277**	**4256**	**19**	**2**			
15	451	451					
16	514	514					
17	753	750	3				
18	1196	1188	6	1			
19	1363	1353	9	1			
20-24	**13230**	**12400**	**748**	**81**	**1**		
20	2751	2720	28	3			
21	2514	2442	63	9			
22	2818	2701	104	12			
23	2621	2372	234	15			
24	2526	2165	319	42	1		
25-29	**20003**	**13195**	**5932**	**833**	**42**		
25	3877	3133	639	102	3		
26	3953	2919	903	128	3		
27	4032	2760	1132	132	9		
28	4375	2564	1571	229	11		
29	3767	1820	1689	242	16		
30-34	**17360**	**5220**	**10176**	**1840**	**117**	**7**	**1**
30	3224	1372	1568	264	19		
31	3245	1112	1805	317	12		
32	3537	1044	2092	369	31	2	
33	4119	985	2616	491	24	4	
34	3235	707	2095	399	32	1	1
35-39	**13199**	**2172**	**8808**	**2051**	**149**	**16**	**3**
35	3069	578	2048	413	29	1	
36	2958	508	1976	436	34	2	1
37	2646	446	1718	447	35		
38	2250	344	1515	359	26	6	
39	2276	296	1551	395	25	7	2
40-44	**12512**	**1372**	**8512**	**2330**	**270**	**24**	**3**
40	2257	280	1478	447	47	4	1
41	2307	262	1597	408	36	3	1
42	2683	252	1866	491	70	4	
43	2618	289	1794	472	55	7	
44	2648	288	1778	512	63	5	1
45-49	**11811**	**877**	**8153**	**2423**	**317**	**39**	**3**
45	2692	205	1912	494	69	12	
46	2497	218	1694	519	55	9	1
47	2670	231	1822	544	68	5	
48	1977	113	1363	426	68	5	1
49	1975	110	1361	439	57	7	1
50	**2253**	**134**	**1538**	**525**	**51**	**6**	

8-7 全市按年龄分的15-50岁妇女平均活产子女数和平均存活子女数

单位：人

年 龄	活产子女总数			存活子女总数			存活子女数占活产子女数的百分比	妇女平均活产子女数	妇女平均存活子女数
	合计	男	女	合计	男	女			
总 计	**67595**	**36490**	**31105**	**67316**	**36339**	**30977**	**99.59**	**0.71**	**0.71**
15-19	**23**	**12**	**11**	**23**	**12**	**11**	**100.00**	**0.01**	**0.01**
15									
16							100.00		
17	3		3	3		3	100.00		
18	9	6	3	9	6	3	100.00	0.01	0.01
19	11	6	5	11	6	5	100.00	0.01	0.01
20-24	**915**	**503**	**412**	**913**	**502**	**411**	**99.79**	**0.07**	**0.07**
20	34	13	21	34	13	21	100.00	0.01	0.01
21	82	43	39	82	43	39	100.00	0.03	0.03
22	128	62	67	128	62	67	100.00	0.05	0.05
23	263	165	98	263	165	98	100.00	0.10	0.10
24	407	219	188	405	218	187	99.53	0.16	0.16
25-29	**7748**	**4232**	**3516**	**7726**	**4219**	**3507**	**99.72**	**0.39**	**0.39**
25	852	486	366	851	486	366	99.91	0.22	0.22
26	1171	658	513	1170	658	511	99.89	0.30	0.30
27	1430	767	663	1423	762	661	99.50	0.35	0.35
28	2067	1094	973	2060	1090	971	99.66	0.47	0.47
29	2227	1227	1001	2222	1223	998	99.75	0.59	0.59
30-34	**14285**	**7718**	**6566**	**14236**	**7698**	**6539**	**99.66**	**0.82**	**0.82**
30	2161	1167	994	2154	1166	988	99.70	0.67	0.67
31	2481	1371	1110	2475	1369	1106	99.75	0.76	0.76
32	2943	1614	1329	2928	1607	1321	99.47	0.83	0.83
33	3691	1956	1736	3685	1952	1733	99.82	0.90	0.89
34	3008	1610	1398	2995	1604	1390	99.56	0.93	0.93
35-39	**13503**	**7216**	**6288**	**13437**	**7184**	**6253**	**99.51**	**1.02**	**1.02**
35	2974	1538	1436	2963	1533	1431	99.65	0.97	0.97
36	2982	1597	1385	2966	1588	1378	99.47	1.01	1.00
37	2730	1483	1247	2717	1475	1243	99.54	1.03	1.03
38	2345	1255	1090	2336	1253	1083	99.61	1.04	1.04
39	2472	1342	1130	2454	1336	1118	99.25	1.09	1.08
40-44	**14167**	**7618**	**6549**	**14096**	**7576**	**6520**	**99.50**	**1.13**	**1.13**
40	2553	1375	1178	2534	1368	1166	99.26	1.13	1.12
41	2542	1361	1181	2537	1358	1179	99.79	1.10	1.10
42	3086	1655	1431	3075	1646	1428	99.62	1.15	1.15
43	2946	1567	1379	2932	1558	1375	99.55	1.13	1.12
44	3040	1659	1381	3018	1646	1372	99.29	1.15	1.14
45-49	**14181**	**7685**	**6496**	**14120**	**7648**	**6472**	**99.57**	**1.20**	**1.20**
45	3165	1725	1441	3156	1720	1436	99.70	1.18	1.17
46	2957	1585	1372	2942	1577	1365	99.49	1.18	1.18
47	3151	1711	1440	3135	1701	1434	99.48	1.18	1.17
48	2460	1321	1138	2445	1310	1135	99.40	1.24	1.24
49	2448	1343	1105	2442	1340	1103	99.78	1.24	1.24
50	**2775**	**1507**	**1268**	**2765**	**1501**	**1264**	**99.66**	**1.23**	**1.23**

8-8 全市按年龄、夫妇为独生子女情况和存活子女数分的15-50岁妇女人数

单位：人

年 龄	合计							双独	
	合 计	存活0个	存活1个	存活2个	存活3个	存活4个	存活5个及以上	小 计	存活0个
总 计	**67091**	**11348**	**44789**	**9923**	**925**	**97**	**10**	**7923**	**2904**
15-19	**92**	**58**	**32**	**2**				**2**	**2**
15									
16	4	4	1					1	
17	14	9	4						
18	21	9	12	1					
19	53	37	15	1				2	2
20-24	**1907**	**967**	**844**	**94**	**1**			**220**	**165**
20	99	60	35	4				4	3
21	172	90	70	11				10	7
22	315	180	122	12				33	26
23	563	293	252	18				86	68
24	759	343	365	49	1			88	61
25-29	**11421**	**4567**	**5990**	**823**	**40**			**2401**	**1436**
25	1432	681	642	106	3			245	160
26	1917	887	896	130	4			355	263
27	2383	1098	1143	133	10			518	354
28	2905	1075	1599	224	7			668	367
29	2784	826	1709	230	17			615	293
30-34	**15488**	**2888**	**10594**	**1879**	**119**	**7**	**1**	**3594**	**1026**
30	2652	733	1636	264	19			615	241
31	2847	629	1880	325	13			731	263
32	3133	551	2184	365	31	2		790	187
33	3843	582	2720	514	23	5		894	207
34	3012	392	2174	412	33	1	1	564	128
35-39	**12437**	**1286**	**8994**	**1996**	**143**	**16**	**3**	**1158**	**195**
35	2845	319	2091	407	27	1		461	78
36	2816	293	2046	440	33	2	1	310	50
37	2489	251	1766	437	35			173	32
38	2117	229	1526	335	23	5		128	21
39	2170	194	1565	377	25	8	2	86	15
40-44	**11969**	**898**	**8536**	**2235**	**272**	**24**	**3**	**314**	**66**
40	2189	190	1510	434	49	5	1	60	16
41	2211	182	1598	390	36	4	1	59	9
42	2603	166	1890	472	69	5		77	19
43	2485	177	1794	451	55	8		70	14
44	2481	183	1743	488	63	3	1	47	7
45-49	**11538**	**601**	**8212**	**2374**	**305**	**42**	**3**	**197**	**11**
45	2615	140	1921	476	64	14		37	1
46	2438	137	1720	511	58	10	2	33	
47	2589	152	1839	528	63	6		50	7
48	1918	83	1346	422	62	6	1	38	2
49	1979	88	1387	436	59	8	1	39	1
50	**2239**	**82**	**1586**	**520**	**44**	**7**		**37**	**1**

8-8 续表 1

单位：人

年 龄	双独					单独			
	存活1个	存活2个	存活3个	存活4个	存活5个及以上	小 计	存活0个	存活1个	存活2个
总 计	**4593**	**418**	**9**			**12013**	**2964**	**8205**	**821**
15-19	**1**					**10**	**6**	**4**	
15									
16	1								
17						1	1		
18						2	1	1	
19						7	4	3	
20-24	**53**	**3**				**404**	**237**	**158**	**8**
20	1					18	11	4	2
21	2					32	22	10	1
22	6	2				57	35	21	1
23	18					126	81	43	2
24	26	1				171	88	80	3
25-29	**928**	**38**				**2952**	**1291**	**1573**	**88**
25	84	2				331	183	141	7
26	87	5				487	258	221	7
27	160	5				621	321	288	12
28	290	10				756	291	437	28
29	307	15				758	237	486	34
30-34	**2335**	**229**	**4**			**4534**	**922**	**3281**	**320**
30	349	25				722	220	466	35
31	421	46				785	172	553	59
32	552	49	2			910	196	655	58
33	619	69				1217	204	909	98
34	395	40	2			900	130	698	71
35-39	**849**	**111**	**2**			**2752**	**353**	**2117**	**273**
35	349	33	1			819	97	638	84
36	217	43				677	87	524	64
37	121	20				534	76	401	57
38	97	10	1			411	58	304	44
39	65	6				311	36	251	24
40-44	**222**	**25**				**887**	**107**	**693**	**86**
40	39	5				203	27	149	27
41	45	4				210	21	178	11
42	57	1				191	30	143	17
43	45	11				165	22	132	11
44	37	3				118	6	91	20
45-49	**174**	**8**	**3**			**412**	**47**	**326**	**36**
45	32	3	1			107	15	86	5
46	32	2				97	8	75	14
47	41	2				93	9	77	7
48	36					55	6	43	6
49	34	2	2			60	9	45	4
50	**31**	**4**				**64**	**1**	**53**	**9**

8-8 续表 2 单位：人

年 龄	单 独			均非独生子女						
	存活3个	存活4个	存活5个及以上	小 计	存活0个	存活1个	存活2个	存活3个	存活4个	存活5个及以上
总 计	**23**			**47154**	**5480**	**31991**	**8684**	**893**	**97**	**10**
15-19				**80**	**50**	**28**	**2**			
15										
16				4	4					
17				12	8	4				
18				20	7	11	1			
19				44	31	12	1			
20-24				**1283**	**565**	**634**	**83**	**1**		
20				77	46	29	2			
21				130	61	58	11			
22				225	120	96	9			
23				351	144	192	15			
24				500	194	259	46	1		
25-29				**6068**	**1840**	**3489**	**698**	**40**		
25				857	338	418	98	3		
26				1075	365	589	118	4		
27				1244	423	695	116	10		
28				1481	417	872	185	7		
29				1411	296	916	181	17		
30-34	**11**			**7359**	**939**	**4979**	**1329**	**104**	**7**	**1**
30	2			1314	272	821	204	17		
31	2			1331	194	905	220	11		
32	1			1434	168	978	257	29	2	
33	6			1732	171	1192	347	17	5	
34	1			1548	133	1082	301	30	1	1
35-39	**8**			**8527**	**737**	**6027**	**1611**	**132**	**16**	**3**
35	1			1565	144	1104	290	26	1	
36	3			1828	157	1304	333	31	2	1
37				1783	143	1244	360	35		
38	5			1578	150	1125	281	17	5	
39				1773	143	1249	347	25	8	2
40-44	**1**			**10768**	**725**	**7621**	**2124**	**272**	**24**	**3**
40				1926	147	1323	402	49	5	1
41				1942	151	1375	375	36	4	1
42	1			2334	117	1690	454	68	5	
43				2251	141	1618	429	55	8	
44				2315	169	1615	465	63	3	1
45-49	**3**			**10930**	**543**	**7712**	**2329**	**300**	**42**	**3**
45	1			2471	124	1803	469	62	14	
46				2307	129	1614	495	58	10	2
47				2446	136	1722	519	63	6	
48				1825	74	1266	416	62	6	1
49	2			1880	79	1308	430	55	8	1
50				**2139**	**80**	**1501**	**507**	**44**	**7**	

老年人口

9-1 各地区分性别、身体健康状况的60岁及以上老年人口

单位：人

地 区	合 计			健 康		
	合计	男	女	小计	男	女
全 市	**54744**	**25766**	**28978**	**29244**	**14514**	**14731**
东城区	3091	1447	1644	1394	693	701
西城区	3901	1789	2112	1958	961	998
朝阳区	9867	4608	5259	5150	2510	2641
丰台区	6329	2973	3355	3638	1807	1831
石景山区	2088	961	1127	864	416	448
海淀区	9110	4187	4923	5470	2626	2844
门头沟区	816	378	438	335	170	165
房山区	2623	1226	1398	1255	639	617
通州区	3293	1593	1700	1853	936	918
顺义区	2300	1085	1216	1076	563	514
昌平区	3701	1793	1909	2466	1248	1218
大兴区	3009	1456	1553	1907	952	955
怀柔区	976	475	501	409	226	183
平谷区	1261	597	664	569	291	279
密云区	1391	694	697	513	271	242
延庆区	987	506	481	386	208	178

9-1 续表

单位：人

地 区	基本健康			不健康，但生活能自理			生活不能自理		
	小计	男	女	小计	男	女	小计	男	女
全 市	**19011**	**8459**	**10553**	**4524**	**1948**	**2576**	**1965**	**847**	**1118**
东城区	1326	600	726	267	113	154	104	41	63
西城区	1484	636	848	327	142	185	131	50	81
朝阳区	3827	1715	2112	591	241	351	299	143	156
丰台区	1961	837	1123	454	206	248	276	123	153
石景山区	701	320	381	321	140	181	202	85	117
海淀区	2822	1233	1589	596	235	361	222	93	130
门头沟区	335	153	182	109	41	69	37	14	23
房山区	1024	450	574	249	101	148	96	37	59
通州区	1121	513	608	239	114	125	79	30	49
顺义区	860	380	480	280	110	170	84	32	52
昌平区	904	396	508	176	84	93	155	65	90
大兴区	841	381	461	181	79	102	80	44	36
怀柔区	396	183	214	138	58	80	32	8	24
平谷区	448	199	249	193	88	106	50	19	31
密云区	615	296	319	207	101	106	56	26	30
延庆区	345	167	178	196	96	100	60	35	25

9-1a 各地区分性别、身体健康状况的60岁及以上老年人口(城市)

单位：人

地 区	合 计			健 康		
	合计	男	女	小计	男	女
全 市	**43159**	**20121**	**23038**	**24236**	**11820**	**12416**
东城区	3091	1447	1644	1394	693	701
西城区	3901	1789	2112	1958	961	998
朝阳区	9842	4598	5244	5140	2505	2635
丰台区	6245	2938	3306	3619	1798	1820
石景山区	2088	961	1127	864	416	448
海淀区	8914	4097	4817	5389	2592	2797
门头沟区	475	221	254	187	93	94
房山区	1212	565	647	732	364	368
通州区	1579	758	821	1064	516	549
顺义区	901	417	484	542	261	281
昌平区	2239	1053	1186	1629	783	847
大兴区	1927	916	1011	1343	645	699
怀柔区	394	196	198	185	98	87
平谷区	350	164	185	189	98	92

9-1a 续表

单位：人

地 区	基本健康			不健康，但生活能自理			生活不能自理		
	小计	男	女	小计	男	女	小计	男	女
全 市	**14583**	**6461**	**8122**	**2932**	**1230**	**1702**	**1409**	**610**	**799**
东城区	1326	600	726	267	113	154	104	41	63
西城区	1484	636	848	327	142	185	131	50	81
朝阳区	3814	1709	2105	590	241	350	298	143	155
丰台区	1909	817	1093	444	201	243	272	122	150
石景山区	701	320	381	321	140	181	202	85	117
海淀区	2747	1192	1555	568	224	345	211	89	121
门头沟区	212	103	109	55	19	36	21	6	15
房山区	377	164	213	69	25	44	35	13	22
通州区	449	213	236	42	20	21	24	9	15
顺义区	290	127	163	56	22	34	14	8	6
昌平区	494	221	273	82	36	46	34	14	20
大兴区	495	230	266	47	21	26	41	21	20
怀柔区	163	79	84	34	13	21	12	5	6
平谷区	121	51	70	30	13	17	10	3	7

9-1b 各地区分性别、身体健康状况的60岁及以上老年人口(镇)

单位：人

地　区	合　计			健　康		
	合计	男	女	小计	男	女
全　市	**3073**	**1492**	**1582**	**1669**	**877**	**792**
朝阳区						
丰台区	47	18	29	9	4	5
海淀区						
门头沟区	166	75	91	100	49	51
房山区	376	179	197	199	106	93
通州区	396	200	196	256	136	120
顺义区	178	83	95	91	49	42
昌平区	596	301	295	345	195	150
大兴区	108	55	53	64	38	27
怀柔区	94	42	53	80	36	44
平谷区	191	88	104	82	42	40
密云区	560	275	285	244	124	120
延庆区	362	177	185	198	99	99

9-1b 续表

单位：人

地　区	基本健康			不健康，但生活能自理			生活不能自理		
	小计	男	女	小计	男	女	小计	男	女
全　市	**1013**	**437**	**576**	**301**	**137**	**163**	**91**	**40**	**51**
朝阳区									
丰台区	33	12	21	3	1	1	3	1	1
海淀区									
门头沟区	47	19	28	11	4	8	7	4	4
房山区	133	49	84	33	17	16	11	8	4
通州区	100	46	54	31	15	17	8	3	5
顺义区	57	24	33	23	8	15	6	2	4
昌平区	186	82	103	48	21	27	17	3	14
大兴区	33	14	19	7	2	5	3	1	2
怀柔区	13	4	8	1	1				
平谷区	64	26	38	38	16	22	7	3	4
密云区	232	108	124	67	35	32	17	8	9
延庆区	115	53	62	38	18	20	11	7	4

9-1c 各地区分性别、身体健康状况的60岁及以上老年人口(乡村)

单位：人

地　区	合　计			健　康		
	合计	男	女	小计	男	女
全　市	**8512**	**4154**	**4358**	**3340**	**1817**	**1523**
朝阳区	25	10	15	10	4	6
丰台区	37	17	20	10	5	6
海淀区	196	90	106	81	34	47
门头沟区	175	82	93	48	28	20
房山区	1036	482	554	325	169	156
通州区	1318	634	684	533	284	249
顺义区	1221	584	637	443	253	190
昌平区	867	438	428	492	271	221
大兴区	974	485	489	499	270	229
怀柔区	488	237	250	144	91	53
平谷区	720	345	375	298	151	147
密云区	832	420	412	269	147	121
延庆区	625	329	296	188	109	79

9-1c 续表

单位：人

地　区	基本健康			不健康，但生活能自理			生活不能自理		
	小计	男	女	小计	男	女	小计	男	女
全　市	**3416**	**1560**	**1855**	**1291**	**580**	**711**	**465**	**197**	**268**
朝阳区	13	5	7	1		1	1		1
丰台区	19	9	10	7	3	3	1		1
海淀区	75	41	34	28	11	16	12	3	8
门头沟区	76	32	44	43	18	25	8	4	4
房山区	515	238	277	147	59	88	50	16	33
通州区	572	253	318	166	79	87	47	18	29
顺义区	513	229	283	201	81	120	64	21	43
昌平区	224	93	132	46	27	20	104	48	56
大兴区	313	137	176	127	56	71	36	22	14
怀柔区	221	99	122	103	44	59	20	3	17
平谷区	263	122	141	125	58	67	33	14	20
密云区	383	188	195	140	66	74	39	18	21
延庆区	230	113	117	158	78	79	49	28	20

9-2 全市分年龄、性别、身体健康状况的60岁及以上老年人口

单位：人

年 龄	合 计			健 康		
	合计	男	女	小计	男	女
总 计	**62340**	**29353**	**32987**	**33714**	**16666**	**17048**
60-64	**22193**	**10648**	**11545**	**15117**	**7419**	**7698**
60	5049	2427	2622	3621	1771	1850
61	4839	2331	2508	3324	1649	1675
62	4390	2069	2321	3003	1480	1523
63	4366	2110	2256	2887	1416	1471
64	3550	1712	1838	2283	1103	1180
65-69	**13904**	**6610**	**7294**	**8409**	**4158**	**4251**
65	3409	1650	1758	2218	1113	1105
66	3020	1425	1595	1831	902	928
67	2493	1183	1311	1511	737	775
68	2578	1226	1352	1498	757	741
69	2404	1126	1279	1351	648	703
70-74	**8969**	**4076**	**4892**	**4463**	**2147**	**2316**
70	2110	958	1152	1110	525	585
71	1757	813	944	880	424	456
72	1672	782	890	835	414	421
73	1715	769	946	833	405	428
74	1714	754	960	805	380	425
75-79	**8577**	**4022**	**4555**	**3336**	**1699**	**1638**
75	1834	854	980	802	397	405
76	1669	753	916	716	355	361
77	1832	877	955	688	358	330
78	1655	800	855	606	326	280
79	1587	738	849	524	263	262
80-84	**5606**	**2560**	**3046**	**1734**	**900**	**834**
80	1498	714	785	494	268	226
81	1287	569	718	386	188	197
82	1156	538	618	372	204	168
83	924	405	519	267	142	125
84	741	335	406	216	98	118
85-89	**2304**	**1106**	**1199**	**528**	**279**	**249**
85	718	354	364	165	90	75
86	551	275	276	145	76	70
87	472	227	245	110	60	50
88	352	162	190	64	35	29
89	212	88	123	44	18	26
90-94	**654**	**272**	**382**	**104**	**51**	**54**
90	203	87	116	37	13	23
91	158	76	82	25	15	10
92	113	37	76	15	6	9
93	110	45	66	18	10	8
94	70	27	42	10	6	4
95-99	**115**	**53**	**61**	**21**	**15**	**6**
95	28	13	15	6	5	1
96	29	13	16	8	4	4
97	29	11	18	2	1	1
98	24	14	9	5	4	1
99	5	2	3			
100及以上	**19**	**6**	**13**	**2**		**2**

9-2 续表 单位：人

年 龄	基本健康			不健康，但生活能自理			生活不能自理		
	小计	男	女	小计	男	女	小计	男	女
总 计	**21760**	**9721**	**12039**	**4912**	**2128**	**2784**	**1954**	**838**	**1116**
60-64	**6124**	**2732**	**3392**	**776**	**396**	**381**	**176**	**102**	**74**
60	1260	563	697	137	73	64	30	19	11
61	1345	592	753	141	72	69	29	18	11
62	1180	488	692	174	83	91	33	19	15
63	1257	573	683	170	94	76	52	26	26
64	1082	516	566	154	74	80	31	20	12
65-69	**4633**	**2062**	**2571**	**680**	**298**	**382**	**182**	**92**	**90**
65	1021	463	558	136	59	77	34	15	19
66	1033	451	582	122	56	67	34	16	18
67	825	367	458	120	64	57	37	15	22
68	900	394	507	148	58	90	32	17	15
69	854	387	467	154	62	92	45	29	17
70-74	**3593**	**1536**	**2057**	**730**	**309**	**420**	**183**	**84**	**99**
70	815	362	452	150	57	93	36	15	21
71	708	302	405	138	70	68	31	16	14
72	682	301	381	126	51	75	29	16	13
73	701	292	409	146	57	89	36	16	20
74	688	279	410	170	75	95	51	21	30
75-79	**3750**	**1712**	**2037**	**1092**	**423**	**669**	**398**	**188**	**211**
75	742	330	412	206	78	127	84	48	36
76	703	308	395	196	66	130	54	24	30
77	811	365	445	235	99	136	98	55	44
78	734	349	385	241	97	144	73	27	46
79	760	359	400	214	82	132	89	34	55
80-84	**2464**	**1102**	**1362**	**967**	**390**	**577**	**441**	**168**	**273**
80	671	298	373	242	104	138	92	44	49
81	557	240	318	237	97	139	107	43	64
82	536	242	293	160	65	95	89	27	61
83	411	182	229	174	61	114	72	21	52
84	290	140	150	154	63	91	81	34	47
85-89	**934**	**462**	**472**	**486**	**240**	**246**	**357**	**125**	**231**
85	310	161	150	160	75	85	82	28	54
86	198	99	99	114	60	54	94	40	54
87	209	105	104	90	43	47	63	19	44
88	144	67	78	69	36	33	75	25	50
89	73	31	42	53	26	27	43	14	29
90-94	**234**	**108**	**126**	**145**	**58**	**88**	**170**	**56**	**115**
90	84	42	41	35	14	22	47	17	30
91	62	35	26	24	10	14	47	15	32
92	39	13	26	34	14	20	25	4	22
93	27	9	18	35	12	22	31	14	17
94	22	8	14	18	7	10	20	6	14
95-99	**26**	**7**	**19**	**29**	**13**	**16**	**39**	**19**	**20**
95	8	1	8	6	3	3	7	4	3
96	2	2	1	11	4	7	9	3	6
97	10	3	7	9	4	5	8	3	5
98	6	2	4	3	2	1	11	7	4
99							5	2	3
100及以上	**2**	**2**	**1**	**7**	**1**	**6**	**8**	**3**	**5**

9-2a 全市分年龄、性别、身体健康状况的60岁及以上老年人口(城市)

单位：人

年 龄	合 计			健 康		
	合计	男	女	小计	男	女
总 计	**49883**	**23268**	**26616**	**28318**	**13783**	**14535**
60-64	**17416**	**8265**	**9151**	**12340**	**5945**	**6395**
60	3987	1904	2084	2962	1429	1533
61	3824	1836	1988	2712	1335	1377
62	3427	1592	1835	2437	1169	1268
63	3427	1609	1818	2378	1122	1256
64	2751	1325	1426	1851	890	961
65-69	**10803**	**5095**	**5708**	**6956**	**3388**	**3568**
65	2692	1285	1407	1855	916	938
66	2313	1083	1230	1481	725	756
67	1960	923	1036	1264	608	657
68	1996	954	1042	1255	625	630
69	1842	850	992	1100	514	587
70-74	**7108**	**3160**	**3948**	**3825**	**1794**	**2031**
70	1665	746	919	949	440	509
71	1338	596	742	719	327	392
72	1323	599	725	717	348	369
73	1379	618	761	727	351	376
74	1404	602	802	714	328	386
75-79	**7229**	**3342**	**3887**	**3018**	**1520**	**1498**
75	1547	717	830	711	353	357
76	1385	613	772	646	314	332
77	1544	717	827	625	318	307
78	1393	663	730	556	296	260
79	1360	632	728	480	239	241
80-84	**4697**	**2155**	**2542**	**1581**	**821**	**760**
80	1273	606	667	447	244	203
81	1073	468	605	352	169	183
82	957	458	499	339	188	151
83	770	337	433	241	127	114
84	625	286	339	201	93	108
85-89	**1957**	**960**	**997**	**478**	**252**	**226**
85	612	307	305	150	81	69
86	469	243	226	136	71	65
87	397	189	208	98	53	45
88	301	145	156	56	32	24
89	179	76	103	38	15	23
90-94	**553**	**238**	**314**	**97**	**48**	**49**
90	181	79	102	34	13	20
91	124	65	59	24	14	9
92	97	32	65	12	5	8
93	97	39	58	18	10	8
94	54	23	31	9	6	4
95-99	**102**	**48**	**54**	**20**	**15**	**6**
95	25	13	13	6	5	1
96	26	10	16	8	4	4
97	24	9	15	2	1	1
98	22	14	9	4	4	
99	5	2	3			
100及以上	**18**	**5**	**13**	**2**		**2**

9-2a 续表 单位：人

年 龄	基本健康			不健康，但生活能自理			生活不能自理		
	小计	男	女	小计	男	女	小计	男	女
总 计	**16935**	**7522**	**9413**	**3208**	**1350**	**1857**	**1423**	**613**	**811**
60-64	**4553**	**2047**	**2507**	**423**	**208**	**215**	**100**	**66**	**34**
60	942	435	507	75	33	41	8	6	3
61	1016	454	562	77	37	41	19	11	9
62	875	364	511	94	44	49	21	14	6
63	922	416	506	94	52	42	33	19	14
64	798	377	421	83	42	41	18	16	2
65-69	**3362**	**1492**	**1869**	**379**	**159**	**221**	**106**	**56**	**50**
65	740	325	414	76	31	45	22	12	10
66	749	325	425	64	27	37	19	7	12
67	607	273	334	67	34	32	21	8	13
68	636	282	353	87	36	51	17	10	8
69	629	287	343	86	30	55	27	19	8
70-74	**2758**	**1148**	**1610**	**426**	**168**	**258**	**99**	**50**	**49**
70	603	268	336	93	28	65	20	10	10
71	522	220	302	77	39	38	20	10	10
72	526	217	309	61	23	37	20	11	9
73	553	224	329	87	33	54	12	9	3
74	553	219	334	108	44	64	28	10	18
75-79	**3140**	**1401**	**1739**	**773**	**285**	**489**	**298**	**136**	**162**
75	621	268	353	151	57	94	64	38	26
76	572	246	326	127	38	89	40	16	24
77	682	296	386	167	64	103	69	38	31
78	611	280	331	173	69	104	53	18	35
79	654	311	343	155	57	98	71	26	45
80-84	**2088**	**933**	**1156**	**691**	**278**	**413**	**336**	**123**	**213**
80	577	257	321	176	71	105	72	34	38
81	471	201	270	165	65	101	84	33	50
82	455	205	250	104	50	54	58	15	43
83	344	150	194	128	45	83	57	15	41
84	240	120	120	117	48	70	66	25	41
85-89	**812**	**400**	**412**	**367**	**194**	**174**	**300**	**115**	**186**
85	270	140	129	124	61	63	68	24	43
86	169	85	83	85	49	36	80	38	43
87	177	86	91	69	35	35	53	16	37
88	130	59	71	51	29	22	63	24	39
89	66	29	37	38	20	18	37	12	24
90-94	**200**	**96**	**104**	**114**	**48**	**66**	**142**	**47**	**95**
90	77	40	37	28	12	17	42	14	28
91	50	31	19	15	9	6	35	11	24
92	34	12	22	29	12	17	21	3	18
93	23	7	16	28	10	18	28	13	15
94	16	6	10	13	5	8	16	6	10
95-99	**22**	**5**	**17**	**25**	**10**	**15**	**35**	**18**	**17**
95	6		6	6	3	3	7	4	2
96	2	2	1	9	2	7	7	3	5
97	8	2	6	7	4	3	7	3	4
98	6	2	4	3	2	1	10	6	4
99							5	2	3
100及以上	**1**	**1**		**9**	**1**	**8**	**7**	**3**	**4**

9-2b 全市分年龄、性别、身体健康状况的60岁及以上老年人口(镇)

单位：人

年龄	合计			健康		
	合计	男	女	小计	男	女
总计	**3559**	**1726**	**1833**	**1918**	**1005**	**913**
60-64	**1412**	**707**	**705**	**951**	**499**	**452**
60	314	159	155	222	115	107
61	329	167	163	232	123	110
62	278	134	145	191	102	88
63	267	141	125	166	94	72
64	224	106	118	140	64	75
65-69	**852**	**415**	**437**	**473**	**246**	**227**
65	186	98	88	101	57	45
66	195	90	106	108	55	53
67	155	76	79	98	46	52
68	156	73	82	82	42	40
69	160	77	82	84	46	38
70-74	**517**	**259**	**258**	**259**	**138**	**121**
70	122	56	66	58	27	30
71	115	60	55	56	27	29
72	99	57	42	57	33	24
73	93	46	47	48	26	22
74	87	39	48	39	24	16
75-79	**395**	**184**	**211**	**148**	**80**	**68**
75	97	44	53	47	23	24
76	80	35	45	34	16	18
77	80	43	37	31	20	12
78	70	35	35	15	10	6
79	69	27	42	21	12	9
80-84	**256**	**117**	**139**	**65**	**33**	**32**
80	61	31	30	19	10	9
81	53	22	31	14	5	8
82	61	28	33	14	8	6
83	52	21	31	12	6	5
84	29	14	15	7	3	3
85-89	**89**	**35**	**55**	**18**	**9**	**9**
85	31	12	19	6	3	4
86	25	12	13	4	2	1
87	15	5	10	5	2	3
88	12	5	7	2	2	
89	6		6	1		1
90-94	**29**	**8**	**22**	**4**	**1**	**3**
90	6	2	4	3		3
91	9	3	6	1	1	1
92	4	1	3			
93	5	2	3			
94	6	1	4			
95-99	**6**	**1**	**5**			
95	1		1			
96						
97	3	1	2			
98						
99						
100及以上	**2**	**1**	**1**			

9-2b 续表 单位：人

年龄	基本健康			不健康，但生活能自理			生活不能自理		
	小计	男	女	小计	男	女	小计	男	女
总　计	**1184**	**513**	**671**	**350**	**161**	**189**	**107**	**46**	**60**
60-64	**370**	**162**	**207**	**75**	**40**	**35**	**16**	**6**	**11**
60	75	34	41	11	7	4	5	3	2
61	81	37	44	15	7	8	1		1
62	68	24	44	16	5	11	3	2	1
63	78	34	44	18	13	5	5	1	4
64	67	34	33	15	7	7	3	1	2
65-69	**303**	**130**	**173**	**61**	**33**	**28**	**15**	**6**	**9**
65	69	34	35	13	7	7	2	1	2
66	69	24	45	16	9	7	3	1	2
67	44	20	23	9	8	1	4	2	3
68	61	25	35	11	4	6	3	1	1
69	61	25	35	12	4	7	3	2	1
70-74	**181**	**81**	**100**	**63**	**33**	**30**	**15**	**8**	**7**
70	51	23	28	12	5	7	1	1	
71	43	20	22	13	9	4	3	3	
72	31	17	14	9	5	4	3	2	1
73	30	12	18	11	7	3	4	1	3
74	26	8	18	18	7	11	3	1	2
75-79	**167**	**69**	**98**	**56**	**20**	**35**	**25**	**15**	**10**
75	32	12	19	14	6	8	4	3	1
76	33	13	20	9	3	6	5	3	1
77	35	17	18	8	3	4	6	3	3
78	36	17	19	12	4	8	6	3	2
79	31	9	22	12	4	8	5	2	3
80-84	**111**	**50**	**61**	**61**	**26**	**35**	**19**	**8**	**11**
80	25	12	13	12	7	5	4	3	2
81	22	7	14	16	9	7	2	1	1
82	29	14	15	14	5	9	3	1	3
83	24	11	13	10	2	8	7	2	4
84	11	6	5	8	3	5	3	2	1
85-89	**34**	**16**	**18**	**29**	**7**	**22**	**9**	**3**	**6**
85	13	6	7	9	2	7	3	2	1
86	10	5	5	9	4	5	2	1	1
87	6	4	2	3		3	2		2
88	3	1	1	4	1	3	3	1	2
89	2		2	3		3			
90-94	**16**	**5**	**11**	**5**	**2**	**3**	**5**	**1**	**4**
90	2	1	1	1	1	1			
91	5	2	4				2		2
92	2		2	1	1	1	1		1
93	3	1	2	1		1	1	1	
94	3	1	2	1	1	1	2		2
95-99	**3**	**1**	**1**	**1**		**1**	**2**		**2**
95	1		1				1		1
96									
97	1	1	1	1		1	1		1
98									
99									
100及以上	**1**	**1**					**1**		**1**

9-2c　全市分年龄、性别、身体健康状况的60岁及以上老年人口(乡村)

单位：人

年　龄	合　计			健　康		
	合计	男	女	小计	男	女
总　计	**8903**	**4361**	**4542**	**3479**	**1879**	**1600**
60-64	**3365**	**1676**	**1689**	**1826**	**976**	**850**
60	747	364	384	436	227	210
61	686	329	357	380	192	188
62	685	344	341	374	208	166
63	672	359	313	344	200	143
64	575	281	294	292	149	143
65-69	**2250**	**1100**	**1149**	**980**	**523**	**456**
65	531	268	263	262	140	122
66	511	252	259	242	122	120
67	378	183	195	148	83	66
68	427	200	227	161	90	71
69	402	198	204	166	88	78
70-74	**1343**	**657**	**687**	**379**	**215**	**164**
70	323	156	167	103	57	46
71	304	157	147	105	69	35
72	250	126	124	61	33	28
73	244	105	139	58	28	31
74	223	113	110	52	28	24
75-79	**953**	**496**	**456**	**171**	**98**	**72**
75	190	93	97	44	21	23
76	204	105	99	36	25	11
77	208	117	91	31	20	11
78	193	103	90	35	21	14
79	158	79	80	24	12	12
80-84	**652**	**288**	**364**	**87**	**46**	**41**
80	165	77	88	27	15	13
81	161	78	83	19	14	6
82	137	52	86	18	7	11
83	102	47	55	14	9	5
84	87	35	52	8	2	7
85-89	**257**	**111**	**146**	**33**	**18**	**15**
85	75	34	41	8	6	3
86	57	20	37	6	3	3
87	60	32	27	8	6	2
88	40	12	27	6	1	5
89	27	13	14	5	3	2
90-94	**72**	**26**	**46**	**3**	**2**	**1**
90	16	6	10			
91	25	9	17			
92	12	4	8	2	2	1
93	9	4	5			
94	9	3	6	1	1	
95-99	**10**	**6**	**4**	**1**		**1**
95	2	1	1			
96	4	3	1			
97	2	1	1			
98	1	1	1	1		1
99						
100及以上	**1**	**1**	**1**			

9-2c 续表 单位：人

年 龄	基本健康			不健康，但生活能自理			生活不能自理		
	小计	男	女	小计	男	女	小计	男	女
总 计	**3643**	**1686**	**1956**	**1356**	**617**	**740**	**425**	**179**	**246**
60-64	**1201**	**522**	**678**	**278**	**148**	**130**	**60**	**30**	**30**
60	242	94	149	51	33	19	17	10	6
61	249	101	148	48	28	20	9	7	2
62	236	100	136	64	33	31	10	3	7
63	256	123	133	58	29	29	14	7	7
64	217	105	112	56	24	31	10	3	7
65-69	**969**	**440**	**529**	**240**	**107**	**133**	**62**	**30**	**31**
65	212	103	109	46	21	25	10	3	7
66	214	101	113	43	20	23	12	8	4
67	174	74	100	44	21	23	12	5	6
68	204	86	118	50	18	32	12	6	6
69	164	75	89	57	27	30	15	8	7
70-74	**655**	**307**	**348**	**241**	**108**	**132**	**69**	**26**	**43**
70	161	72	89	45	24	21	14	3	11
71	143	62	81	48	22	26	8	3	5
72	125	67	59	57	23	34	7	4	3
73	117	55	62	48	16	32	20	6	14
74	109	51	57	43	24	19	20	10	10
75-79	**443**	**242**	**201**	**263**	**118**	**145**	**76**	**38**	**38**
75	90	50	40	40	15	25	16	7	9
76	98	50	48	61	26	34	9	5	5
77	94	52	42	60	31	29	23	14	9
78	87	52	35	56	25	32	14	6	9
79	74	39	35	47	21	26	13	6	7
80-84	**265**	**119**	**146**	**214**	**85**	**129**	**86**	**37**	**49**
80	68	29	39	53	26	27	16	7	9
81	64	31	33	55	24	31	22	10	12
82	51	23	28	41	9	31	27	11	16
83	43	22	22	36	13	22	9	3	6
84	38	14	24	29	13	16	12	7	5
85-89	**88**	**47**	**41**	**90**	**39**	**51**	**47**	**8**	**39**
85	27	14	13	27	12	15	12	2	10
86	19	9	10	20	6	13	12	1	10
87	25	15	10	18	9	10	8	3	5
88	11	6	5	13	5	8	9		9
89	5	2	3	11	6	5	6	1	4
90-94	**18**	**7**	**11**	**27**	**8**	**19**	**24**	**8**	**15**
90	5	2	3	6	2	4	6	3	3
91	7	3	4	8	1	7	10	5	5
92	3	1	2	4	1	2	4	1	3
93	1	1		6	3	3	2		2
94	3	1	2	3	1	2	2		2
95-99	**3**	**2**	**2**	**4**	**3**	**1**	**2**	**1**	**1**
95	2	1	1						
96				2	2		2	1	1
97	1	1		1		1			
98							1	1	
99									
100及以上	**1**		**1**	**1**	**1**				

9-3 各地区分性别、主要生活来源的60岁及以上老年人口

单位：人

地 区	合 计			劳动收入			离退休金养老金		
	合计	男	女	小计	男	女	小计	男	女
全 市	**54744**	**25766**	**28978**	**2500**	**1892**	**608**	**42343**	**20663**	**21680**
东城区	3091	1447	1644	57	41	16	2921	1381	1540
西城区	3901	1789	2112	64	44	20	3685	1718	1967
朝阳区	9867	4608	5259	248	183	65	8969	4255	4714
丰台区	6329	2973	3355	99	71	28	5781	2780	3001
石景山区	2088	961	1127	31	26	6	1911	903	1008
海淀区	9110	4187	4923	254	193	61	8352	3870	4482
门头沟区	816	378	438	23	16	7	546	299	247
房山区	2623	1226	1398	168	142	26	1203	661	542
通州区	3293	1593	1700	242	207	35	1620	889	731
顺义区	2300	1085	1216	194	150	44	1118	623	495
昌平区	3701	1793	1909	246	180	67	2567	1308	1258
大兴区	3009	1456	1553	321	234	87	1672	866	806
怀柔区	976	475	501	87	74	14	395	220	175
平谷区	1261	597	664	213	134	80	397	239	158
密云区	1391	694	697	161	130	31	597	326	270
延庆区	987	506	481	91	68	23	610	326	284

9-3 续表

单位：人

地 区	最低生活保障金			财产性收入			家庭其他成员供养			其 他		
	小计	男	女	小计	男	女	小计	男	女	小计	男	女
全 市	**1565**	**616**	**948**	**502**	**225**	**277**	**6994**	**2040**	**4954**	**841**	**330**	**510**
东城区	16	7	9	2	1	1	84	15	69	12	2	9
西城区	15	5	10	1	1		122	19	104	14	2	12
朝阳区	26	7	19	15	7	8	512	132	380	98	25	73
丰台区	42	14	28	8	4	4	376	94	282	23	11	12
石景山区	21	5	16	3	2	1	112	21	91	10	4	6
海淀区	45	8	37	6	3	3	412	104	308	42	9	33
门头沟区	46	17	29	1		1	150	31	119	50	15	35
房山区	320	121	199	16	9	7	871	277	595	45	17	28
通州区	157	67	89	169	71	98	998	311	686	108	48	60
顺义区	160	58	102	33	18	14	708	201	507	87	34	53
昌平区	126	41	85	80	33	46	549	181	369	133	49	84
大兴区	162	59	104	112	50	62	651	194	458	91	54	37
怀柔区	145	59	86	8	3	5	268	85	182	73	34	39
平谷区	91	43	47	33	14	19	509	159	350	18	8	10
密云区	108	57	52	5	3	1	490	165	325	31	13	18
延庆区	86	49	37	13	7	6	181	52	130	6	4	1

9-3a 各地区分性别、主要生活来源的60岁及以上老年人口(城市)

单位：人

地　区	合　计			劳动收入			离退休金养老金		
	合计	男	女	小计	男	女	小计	男	女
全　市	**43159**	**20121**	**23038**	**1042**	**790**	**252**	**38213**	**18263**	**19950**
东城区	3091	1447	1644	57	41	16	2921	1381	1540
西城区	3901	1789	2112	64	44	20	3685	1718	1967
朝阳区	9842	4598	5244	247	183	64	8947	4246	4701
丰台区	6245	2938	3306	99	71	28	5720	2755	2965
石景山区	2088	961	1127	31	26	6	1911	903	1008
海淀区	8914	4097	4817	242	188	53	8190	3790	4399
门头沟区	475	221	254	10	7	3	374	198	176
房山区	1212	565	647	60	48	12	789	396	393
通州区	1579	758	821	43	39	5	1285	646	639
顺义区	901	417	484	13	9	3	641	345	296
昌平区	2239	1053	1186	46	34	12	1916	940	976
大兴区	1927	916	1011	66	57	9	1463	726	737
怀柔区	394	196	198	27	23	4	215	125	90
平谷区	350	164	185	39	21	18	157	95	61

9-3a 续表

单位：人

地　区	最低生活保障金			财产性收入			家庭其他成员供养			其　他		
	小计	男	女	小计	男	女	小计	男	女	小计	男	女
全　市	**354**	**109**	**245**	**232**	**99**	**133**	**2995**	**760**	**2235**	**322**	**99**	**223**
东城区	16	7	9	2	1	1	84	15	69	12	2	9
西城区	15	5	10	1	1		122	19	104	14	2	12
朝阳区	26	7	19	15	7	8	509	130	379	98	25	73
丰台区	38	13	25	8	4	4	358	86	273	22	10	12
石景山区	21	5	16	3	2	1	112	21	91	10	4	6
海淀区	33	6	27	6	3	3	403	101	302	42	9	33
门头沟区	9	2	7	1		1	71	12	59	11	2	9
房山区	62	21	41	5	3	2	286	95	191	11	3	8
通州区	11	3	7	35	14	20	183	48	135	23	9	14
顺义区	29	8	22	9	5	4	203	49	155	6	2	5
昌平区	23	5	18	24	7	17	210	61	149	20	7	13
大兴区	26	10	16	88	39	50	240	65	175	45	21	24
怀柔区	14	5	9	8	3	5	124	38	86	6	2	4
平谷区	34	13	21	29	11	18	90	23	67	2	1	1

9-3b　各地区分性别、主要生活来源的60岁及以上老年人口(镇)

单位：人

地　区	合　计			劳动收入			离退休金养老金		
	合计	男	女	小计	男	女	小计	男	女
全　市	**3073**	**1492**	**1582**	**255**	**200**	**55**	**1637**	**919**	**717**
朝阳区									
丰台区	47	18	29				47	18	29
海淀区									
门头沟区	166	75	91	3	2	1	117	63	54
房山区	376	179	197	25	21	4	180	104	75
通州区	396	200	196	48	39	9	119	79	40
顺义区	178	83	95	18	15	3	37	28	9
昌平区	596	301	295	47	40	7	408	220	188
大兴区	108	55	53	20	16	4	34	25	9
怀柔区	94	42	53	6	4	1	71	33	38
平谷区	191	88	104	34	22	12	63	34	29
密云区	560	275	285	40	31	9	341	186	155
延庆区	362	177	185	13	9	4	221	130	91

9-3b　续表

单位：人

地　区	最低生活保障金			财产性收入			家庭其他成员供养			其　他		
	小计	男	女	小计	男	女	小计	男	女	小计	男	女
全　市	**135**	**47**	**88**	**60**	**29**	**31**	**893**	**254**	**639**	**93**	**42**	**51**
朝阳区												
丰台区												
海淀区												
门头沟区	12	2	10				33	8	25	1		1
房山区	9	3	6				159	48	111	3	2	1
通州区	20	10	10	42	18	24	137	41	97	30	14	16
顺义区	2		2	4	2	2	79	24	55	38	15	23
昌平区	25	5	20	9	6	3	105	28	77	2	2	
大兴区	1		1				52	14	38	1		1
怀柔区	1						16	4	12			
平谷区	5	3	2	4	2	1	78	22	56	7	4	4
密云区	33	13	20	1	1		138	41	97	7	3	4
延庆区	28	11	16	1	1		96	24	72	3	2	1

9-3c 各地区分性别、主要生活来源的60岁及以上老年人口(乡村)

单位：人

地区	合计			劳动收入			离退休金养老金		
	合计	男	女	小计	男	女	小计	男	女
全　市	**8512**	**4154**	**4358**	**1202**	**901**	**301**	**2493**	**1481**	**1012**
朝阳区	25	10	15	1	1	1	22	9	13
丰台区	37	17	20	1	1		14	7	7
海淀区	196	90	106	12	4	8	162	80	83
门头沟区	175	82	93	10	7	3	55	38	17
房山区	1036	482	554	83	72	11	234	161	73
通州区	1318	634	684	150	129	21	216	164	52
顺义区	1221	584	637	163	125	38	441	251	190
昌平区	867	438	428	154	106	48	243	149	94
大兴区	974	485	489	236	161	74	175	115	60
怀柔区	488	237	250	54	46	8	109	62	47
平谷区	720	345	375	141	91	50	177	109	68
密云区	832	420	412	120	99	21	256	140	116
延庆区	625	329	296	78	59	19	389	196	193

9-3c 续表

单位：人

地区	最低生活保障金			财产性收入			家庭其他成员供养			其他		
	小计	男	女	小计	男	女	小计	男	女	小计	男	女
全　市	**1075**	**460**	**615**	**209**	**97**	**112**	**3106**	**1026**	**2080**	**426**	**189**	**237**
朝阳区							2	1	1			
丰台区	4	1	3				18	8	10			
海淀区	12	2	10				9	3	6			
门头沟区	26	13	13				46	11	35	38	13	26
房山区	249	97	152	11	6	5	427	134	293	32	12	20
通州区	127	54	72	92	39	53	677	223	454	55	25	30
顺义区	128	50	78	20	12	8	426	129	297	43	18	25
昌平区	78	31	47	46	20	26	234	92	143	111	40	71
大兴区	135	49	86	24	12	12	359	115	244	45	33	12
怀柔区	130	53	77				128	44	84	67	32	35
平谷区	52	28	24				341	114	227	9	4	5
密云区	75	44	32	4	3	1	352	124	228	23	10	14
延庆区	59	38	21	11	6	5	85	28	58	2	2	

9-4 全市分年龄、性别、主要生活来源的60岁及以上老年人口

单位：人

年龄	合计			劳动收入			离退休金养老金		
	合计	男	女	小计	男	女	小计	男	女
总计	**62340**	**29353**	**32987**	**2508**	**1874**	**634**	**48908**	**23929**	**24980**
60-64	**22193**	**10648**	**11545**	**1769**	**1324**	**445**	**16862**	**8174**	**8688**
60	5049	2427	2622	524	389	135	3766	1809	1957
61	4839	2331	2508	390	285	105	3760	1809	1951
62	4390	2069	2321	320	243	77	3323	1597	1726
63	4366	2110	2256	330	255	75	3322	1609	1713
64	3550	1712	1838	206	153	53	2692	1350	1342
65-69	**13904**	**6610**	**7294**	**539**	**397**	**142**	**10788**	**5362**	**5426**
65	3409	1650	1758	161	118	43	2641	1326	1315
66	3020	1425	1595	143	114	29	2314	1150	1164
67	2493	1183	1311	100	66	34	1951	967	984
68	2578	1226	1352	83	57	26	1995	993	1001
69	2404	1126	1279	51	42	9	1887	925	962
70-74	**8969**	**4076**	**4892**	**150**	**120**	**31**	**7111**	**3362**	**3749**
70	2110	958	1152	51	39	12	1665	781	885
71	1757	813	944	38	33	5	1370	665	705
72	1672	782	890	25	18	7	1305	641	664
73	1715	769	946	25	19	6	1385	648	737
74	1714	754	960	12	10	1	1385	628	758
75-79	**8577**	**4022**	**4555**	**35**	**22**	**12**	**7238**	**3524**	**3714**
75	1834	854	980	11	4	6	1516	737	779
76	1669	753	916	5	4	1	1408	654	755
77	1832	877	955	11	7	4	1534	763	772
78	1655	800	855	2	2		1418	713	704
79	1587	738	849	6	5	1	1361	657	704
80-84	**5606**	**2560**	**3046**	**13**	**9**	**3**	**4597**	**2264**	**2334**
80	1498	714	785	4	2	1	1248	627	620
81	1287	569	718	1	1		1050	490	560
82	1156	538	618	4	3	1	956	482	474
83	924	405	519	3	3	1	751	362	389
84	741	335	406	1	1		593	302	291
85-89	**2304**	**1106**	**1199**	**3**	**3**		**1772**	**964**	**808**
85	718	354	364				556	308	248
86	551	275	276	1	1		438	243	195
87	472	227	245	1	1		362	195	167
88	352	162	190				266	141	125
89	212	88	123	1	1		150	76	73
90-94	**654**	**272**	**382**				**460**	**231**	**229**
90	203	87	116				152	76	76
91	158	76	82				113	59	53
92	113	37	76				73	33	40
93	110	45	66				76	39	37
94	70	27	42				46	23	23
95-99	**115**	**53**	**61**				**69**	**43**	**27**
95	28	13	15				22	11	11
96	29	13	16				17	12	5
97	29	11	18				15	8	7
98	24	14	9				14	10	4
99	5	2	3				3	2	1
100及以上	**19**	**6**	**13**				**11**	**6**	**5**

9-4 续表 单位：人

年龄	最低生活保障金			财产性收入			家庭其他成员供养			其他		
	小计	男	女	小计	男	女	小计	男	女	小计	男	女
总计	**1705**	**673**	**1031**	**570**	**257**	**313**	**7773**	**2284**	**5490**	**876**	**336**	**539**
60-64	**535**	**208**	**327**	**295**	**129**	**166**	**2400**	**675**	**1725**	**332**	**139**	**194**
60	109	40	69	66	22	44	506	139	367	77	28	49
61	101	44	57	68	37	31	450	120	330	71	37	34
62	119	43	76	54	24	29	500	134	367	75	28	47
63	118	50	68	58	25	34	479	141	338	57	29	28
64	88	31	57	49	21	28	463	141	322	52	17	35
65-69	**393**	**155**	**238**	**146**	**70**	**76**	**1836**	**552**	**1285**	**202**	**75**	**127**
65	76	33	42	41	24	17	447	131	316	43	18	26
66	97	34	63	31	9	21	395	105	290	40	13	27
67	68	28	40	19	9	10	315	96	219	40	16	24
68	86	30	55	33	16	16	345	115	230	38	14	23
69	67	29	38	23	11	12	334	104	230	41	14	27
70-74	**269**	**106**	**163**	**54**	**23**	**31**	**1251**	**410**	**841**	**132**	**55**	**77**
70	59	26	33	21	7	14	283	90	193	31	16	15
71	56	21	36	9	4	5	254	73	180	30	17	13
72	58	26	32	11	4	7	243	82	161	29	11	19
73	48	17	31	5	3	1	232	76	155	20	5	15
74	47	17	31	9	5	3	240	88	151	21	6	15
75-79	**236**	**117**	**120**	**44**	**23**	**21**	**937**	**305**	**632**	**88**	**32**	**56**
75	50	28	23	11	3	8	223	75	147	23	6	17
76	65	31	34	11	9	2	162	46	117	17	11	7
77	54	28	26	7	3	4	207	69	138	18	7	11
78	38	21	18	5	5	1	174	53	121	18	6	12
79	28	10	19	9	3	6	171	62	110	11	2	9
80-84	**167**	**56**	**111**	**23**	**11**	**13**	**737**	**199**	**538**	**69**	**21**	**48**
80	41	15	26	7	4	3	191	64	127	9	2	7
81	34	18	16	4	1	3	186	52	134	13	7	6
82	37	9	29	8	3	5	136	38	98	15	3	12
83	31	7	25	3	2	1	110	26	84	25	5	20
84	24	8	16	2	1	1	115	19	96	7	4	3
85-89	**79**	**27**	**52**	**8**	**1**	**7**	**409**	**100**	**309**	**35**	**11**	**24**
85	19	7	11	2	1	1	134	35	99	7	3	4
86	17	4	13	3		3	88	24	64	4	2	2
87	20	12	8	1		1	77	16	62	11	4	7
88	13	3	11	2	1	1	65	16	49	6	1	5
89	10	1	9				45	9	35	7	1	6
90-94	**24**	**4**	**20**				**157**	**32**	**125**	**13**	**4**	**8**
90	5		5				43	10	33	2	1	2
91	5	1	4				34	12	22	6	4	2
92	5	1	4				32	3	29	3		3
93	4	2	3				28	3	25	2		2
94	4		4				20	4	16			
95-99	**2**		**2**				**41**	**11**	**30**	**3**		**3**
95							7	3	4			
96	1		1				12	2	11			
97	1		1				10	3	8	3		3
98							10	4	6			
99							2		2			
100及以上							**6**		**6**	**3**		**3**

9-4a 全市分年龄、性别、主要生活来源的60岁及以上老年人口(城市)

单位：人

年 龄	合 计			劳动收入			离退休金养老金		
	合计	男	女	小计	男	女	小计	男	女
总 计	**49883**	**23268**	**26616**	**1029**	**766**	**263**	**44385**	**21279**	**23106**
60-64	**17416**	**8265**	**9151**	**766**	**583**	**183**	**15126**	**7208**	**7918**
60	3987	1904	2084	268	202	66	3410	1608	1803
61	3824	1836	1988	162	129	33	3371	1606	1765
62	3427	1592	1835	114	84	30	2984	1416	1569
63	3427	1609	1818	147	114	33	2962	1394	1568
64	2751	1325	1426	75	54	21	2398	1185	1213
65-69	**10803**	**5095**	**5708**	**173**	**126**	**47**	**9630**	**4671**	**4959**
65	2692	1285	1407	60	43	17	2385	1167	1218
66	2313	1083	1230	48	41	7	2041	991	1051
67	1960	923	1036	28	16	12	1761	851	910
68	1996	954	1042	24	15	9	1780	869	910
69	1842	850	992	12	10	2	1664	793	870
70-74	**7108**	**3160**	**3948**	**59**	**39**	**20**	**6436**	**2943**	**3493**
70	1665	746	919	20	14	6	1497	685	812
71	1338	596	742	9	5	4	1217	563	654
72	1323	599	725	13	7	5	1182	556	626
73	1379	618	761	13	9	3	1260	573	688
74	1404	602	802	4	3	1	1279	566	713
75-79	**7229**	**3342**	**3887**	**19**	**9**	**11**	**6727**	**3209**	**3519**
75	1547	717	830	8	2	6	1407	671	736
76	1385	613	772				1302	591	711
77	1544	717	827	6	2	3	1430	691	739
78	1393	663	730	1	1		1309	640	668
79	1360	632	728	4	3	1	1279	615	664
80-84	**4697**	**2155**	**2542**	**11**	**9**	**2**	**4293**	**2081**	**2213**
80	1273	606	667	3	2	1	1171	580	590
81	1073	468	605	1	1		982	451	531
82	957	458	499	4	3	1	889	445	444
83	770	337	433	3	3		694	327	367
84	625	286	339	1	1		557	277	280
85-89	**1957**	**960**	**997**	**1**	**1**		**1671**	**908**	**763**
85	612	307	305				524	290	234
86	469	243	226				414	228	186
87	397	189	208	1	1		337	181	156
88	301	145	156				253	135	117
89	179	76	103				143	74	70
90-94	**553**	**238**	**314**				**426**	**216**	**210**
90	181	79	102				143	71	72
91	124	65	59				101	57	44
92	97	32	65				70	30	40
93	97	39	58				70	37	34
94	54	23	31				41	21	20
95-99	**102**	**48**	**54**				**64**	**39**	**25**
95	25	13	13				20	10	10
96	26	10	16				15	10	5
97	24	9	15				13	7	6
98	22	14	9				13	10	3
99	5	2	3				3	2	1
100及以上	**18**	**5**	**13**				**11**	**5**	**7**

9-4a 续表 单位：人

年龄	最低生活保障金			财产性收入			家庭其他成员供养			其他		
	小计	男	女	小计	男	女	小计	男	女	小计	男	女
总计	409	127	282	274	117	157	3414	866	2548	373	113	260
60-64	148	53	95	144	63	81	1085	304	781	148	56	92
60	25	7	18	27	8	19	224	66	158	34	14	20
61	29	12	16	38	19	19	200	56	144	24	14	11
62	32	9	23	26	13	13	235	60	175	36	10	26
63	43	18	25	29	10	19	219	63	156	27	10	16
64	19	5	14	24	14	10	207	59	148	27	8	19
65-69	81	30	51	71	28	43	767	212	555	81	28	52
65	19	10	9	19	10	8	194	50	144	15	4	10
66	23	7	16	14	4	10	167	36	131	20	5	15
67	14	4	10	12	5	7	133	41	92	12	6	6
68	14	5	9	17	6	11	143	50	93	18	8	10
69	11	4	7	9	2	7	130	35	95	17	6	11
70-74	53	14	39	23	9	14	486	137	350	50	18	32
70	9	4	5	8	3	6	117	33	85	13	7	6
71	11	2	8	5	2	3	94	21	73	2	2	
72	14	4	10	4	2	2	95	25	70	16	5	11
73	8	3	5	1		1	86	29	56	11	3	7
74	11	1	10	5	2	3	95	29	66	8		8
75-79	56	18	37	22	11	11	369	87	281	36	8	28
75	16	7	9	7	3	4	96	33	64	13	1	11
76	14	5	9	5	4	2	58	9	49	6	4	2
77	12	2	9	3	1	2	86	19	67	8	2	6
78	7	4	3	3	3	1	70	14	55	3	1	2
79	7		7	4	1	3	59	12	47	7	1	6
80-84	32	1	32	9	5	4	323	59	265	29	1	28
80	7	1	7	3	3	1	87	21	66	2		2
81	2		2	2		2	81	17	64	5		5
82	8		8	2	1	1	47	9	38	7		7
83	7		7				53	6	46	13	1	13
84	7		7	2	1	1	56	6	50	1	1	1
85-89	28	8	20	4	1	3	235	42	193	18		18
85	6	3	4	1	1	1	79	14	65	2		2
86	4	1	3	2		2	50	14	36	1		1
87	10	5	5	1		1	42	2	39	6		6
88	5		5	1	1		38	9	29	5		5
89	3		3				27	2	24	5		5
90-94	11	3	8				107	17	91	9	2	6
90	2		2				34	7	27	2	1	1
91	3	1	2				17	6	11	3	2	1
92	3	1	2				22	2	21	2		2
93	3	1	2				22	1	21	2		2
94							13	2	11			
95-99	1		1				36	9	27	2		2
95							5	3	3			
96							11		11			
97	1		1				8	2	6	2		2
98							10	4	6			
99							2		2			
100及以上							5		5	2		2

9-4b 全市分年龄、性别、主要生活来源的60岁及以上老年人口(镇)

单位：人

年 龄	合 计			劳动收入			离退休金养老金		
	合计	男	女	小计	男	女	小计	男	女
总 计	**3559**	**1726**	**1833**	**283**	**218**	**65**	**1895**	**1073**	**823**
60-64	**1412**	**707**	**705**	**204**	**155**	**49**	**780**	**427**	**352**
60	314	159	155	46	35	11	170	96	74
61	329	167	163	55	38	17	188	106	83
62	278	134	145	40	29	10	154	83	72
63	267	141	125	39	32	7	149	82	67
64	224	106	118	24	20	3	118	61	57
65-69	**852**	**415**	**437**	**61**	**47**	**14**	**453**	**262**	**190**
65	186	98	88	14	12	2	91	55	36
66	195	90	106	10	8	2	104	60	44
67	155	76	79	20	15	5	82	46	36
68	156	73	82	10	5	5	85	48	37
69	160	77	82	7	7		90	53	37
70-74	**517**	**259**	**258**	**13**	**11**	**2**	**280**	**168**	**113**
70	122	56	66	3	3		72	38	35
71	115	60	55	4	3	1	57	35	22
72	99	57	42	4	4	1	58	40	18
73	93	46	47	2	1	1	49	30	19
74	87	39	48				44	25	18
75-79	**395**	**184**	**211**	**5**	**5**	**1**	**210**	**122**	**88**
75	97	44	53	1	1		55	30	24
76	80	35	45	1	1	1	41	23	17
77	80	43	37	4	4		41	27	14
78	70	35	35				40	26	14
79	69	27	42				33	16	17
80-84	**256**	**117**	**139**				**121**	**66**	**55**
80	61	31	30				30	17	13
81	53	22	31				27	10	17
82	61	28	33				26	12	14
83	52	21	31				27	16	11
84	29	14	15				11	11	
85-89	**89**	**35**	**55**				**38**	**23**	**15**
85	31	12	19				15	10	5
86	25	12	13				12	8	4
87	15	5	10				7	4	3
88	12	5	7				4	2	2
89	6		6				1		1
90-94	**29**	**8**	**22**				**11**	**3**	**8**
90	6	2	4				2		2
91	9	3	6				4	2	2
92	4	1	3				1	1	
93	5	2	3				2	1	2
94	6	1	4				2		2
95-99	**6**	**1**	**5**				**2**	**1**	**1**
95	1		1				1		1
96									
97	3	1	2				1		1
98									
99									
100及以上	**2**	**1**	**1**				**1**	**1**	

9-4b 续表 单位：人

年 龄	最低生活保障金			财产性收入			家庭其他成员供养			其 他		
	小计	男	女	小计	男	女	小计	男	女	小计	男	女
总 计	**158**	**55**	**103**	**71**	**34**	**37**	**1041**	**296**	**745**	**110**	**50**	**60**
60-64	**37**	**13**	**24**	**37**	**17**	**20**	**312**	**78**	**235**	**42**	**17**	**25**
60	10	4	5	12	5	7	65	16	50	11	3	8
61	4	1	3	5	3	2	65	16	50	11	4	8
62	8	3	5	8	2	6	59	11	48	9	6	4
63	6	1	5	8	6	2	60	17	43	4	3	1
64	9	4	5	4	1	2	63	19	45	6	1	5
65-69	**45**	**15**	**29**	**18**	**8**	**10**	**249**	**68**	**181**	**27**	**14**	**13**
65	9	3	6	6	5	1	61	18	44	5	5	
66	16	6	10	3		3	58	14	44	4	1	2
67	2		2	2	1	1	40	10	30	8	4	4
68	8	2	6	4	1	3	45	16	29	4	1	3
69	8	4	4	4	1	2	45	11	35	6	2	4
70-74	**33**	**13**	**20**	**7**	**5**	**1**	**167**	**55**	**112**	**17**	**7**	**10**
70	7	4	4	1	1	1	35	11	24	3	1	2
71	10	5	6	1	1		37	13	24	6	3	3
72	6	2	4	1		1	28	12	17	2		2
73	4	1	3	2	2		33	12	21	3	1	3
74	5	2	3	1	1		34	8	26	3	3	
75-79	**18**	**6**	**12**	**5**	**2**	**3**	**146**	**42**	**104**	**11**	**6**	**5**
75	3	1	2	1		1	36	12	24	1		1
76	3	1	2	1	1		32	8	24	2	2	
77	7	3	3	1	1		23	5	19	4	3	1
78	3	1	2				25	8	17	2		2
79	2		2	2		2	30	10	20	2	1	1
80-84	**15**	**6**	**10**	**3**	**2**	**1**	**108**	**38**	**71**	**8**	**6**	**3**
80	3	2	1				26	12	14	2		2
81	4	2	1				21	9	12	1	1	
82	3	2	1	3	2	1	28	11	17	2	2	
83	4		4				19	4	15	2	1	1
84	2		2				15	2	13	1	1	
85-89	**8**	**2**	**6**	**2**		**2**	**39**	**9**	**30**	**3**	**1**	**2**
85	2		2	1		1	13	3	10			
86	2	1	2	1		1	8	3	6	2	1	1
87	1	1					7	1	6	1		1
88	1	1					7	3	5			
89	2		2				3		3			
90-94	**2**		**2**				**16**	**5**	**12**			
90	1		1				4	2	2			
91							4	1	4			
92	1		1				3		3			
93							3	1	1			
94	1		1				3	1	2			
95-99							**2**	**1**	**2**	**2**		**2**
95							1		1			
96												
97							2	1	1	1		1
98												
99												
100及以上										**1**		**1**

9-4c 全市分年龄、性别、主要生活来源的60岁及以上老年人口(乡村)

单位：人

年 龄	合 计			劳动收入			离退休金养老金		
	合计	男	女	小计	男	女	小计	男	女
总 计	**8903**	**4361**	**4542**	**1197**	**891**	**306**	**2632**	**1579**	**1053**
60-64	**3365**	**1676**	**1689**	**799**	**586**	**213**	**957**	**539**	**418**
60	747	364	384	209	151	58	186	106	80
61	686	329	357	173	118	55	200	98	102
62	685	344	341	166	130	36	184	98	86
63	672	359	313	144	109	35	211	134	77
64	575	281	294	107	78	29	175	104	72
65-69	**2250**	**1100**	**1149**	**306**	**224**	**82**	**706**	**429**	**277**
65	531	268	263	87	63	25	166	105	61
66	511	252	259	85	65	21	168	99	69
67	378	183	195	51	35	16	108	70	38
68	427	200	227	49	37	12	130	75	54
69	402	198	204	32	25	8	134	80	55
70-74	**1343**	**657**	**687**	**78**	**69**	**9**	**395**	**252**	**143**
70	323	156	167	27	22	6	96	58	38
71	304	157	147	25	24	1	95	66	29
72	250	126	124	8	7	1	65	45	20
73	244	105	139	11	9	2	76	46	30
74	223	113	110	7	7	1	63	36	26
75-79	**953**	**496**	**456**	**10**	**9**	**1**	**301**	**193**	**108**
75	190	93	97	2	2		54	35	19
76	204	105	99	4	4		66	39	26
77	208	117	91	2	1	1	64	45	18
78	193	103	90	1	1		69	47	22
79	158	79	80	2	2		49	26	23
80-84	**652**	**288**	**364**	**2**	**1**	**1**	**183**	**117**	**66**
80	165	77	88	1	1	1	47	30	17
81	161	78	83				41	29	12
82	137	52	86				40	25	15
83	102	47	55	1		1	30	19	11
84	87	35	52				24	13	11
85-89	**257**	**111**	**146**	**2**	**2**		**63**	**33**	**30**
85	75	34	41				18	9	9
86	57	20	37	1	1		13	8	5
87	60	32	27				18	10	8
88	40	12	27				9	4	5
89	27	13	14	1	1		6	3	3
90-94	**72**	**26**	**46**				**22**	**11**	**11**
90	16	6	10				7	5	2
91	25	9	17				7	1	7
92	12	4	8				2	2	
93	9	4	5				3	2	1
94	9	3	6				2	2	1
95-99	**10**	**6**	**4**				**5**	**4**	**1**
95	2	1	1				1	1	
96	4	3	1				2	2	
97	2	1	1				1	1	
98	1	1	1				1	1	1
99									
100及以上	**1**	**1**	**1**				**1**	**1**	

9-4c 续表 单位：人

年 龄	最低生活保障金			财产性收入			家庭其他成员供养			其 他		
	小计	男	女	小计	男	女	小计	男	女	小计	男	女
总 计	**1138**	**491**	**647**	**225**	**106**	**119**	**3319**	**1121**	**2197**	**393**	**173**	**220**
60-64	**350**	**142**	**208**	**114**	**49**	**65**	**1002**	**293**	**709**	**143**	**66**	**77**
60	74	28	46	28	10	18	217	58	160	32	11	22
61	67	30	37	25	15	10	186	49	137	35	19	16
62	79	31	48	20	9	10	207	63	144	29	12	18
63	69	31	38	21	9	12	200	61	139	27	16	11
64	60	22	38	21	6	15	192	63	129	20	9	11
65-69	**267**	**109**	**158**	**57**	**34**	**23**	**819**	**271**	**548**	**94**	**33**	**61**
65	47	20	27	16	9	7	191	63	128	24	8	15
66	58	21	36	14	5	9	170	55	115	16	7	10
67	52	24	28	5	4	2	142	45	97	19	5	14
68	63	24	39	12	9	2	157	49	108	16	6	11
69	48	21	27	10	7	3	159	59	100	19	7	12
70-74	**183**	**79**	**105**	**24**	**9**	**15**	**598**	**218**	**380**	**65**	**30**	**35**
70	43	19	24	11	4	8	130	46	85	15	8	7
71	36	14	22	3	1	2	123	40	84	22	12	9
72	38	20	18	6	2	5	120	46	74	12	6	6
73	36	13	23	1	1		113	34	79	6	1	5
74	31	13	18	2	2	1	110	52	58	10	4	7
75-79	**163**	**92**	**70**	**16**	**10**	**7**	**422**	**175**	**247**	**41**	**17**	**23**
75	31	19	11	4	1	3	90	31	59	10	5	4
76	47	24	23	5	4	1	72	29	44	10	5	5
77	36	22	14	2	1	2	98	46	52	6	2	4
78	28	16	12	2	2		80	31	49	13	5	8
79	20	10	10	3	2	2	82	39	43	2		2
80-84	**119**	**50**	**69**	**12**	**4**	**8**	**305**	**103**	**202**	**32**	**14**	**18**
80	31	12	18	4	1	3	78	31	47	5	2	3
81	28	16	12	2	1	1	84	26	58	6	6	1
82	26	7	19	3		3	61	18	43	7	1	5
83	20	7	13	3	2	1	38	16	22	10	3	7
84	15	8	7				44	11	32	4	2	2
85-89	**43**	**17**	**26**	**1**		**1**	**135**	**49**	**86**	**14**	**10**	**4**
85	11	5	6				41	18	23	5	3	2
86	11	3	8				30	7	23	2	1	1
87	9	6	3				29	12	17	4	4	
88	8	2	6	1		1	20	4	15	1	1	
89	4	1	3				14	7	7	2	1	1
90-94	**12**	**2**	**10**				**33**	**10**	**23**	**4**	**2**	**2**
90	2		2				6	1	5	1		1
91	2		2				13	6	7	3	2	1
92	2	1	2				7	1	6	1		1
93	2	1	1				4	1	3			
94	3		3				4	1	2			
95-99	**1**		**1**				**4**	**2**	**3**			
95							1		1			
96	1		1				2	2				
97							1		1			
98												
99												
100及以上							**1**		**1**			

9-5 各地区分性别、婚姻状况的60岁及以上老年人口

单位：人

地区	合计			未婚		
	合计	男	女	小计	男	女
全市	**54744**	**25766**	**28978**	**436**	**294**	**142**
东城区	3091	1447	1644	29	17	12
西城区	3901	1789	2112	28	10	18
朝阳区	9867	4608	5259	49	27	22
丰台区	6329	2973	3355	17	12	5
石景山区	2088	961	1127	11	3	8
海淀区	9110	4187	4923	34	17	16
门头沟区	816	378	438	5	4	1
房山区	2623	1226	1398	16	12	3
通州区	3293	1593	1700	14	13	1
顺义区	2300	1085	1216	18	18	
昌平区	3701	1793	1909	112	58	54
大兴区	3009	1456	1553	24	23	1
怀柔区	976	475	501	14	14	
平谷区	1261	597	664	12	12	
密云区	1391	694	697	30	30	
延庆区	987	506	481	26	26	

9-5 续表

单位：人

地区	有配偶			离婚			丧偶		
	小计	男	女	小计	男	女	小计	男	女
全市	**43601**	**22584**	**21018**	**965**	**412**	**553**	**9742**	**2477**	**7266**
东城区	2389	1246	1143	95	38	57	577	145	432
西城区	3056	1593	1463	85	32	53	732	154	579
朝阳区	8033	4127	3906	185	67	118	1601	387	1214
丰台区	5040	2607	2432	129	58	71	1143	296	847
石景山区	1460	765	695	58	25	33	559	168	391
海淀区	7473	3766	3707	186	77	110	1417	327	1090
门头沟区	629	333	295	11	7	4	172	34	137
房山区	2031	1053	979	18	11	7	559	150	408
通州区	2721	1432	1289	28	13	14	530	134	396
顺义区	1799	938	862	19	10	9	463	119	345
昌平区	2993	1563	1430	62	30	32	534	141	393
大兴区	2444	1278	1166	35	11	24	506	144	362
怀柔区	757	406	351	12	7	5	193	48	145
平谷区	982	508	473	10	4	6	256	72	185
密云区	1052	565	488	13	9	4	296	91	205
延庆区	741	401	339	18	12	6	203	67	136

9-5a 各地区分性别、婚姻状况的60岁及以上老年人口(城市)

单位：人

地 区	合 计			未 婚		
	合计	男	女	小计	男	女
全 市	**43159**	**20121**	**23038**	**195**	**105**	**91**
东城区	3091	1447	1644	29	17	12
西城区	3901	1789	2112	28	10	18
朝阳区	9842	4598	5244	49	27	22
丰台区	6245	2938	3306	17	12	5
石景山区	2088	961	1127	11	3	8
海淀区	8914	4097	4817	34	17	16
门头沟区	475	221	254	1		1
房山区	1212	565	647	8	5	3
通州区	1579	758	821	3	2	1
顺义区	901	417	484	2	2	
昌平区	2239	1053	1186	9	5	4
大兴区	1927	916	1011	1	1	
怀柔区	394	196	198	3	3	
平谷区	350	164	185	1	1	

9-5a 续表

单位：人

地 区	有配偶			离 婚			丧 偶		
	小计	男	女	小计	男	女	小计	男	女
全 市	**34754**	**17883**	**16871**	**851**	**341**	**511**	**7358**	**1793**	**5566**
东城区	2389	1246	1143	95	38	57	577	145	432
西城区	3056	1593	1463	85	32	53	732	154	579
朝阳区	8014	4117	3897	184	67	117	1596	386	1209
丰台区	4978	2574	2404	128	58	70	1122	294	828
石景山区	1460	765	695	58	25	33	559	168	391
海淀区	7328	3696	3632	186	77	110	1367	307	1059
门头沟区	369	198	171	6	4	2	99	19	80
房山区	976	508	468	12	6	6	216	46	170
通州区	1345	699	646	22	9	13	210	48	161
顺义区	739	372	367	4	2	2	157	42	115
昌平区	1897	959	937	35	11	23	299	78	221
大兴区	1610	840	770	28	8	20	289	67	221
怀柔区	319	172	147	5	2	2	67	18	49
平谷区	275	143	132	5	1	4	69	19	50

9-5b 各地区分性别、婚姻状况的60岁及以上老年人口(镇)

单位：人

地　区	合　计			未　婚		
	合计	男	女	小计	男	女
全　市	**3073**	**1492**	**1582**	**21**	**20**	**1**
朝阳区						
丰台区	47	18	29			
海淀区						
门头沟区	166	75	91			
房山区	376	179	197	1	1	
通州区	396	200	196	2	2	
顺义区	178	83	95			
昌平区	596	301	295	6	5	1
大兴区	108	55	53	1	1	
怀柔区	94	42	53	1	1	
平谷区	191	88	104			
密云区	560	275	285	5	5	
延庆区	362	177	185	4	4	

9-5b 续表

单位：人

地　区	有配偶			离　婚			丧　偶		
	小计	男	女	小计	男	女	小计	男	女
全　市	**2422**	**1297**	**1125**	**42**	**22**	**20**	**588**	**152**	**435**
朝阳区									
丰台区	33	18	14	1		1	13		13
海淀区									
门头沟区	124	66	58	2		1	40	9	32
房山区	280	144	136	2	1	1	92	32	61
通州区	324	177	147	2	2		67	19	49
顺义区	140	72	68	3	2	1	34	9	26
昌平区	480	270	210	10	6	4	100	20	79
大兴区	79	44	35	4	2	2	24	8	16
怀柔区	71	37	35	2	1	1	20	3	16
平谷区	152	77	74	2		1	37	9	28
密云区	449	239	210	7	3	4	99	27	72
延庆区	291	153	138	8	4	4	60	16	43

9-5c 各地区分性别、婚姻状况的60岁及以上老年人口(乡村)

单位：人

地区	合计			未婚		
	合计	男	女	小计	男	女
全市	**8512**	**4154**	**4358**	**220**	**170**	**50**
朝阳区	25	10	15			
丰台区	37	17	20			
海淀区	196	90	106			
门头沟区	175	82	93	3	3	
房山区	1036	482	554	6	6	
通州区	1318	634	684	8	8	
顺义区	1221	584	637	16	16	
昌平区	867	438	428	97	48	49
大兴区	974	485	489	22	21	1
怀柔区	488	237	250	10	10	
平谷区	720	345	375	11	11	
密云区	832	420	412	24	24	
延庆区	625	329	296	22	22	

9-5c 续表

单位：人

地区	有配偶			离婚			丧偶		
	小计	男	女	小计	男	女	小计	男	女
全市	**6425**	**3403**	**3022**	**71**	**49**	**22**	**1796**	**532**	**1265**
朝阳区	19	10	9	1		1	5	1	5
丰台区	29	15	14				8	2	6
海淀区	146	70	75				50	19	31
门头沟区	136	70	66	4	3	1	32	7	25
房山区	776	400	375	4	3	1	250	72	178
通州区	1052	556	496	4	3	2	253	67	186
顺义区	920	494	427	12	6	6	272	68	204
昌平区	616	334	282	18	13	5	136	43	93
大兴区	756	395	361	3	1	3	193	68	124
怀柔区	367	198	169	5	4	1	106	27	80
平谷区	555	288	267	4	3	1	150	43	107
密云区	604	326	278	6	6		197	64	134
延庆区	450	248	201	10	8	2	143	51	92

9-6 全市分年龄、性别、婚姻状况的60岁及以上老年人口

单位：人

年龄	合计			未婚		
	合计	男	女	小计	男	女
总　计	**62340**	**29353**	**32987**	**416**	**291**	**125**
60-64	**22193**	**10648**	**11545**	**212**	**141**	**71**
60	5049	2427	2622	54	28	26
61	4839	2331	2508	46	36	11
62	4390	2069	2321	52	32	19
63	4366	2110	2256	47	35	13
64	3550	1712	1838	14	11	3
65-69	**13904**	**6610**	**7294**	**92**	**63**	**28**
65	3409	1650	1758	25	14	11
66	3020	1425	1595	19	17	2
67	2493	1183	1311	21	14	7
68	2578	1226	1352	14	9	4
69	2404	1126	1279	13	9	4
70-74	**8969**	**4076**	**4892**	**53**	**42**	**11**
70	2110	958	1152	19	13	5
71	1757	813	944	14	12	3
72	1672	782	890	8	7	1
73	1715	769	946	7	5	2
74	1714	754	960	5	5	
75-79	**8577**	**4022**	**4555**	**38**	**27**	**11**
75	1834	854	980	9	6	3
76	1669	753	916	7	6	1
77	1832	877	955	9	7	2
78	1655	800	855	8	6	2
79	1587	738	849	4	1	3
80-84	**5606**	**2560**	**3046**	**19**	**17**	**2**
80	1498	714	785	4	4	
81	1287	569	718	6	5	1
82	1156	538	618	1	1	1
83	924	405	519	4	4	
84	741	335	406	4	3	1
85-89	**2304**	**1106**	**1199**	**2**	**2**	
85	718	354	364	1	1	
86	551	275	276			
87	472	227	245	1	1	
88	352	162	190			
89	212	88	123			
90-94	**654**	**272**	**382**			
90	203	87	116			
91	158	76	82			
92	113	37	76			
93	110	45	66			
94	70	27	42			
95-99	**115**	**53**	**61**			
95	28	13	15			
96	29	13	16			
97	29	11	18			
98	24	14	9			
99	5	2	3			
100及以上	**19**	**6**	**13**			

9-6 续表 单位：人

年龄	有配偶			离婚			丧偶		
	小计	男	女	小计	男	女	小计	男	女
总计	**50039**	**25886**	**24153**	**1096**	**462**	**634**	**10790**	**2714**	**8076**
60-64	**20185**	**10017**	**10168**	**559**	**226**	**334**	**1236**	**265**	**972**
60	4610	2290	2319	150	56	94	236	52	183
61	4437	2189	2248	128	53	75	227	54	173
62	3945	1917	2028	123	56	67	270	64	206
63	3964	1985	1979	90	41	49	265	49	215
64	3229	1636	1593	68	20	49	239	45	194
65-69	**12232**	**6136**	**6097**	**254**	**115**	**139**	**1326**	**296**	**1030**
65	3079	1559	1520	70	28	41	236	50	186
66	2684	1327	1357	49	17	31	268	63	205
67	2227	1108	1119	49	23	26	196	38	159
68	2192	1113	1079	47	28	19	325	75	250
69	2051	1029	1022	39	18	21	301	70	231
70-74	**7185**	**3643**	**3542**	**118**	**48**	**70**	**1613**	**343**	**1269**
70	1730	872	858	31	13	19	330	60	271
71	1435	727	708	28	13	15	279	61	218
72	1363	695	668	21	7	14	280	73	208
73	1330	690	640	27	11	16	351	64	288
74	1327	659	668	10	4	6	372	86	285
75-79	**6092**	**3409**	**2683**	**75**	**33**	**42**	**2372**	**554**	**1819**
75	1416	759	658	18	11	8	390	79	311
76	1229	659	570	23	10	14	410	79	332
77	1275	721	554	10	7	3	538	141	397
78	1127	665	462	11	3	8	508	125	383
79	1044	604	440	12	2	10	527	131	396
80-84	**3178**	**1880**	**1298**	**45**	**20**	**25**	**2363**	**643**	**1720**
80	931	546	385	12	6	6	552	159	394
81	725	414	311	22	12	10	534	138	396
82	640	392	248	5	3	2	509	142	367
83	507	304	203	4		4	409	97	312
84	376	224	152	2		2	359	107	251
85-89	**994**	**682**	**312**	**32**	**15**	**17**	**1276**	**407**	**869**
85	331	225	107	11	8	3	375	120	254
86	261	182	79	11	5	6	278	87	191
87	201	139	62	4		4	267	87	180
88	133	95	38	7	2	5	212	65	147
89	68	41	27				144	47	97
90-94	**156**	**102**	**53**	**9**	**3**	**6**	**489**	**166**	**323**
90	52	40	12	6	2	4	145	45	100
91	47	30	17	1	1		109	45	65
92	24	14	10	2		2	88	23	65
93	22	13	9				88	32	56
94	11	6	5				59	22	37
95-99	**16**	**16**		**4**	**2**	**2**	**95**	**35**	**60**
95	8	8					20	5	15
96	3	3					27	10	16
97	3	3		2		2	23	7	16
98	2	2		2	2		20	10	9
99							5	2	3
100及以上							**19**	**6**	**13**

9-6a 全市分年龄、性别、婚姻状况的60岁及以上老年人口(城市)

单位：人

年 龄	合 计			未 婚		
	合计	男	女	小计	男	女
总 计	**49883**	**23268**	**26616**	**221**	**117**	**104**
60-64	**17416**	**8265**	**9151**	**132**	**68**	**64**
60	3987	1904	2084	42	16	26
61	3824	1836	1988	27	19	8
62	3427	1592	1835	33	15	18
63	3427	1609	1818	27	16	10
64	2751	1325	1426	4	2	2
65-69	**10803**	**5095**	**5708**	**39**	**18**	**21**
65	2692	1285	1407	12	4	8
66	2313	1083	1230	6	5	1
67	1960	923	1036	8	3	5
68	1996	954	1042	9	5	4
69	1842	850	992	4	2	2
70-74	**7108**	**3160**	**3948**	**27**	**19**	**8**
70	1665	746	919	12	9	3
71	1338	596	742	6	4	3
72	1323	599	725	3	3	
73	1379	618	761	3	1	2
74	1404	602	802	2	2	
75-79	**7229**	**3342**	**3887**	**16**	**7**	**9**
75	1547	717	830	4	3	1
76	1385	613	772	1		1
77	1544	717	827	5	3	2
78	1393	663	730	4	2	2
79	1360	632	728	3		3
80-84	**4697**	**2155**	**2542**	**6**	**4**	**2**
80	1273	606	667			
81	1073	468	605	2	1	1
82	957	458	499	1		1
83	770	337	433	1	1	
84	625	286	339	2	1	1
85-89	**1957**	**960**	**997**			
85	612	307	305			
86	469	243	226			
87	397	189	208			
88	301	145	156			
89	179	76	103			
90-94	**553**	**238**	**314**			
90	181	79	102			
91	124	65	59			
92	97	32	65			
93	97	39	58			
94	54	23	31			
95-99	**102**	**48**	**54**			
95	25	13	13			
96	26	10	16			
97	24	9	15			
98	22	14	9			
99	5	2	3			
100及以上	**18**	**5**	**13**			

9-6a 续表 单位：人

年 龄	有配偶			离 婚			丧 偶		
	小计	男	女	小计	男	女	小计	男	女
总 计	**40439**	**20782**	**19656**	**977**	**389**	**588**	**8247**	**1980**	**6267**
60-64	**15892**	**7845**	**8047**	**500**	**191**	**309**	**892**	**161**	**731**
60	3636	1806	1830	131	45	86	178	36	142
61	3526	1738	1788	118	49	69	153	30	123
62	3085	1489	1596	113	51	62	197	37	159
63	3125	1533	1592	80	34	47	195	26	169
64	2520	1279	1240	58	12	46	169	31	138
65-69	**9630**	**4797**	**4833**	**224**	**94**	**130**	**909**	**186**	**723**
65	2450	1230	1220	63	24	39	166	27	139
66	2090	1025	1065	42	13	28	176	40	136
67	1775	878	897	43	19	24	134	23	110
68	1718	875	843	41	23	18	228	52	176
69	1598	790	808	35	15	21	205	44	162
70-74	**5798**	**2868**	**2930**	**102**	**39**	**63**	**1181**	**233**	**948**
70	1378	688	690	28	10	18	247	39	208
71	1118	545	573	24	11	14	189	37	152
72	1107	539	568	18	6	11	196	50	146
73	1088	562	526	24	10	14	263	46	218
74	1107	535	572	8	3	5	286	62	224
75-79	**5276**	**2912**	**2363**	**66**	**29**	**37**	**1871**	**394**	**1478**
75	1223	645	578	18	10	8	303	59	244
76	1043	551	492	21	8	13	321	54	267
77	1100	609	491	9	6	3	431	99	332
78	980	570	410	10	3	7	399	88	310
79	930	537	393	9	2	7	418	93	324
80-84	**2788**	**1633**	**1155**	**40**	**17**	**24**	**1863**	**501**	**1361**
80	830	481	349	9	3	5	435	122	312
81	625	350	275	21	11	10	425	106	318
82	561	349	212	5	3	2	389	106	283
83	435	256	179	4		4	329	80	250
84	336	197	139	2		2	284	87	198
85-89	**898**	**618**	**280**	**31**	**14**	**17**	**1028**	**329**	**700**
85	299	204	95	9	7	3	303	97	207
86	237	166	70	11	5	6	221	71	150
87	180	123	58	4		4	213	67	146
88	121	88	33	7	2	5	173	55	118
89	61	37	24				118	39	79
90-94	**142**	**94**	**48**	**9**	**3**	**6**	**402**	**141**	**261**
90	47	36	11	6	2	4	128	40	87
91	42	27	14	1	1		81	37	44
92	21	12	9	2		2	74	20	54
93	21	12	9				75	27	48
94	10	6	4				44	17	27
95-99	**15**	**15**		**4**	**2**	**2**	**83**	**31**	**53**
95	8	8					17	4	13
96	2	2					24	8	16
97	3	3		2		2	19	7	13
98	2	2		2	2		18	10	9
99							5	2	3
100及以上							**18**	**5**	**13**

9-6b 全市分年龄、性别、婚姻状况的60岁及以上老年人口(镇)

单位：人

年 龄	合 计			未 婚		
	合计	男	女	小计	男	女
总 计	**3559**	**1726**	**1833**	**22**	**21**	**1**
60-64	**1412**	**707**	**705**	**10**	**9**	**1**
60	314	159	155	1	1	
61	329	167	163	2	1	1
62	278	134	145	2	2	
63	267	141	125	3	3	
64	224	106	118	2	2	
65-69	**852**	**415**	**437**	**5**	**5**	
65	186	98	88	2	2	
66	195	90	106	2	2	
67	155	76	79	1	1	
68	156	73	82			
69	160	77	82	1	1	
70-74	**517**	**259**	**258**	**3**	**3**	
70	122	56	66			
71	115	60	55	3	3	
72	99	57	42			
73	93	46	47			
74	87	39	48	1	1	
75-79	**395**	**184**	**211**	**2**	**2**	
75	97	44	53	1	1	
76	80	35	45			
77	80	43	37	1	1	
78	70	35	35			
79	69	27	42			
80-84	**256**	**117**	**139**	**2**	**2**	
80	61	31	30			
81	53	22	31	1	1	
82	61	28	33	1	1	
83	52	21	31			
84	29	14	15			
85-89	**89**	**35**	**55**			
85	31	12	19			
86	25	12	13			
87	15	5	10			
88	12	5	7			
89	6		6			
90-94	**29**	**8**	**22**			
90	6	2	4			
91	9	3	6			
92	4	1	3			
93	5	2	3			
94	6	1	4			
95-99	**6**	**1**	**5**			
95	1		1			
96						
97	3	1	2			
98						
99						
100及以上	**2**	**1**	**1**			

9-6b 续表 单位：人

年龄	有配偶			离婚			丧偶		
	小计	男	女	小计	男	女	小计	男	女
总计	**2817**	**1504**	**1313**	**47**	**24**	**23**	**672**	**176**	**496**
60-64	**1286**	**655**	**631**	**24**	**11**	**13**	**92**	**32**	**60**
60	290	150	140	9	4	5	14	4	10
61	302	158	144	3	1	2	22	6	15
62	253	123	130	5	2	3	19	7	12
63	237	125	112	5	3	1	22	10	12
64	204	99	105	3	1	2	15	4	11
65-69	**722**	**370**	**351**	**13**	**10**	**3**	**113**	**29**	**83**
65	166	87	79	2	2		15	7	9
66	161	80	81	4	2	2	28	6	23
67	136	69	67	3	3		16	4	12
68	131	67	65	2	2		22	4	18
69	128	68	59	1		1	31	9	22
70-74	**405**	**229**	**177**	**4**	**1**	**3**	**104**	**26**	**78**
70	98	49	50	2	1	1	22	6	16
71	90	52	38	1		1	22	5	16
72	81	53	27	2		2	17	4	13
73	74	41	33				19	5	14
74	62	34	29	1		1	24	5	18
75-79	**250**	**147**	**103**	**4**	**1**	**3**	**139**	**34**	**105**
75	66	38	28				30	5	25
76	55	29	27	1	1	1	23	6	17
77	53	34	19				26	8	18
78	39	27	12	1		1	30	8	22
79	36	20	16	2		2	31	7	23
80-84	**122**	**83**	**39**	**2**	**1**	**1**	**131**	**31**	**100**
80	29	21	8	2	1	1	30	9	21
81	23	14	9				29	7	22
82	31	21	10				30	7	23
83	26	16	10				26	5	21
84	13	11	1				16	3	13
85-89	**27**	**17**	**10**				**63**	**18**	**45**
85	9	6	3				22	6	15
86	6	4	1				19	8	12
87	5	3	2				10	2	8
88	6	3	3				6	2	4
89	1		1				6		6
90-94	**5**	**3**	**2**				**24**	**5**	**19**
90	1	1					5	1	4
91	3	1	2				6	1	4
92							4	1	3
93	1	1					4	1	3
94	1		1				5	1	4
95-99							**6**	**1**	**5**
95							1		1
96									
97							3	1	2
98									
99									
100及以上							**2**	**1**	**1**

9-6c 全市分年龄、性别、婚姻状况的60岁及以上老年人口(乡村)

单位：人

年龄	合计			未婚		
	合计	男	女	小计	男	女
总计	**8903**	**4361**	**4542**	**172**	**153**	**19**
60-64	**3365**	**1676**	**1689**	**70**	**64**	**6**
60	747	364	384	10	10	
61	686	329	357	17	16	1
62	685	344	341	17	16	1
63	672	359	313	18	15	2
64	575	281	294	7	6	1
65-69	**2250**	**1100**	**1149**	**47**	**40**	**7**
65	531	268	263	11	8	2
66	511	252	259	11	10	1
67	378	183	195	12	10	2
68	427	200	227	5	5	
69	402	198	204	8	7	1
70-74	**1343**	**657**	**687**	**23**	**19**	**3**
70	323	156	167	6	4	2
71	304	157	147	5	5	
72	250	126	124	5	4	1
73	244	105	139	4	4	
74	223	113	110	2	2	
75-79	**953**	**496**	**456**	**20**	**17**	**2**
75	190	93	97	5	2	2
76	204	105	99	6	6	
77	208	117	91	3	3	
78	193	103	90	5	5	
79	158	79	80	1	1	
80-84	**652**	**288**	**364**	**11**	**11**	
80	165	77	88	4	4	
81	161	78	83	3	3	
82	137	52	86			
83	102	47	55	2	2	
84	87	35	52	2	2	
85-89	**257**	**111**	**146**	**2**	**2**	
85	75	34	41	1	1	
86	57	20	37			
87	60	32	27	1	1	
88	40	12	27			
89	27	13	14			
90-94	**72**	**26**	**46**			
90	16	6	10			
91	25	9	17			
92	12	4	8			
93	9	4	5			
94	9	3	6			
95-99	**10**	**6**	**4**			
95	2	1	1			
96	4	3	1			
97	2	1	1			
98	1	1	1			
99						
100及以上	**1**	**1**	**1**			

9-6c 续表 单位：人

年 龄	有配偶			离 婚			丧 偶		
	小计	男	女	小计	男	女	小计	男	女
总 计	**6783**	**3599**	**3184**	**72**	**49**	**23**	**1875**	**559**	**1316**
60-64	**3008**	**1517**	**1491**	**35**	**24**	**11**	**253**	**72**	**181**
60	684	334	350	10	7	3	43	12	31
61	609	293	317	7	3	4	52	17	35
62	607	306	302	6	3	3	54	19	36
63	602	327	275	5	3	1	47	13	34
64	505	257	248	7	6	1	56	11	44
65-69	**1880**	**968**	**912**	**17**	**11**	**6**	**305**	**81**	**224**
65	462	242	220	4	1	2	54	16	38
66	433	222	211	3	2	1	64	17	46
67	316	161	154	4	2	2	47	10	36
68	343	172	171	4	3	1	75	20	56
69	326	171	155	3	3		65	18	48
70-74	**981**	**546**	**435**	**12**	**8**	**4**	**328**	**84**	**244**
70	253	135	118	2	2		61	15	47
71	227	130	96	4	2	1	69	19	50
72	175	102	72	2	1	1	67	19	49
73	169	87	81	3	1	1	69	13	56
74	157	90	67	1	1		62	20	43
75-79	**566**	**350**	**216**	**5**	**3**	**1**	**362**	**126**	**236**
75	127	76	52	1	1		57	14	43
76	131	80	51	1	1	1	66	18	48
77	122	78	44	1	1		81	34	47
78	108	68	40				80	30	50
79	78	47	31	2	1	1	78	30	48
80-84	**269**	**164**	**105**	**3**	**2**	**1**	**370**	**111**	**259**
80	72	44	28	1	1		88	28	60
81	77	50	27	1	1		80	24	56
82	47	22	25				90	29	61
83	45	32	13				54	12	42
84	26	15	11	1		1	58	18	41
85-89	**69**	**48**	**22**	**1**	**1**		**185**	**60**	**125**
85	23	15	8	1	1		50	18	32
86	19	12	7				38	8	30
87	15	13	2				44	18	26
88	6	4	3				33	9	25
89	6	4	2				20	8	12
90-94	**9**	**6**	**3**				**63**	**20**	**43**
90	4	2	1				12	4	8
91	3	2	1				23	7	16
92	3	2	1				10	2	8
93							9	4	5
94							9	3	6
95-99	**2**	**2**					**8**	**4**	**4**
95							2	1	1
96	1	1					3	2	1
97	1	1					1		1
98							1	1	1
99									
100及以上							**1**	**1**	**1**

9-7 各地区分性别、受教育程度的60岁及以上老年人口

单位：人

地 区	60岁及以上人口			未上过学			小 学		
	合计	男	女	小计	男	女	小计	男	女
全 市	**54990**	**25882**	**29108**	**4114**	**733**	**3381**	**11959**	**4732**	**7227**
东城区	3103	1452	1651	160	20	140	466	173	293
西城区	3939	1806	2133	189	17	173	478	140	338
朝阳区	9903	4629	5274	432	64	367	1654	629	1025
丰台区	6337	2977	3359	359	43	315	1246	452	794
石景山区	2094	963	1131	148	22	126	412	143	269
海淀区	9127	4191	4935	372	41	332	1133	371	762
门头沟区	883	409	475	115	21	94	262	107	155
房山区	2628	1229	1399	265	46	219	934	344	590
通州区	3347	1619	1728	249	36	213	1043	443	600
顺义区	2300	1085	1216	290	55	235	692	277	416
昌平区	3701	1793	1909	312	68	243	784	327	457
大兴区	3009	1456	1553	282	60	222	964	406	558
怀柔区	976	475	501	177	42	135	325	154	171
平谷区	1261	597	664	249	38	211	572	259	313
密云区	1391	694	697	278	80	198	542	263	279
延庆区	990	507	482	237	79	158	451	243	208

9-7 续表 1

单位：人

地 区	初 中			普通高中			中 职		
	小计	男	女	小计	男	女	小计	男	女
全 市	**17777**	**9117**	**8660**	**5327**	**2672**	**2656**	**4013**	**1716**	**2297**
东城区	994	483	511	447	230	217	287	113	174
西城区	1160	557	603	433	199	234	400	166	233
朝阳区	3115	1456	1660	1213	578	635	888	347	541
丰台区	2250	1102	1148	700	371	328	566	261	304
石景山区	706	345	361	261	134	127	192	90	101
海淀区	2168	1018	1150	914	401	513	811	303	508
门头沟区	341	184	157	54	30	24	46	24	22
房山区	1036	607	429	149	81	68	109	62	47
通州区	1382	756	625	236	124	112	158	77	81
顺义区	983	541	443	121	73	48	69	44	25
昌平区	1355	710	645	342	177	165	228	88	140
大兴区	1021	567	454	237	142	96	132	65	67
怀柔区	292	168	124	72	41	31	38	24	14
平谷区	344	234	110	55	36	19	14	9	5
密云区	420	259	161	60	37	22	48	26	21
延庆区	211	132	79	33	17	16	27	15	12

9-7 续表 2

单位：人

地　区	大学专科			大学本科			研究生及以上		
	小计	男	女	小计	男	女	小计	男	女
全　市	**5462**	**2983**	**2479**	**5950**	**3649**	**2301**	**389**	**282**	**107**
东城区	385	206	179	345	212	133	18	14	4
西城区	569	288	281	666	402	264	44	36	8
朝阳区	1184	664	520	1326	827	500	91	64	27
丰台区	637	369	269	561	363	198	18	15	3
石景山区	206	123	83	167	104	63	3	1	2
海淀区	1422	698	724	2138	1241	897	169	120	49
门头沟区	47	30	17	18	13	4			
房山区	90	55	35	43	33	11	1	1	
通州区	173	109	64	104	73	32	2	1	1
顺义区	94	61	33	50	34	16			
昌平区	330	191	139	327	215	112	23	15	8
大兴区	200	109	91	154	93	61	19	14	5
怀柔区	54	30	24	18	16	2			
平谷区	18	14	4	9	7	2			
密云区	29	19	9	15	10	5	1		1
延庆区	23	16	7	7	5	2			

9-7a　各地区分性别、受教育程度的60岁及以上老年人口(城市)

单位：人

地　区	60岁及以上人口			未上过学			小　学		
	合计	男	女	小计	男	女	小计	男	女
全　市	**43346**	**20207**	**23138**	**2279**	**317**	**1961**	**7341**	**2646**	**4694**
东城区	3103	1452	1651	160	20	140	466	173	293
西城区	3939	1806	2133	189	17	173	478	140	338
朝阳区	9878	4618	5260	427	64	363	1642	625	1017
丰台区	6253	2942	3310	345	41	304	1204	439	766
石景山区	2094	963	1131	148	22	126	412	143	269
海淀区	8931	4102	4829	355	38	316	1071	349	722
门头沟区	542	251	291	64	9	54	136	56	80
房山区	1215	568	647	98	18	80	343	124	219
通州区	1579	758	821	70	9	61	343	135	208
顺义区	901	417	484	71	17	54	204	64	140
昌平区	2239	1053	1186	118	17	101	341	126	215
大兴区	1927	916	1011	132	28	105	456	170	286
怀柔区	394	196	198	41	10	31	108	42	66
平谷区	350	164	185	60	8	53	136	60	76

9-7a 续表 1　　单位：人

地 区	初 中			普通高中			中 职		
	小计	男	女	小计	男	女	小计	男	女
全 市	**13562**	**6559**	**7003**	**4908**	**2420**	**2488**	**3802**	**1589**	**2213**
东城区	994	483	511	447	230	217	287	113	174
西城区	1160	557	603	433	199	234	400	166	233
朝阳区	3108	1451	1656	1213	577	635	888	347	541
丰台区	2222	1083	1139	698	370	328	566	261	304
石景山区	706	345	361	261	134	127	192	90	101
海淀区	2071	961	1110	906	396	510	805	300	505
门头沟区	207	107	99	41	24	17	37	18	19
房山区	456	245	211	100	51	50	99	54	45
通州区	606	301	305	185	98	87	135	63	72
顺义区	387	189	198	71	40	32	51	30	21
昌平区	749	360	389	276	140	137	188	68	120
大兴区	660	341	319	208	120	87	118	56	62
怀柔区	141	76	66	39	23	16	28	16	12
平谷区	95	58	37	29	18	12	9	5	4

9-7a 续表 2　　单位：人

地 区	大学专科			大学本科			研究生及以上		
	小计	男	女	小计	男	女	小计	男	女
全 市	**5243**	**2841**	**2402**	**5825**	**3556**	**2269**	**385**	**278**	**107**
东城区	385	206	179	345	212	133	18	14	4
西城区	569	288	281	666	402	264	44	36	8
朝阳区	1184	664	520	1326	827	500	91	64	27
丰台区	637	369	269	561	363	198	18	15	3
石景山区	206	123	83	167	104	63	3	1	2
海淀区	1418	698	721	2136	1239	897	169	120	49
门头沟区	39	23	15	17	13	4			
房山区	78	46	32	40	30	11	1	1	
通州区	147	88	59	93	64	28	1		1
顺义区	76	49	27	41	28	14			
昌平区	276	157	119	269	173	96	21	13	8
大兴区	190	102	87	145	86	59	19	14	5
怀柔区	24	18	6	13	11	1			
平谷区	14	11	2	6	5	1			

9-7b 各地区分性别、受教育程度的60岁及以上老年人口(镇)

单位：人

地　区	60岁及以上人口			未上过学			小　学		
	合计	男	女	小计	男	女	小计	男	女
全　市	**3132**	**1521**	**1612**	**381**	**75**	**305**	**1043**	**455**	**588**
朝阳区									
丰台区	47	18	29	11	3	8	21	5	16
海淀区									
门头沟区	166	75	91	24	7	18	55	21	34
房山区	377	179	198	40	8	32	139	51	88
通州区	450	227	223	49	9	40	137	63	74
顺义区	178	83	95	19	2	18	68	29	38
昌平区	596	301	295	50	5	45	155	70	85
大兴区	108	55	53	15	3	12	45	18	27
怀柔区	94	42	53	11	3	7	16	8	7
平谷区	191	88	104	44	6	38	83	37	47
密云区	560	275	285	74	19	55	180	87	94
延庆区	365	179	186	43	11	33	143	66	77

9-7b 续表 1

单位：人

地　区	初　中			普通高中			中　职		
	小计	男	女	小计	男	女	小计	男	女
全　市	**1194**	**695**	**499**	**181**	**96**	**85**	**123**	**63**	**59**
朝阳区									
丰台区	16	10	5						
海淀区									
门头沟区	66	34	32	11	6	5	4	3	1
房山区	172	103	69	18	12	6	2	1	1
通州区	212	125	87	15	8	7	16	7	9
顺义区	73	41	32	7	5	2	4	2	2
昌平区	255	148	107	38	18	20	22	9	13
大兴区	30	23	7	7	5	2	2		2
怀柔区	19	10	9	18	7	10	2	2	
平谷区	55	38	17	6	4	3	2	2	
密云区	191	103	87	39	21	17	44	24	20
延庆区	106	60	46	22	10	12	24	13	11

9-7b 续表 2

单位：人

地　区	大学专科			大学本科			研究生及以上		
	小计	男	女	小计	男	女	小计	男	女
全　市	**131**	**79**	**52**	**76**	**54**	**22**	**4**	**3**	**1**
朝阳区									
丰台区									
海淀区									
门头沟区	5	4	1						
房山区	3	2	1	2	2				
通州区	13	10	3	7	4	3	1	1	
顺义区	5	3	2	2	1	1			
昌平区	35	22	13	37	26	10	2	2	
大兴区	5	3	2	4	3	1			
怀柔区	25	7	17	4	4				
平谷区	1								
密云区	19	13	7	12	8	5	1		1
延庆区	20	15	5	7	5	2			

9-7c 各地区分性别、受教育程度的60岁及以上老年人口(乡村)

单位：人

地　区	60岁及以上人口			未上过学			小　学		
	合计	男	女	小计	男	女	小计	男	女
全　市	**8512**	**4154**	**4358**	**1454**	**340**	**1114**	**3575**	**1630**	**1945**
朝阳区	25	10	15	5	1	4	12	4	7
丰台区	37	17	20	3		3	21	8	13
海淀区	196	90	106	18	2	15	62	22	40
门头沟区	175	82	93	27	5	22	70	29	41
房山区	1036	482	554	127	21	106	451	169	282
通州区	1318	634	684	131	19	112	563	245	318
顺义区	1221	584	637	200	37	163	421	183	238
昌平区	867	438	428	143	46	97	288	131	157
大兴区	974	485	489	134	29	105	464	219	245
怀柔区	488	237	250	125	28	97	201	103	98
平谷区	720	345	375	145	24	121	353	163	190
密云区	832	420	412	204	60	143	361	176	185
延庆区	625	329	296	193	68	125	308	177	131

9-7c 续表 1

单位：人

地 区	初 中			普通高中			中 职		
	小计	男	女	小计	男	女	小计	男	女
全 市	**3020**	**1862**	**1158**	**238**	**156**	**82**	**88**	**64**	**24**
朝阳区	8	4	3	1	1		1	1	
丰台区	11	8	4	1	1				
海淀区	96	56	40	8	5	3	6	2	4
门头沟区	69	42	26	3	1	2	5	3	2
房山区	409	258	150	31	19	12	8	7	2
通州区	563	330	233	37	18	18	7	7	1
顺义区	523	310	213	42	28	14	14	11	3
昌平区	351	203	148	27	19	8	18	11	7
大兴区	331	202	128	23	17	6	12	9	3
怀柔区	132	82	50	15	11	4	7	6	1
平谷区	194	137	56	19	14	5	3	2	1
密云区	229	156	74	21	16	5	4	3	1
延庆区	105	72	33	11	7	4	3	3	

9-7c 续表 2

单位：人

地 区	大学专科			大学本科			研究生及以上		
	小计	男	女	小计	男	女	小计	男	女
全 市	**88**	**62**	**26**	**49**	**39**	**10**			
朝阳区									
丰台区									
海淀区	4		4	2	2				
门头沟区	3	3							
房山区	9	7	2	1	1				
通州区	13	12	2	4	4				
顺义区	13	9	4	7	6	1			
昌平区	18	12	7	22	16	6			
大兴区	6	4	2	5	4	1			
怀柔区	6	5	1	1	1				
平谷区	4	3	1	3	2	1			
密云区	9	6	3	3	2	1			
延庆区	3	1	2	1		1			

9-8 全市分年龄、性别、受教育程度的60岁及以上老年人口

单位：人

年 龄	60岁及以上人口			未上过学			小 学		
	合计	男	女	小计	男	女	小计	男	女
总 计	**62628**	**29489**	**33139**	**4476**	**767**	**3709**	**13256**	**5192**	**8064**
60-64	**22293**	**10699**	**11594**	**702**	**161**	**541**	**3080**	**1143**	**1937**
60	5065	2435	2629	134	36	98	571	199	372
61	4861	2343	2519	141	34	107	598	228	370
62	4415	2082	2333	169	32	136	657	241	416
63	4383	2117	2266	144	36	108	702	277	425
64	3570	1722	1848	114	22	92	552	199	353
65-69	**13956**	**6629**	**7328**	**453**	**82**	**371**	**2688**	**973**	**1715**
65	3421	1658	1763	90	18	72	586	205	381
66	3026	1428	1598	114	29	85	618	211	407
67	2505	1185	1320	71	12	59	490	183	307
68	2586	1228	1357	90	10	80	540	209	332
69	2418	1129	1289	88	13	75	454	165	289
70-74	**9016**	**4096**	**4920**	**417**	**72**	**345**	**1952**	**686**	**1266**
70	2125	968	1157	81	17	64	449	148	301
71	1764	816	948	71	14	57	360	126	234
72	1679	783	897	82	13	69	356	131	225
73	1727	772	956	81	11	70	360	129	231
74	1720	758	963	102	16	86	427	152	275
75-79	**8608**	**4037**	**4572**	**832**	**130**	**702**	**2626**	**999**	**1628**
75	1841	859	982	128	19	109	491	187	304
76	1674	755	919	140	16	125	457	164	294
77	1837	881	955	178	28	150	622	229	393
78	1664	804	860	180	35	145	528	216	312
79	1593	738	855	205	32	173	528	203	325
80-84	**5646**	**2584**	**3063**	**1141**	**178**	**963**	**1892**	**854**	**1038**
80	1510	720	790	234	43	191	544	242	302
81	1296	575	720	255	38	217	430	187	243
82	1167	543	624	235	35	200	390	174	216
83	926	405	521	216	29	187	300	137	163
84	748	340	408	200	32	168	227	113	114
85-89	**2318**	**1113**	**1206**	**649**	**97**	**552**	**742**	**407**	**336**
85	718	355	364	191	27	165	231	121	110
86	556	277	279	163	27	136	161	90	71
87	476	229	247	129	21	107	167	92	74
88	355	162	193	99	15	84	116	65	52
89	214	90	123	67	6	61	67	39	29
90-94	**656**	**273**	**383**	**229**	**38**	**192**	**233**	**111**	**122**
90	203	87	116	59	8	51	76	36	40
91	158	76	82	56	11	45	50	29	21
92	114	37	77	47	6	41	40	16	24
93	111	45	66	41	9	33	42	20	22
94	70	27	42	27	4	22	25	10	14
95-99	**115**	**53**	**61**	**45**	**9**	**36**	**35**	**17**	**18**
95	28	13	15	8	2	6	13	5	8
96	29	13	16	11	2	9	8	3	5
97	29	11	18	16	3	13	7	3	3
98	24	14	9	11	3	9	6	6	
99	5	2	3				2		2
100及以上	**19**	**6**	**13**	**8**	**1**	**7**	**7**	**3**	**5**

9-8 续表 1 单位：人

年 龄	初 中			普通高中			中 职		
	小计	男	女	小计	男	女	小计	男	女
总 计	**20381**	**10408**	**9973**	**6133**	**3067**	**3066**	**4657**	**1995**	**2661**
60-64	**9811**	**4998**	**4813**	**2543**	**1220**	**1323**	**1413**	**565**	**848**
60	2091	1091	1001	777	360	416	313	118	195
61	2149	1079	1070	576	262	314	312	130	181
62	1989	988	1001	445	224	222	262	117	146
63	1968	1015	953	397	192	205	305	111	193
64	1613	825	788	348	182	165	221	88	133
65-69	**5126**	**2626**	**2499**	**1471**	**729**	**742**	**1316**	**562**	**753**
65	1442	743	699	332	168	164	236	94	142
66	1116	569	547	320	160	160	243	106	138
67	866	450	416	279	137	143	292	124	168
68	895	460	435	265	142	123	296	127	168
69	807	404	402	275	122	152	248	111	138
70-74	**2599**	**1238**	**1361**	**915**	**432**	**484**	**982**	**416**	**565**
70	689	316	374	218	99	119	193	81	112
71	572	300	273	158	75	82	179	67	112
72	466	226	240	179	90	89	213	89	123
73	488	216	272	185	90	95	192	88	104
74	383	181	203	176	77	99	205	91	114
75-79	**1620**	**811**	**809**	**622**	**325**	**297**	**618**	**285**	**334**
75	422	193	229	144	72	72	153	70	83
76	323	157	166	126	63	64	150	60	90
77	300	165	136	119	57	62	126	57	69
78	315	164	151	133	76	56	90	41	49
79	260	132	128	101	57	44	98	57	41
80-84	**830**	**471**	**359**	**387**	**235**	**153**	**253**	**127**	**126**
80	234	126	108	111	67	44	97	48	48
81	189	107	81	89	49	40	55	32	23
82	169	94	75	75	49	26	44	21	23
83	133	78	55	70	41	29	31	15	16
84	106	67	40	42	28	14	27	11	16
85-89	**321**	**209**	**112**	**147**	**97**	**49**	**64**	**37**	**28**
85	97	66	31	56	37	19	19	17	3
86	82	54	29	32	19	13	18	10	8
87	60	40	20	29	20	9	15	9	6
88	45	29	16	23	18	6	10		10
89	36	20	16	6	4	3	2		2
90-94	**60**	**44**	**16**	**43**	**27**	**16**	**11**	**3**	**8**
90	16	12	4	14	7	7	3	1	2
91	13	10	4	16	11	5	2	2	1
92	14	9	5	4	4		3	1	2
93	9	8	1	5	2	2	2		2
94	8	6	2	4	3	1	1		1
95-99	**13**	**11**	**2**	**5**	**3**	**2**			
95	4	3	1						
96	6	4	2	2	2	1			
97				3	1	2			
98	3	3							
99									
100及以上	**2**		**2**						

9-8 续表 2 单位：人

年龄	大学专科			大学本科			研究生及以上		
	小计	男	女	小计	男	女	小计	男	女
总计	**6365**	**3487**	**2878**	**6901**	**4240**	**2662**	**459**	**333**	**126**
60-64	**2632**	**1371**	**1262**	**1876**	**1075**	**801**	**236**	**166**	**70**
60	603	295	308	504	292	211	72	44	28
61	594	324	270	437	243	195	54	44	11
62	515	271	244	342	181	161	35	28	7
63	519	276	243	315	186	130	32	24	8
64	401	204	197	279	174	105	43	26	16
65-69	**1630**	**900**	**730**	**1187**	**688**	**498**	**87**	**68**	**18**
65	401	227	174	302	182	121	33	22	11
66	370	203	168	232	143	89	12	9	4
67	303	171	132	187	92	95	17	16	1
68	305	164	141	181	102	78	15	14	1
69	251	135	116	285	170	115	11	9	2
70-74	**882**	**482**	**400**	**1224**	**735**	**489**	**45**	**35**	**10**
70	228	122	106	254	177	76	12	7	5
71	197	106	91	211	114	97	16	14	2
72	144	88	56	232	138	94	8	7	1
73	174	90	84	241	141	100	6	6	
74	139	77	62	286	164	122	3	1	2
75-79	**689**	**408**	**281**	**1566**	**1049**	**517**	**34**	**30**	**5**
75	136	83	53	355	225	130	11	10	1
76	140	73	67	328	213	115	9	9	
77	152	99	53	335	244	91	5	3	2
78	119	64	54	299	206	93	1	1	
79	143	89	54	249	161	88	9	7	2
80-84	**396**	**245**	**151**	**703**	**449**	**254**	**43**	**25**	**18**
80	101	65	36	183	123	60	6	6	
81	86	47	39	186	113	73	6	2	4
82	95	63	32	145	98	47	13	8	5
83	60	32	28	106	66	40	9	7	2
84	53	37	16	83	49	34	9	2	7
85-89	**109**	**64**	**45**	**272**	**194**	**79**	**14**	**8**	**5**
85	39	26	12	78	57	21	7	3	3
86	23	15	8	71	56	15	5	5	
87	27	12	15	50	34	15			
88	16	9	7	43	27	16	2		2
89	5	3	2	31	20	11			
90-94	**22**	**14**	**8**	**58**	**35**	**23**			
90	9	7	2	27	16	11			
91	8	4	4	13	11	2			
92				6	2	4			
93	4	3	1	8	3	5			
94	2	1	1	4	3	1			
95-99	**3**	**1**	**2**	**13**	**12**	**1**			
95	1		1	3	3				
96				2	2				
97	1	1		3	3				
98	1		1	3	3				
99				3	2	1			
100及以上	**1**	**1**		**2**	**2**				

9-8a 全市分年龄、性别、受教育程度的60岁及以上老年人口(城市)

单位：人

年龄	60岁及以上人口			未上过学			小学		
	合计	男	女	小计	男	女	小计	男	女
总计	**50102**	**23369**	**26733**	**2572**	**345**	**2227**	**8303**	**2971**	**5332**
60-64	**17482**	**8297**	**9185**	**351**	**72**	**279**	**1533**	**537**	**996**
60	3997	1910	2087	70	17	53	299	96	203
61	3837	1842	1996	63	17	46	312	115	197
62	3444	1601	1842	84	12	72	314	109	205
63	3441	1615	1825	73	18	55	358	124	234
64	2764	1329	1434	62	9	53	250	93	157
65-69	**10841**	**5107**	**5733**	**216**	**37**	**178**	**1351**	**451**	**900**
65	2701	1289	1412	40	8	32	291	88	203
66	2318	1086	1232	59	17	42	322	104	218
67	1968	924	1044	27	5	22	252	80	172
68	1999	955	1045	49	4	45	269	110	159
69	1854	853	1001	41	4	37	218	69	149
70-74	**7141**	**3175**	**3966**	**185**	**20**	**165**	**1111**	**330**	**782**
70	1676	752	924	39	5	34	254	72	182
71	1343	599	743	25	4	22	193	61	131
72	1328	599	729	40	6	34	195	53	142
73	1387	620	766	30	3	27	199	66	134
74	1408	604	804	50	2	48	271	78	193
75-79	**7259**	**3354**	**3904**	**479**	**49**	**430**	**1922**	**607**	**1315**
75	1553	721	832	74	8	66	341	113	229
76	1390	614	776	82	4	78	302	82	220
77	1548	720	828	102	11	91	463	132	331
78	1402	666	735	97	10	87	392	138	254
79	1366	632	734	124	17	107	424	142	282
80-84	**4736**	**2178**	**2558**	**707**	**85**	**622**	**1505**	**610**	**895**
80	1284	613	672	147	20	127	431	176	255
81	1081	474	607	148	13	135	340	125	216
82	967	463	504	143	19	124	303	124	178
83	772	337	435	137	14	123	241	98	144
84	632	291	341	131	19	112	190	87	103
85-89	**1969**	**966**	**1003**	**436**	**50**	**386**	**633**	**327**	**306**
85	613	308	305	130	15	115	195	92	102
86	474	245	229	113	15	98	136	76	60
87	399	190	208	85	9	75	137	68	69
88	304	145	159	64	9	55	105	57	48
89	181	78	103	44	2	43	61	34	27
90-94	**555**	**239**	**316**	**158**	**25**	**133**	**206**	**93**	**114**
90	181	79	102	43	5	38	70	32	38
91	124	65	59	31	6	25	42	22	19
92	98	33	65	34	3	30	38	15	23
93	97	40	58	32	6	26	38	17	21
94	54	23	31	17	4	13	19	7	12
95-99	**102**	**48**	**54**	**36**	**6**	**30**	**32**	**15**	**17**
95	25	13	13	6	2	4	12	4	7
96	26	10	16	8		8	7	2	5
97	24	9	15	11	2	9	7	3	3
98	22	14	9	10	2	8	6	6	
99	5	2	3				2		2
100及以上	**18**	**5**	**13**	**6**		**6**	**8**	**2**	**6**

9-8a 续表 1

单位：人

年龄	初中			普通高中			中职		
	小计	男	女	小计	男	女	小计	男	女
总计	**15766**	**7604**	**8162**	**5676**	**2791**	**2886**	**4420**	**1852**	**2568**
60-64	**7413**	**3598**	**3815**	**2290**	**1074**	**1217**	**1321**	**515**	**806**
60	1521	777	744	682	312	370	291	109	182
61	1609	778	831	518	225	293	289	121	168
62	1535	714	820	406	203	203	246	107	140
63	1526	740	786	363	167	196	285	98	187
64	1223	589	634	320	167	153	209	80	129
65-69	**3840**	**1839**	**2001**	**1377**	**672**	**705**	**1249**	**523**	**726**
65	1123	541	583	311	156	156	222	84	138
66	828	392	436	295	144	151	229	98	130
67	642	317	325	268	133	135	283	119	165
68	668	322	346	242	126	116	285	124	161
69	578	266	311	261	114	147	230	98	132
70-74	**1946**	**831**	**1115**	**848**	**388**	**460**	**944**	**388**	**556**
70	515	210	305	204	93	110	186	76	110
71	397	184	214	146	69	77	170	60	110
72	349	150	198	165	79	86	203	83	120
73	385	156	228	170	80	89	187	83	104
74	300	131	169	164	67	98	198	86	113
75-79	**1413**	**658**	**754**	**594**	**306**	**288**	**586**	**264**	**322**
75	363	154	209	137	69	67	143	65	78
76	269	120	149	118	56	62	147	58	88
77	261	128	132	114	54	61	121	52	69
78	285	141	144	129	74	56	86	37	49
79	235	115	120	96	53	43	89	51	39
80-84	**779**	**430**	**349**	**375**	**226**	**148**	**244**	**122**	**122**
80	217	112	105	108	66	42	94	47	47
81	180	101	78	86	46	39	53	30	23
82	159	85	73	72	47	24	41	20	21
83	124	70	53	68	39	29	29	14	16
84	100	60	40	41	28	14	27	11	16
85-89	**303**	**194**	**109**	**144**	**95**	**49**	**64**	**37**	**28**
85	93	62	31	55	36	19	19	17	3
86	80	52	29	31	19	13	18	10	8
87	57	38	18	29	20	9	15	9	6
88	41	26	15	23	17	6	10		10
89	32	16	15	6	4	3	2		2
90-94	**57**	**42**	**15**	**43**	**27**	**16**	**11**	**3**	**8**
90	15	11	4	14	7	7	3	1	2
91	12	9	3	16	11	5	2	2	1
92	13	8	5	4	4		3	1	2
93	9	8	1	5	2	2	2		2
94	8	6	2	4	3	1	1		1
95-99	**13**	**11**	**2**	**5**	**3**	**2**			
95	4	3	1						
96	6	4	2	2	2	1			
97				3	1	2			
98	3	3							
99									
100及以上	**2**		**2**						

9-8a 续表 2 单位：人

年龄	大学专科			大学本科			研究生及以上		
	小计	男	女	小计	男	女	小计	男	女
总 计	**6143**	**3338**	**2805**	**6768**	**4141**	**2628**	**455**	**329**	**126**
60-64	**2524**	**1302**	**1221**	**1816**	**1034**	**782**	**233**	**164**	**69**
60	575	274	301	487	279	207	72	44	28
61	572	310	262	423	235	188	52	41	11
62	494	257	237	329	172	158	35	28	7
63	497	265	232	305	180	126	32	24	8
64	386	197	189	272	169	103	42	26	16
65-69	**1561**	**849**	**712**	**1160**	**668**	**492**	**86**	**68**	**18**
65	384	214	170	297	177	120	33	22	11
66	350	187	163	224	135	89	12	8	4
67	294	163	131	185	91	93	17	16	1
68	295	157	138	176	99	77	15	14	1
69	238	127	110	279	165	114	11	9	2
70-74	**863**	**467**	**396**	**1199**	**718**	**482**	**44**	**34**	**10**
70	221	117	104	245	172	73	12	7	5
71	191	100	91	205	108	97	16	14	2
72	141	86	55	229	136	93	7	6	1
73	171	87	84	238	139	99	6	6	
74	139	77	62	282	163	120	3	1	2
75-79	**675**	**402**	**273**	**1555**	**1038**	**517**	**34**	**30**	**5**
75	132	81	51	352	221	130	11	10	1
76	136	72	64	328	213	115	9	9	
77	150	99	52	332	241	91	5	3	2
78	117	64	53	294	202	93	1	1	
79	140	86	53	249	161	88	9	7	2
80-84	**388**	**239**	**149**	**695**	**441**	**254**	**43**	**25**	**18**
80	99	63	36	182	122	60	6	6	
81	85	47	38	183	110	73	6	2	4
82	93	61	31	144	97	47	13	8	5
83	60	32	28	104	63	40	9	7	2
84	52	36	16	82	48	34	9	2	7
85-89	**105**	**62**	**43**	**270**	**193**	**77**	**14**	**8**	**5**
85	36	25	11	78	57	21	7	3	3
86	22	14	8	69	55	14	5	5	
87	27	12	15	50	34	15			
88	16	9	7	43	27	16	2		2
89	5	3	2	31	20	11			
90-94	**22**	**14**	**8**	**58**	**35**	**23**			
90	9	7	2	27	16	11			
91	8	4	4	13	11	2			
92				6	2	4			
93	4	3	1	8	3	5			
94	2	1	1	4	3	1			
95-99	**3**	**1**	**2**	**13**	**12**	**1**			
95	1		1	3	3				
96				2	2				
97	1	1		3	3				
98	1		1	3	3				
99				3	2	1			
100及以上	**1**	**1**		**2**	**2**				

9-8b 全市分年龄、性别、受教育程度的60岁及以上老年人口(镇)

单位：人

年 龄	60岁及以上人口			未上过学			小 学		
	合计	男	女	小计	男	女	小计	男	女
总 计	**3629**	**1761**	**1868**	**442**	**88**	**354**	**1206**	**518**	**687**
60-64	**1447**	**726**	**721**	**63**	**11**	**52**	**377**	**149**	**228**
60	321	162	159	13	4	9	68	24	44
61	338	173	166	11	1	10	76	32	44
62	286	137	149	15	2	13	73	26	47
63	270	143	127	14	2	12	80	37	43
64	231	111	120	10	2	8	81	30	51
65-69	**866**	**421**	**445**	**48**	**8**	**40**	**301**	**116**	**185**
65	190	102	88	11	2	9	62	31	31
66	196	90	107	16	2	14	61	14	47
67	159	78	81	7	2	5	55	22	33
68	159	74	85	5	2	3	66	26	40
69	162	77	84	8		8	56	22	34
70-74	**531**	**264**	**267**	**53**	**13**	**40**	**210**	**87**	**123**
70	126	59	67	8	1	7	46	18	28
71	117	60	57	11	5	6	46	16	30
72	102	58	44	9	1	7	40	20	19
73	97	46	51	12	4	8	39	15	24
74	89	40	48	14	2	12	40	17	22
75-79	**397**	**186**	**211**	**86**	**19**	**67**	**181**	**83**	**97**
75	98	45	53	13	5	8	42	16	25
76	80	35	45	12	2	10	43	17	26
77	81	44	37	18	1	17	37	21	15
78	70	35	35	20	7	13	32	16	16
79	69	27	42	22	3	19	27	12	15
80-84	**258**	**118**	**140**	**111**	**22**	**89**	**101**	**61**	**40**
80	61	31	30	21	7	13	30	17	13
81	54	23	31	24	5	20	21	12	8
82	62	28	34	24	3	21	26	17	9
83	52	21	31	24	3	21	18	9	9
84	29	14	15	18	4	14	7	7	1
85-89	**91**	**35**	**56**	**56**	**11**	**45**	**23**	**16**	**7**
85	31	12	19	19	2	16	9	8	1
86	25	12	13	15	5	10	5	3	2
87	17	6	11	10	1	9	6	4	2
88	12	5	7	6	2	4	3	2	2
89	6		6	6		6	1		1
90-94	**29**	**8**	**22**	**20**	**3**	**17**	**9**	**5**	**4**
90	6	2	4	6	2	4	1		1
91	9	3	6	6	1	5	3	2	1
92	4	1	3	3		3	1	1	1
93	5	2	3	3	1	2	2	1	1
94	6	1	4	4		4	2	1	1
95-99	**7**	**2**	**5**	**4**	**1**	**3**	**2**	**1**	**2**
95	1		1	1		1	1		1
96									
97	3	1	2	3	1	2			
98									
99									
100及以上	**2**	**1**	**1**	**1**	**1**		**2**	**1**	**1**

9-8b 续表 1 单位：人

年龄	初中			普通高中			中职		
	小计	男	女	小计	男	女	小计	男	女
总计	**1403**	**815**	**588**	**206**	**111**	**95**	**144**	**74**	**70**
60-64	**740**	**419**	**320**	**102**	**52**	**50**	**57**	**25**	**32**
60	160	90	70	34	14	19	17	6	11
61	189	108	82	24	14	9	16	6	10
62	143	76	67	22	10	12	9	5	3
63	135	81	54	13	9	5	12	6	6
64	113	65	48	10	5	5	3	2	2
65-69	**376**	**211**	**165**	**46**	**26**	**20**	**37**	**19**	**18**
65	87	50	37	10	6	4	7	4	4
66	82	48	33	13	8	5	8	4	4
67	78	43	35	8	4	5	3	2	2
68	61	31	30	10	6	3	8	3	5
69	68	37	30	6	3	3	11	7	4
70-74	**188**	**114**	**74**	**35**	**19**	**17**	**20**	**15**	**6**
70	52	32	21	8	2	6	5	4	1
71	45	29	16	7	2	4	4	3	1
72	30	18	12	9	8	1	7	5	3
73	36	21	15	6	3	3	1	1	
74	24	15	10	5	4	2	2	2	1
75-79	**77**	**53**	**24**	**12**	**7**	**5**	**22**	**12**	**11**
75	24	15	9	4	1	4	9	3	5
76	21	14	6				2	1	1
77	16	14	2	3	2	1	3	3	1
78	7	5	3	3	3	1	2	1	1
79	9	5	5	1	1		6	3	3
80-84	**18**	**15**	**3**	**9**	**6**	**3**	**8**	**4**	**4**
80	4	4	1	2	1	1	2	1	1
81	2	1	1	2	2	1	2	2	
82	6	6	1	2	1	1	2	1	2
83	3	3		2	2		2	1	1
84	2	2		1	1				
85-89	**5**	**4**	**1**	**2**	**1**	**1**			
85				2	1	1			
86	1	1							
87	2	2							
88	2	1	1						
89									
90-94									
90									
91									
92									
93									
94									
95-99									
95									
96									
97									
98									
99									
100及以上									

9-8b 续表 2 单位：人

年 龄	大学专科			大学本科			研究生及以上		
	小计	男	女	小计	男	女	小计	男	女
总 计	**137**	**89**	**48**	**87**	**61**	**26**	**4**	**4**	**1**
60-64	**65**	**43**	**23**	**40**	**25**	**15**	**3**	**2**	**1**
60	20	16	4	10	8	3			
61	10	5	5	10	4	6	2	2	
62	16	12	4	9	6	3			
63	11	6	5	6	4	2			
64	8	4	4	6	4	2	1		1
65-69	**41**	**28**	**13**	**17**	**13**	**4**	**1**	**1**	
65	8	6	3	5	3	1			
66	13	9	3	3	3		1	1	
67	5	5		2	1	1			
68	6	4	2	3	2	1			
69	9	5	5	4	3	1			
70-74	**10**	**8**	**3**	**13**	**7**	**6**	**1**	**1**	
70	5	3	2	2		2			
71	2	2		2	2				
72	2	2	1	4	2	1	1	1	
73	1	1		2	1	1			
74				3	1	2			
75-79	**9**	**3**	**6**	**9**	**9**				
75	2	1	2	3	3				
76	2	1	1						
77	2	1	1	2	2				
78	2		2	3	3				
79	2	2	1						
80-84	**6**	**4**	**2**	**6**	**6**				
80	2	1	1	1	1				
81	1	1	1	2	2				
82	2	1	1	1	1				
83	1	1		2	2				
84	1	1							
85-89	**4**	**2**	**1**	**2**	**1**	**1**			
85	2	1	1						
86	1	1		2	1	1			
87									
88									
89									
90-94									
90									
91									
92									
93									
94									
95-99									
95									
96									
97									
98									
99									
100及以上									

9-8c　全市分年龄、性别、受教育程度的60岁及以上老年人口(乡村)

单位：人

年　龄	60岁及以上人口			未上过学			小　学		
	合计	男	女	小计	男	女	小计	男	女
总　计	**8903**	**4361**	**4542**	**1465**	**335**	**1130**	**3751**	**1703**	**2048**
60-64	**3365**	**1676**	**1689**	**288**	**78**	**211**	**1170**	**458**	**712**
60	747	364	384	52	15	37	204	78	126
61	686	329	357	68	17	51	210	80	130
62	685	344	341	70	18	51	271	106	164
63	672	359	313	57	17	41	264	116	147
64	575	281	294	42	11	31	222	77	145
65-69	**2250**	**1100**	**1149**	**189**	**36**	**153**	**1037**	**406**	**630**
65	531	268	263	38	8	31	234	86	147
66	511	252	259	39	10	29	235	92	142
67	378	183	195	37	5	31	183	81	102
68	427	200	227	36	4	31	205	73	132
69	402	198	204	39	9	30	180	74	106
70-74	**1343**	**657**	**687**	**180**	**39**	**141**	**630**	**269**	**361**
70	323	156	167	34	11	23	150	58	92
71	304	157	147	35	5	30	121	48	73
72	250	126	124	34	6	28	121	57	64
73	244	105	139	40	5	35	122	48	74
74	223	113	110	37	12	25	116	57	60
75-79	**953**	**496**	**456**	**267**	**62**	**205**	**523**	**308**	**215**
75	190	93	97	41	6	35	109	58	50
76	204	105	99	46	10	36	112	64	48
77	208	117	91	58	16	43	122	75	47
78	193	103	90	62	18	44	104	62	41
79	158	79	80	59	12	47	77	48	28
80-84	**652**	**288**	**364**	**323**	**71**	**253**	**286**	**183**	**103**
80	165	77	88	66	15	51	83	50	34
81	161	78	83	83	21	62	69	50	19
82	137	52	86	69	13	56	62	33	29
83	102	47	55	55	13	42	40	30	11
84	87	35	52	51	9	42	31	20	11
85-89	**257**	**111**	**146**	**157**	**35**	**121**	**86**	**63**	**23**
85	75	34	41	43	10	33	28	20	7
86	57	20	37	35	7	28	21	12	9
87	60	32	27	34	11	23	24	21	3
88	40	12	27	28	3	25	8	6	2
89	27	13	14	16	4	12	6	5	1
90-94	**72**	**26**	**46**	**52**	**10**	**41**	**17**	**13**	**4**
90	16	6	10	10	1	9	5	4	1
91	25	9	17	19	4	15	5	4	1
92	12	4	8	10	2	8	2	1	1
93	9	4	5	7	2	5	2	2	
94	9	3	6	6	1	5	3	2	1
95-99	**10**	**6**	**4**	**7**	**3**	**4**	**2**	**2**	
95	2	1	1	1		1	1	1	
96	4	3	1	2	2	1	2	2	
97	2	1	1	2	1	1			
98	1	1	1	1	1	1			
99									
100及以上	**1**	**1**	**1**	**1**	**1**	**1**			

9-8c 续表 1

单位：人

年龄	初中			普通高中			中职		
	小计	男	女	小计	男	女	小计	男	女
总计	**3212**	**1989**	**1223**	**251**	**166**	**85**	**93**	**69**	**23**
60-64	**1657**	**980**	**677**	**151**	**94**	**56**	**35**	**25**	**10**
60	411	223	187	61	34	26	5	3	2
61	351	194	157	34	22	12	6	3	3
62	311	197	114	17	11	6	7	5	3
63	307	194	113	21	16	4	7	7	
64	278	172	106	17	10	7	8	6	2
65-69	**910**	**577**	**333**	**48**	**30**	**17**	**29**	**20**	**9**
65	232	152	80	11	7	4	8	7	1
66	206	128	78	12	8	4	7	3	4
67	146	89	57	3	1	3	5	4	1
68	165	107	59	14	10	4	2	1	1
69	161	101	61	8	5	3	8	6	2
70-74	**465**	**293**	**172**	**32**	**25**	**7**	**17**	**14**	**4**
70	122	75	47	6	4	2	2	1	1
71	130	87	43	5	4	1	5	4	1
72	87	58	30	5	4	1	3	2	1
73	67	39	28	9	7	2	4	4	
74	59	35	24	6	6		4	3	1
75-79	**130**	**100**	**30**	**16**	**12**	**3**	**10**	**9**	**1**
75	35	24	11	3	2	1	1	1	
76	33	23	10	9	7	2	2	1	1
77	24	22	1	1	1		2	2	
78	23	18	4				2	2	
79	15	13	3	3	2	1	3	3	
80-84	**34**	**26**	**7**	**4**	**2**	**2**	**2**	**2**	
80	12	10	3	1	1	1	1	1	
81	7	6	2	1	1				
82	4	3	1	2	1	1	1	1	
83	7	5	2						
84	4	4							
85-89	**13**	**11**	**2**	**1**	**1**				
85	4	4							
86	1	1		1	1				
87	2	1	1						
88	2	2		1	1				
89	4	3	1						
90-94	**3**	**2**	**1**						
90	1	1							
91	2	1	1						
92	1	1							
93									
94									
95-99									
95									
96									
97									
98									
99									
100及以上									

9-8c 续表 2 单位：人

年龄	大学专科			大学本科			研究生及以上		
	小计	男	女	小计	男	女	小计	男	女
总计	**85**	**60**	**25**	**46**	**38**	**8**			
60-64	**43**	**26**	**18**	**20**	**16**	**4**			
60	8	5	3	7	5	1			
61	13	9	3	5	4	1			
62	5	2	3	4	4				
63	12	6	6	4	3	2			
64	7	4	3	1	1				
65-69	**28**	**23**	**5**	**10**	**8**	**2**			
65	8	7	1	1	1				
66	8	6	2	5	4	1			
67	4	3	1						
68	3	3		2	2				
69	4	3	1	2	1	1			
70-74	**8**	**7**	**1**	**12**	**10**	**2**			
70	2	2	1	6	5	1			
71	4	4		4	4				
72									
73	2	2		1	1				
74				1		1			
75-79	**5**	**3**	**2**	**2**	**2**				
75	2	2							
76	2		2	1	1				
77									
78				2	2				
79	1	1							
80-84	**2**	**2**		**2**	**2**				
80	1	1							
81				1	1				
82	1	1							
83									
84				1	1				
85-89									
85									
86									
87									
88									
89									
90-94									
90									
91									
92									
93									
94									
95-99									
95									
96									
97									
98									
99									
100及以上									

10 死亡

10-1 各地区分年龄、性别的死亡人口
(2014.11.1-2015.10.31)

单位：人

地 区	死亡人口			0岁			1-4岁		
	合计	男	女	小计	男	女	小计	男	女
全 市	**1120**	**646**	**474**	**1**	**1**		**1**	**1**	
东城区	64	40	24						
西城区	105	66	38						
朝阳区	169	104	66						
丰台区	82	43	39						
石景山区	48	29	20						
海淀区	145	78	67						
门头沟区	20	10	9						
房山区	77	41	36						
通州区	70	41	29				1	1	
顺义区	60	33	27						
昌平区	61	36	25						
大兴区	78	40	38						
怀柔区	26	15	11	1	1				
平谷区	44	24	20						
密云区	45	29	16						
延庆区	25	16	9						

10-1 续表 1

单位：人

地 区	5-9岁			10-14岁			15-19岁			20-24岁		
	小计	男	女	小计	男	女	小计	男	女	小计	男	女
全 市										**2**	**2**	
东城区												
西城区												
朝阳区												
丰台区												
石景山区												
海淀区												
门头沟区												
房山区												
通州区												
顺义区												
昌平区												
大兴区												
怀柔区										1	1	
平谷区										1	1	
密云区												
延庆区										1	1	

10-1 续表 2

单位：人

地 区	25-29岁			30-34岁			35-39岁			40-44岁		
	小计	男	女	小计	男	女	小计	男	女	小计	男	女
全 市	**6**	**3**	**3**	**3**	**3**		**8**	**5**	**3**	**10**	**6**	**4**
东城区												
西城区							1	1				
朝阳区												
丰台区												
石景山区										1	1	
海淀区				2	2					2	2	
门头沟区	1	1								1	1	
房山区	2	1	1				2	2	1	2	2	
通州区	2	1	1	1	1		1	1				
顺义区												
昌平区										1		1
大兴区	1		1				2	1	1	1		1
怀柔区										1	1	1
平谷区							1		1	2	1	1
密云区	1	1					1		1	1	1	
延庆区												

10-1 续表 3

单位：人

地 区	45-49岁			50-54岁			55-59岁			60-64岁		
	小计	男	女	小计	男	女	小计	男	女	小计	男	女
全 市	**21**	**15**	**6**	**49**	**32**	**17**	**53**	**35**	**18**	**65**	**40**	**24**
东城区							1	1		2	2	
西城区	1	1		6	5	1	5	4	1	5	4	1
朝阳区	4	4		14	10	4	6	6		12	10	2
丰台区	2	2		2	2		8	3	5	2	2	
石景山区				3	3		2	1	1	1	1	
海淀区	3	3		3		3	8	3	5	7	3	3
门头沟区				1	1					2	1	1
房山区	2	1	2	3	1	2	1	1		7	3	4
通州区	1		1	6	3	3	3	2	1	7	3	3
顺义区	2	2	1	1	1		2	2		4	2	2
昌平区	1		1	4	1	2	6	4	2	4	1	2
大兴区	2	1	1	2	2		4	1	2	7	4	2
怀柔区				2	1	1	1	1		1		1
平谷区	1	1	1	1	1		2	1	1	2	1	1
密云区	1	1		2	2		2	2	1	3	1	2
延庆区							3	3	1	1	1	

10-1 续表 4 单位：人

地 区	65-69岁			70-74岁			75-79岁			80-84岁		
	小计	男	女	小计	男	女	小计	男	女	小计	男	女
全 市	**80**	**49**	**32**	**125**	**81**	**44**	**186**	**91**	**95**	**232**	**128**	**104**
东城区	2	2		6	4	3	10	5	5	17	11	6
西城区	4	2	2	7	3	4	13	7	7	30	19	11
朝阳区	6	4	2	20	16	4	36	18	18	30	10	20
丰台区	3		3	8	5	3	20	5	15	23	19	5
石景山区	4	3	1	6	2	4	5	2	4	8	4	5
海淀区	12	6	5	13	6	7	19	12	7	29	16	13
门头沟区	1		1	2	1	1	6	2	3	4	2	2
房山区	11	7	4	7	4	3	15	10	6	8	3	5
通州区	7	4	3	13	9	4	9	5	3	14	7	6
顺义区	9	6	2	6	4	2	11	6	6	14	6	8
昌平区	6	2	4	11	10	1	7	5	2	12	6	6
大兴区	5	4	1	8	6	2	16	4	12	12	6	6
怀柔区	3	1	2	3	2	1	3	1	1	3	2	1
平谷区	3	2	1	6	4	2	5	3	2	11	6	5
密云区	4	3	1	6	4	2	7	4	3	12	7	5
延庆区	2	2		3	2	1	4	2	2	5	3	2

10-1 续表 5 单位：人

地 区	85-89岁			90-94岁			95-99岁			100岁及以上		
	小计	男	女	小计	男	女	小计	男	女	小计	男	女
全 市	**171**	**102**	**69**	**82**	**41**	**41**	**24**	**12**	**12**	**4**	**1**	**4**
东城区	14	6	7	10	7	3	3	2	1			
西城区	18	12	7	11	5	6	5	5				
朝阳区	22	16	6	14	8	6	4	2	2	2		2
丰台区	9	8	2	6		6						
石景山区	12	8	4	7	5	2						
海淀区	30	16	14	10	5	5	3	2	2	2		2
门头沟区	4	1	3							1	1	
房山区	9	4	5	4	2	2	2		2			
通州区	4	3	2	3		3						
顺义区	8	3	5	2	1	2						
昌平区	6	6		2	1	1	1		1			
大兴区	13	7	6	4	2	1	2		2			
怀柔区	3	3	1	4	2	2	1	1	1			
平谷区	9	4	4	2		2						
密云区	5	4	1	1	1		2	1	1			
延庆区	4	1	3	2	2	1	1		1			

10-1a 各地区分年龄、性别的死亡人口 (2014.11.1-2015.10.31)(城市)

单位：人

地区	死亡人口			0岁			1-4岁		
	合计	男	女	小计	男	女	小计	男	女
全　市	**753**	**435**	**318**	**1**	**1**				
东城区	64	40	24						
西城区	105	66	38						
朝阳区	169	104	66						
丰台区	81	43	38						
石景山区	48	29	20						
海淀区	138	73	65						
门头沟区	8	4	4						
房山区	20	13	7						
通州区	16	8	9						
顺义区	11	3	8						
昌平区	29	20	8						
大兴区	47	23	23						
怀柔区	7	6	2	1	1				
平谷区	10	4	6						

10-1a　续表 1

单位：人

地区	5-9岁			10-14岁			15-19岁			20-24岁		
	小计	男	女	小计	男	女	小计	男	女	小计	男	女
全　市												
东城区												
西城区												
朝阳区												
丰台区												
石景山区												
海淀区												
门头沟区												
房山区												
通州区												
顺义区												
昌平区												
大兴区												
怀柔区												
平谷区												

10-1a 续表 2

单位：人

地 区	25-29岁			30-34岁			35-39岁			40-44岁		
	小计	男	女	小计	男	女	小计	男	女	小计	男	女
全 市	**2**	**1**	**1**	**2**	**2**		**4**	**3**	**1**	**4**	**4**	**1**
东城区												
西城区							1	1				
朝阳区												
丰台区												
石景山区										1	1	
海淀区				2	2					2	2	
门头沟区	1	1										
房山区										1	1	
通州区							1	1				
顺义区												
昌平区												
大兴区	1		1				1	1				
怀柔区										1	1	
平谷区							1		1	1		1

10-1a 续表 3

单位：人

地 区	45-49岁			50-54岁			55-59岁			60-64岁		
	小计	男	女	小计	男	女	小计	男	女	小计	男	女
全 市	**12**	**12**		**34**	**22**	**11**	**35**	**22**	**13**	**37**	**25**	**12**
东城区							1	1		2	2	
西城区	1	1		6	5	1	5	4	1	5	4	1
朝阳区	4	4		14	10	4	6	6		12	10	2
丰台区	2	2		2	2		8	3	5	2	2	
石景山区				3	3		2	1	1	1	1	
海淀区	3	3		3		3	7	3	3	7	3	3
门头沟区												
房山区	1	1		2	1	1				2	2	1
通州区				1		1				2		2
顺义区												
昌平区				1		1	4	2	1			
大兴区	1	1		2	2		4	1	2	5	2	2
怀柔区												
平谷区							1	1		1		1

10-1a 续表 4 单位：人

地　区	65-69岁			70-74岁			75-79岁			80-84岁		
	小计	男	女	小计	男	女	小计	男	女	小计	男	女
全　市	**42**	**24**	**18**	**77**	**46**	**31**	**124**	**55**	**68**	**160**	**92**	**68**
东城区	2	2		6	4	3	10	5	5	17	11	6
西城区	4	2	2	7	3	4	13	7	7	30	19	11
朝阳区	6	4	2	20	16	4	36	18	18	30	10	20
丰台区	3		3	8	5	3	20	5	15	23	18	5
石景山区	4	3	1	6	2	4	5	2	4	8	4	5
海淀区	10	5	5	12	5	7	19	12	7	28	16	12
门头沟区	1		1	1	1		2	1	1	2	1	1
房山区	2	2	1	1	1		2	2	1	2	2	1
通州区				6	4	2	2	1	1	3	1	2
顺义区	2	1	1	2		2	2		2	4	1	3
昌平区	2	2		4	4		2	1	1	7	5	2
大兴区	4	2	1	4	2	1	8	1	7	2	2	
怀柔区	2	1	1	1	1	1	1	1		2	2	
平谷区	1	1	1	1		1	1	1		3	2	1

10-1a 续表 5 单位：人

地　区	85-89岁			90-94岁			95-99岁			100岁及以上		
	小计	男	女	小计	男	女	小计	男	女	小计	男	女
全　市	**131**	**81**	**50**	**65**	**34**	**32**	**19**	**10**	**8**	**4**	**1**	**4**
东城区	14	6	7	10	7	3	3	2	1			
西城区	18	12	7	11	5	6	5	5				
朝阳区	22	16	6	14	8	6	4	2	2	2		2
丰台区	9	8	2	6		6						
石景山区	12	8	4	7	5	2						
海淀区	28	14	14	10	5	5	3	2	2	2		2
门头沟区	2	1	2							1	1	
房山区	4	2	2	2	1	1						
通州区	2	1	1									
顺义区	2	1	1									
昌平区	6	6		1		1	1		1			
大兴区	9	5	5	4	2	1	2		2			
怀柔区	1	1		1	1							
平谷区	2	1	1	1		1						

10-1b 各地区分年龄、性别的死亡人口 (2014.11.1-2015.10.31)(镇)

单位：人

地区	死亡人口			0岁			1-4岁		
	合计	男	女	小计	男	女	小计	男	女
全 市	**88**	**48**	**41**						
朝阳区									
丰台区									
海淀区									
门头沟区	7	4	3						
房山区	21	12	9						
通州区	14	8	7						
顺义区	6	4	2						
昌平区	14	5	10						
大兴区	1	1							
怀柔区	1	1	1						
平谷区	7	4	3						
密云区	8	4	4						
延庆区	8	5	3						

10-1b 续表 1

单位：人

地区	5-9岁			10-14岁			15-19岁			20-24岁		
	小计	男	女	小计	男	女	小计	男	女	小计	男	女
全 市												
朝阳区												
丰台区												
海淀区												
门头沟区												
房山区												
通州区												
顺义区												
昌平区												
大兴区												
怀柔区												
平谷区												
密云区												
延庆区												

10-1b 续表 2 单位：人

地区	25-29岁			30-34岁			35-39岁			40-44岁		
	小计	男	女	小计	男	女	小计	男	女	小计	男	女
全　市				**1**	**1**		**1**	**1**		**3**	**2**	**2**
朝阳区												
丰台区												
海淀区												
门头沟区										1	1	
房山区							1	1				
通州区				1	1							
顺义区												
昌平区										1		1
大兴区												
怀柔区										1		1
平谷区										1	1	
密云区										1	1	
延庆区												

10-1b 续表 3 单位：人

地区	45-49岁			50-54岁			55-59岁			60-64岁		
	小计	男	女	小计	男	女	小计	男	女	小计	男	女
全　市	**2**		**2**	**4**	**2**	**2**	**6**	**4**	**2**	**6**	**3**	**3**
朝阳区												
丰台区												
海淀区												
门头沟区				1	1					1	1	
房山区	1		1	1		1				2	1	2
通州区												
顺义区							1	1		1	1	
昌平区	1		1	2	1	1				1		1
大兴区												
怀柔区							1	1				
平谷区							1	1	1			
密云区							1		1	1	1	
延庆区							3	2	1			

10-1b　续表 4　　　　单位：人

地　区	65-69岁			70-74岁			75-79岁			80-84岁		
	小计	男	女	小计	男	女	小计	男	女	小计	男	女
全　市	**11**	**7**	**3**	**13**	**6**	**6**	**13**	**9**	**5**	**16**	**7**	**8**
朝阳区												
丰台区												
海淀区												
门头沟区				1		1	2	1	2	1	1	
房山区	3	3		3	1	2	6	5	1	2	1	2
通州区	4	3	1	2	1	1	3	2	1	3	1	2
顺义区							1	1		1		1
昌平区	2		2	4	2	1				1		1
大兴区										1	1	
怀柔区												
平谷区				1	1	1				3	2	1
密云区	1	1		1	1	1	2	1	1	2	1	1
延庆区	1	1		1	1					1	1	1

10-1b　续表 5　　　　单位：人

地　区	85-89岁			90-94岁			95-99岁			100岁及以上		
	小计	男	女	小计	男	女	小计	男	女	小计	男	女
全　市	**9**	**4**	**6**	**4**	**2**	**2**						
朝阳区												
丰台区												
海淀区												
门头沟区	2	1	1									
房山区	2	1	1									
通州区				2		2						
顺义区	2	1	1									
昌平区				1	1							
大兴区												
怀柔区												
平谷区	2	1	1	1		1						
密云区	1		1									
延庆区	2	1	2	1	1							

10-1c 各地区分年龄、性别的死亡人口 (2014.11.1-2015.10.31)(乡村)

单位：人

地　区	死亡人口			0岁			1-4岁		
	合计	男	女	小计	男	女	小计	男	女
全　市	**279**	**163**	**116**				**1**	**1**	
朝阳区									
丰台区	1	1	1						
海淀区	8	5	3						
门头沟区	5	3	2						
房山区	36	15	20						
通州区	40	25	14				1	1	
顺义区	43	26	17						
昌平区	18	11	7						
大兴区	30	16	15						
怀柔区	18	9	8						
平谷区	27	16	11						
密云区	37	25	11						
延庆区	16	11	6						

10-1c 续表 1

单位：人

地　区	5-9岁			10-14岁			15-19岁			20-24岁		
	小计	男	女	小计	男	女	小计	男	女	小计	男	女
全　市										**2**	**2**	
朝阳区												
丰台区												
海淀区												
门头沟区												
房山区												
通州区												
顺义区												
昌平区												
大兴区												
怀柔区										1	1	
平谷区										1	1	
密云区												
延庆区										1	1	

10-1c 续表 2

单位：人

地区	25-29岁			30-34岁			35-39岁			40-44岁		
	小计	男	女	小计	男	女	小计	男	女	小计	男	女
全 市	**4**	**2**	**2**				**3**	**1**	**2**	**2**	**1**	**1**
朝阳区												
丰台区												
海淀区												
门头沟区												
房山区	2	1	1				2	1	1	1	1	
通州区	2	1	1									
顺义区												
昌平区												
大兴区							1		1	1		1
怀柔区												
平谷区										1		1
密云区	1	1					1		1			
延庆区												

10-1c 续表 3

单位：人

地区	45-49岁			50-54岁			55-59岁			60-64岁		
	小计	男	女	小计	男	女	小计	男	女	小计	男	女
全 市	**7**	**3**	**4**	**11**	**8**	**3**	**12**	**9**	**3**	**22**	**12**	**9**
朝阳区												
丰台区												
海淀区							1		1			
门头沟区										1	1	1
房山区	1		1	1		1	1	1		2	1	2
通州区	1		1	5	3	2	3	2	1	5	3	2
顺义区	2	2	1	1	1		2	2		3	2	2
昌平区							2	1	1	2	1	1
大兴区	1		1							2	2	
怀柔区				2	1	1	1	1		1		1
平谷区	1	1	1	1	1					2	1	1
密云区	1	1		2	2		2	2		2	1	2
延庆区							1	1		1	1	

10-1c　续表 4　　　　单位：人

地　区	65-69岁			70-74岁			75-79岁			80-84岁		
	小计	男	女	小计	男	女	小计	男	女	小计	男	女
全　市	**27**	**17**	**10**	**35**	**29**	**7**	**49**	**27**	**22**	**56**	**28**	**28**
朝阳区												
丰台区												
海淀区	1	1		1	1					1		1
门头沟区				1	1		1	1	1	1	1	1
房山区	6	2	3	3	2	1	7	3	4	3	1	2
通州区	3	2	2	6	4	2	4	2	2	8	6	2
顺义区	7	5	2	4	4		9	5	4	9	5	5
昌平区	1		1	4	4		5	4	1	4	1	2
大兴区	2	2		5	4	1	7	3	5	8	3	6
怀柔区	1		1	2	1	1	2	1	1	1	1	1
平谷区	2	1	1	4	3	1	4	3	2	6	3	3
密云区	3	2	1	5	3	2	5	4	2	9	5	4
延庆区	1	1		2	1	1	4	2	2	4	3	1

10-1c　续表 5　　　　单位：人

地　区	85-89岁			90-94岁			95-99岁			100岁及以上		
	小计	男	女	小计	男	女	小计	男	女	小计	男	女
全　市	**31**	**18**	**13**	**12**	**6**	**7**	**5**	**1**	**4**			
朝阳区												
丰台区												
海淀区	3	3										
门头沟区												
房山区	3	1	2	2	2	1	2		2			
通州区	2	2	1	1		1						
顺义区	5	2	3	2	1	2						
昌平区												
大兴区	4	3	1									
怀柔区	3	2	1	3	1	2	1	1	1			
平谷区	5	2	3	1		1						
密云区	5	4	1	1	1		2	1	1			
延庆区	2	1	2	2	1	1	1		1			

10-2 全市分年龄、性别的死亡人口状况
(2014.11.1-2015.10.31)

单位：人、‰

年 龄	2015年5月1日人口			死亡人口			死亡率		
	合计	男	女	合计	男	女	合计	男	女
总 计	**336729**	**170074**	**166655**	**1120**	**646**	**474**	**3.33**	**3.80**	**2.85**
0-4	**15569**	**8247**	**7322**	**1**	**1**		**0.09**	**0.17**	
0	1710	902	808	1	1		0.34	0.64	
1	4020	2156	1864						
2	3284	1723	1561	1	1		0.24	0.46	
3	3581	1892	1689						
4	2974	1573	1401						
5-9	**12719**	**6622**	**6097**						
5	2638	1387	1251						
6	2563	1317	1246						
7	2634	1404	1230						
8	2699	1402	1297						
9	2186	1113	1073						
10-14	**8093**	**4286**	**3807**						
10	1964	1009	955						
11	1760	963	797						
12	1249	668	581						
13	1628	865	763						
14	1491	781	710						
15-19	**10717**	**5627**	**5090**						
15	1553	835	718						
16	1572	808	764						
17	1956	1030	926						
18	2646	1385	1261						
19	2992	1570	1422						
20-24	**22748**	**12401**	**10347**	**2**	**2**		**0.08**	**0.14**	
20	4121	2281	1840						
21	4192	2350	1842	1	1		0.16	0.28	
22	4728	2570	2158						
23	4757	2561	2196						
24	4952	2640	2312	1	1		0.22	0.41	
25-29	**36372**	**18341**	**18031**	**6**	**3**	**3**	**0.16**	**0.16**	**0.15**
25	6791	3550	3241	2	2		0.23	0.44	
26	7063	3623	3440	2	1	1	0.28	0.22	0.34
27	7366	3685	3681	1		1	0.11		0.22
28	7914	3868	4046	1		1	0.10		0.20
29	7239	3616	3623	1	1		0.07	0.14	

10-2 续表 1 单位：人、‰

年 龄	2015年5月1日人口			死亡人口			死亡率		
	合计	男	女	合计	男	女	合计	男	女
30-34	**35941**	**17924**	**18017**	**3**	**3**		**0.08**	**0.15**	
30	6537	3268	3269						
31	6739	3371	3368	2	2		0.26	0.52	
32	7415	3726	3689						
33	8491	4175	4316						
34	6761	3385	3376	1	1		0.14	0.28	
35-39	**27724**	**14061**	**13663**	**8**	**5**	**3**	**0.28**	**0.34**	**0.22**
35	6342	3170	3172	2	1	1	0.27	0.30	0.24
36	6195	3110	3085	2	1	1	0.28	0.26	0.30
37	5646	2900	2746						
38	4704	2396	2308	3	2	1	0.56	0.89	0.22
39	4836	2484	2352	2	1	1	0.34	0.33	0.35
40-44	**26743**	**13756**	**12987**	**10**	**6**	**4**	**0.38**	**0.46**	**0.29**
40	4739	2378	2361	1		1	0.25		0.50
41	4989	2606	2383	3	3		0.63	1.20	
42	5728	2936	2792	1		1	0.16		0.33
43	5558	2843	2715	3	2	1	0.43	0.66	0.19
44	5728	2992	2736	2	1	1	0.43	0.45	0.41
45-49	**26127**	**13591**	**12536**	**21**	**15**	**6**	**0.79**	**1.09**	**0.47**
45	6052	3204	2848	2		2	0.26		0.56
46	5482	2826	2656	5	4	1	0.92	1.46	0.35
47	5790	2968	2822	4	3	1	0.58	0.86	0.28
48	4210	2125	2085	3	1	2	0.66	0.37	0.96
49	4593	2468	2125	8	7	1	1.73	2.99	0.26
50-54	**26905**	**13691**	**13214**	**49**	**32**	**17**	**1.82**	**2.34**	**1.27**
50	5043	2577	2466	1	1		0.26	0.51	
51	5798	2947	2851	12	8	4	2.08	2.83	1.31
52	7401	3790	3611	15	12	3	2.00	3.12	0.82
53	5079	2623	2456	14	8	6	2.68	3.07	2.27
54	3583	1754	1829	8	3	5	1.98	1.45	2.49
55-59	**23960**	**11770**	**12190**	**53**	**35**	**18**	**2.22**	**2.97**	**1.50**
55	4758	2312	2446	10	5	5	2.15	2.15	2.15
56	4244	2199	2045	13	8	5	3.10	3.81	2.33
57	4953	2418	2535	8	7	1	1.62	2.92	0.38
58	5098	2504	2594	14	11	3	2.76	4.35	1.24
59	4906	2337	2569	8	4	4	1.57	1.57	1.57
60-64	**22323**	**10720**	**11603**	**64**	**40**	**24**	**2.90**	**3.77**	**2.09**
60	5073	2442	2631	15	11	4	2.97	4.68	1.38
61	4870	2345	2525	10	4	6	2.18	1.76	2.57
62	4419	2085	2334	11	8	3	2.47	4.03	1.09
63	4389	2123	2266	18	10	8	3.89	4.51	3.31
64	3574	1725	1849	11	7	4	3.08	4.01	2.21

10-2 续表 2 单位：人、‰

年 龄	2015年5月1日人口			死亡人口			死亡率		
	合计	男	女	合计	男	女	合计	男	女
65-69	**13995**	**6651**	**7344**	**81**	**49**	**32**	**5.73**	**7.31**	**4.31**
65	3423	1660	1763	12	10	2	3.71	6.26	1.32
66	3038	1435	1603	18	11	7	6.00	7.49	4.66
67	2511	1190	1321	15	10	5	6.24	8.77	3.96
68	2596	1234	1362	17	9	8	6.63	7.16	6.16
69	2428	1132	1296	16	8	8	6.77	7.28	6.34
70-74	**9077**	**4134**	**4943**	**125**	**81**	**44**	**13.76**	**19.63**	**8.84**
70	2133	972	1161	15	8	7	7.37	8.59	6.34
71	1775	824	951	22	15	7	11.93	17.73	6.91
72	1691	793	898	23	18	5	13.47	22.20	5.76
73	1745	782	963	33	24	9	19.45	31.28	9.85
74	1735	764	971	31	16	15	18.03	21.16	15.57
75-79	**8709**	**4083**	**4626**	**186**	**91**	**95**	**21.33**	**22.30**	**20.48**
75	1854	866	988	24	14	10	13.09	16.73	9.89
76	1688	759	929	34	17	17	20.23	22.26	18.57
77	1852	891	961	38	16	22	20.67	18.28	22.89
78	1691	810	881	39	15	24	22.96	18.05	27.48
79	1624	757	867	50	29	21	30.95	38.00	24.80
80-84	**5756**	**2643**	**3113**	**232**	**128**	**104**	**40.26**	**48.24**	**33.48**
80	1537	734	803	54	28	26	34.65	37.51	32.03
81	1325	591	734	66	36	30	49.72	60.74	40.84
82	1186	551	635	39	22	17	33.41	40.55	27.22
83	948	421	527	41	23	18	43.35	55.36	33.76
84	761	347	414	31	18	13	41.95	53.22	32.49
85-89	**2410**	**1170**	**1240**	**171**	**102**	**69**	**70.94**	**87.54**	**55.30**
85	748	375	373	57	36	21	75.88	95.23	56.42
86	568	283	285	30	15	15	52.75	52.40	53.10
87	489	238	251	30	19	11	60.23	78.20	43.20
88	373	172	201	27	15	12	73.24	88.37	60.29
89	233	102	131	27	18	9	118.33	177.28	72.39
90-94	**687**	**287**	**400**	**82**	**41**	**41**	**118.98**	**142.13**	**102.37**
90	216	93	123	22	12	10	100.93	126.21	81.85
91	162	78	84	16	10	6	100.31	129.64	72.90
92	122	40	82	16	7	9	136.47	180.36	115.17
93	114	47	67	16	6	10	142.35	130.94	150.33
94	73	29	44	11	6	5	148.11	191.92	119.16
95-99	**130**	**61**	**69**	**24**	**12**	**12**	**182.84**	**191.67**	**175.00**
95	31	14	17	9	2	7	273.59	130.94	389.76
96	33	15	18	5	4	1	173.78	301.22	66.69
97	33	12	21	4	1	3	133.97	82.09	162.39
98	28	19	9	4	4		159.95	240.55	
99	5	2	3	1		1	121.20		192.23
100及以上	**21**	**6**	**15**	**5**	**1**	**4**	**199.10**	**81.73**	**249.16**

10-2a 全市分年龄、性别的死亡人口状况 (2014.11.1-2015.10.31)(城市)

单位：人、‰

年龄	2015年5月1日人口			死亡人口			死亡率		
	合计	男	女	合计	男	女	合计	男	女
总计	**269009**	**135042**	**133967**	**753**	**435**	**318**	**2.80**	**3.22**	**2.37**
0-4	**12672**	**6706**	**5966**	**1**	**1**		**0.05**	**0.09**	
0	1399	749	650	1	1		0.41	0.77	
1	3236	1744	1492						
2	2685	1403	1282						
3	2934	1538	1396						
4	2419	1272	1147						
5-9	**10384**	**5413**	**4971**						
5	2183	1138	1045						
6	2117	1096	1021						
7	2150	1149	1001						
8	2204	1155	1049						
9	1729	876	853						
10-14	**6373**	**3392**	**2981**						
10	1563	803	760						
11	1393	782	611						
12	973	520	453						
13	1271	678	593						
14	1174	609	565						
15-19	**8363**	**4433**	**3930**						
15	1167	640	527						
16	1218	638	580						
17	1551	810	741						
18	2141	1126	1015						
19	2287	1220	1067						
20-24	**18624**	**10134**	**8490**						
20	3344	1893	1451						
21	3474	1929	1545						
22	3999	2171	1828						
23	3925	2109	1816						
24	3883	2032	1851						
25-29	**28575**	**14308**	**14267**	**2**	**1**	**1**	**0.06**	**0.04**	**0.08**
25	5305	2752	2553						
26	5494	2822	2672	1		1	0.21		0.44
27	5772	2847	2925						
28	6236	3039	3197						
29	5769	2849	2920	1	1		0.09	0.18	

10-2a 续表 1

单位：人、‰

年龄	2015年5月1日人口			死亡人口			死亡率		
	合计	男	女	合计	男	女	合计	男	女
30-34	**29869**	**14706**	**15163**	**2**	**2**		**0.06**	**0.12**	
30	5296	2598	2698						
31	5572	2751	2821	2	2		0.31	0.63	
32	6234	3101	3133						
33	7112	3442	3670						
34	5656	2814	2842						
35-39	**23126**	**11588**	**11538**	**4**	**3**	**1**	**0.16**	**0.27**	**0.04**
35	5262	2609	2653	1	1		0.18	0.37	
36	5165	2557	2608						
37	4734	2413	2321						
38	3942	1974	1968	3	2	1	0.67	1.08	0.26
39	4024	2035	1989						
40-44	**21260**	**10870**	**10390**	**5**	**4**	**1**	**0.21**	**0.36**	**0.05**
40	3882	1925	1957						
41	4013	2098	1915	2	2		0.58	1.11	
42	4572	2324	2248						
43	4376	2221	2155	2	1	1	0.29	0.34	0.24
44	4417	2302	2115	1	1		0.19	0.36	
45-49	**19961**	**10318**	**9643**	**12**	**12**		**0.60**	**1.16**	
45	4697	2465	2232						
46	4274	2165	2109	4	4		0.96	1.90	
47	4500	2294	2206	2	2		0.44	0.87	
48	3075	1547	1528						
49	3416	1846	1570	6	6		1.71	3.16	
50-54	**20583**	**10438**	**10145**	**33**	**22**	**11**	**1.64**	**2.15**	**1.12**
50	3655	1867	1788	1	1		0.21	0.40	
51	4388	2211	2177	6	5	1	1.28	2.11	0.44
52	5782	2950	2832	12	9	3	2.13	3.17	1.04
53	3937	2038	1899	10	6	4	2.45	2.90	1.98
54	2821	1372	1449	6	2	4	1.95	1.30	2.58
55-59	**18783**	**9185**	**9598**	**35**	**22**	**13**	**1.88**	**2.40**	**1.39**
55	3702	1796	1906	4	1	3	1.21	0.66	1.72
56	3247	1698	1549	8	6	2	2.54	3.48	1.52
57	3877	1886	1991	6	5	1	1.52	2.61	0.48
58	4071	1977	2094	11	8	3	2.72	4.23	1.29
59	3885	1828	2057	6	2	4	1.48	0.94	1.96
60-64	**17501**	**8311**	**9190**	**37**	**25**	**12**	**2.14**	**3.05**	**1.31**
60	4003	1916	2087	9	9		2.32	4.84	
61	3843	1843	2000	8	3	5	2.06	1.79	2.30
62	3445	1602	1843	7	5	2	1.87	2.91	0.96
63	3441	1616	1825	7	2	5	1.86	1.07	2.57
64	2767	1333	1434	7	6	1	2.65	4.79	0.66

10-2a 续表 2 单位：人、‰

年 龄	2015年5月1日人口			死亡人口			死亡率		
	合计	男	女	合计	男	女	合计	男	女
65-69	**10864**	**5119**	**5745**	**42**	**24**	**18**	**3.90**	**4.76**	**3.14**
65	2701	1289	1412	7	6	1	2.54	4.57	0.68
66	2327	1092	1235	11	8	3	4.41	6.93	2.17
67	1968	924	1044	3	1	2	1.72	1.45	1.96
68	2008	959	1049	13	5	8	6.46	5.63	7.23
69	1861	855	1006	9	4	5	4.81	4.87	4.77
70-74	**7175**	**3194**	**3981**	**77**	**46**	**31**	**10.74**	**14.45**	**7.76**
70	1678	754	924	6	2	4	3.68	3.12	4.14
71	1348	603	745	14	10	4	10.18	16.18	5.32
72	1334	604	730	13	10	3	9.65	16.29	4.16
73	1399	628	771	23	16	7	16.53	25.84	8.94
74	1416	605	811	21	8	13	14.94	13.19	16.25
75-79	**7327**	**3383**	**3944**	**123**	**55**	**68**	**16.86**	**16.39**	**17.26**
75	1560	724	836	15	8	7	9.57	10.45	8.81
76	1401	616	785	23	8	15	16.47	13.54	18.77
77	1553	724	829	19	8	11	12.18	11.17	13.07
78	1423	671	752	30	10	20	20.87	14.42	26.62
79	1390	647	743	37	22	15	26.57	33.66	20.38
80-84	**4816**	**2222**	**2594**	**160**	**92**	**68**	**33.30**	**41.51**	**26.27**
80	1303	621	682	35	16	19	27.18	26.36	27.92
81	1107	487	620	52	28	24	46.72	57.83	38.00
82	980	470	510	26	18	8	26.46	38.66	15.22
83	790	351	439	30	20	10	37.36	56.72	21.88
84	637	294	343	18	10	8	28.00	32.87	23.82
85-89	**2044**	**1013**	**1031**	**131**	**81**	**50**	**63.98**	**79.72**	**48.50**
85	636	325	311	43	28	15	68.24	86.46	49.21
86	482	249	233	24	11	13	48.00	42.18	54.21
87	408	197	211	17	12	5	42.87	61.85	25.12
88	320	154	166	22	14	8	70.89	92.13	51.14
89	198	88	110	24	16	8	121.80	179.76	75.38
90-94	**575**	**249**	**326**	**66**	**34**	**32**	**113.43**	**134.58**	**97.29**
90	191	84	107	17	9	8	89.85	107.01	76.42
91	126	67	59	13	9	4	100.86	132.25	65.66
92	104	35	69	13	6	7	130.43	185.87	102.50
93	99	41	58	13	5	8	134.93	133.39	136.01
94	56	23	33	9	4	5	152.33	166.37	142.52
95-99	**114**	**54**	**60**	**18**	**10**	**8**	**161.94**	**191.01**	**135.78**
95	28	13	15	6	2	4	220.41	138.63	294.98
96	28	11	17	5	4	1	178.57	344.54	69.78
97	27	10	17	4	1	3	131.13	92.93	154.03
98	26	17	9	4	4		142.98	214.64	
99	5	2	3						
100及以上	**18**	**5**	**13**	**5**	**1**	**4**	**238.11**	**110.20**	**284.27**

10-2b 全市分年龄、性别的死亡人口状况 (2014.11.1-2015.10.31)(镇)

单位：人、‰

年 龄	2015年5月1日人口			死亡人口			死亡率		
	合计	男	女	合计	男	女	合计	男	女
总 计	**21886**	**11243**	**10643**	**89**	**48**	**41**	**4.04**	**4.24**	**3.84**
0-4	**980**	**510**	**470**						
0	102	47	55						
1	275	142	133						
2	202	101	101						
3	207	112	95						
4	194	107	87						
5-9	**852**	**435**	**417**						
5	158	88	70						
6	161	78	83						
7	176	90	86						
8	196	100	96						
9	162	80	82						
10-14	**607**	**311**	**296**						
10	145	70	75						
11	143	79	64						
12	95	42	53						
13	120	63	57						
14	104	57	47						
15-19	**840**	**438**	**402**						
15	138	69	69						
16	109	57	52						
17	121	68	53						
18	185	102	83						
19	289	143	146						
20-24	**1393**	**816**	**577**						
20	281	173	108						
21	269	172	97						
22	244	134	110						
23	280	152	128						
24	320	185	135						
25-29	**2430**	**1232**	**1198**						
25	445	230	215						
26	497	251	246						
27	487	247	240						
28	524	256	268						
29	477	247	230						

10-2b 续表 1 单位：人、‰

年龄	2015年5月1日人口			死亡人口			死亡率		
	合计	男	女	合计	男	女	合计	男	女
30-34	**2188**	**1132**	**1056**	**1**	**1**		**0.44**	**0.84**	
30	445	232	213						
31	393	202	191						
32	435	236	199						
33	483	245	238						
34	433	218	215	1	1		2.20	4.37	
35-39	**1651**	**861**	**790**	**1**	**1**		**0.50**	**0.95**	
35	401	203	198						
36	391	196	195	1	1		2.09	4.18	
37	324	177	147						
38	257	142	115						
39	279	144	135						
40-44	**1791**	**929**	**862**	**4**	**2**	**2**	**1.90**	**1.77**	**2.05**
40	290	153	137	1		1	4.11		8.71
41	321	166	155						
42	365	184	181						
43	394	201	193	1	1		2.84	5.57	
44	421	224	197	2	1	1	2.61	2.33	2.93
45-49	**1921**	**1017**	**904**	**2**		**2**	**1.05**		**2.22**
45	435	239	196	1		1	1.88		4.17
46	376	203	173						
47	421	219	202						
48	343	169	174	1		1	3.47		6.86
49	346	187	159						
50-54	**1901**	**966**	**935**	**4**	**2**	**2**	**1.96**	**1.77**	**2.15**
50	423	219	204						
51	419	211	208	1		1	2.84		5.72
52	487	257	230	2	2		3.52	6.67	
53	342	173	169						
54	228	105	123	1		1	3.58		6.63
55-59	**1663**	**809**	**854**	**6**	**4**	**2**	**3.53**	**5.20**	**1.95**
55	348	173	175	2	2		4.71	9.49	
56	324	151	173	2	1	1	6.43	6.20	6.63
57	315	146	169	1	1		1.83	3.95	
58	330	173	157	2	1	1	3.22	3.16	3.30
59	346	167	179	1	1		1.49	3.09	
60-64	**1451**	**729**	**722**	**6**	**3**	**3**	**3.93**	**3.95**	**3.92**
60	322	163	159	2	1	1	4.42	3.70	5.16
61	340	173	167	1		1	3.51		7.13
62	287	138	149	1	1		4.66	9.70	
63	271	144	127	2	1	1	6.47	6.50	6.44
64	231	111	120						

10-2b 续表 2

单位：人、‰

年 龄	2015年5月1日人口			死亡人口			死亡率		
	合计	男	女	合计	男	女	合计	男	女
65-69	**872**	**426**	**446**	**10**	**7**	**3**	**12.18**	**17.10**	**7.48**
65	190	102	88	1	1		2.87	5.33	
66	197	90	107	2	1	1	10.25	9.12	11.19
67	162	81	81	6	5	1	36.49	61.07	11.79
68	159	74	85						
69	163	78	85	2	1	1	13.11	12.16	13.98
70-74	**539**	**267**	**272**	**12**	**6**	**6**	**23.42**	**23.86**	**22.99**
70	127	60	67	2	1	1	10.48	13.63	7.68
71	117	60	57	1		1	5.14		10.51
72	103	59	44	2	1	1	18.12	8.83	30.48
73	99	46	53	7	4	3	61.43	76.02	48.69
74	92	42	50	2	1	1	29.40	35.79	24.01
75-79	**404**	**191**	**213**	**14**	**9**	**5**	**33.19**	**46.47**	**21.30**
75	100	46	54	3	2	1	25.80	35.33	17.64
76	81	36	45	3	2	1	28.16	48.47	11.71
77	83	46	37	5	3	2	57.22	59.78	54.05
78	70	35	35	3	3		38.70	77.15	
79	69	27	42	1		1	15.13		24.85
80-84	**267**	**124**	**143**	**15**	**7**	**8**	**59.02**	**58.98**	**59.05**
80	64	33	31	4	2	2	67.80	71.15	64.23
81	56	25	31	4	2	2	66.74	87.23	49.89
82	62	28	34	2	1	1	30.97	18.37	41.43
83	52	21	31	3	1	2	48.54	24.14	65.60
84	31	15	16	3	2	1	101.00	111.00	91.65
85-89	**97**	**39**	**58**	**10**	**4**	**6**	**97.50**	**100.17**	**95.72**
85	32	13	19	2	1	1	42.16	40.17	43.53
86	26	12	14	1		1	43.16		79.79
87	18	7	11	3	1	2	192.29	195.60	190.16
88	14	6	8	2	1	1	149.82	170.56	133.57
89	8	1	7	2	1	1	188.16	1000.00	78.73
90-94	**34**	**10**	**24**	**4**	**2**	**2**	**123.77**	**180.59**	**100.99**
90	8	2	6	2		2	238.73		304.29
91	9	3	6						
92	5	1	4	1		1	117.60		136.24
93	5	2	3						
94	7	3	4	2	2		228.49	550.26	
95-99	**7**	**2**	**5**						
95	1		1						
96									
97	3	1	2						
98									
99									
100及以上	**2**	**1**	**1**						

10-2c 全市分年龄、性别的死亡人口状况 (2014.11.1-2015.10.31)(乡村)

单位：人、‰

年龄	2015年5月1日人口			死亡人口			死亡率		
	合计	男	女	合计	男	女	合计	男	女
总计	**45835**	**23790**	**22045**	**279**	**163**	**116**	**6.09**	**6.86**	**5.25**
0-4	**1917**	**1032**	**885**	**1**	**1**		**0.41**	**0.77**	
0	209	107	102						
1	508	269	239						
2	397	219	178	1	1		1.99	3.61	
3	440	242	198						
4	361	194	167						
5-9	**1482**	**773**	**709**						
5	297	161	136						
6	284	143	141						
7	308	165	143						
8	299	148	151						
9	294	156	138						
10-14	**1113**	**583**	**530**						
10	257	136	121						
11	224	102	122						
12	180	105	75						
13	237	124	113						
14	213	115	98						
15-19	**1514**	**756**	**758**						
15	249	127	122						
16	245	113	132						
17	284	152	132						
18	319	156	163						
19	415	207	208						
20-24	**2730**	**1451**	**1279**	**2**	**2**		**0.64**	**1.20**	
20	496	214	282						
21	448	248	200	1	1		1.46	2.63	
22	485	265	220						
23	551	300	251						
24	750	423	327	1	1		1.45	2.56	
25-29	**5368**	**2801**	**2567**	**4**	**2**	**2**	**0.74**	**0.84**	**0.62**
25	1041	568	473	2	2		1.51	2.77	
26	1073	550	523	1	1		0.74	1.44	
27	1108	591	517	1		1	0.73		1.57
28	1153	572	581	1		1	0.69		1.36
29	993	520	473						

10-2c 续表 1

单位：人、‰

年 龄	2015年5月1日人口			死亡人口			死亡率		
	合计	男	女	合计	男	女	合计	男	女
30-34	**3884**	**2086**	**1798**						
30	796	438	358						
31	774	418	356						
32	745	389	356						
33	896	487	409						
34	672	353	319						
35-39	**2947**	**1612**	**1335**	**3**	**1**	**2**	**1.12**	**0.50**	**1.86**
35	681	359	322	1		1	1.12		2.36
36	638	357	281	1		1	1.44		3.26
37	589	311	278						
38	505	280	225						
39	534	305	229	2	1	1	3.04	2.66	3.55
40-44	**3692**	**1957**	**1735**	**2**	**1**	**1**	**0.62**	**0.41**	**0.85**
40	568	301	267						
41	655	342	313	1	1		1.24	2.38	
42	791	428	363	1		1	1.16		2.52
43	789	421	368						
44	890	466	424	1		1	0.63		1.32
45-49	**4245**	**2256**	**1989**	**7**	**3**	**4**	**1.58**	**1.27**	**1.94**
45	920	500	420	1		1	0.84		1.85
46	833	458	375	1		1	1.10		2.44
47	869	455	414	2	1	1	1.55	1.22	1.91
48	791	408	383	2	1	1	2.01	1.90	2.12
49	831	435	396	3	2	1	2.52	3.53	1.41
50-54	**4421**	**2287**	**2134**	**11**	**8**	**3**	**2.55**	**3.45**	**1.60**
50	966	491	475	1	1		0.58	1.14	
51	991	525	466	6	4	2	5.32	6.99	3.44
52	1131	583	548	1	1		0.67	1.31	
53	800	412	388	4	2	2	4.94	5.20	4.66
54	534	277	257	1	1		1.42	2.75	
55-59	**3514**	**1775**	**1739**	**12**	**9**	**3**	**3.39**	**4.87**	**1.88**
55	710	344	366	4	2	2	5.82	6.20	5.48
56	673	350	323	3	2	1	4.15	4.39	3.90
57	761	386	375	2	2		2.06	4.06	
58	696	353	343	2	2		2.83	5.58	
59	675	342	333	1	1		2.14	4.23	
60-64	**3373**	**1681**	**1692**	**21**	**12**	**9**	**6.40**	**7.26**	**5.56**
60	749	364	385	5	2	3	5.81	4.27	7.27
61	687	329	358	2	1	1	2.20	2.47	1.95
62	686	345	341	3	2	1	4.60	6.94	2.23
63	676	363	313	9	7	2	13.19	19.05	6.39
64	576	281	295	4	1	3	6.37	1.88	10.66

10-2c 续表 2 单位：人、‰

年 龄	2015年5月1日人口			死亡人口			死亡率		
	合计	男	女	合计	男	女	合计	男	女
65-69	**2260**	**1107**	**1153**	**27**	**17**	**10**	**12.04**	**15.36**	**8.86**
65	532	269	263	5	4	1	10.00	14.69	5.20
66	515	253	262	6	2	4	11.56	9.33	13.73
67	381	185	196	6	4	2	16.70	22.39	11.35
68	428	201	227	4	3	1	9.90	17.07	3.57
69	404	199	205	5	3	2	13.24	15.70	10.85
70-74	**1363**	**673**	**690**	**36**	**29**	**7**	**25.83**	**42.55**	**9.52**
70	327	158	169	8	5	3	25.08	32.80	17.86
71	309	161	148	7	5	2	22.17	30.14	13.52
72	254	130	124	8	7	1	31.66	55.79	6.39
73	247	108	139	5	5		19.09	43.62	
74	228	117	111	8	7	1	32.64	57.16	6.85
75-79	**977**	**509**	**468**	**49**	**27**	**22**	**49.96**	**52.49**	**47.21**
75	194	96	98	6	5	1	34.89	55.26	14.91
76	207	107	100	9	7	2	42.60	63.52	20.10
77	216	121	95	14	5	9	67.64	45.14	96.14
78	197	103	94	6	2	4	32.48	21.46	44.66
79	164	82	82	12	7	5	74.73	84.73	64.72
80-84	**674**	**298**	**376**	**56**	**28**	**28**	**82.58**	**94.06**	**73.50**
80	170	80	90	14	9	5	79.33	110.13	51.98
81	163	79	84	11	6	5	64.20	70.12	58.58
82	144	53	91	12	4	8	82.10	69.44	89.43
83	105	48	57	9	3	6	85.52	59.30	107.68
84	92	37	55	11	7	4	118.47	190.02	69.50
85-89	**270**	**118**	**152**	**31**	**18**	**13**	**114.29**	**150.69**	**86.02**
85	80	37	43	12	7	5	150.48	191.55	114.85
86	60	22	38	5	4	1	95.36	195.37	36.50
87	62	33	29	8	5	3	135.80	150.29	119.23
88	40	12	28	3		3	65.46		94.00
89	27	13	14	2	1	1	72.96	101.91	46.19
90-94	**78**	**28**	**50**	**13**	**6**	**7**	**157.91**	**195.51**	**136.46**
90	17	7	10	3	3		159.02	370.09	
91	27	9	18	3	1	2	130.01	146.61	121.64
92	15	5	10	3	1	2	185.83	162.80	196.96
93	9	4	5	3	1	2	293.70	157.59	400.31
94	9	3	6	1		1	56.77		81.37
95-99	**12**	**7**	**5**	**5**	**1**	**4**	**458.59**	**214.66**	**775.68**
95	2	1	1	2		2	1169.14		1870.27
96	5	4	1	1	1		144.41	174.32	
97	3	1	2	1		1	340.48		500.00
98	2	1	1	1	1		383.36	590.41	
99	1		1	1		1	1000.00		1000.00
100及以上	**2**	**1**	**1**						

10-3 各地区分性别、受教育程度的6岁及以上死亡人口 (2014.11.1-2015.10.31)

单位：人

地区	6岁及以上死亡人口			未上过学			小学		
	合计	男	女	小计	男	女	小计	男	女
全市	**1119**	**644**	**474**	**207**	**56**	**150**	**381**	**220**	**162**
东城区	64	40	24	10	3	7	29	17	12
西城区	105	66	38	8	2	6	40	21	19
朝阳区	169	104	66	22	8	14	50	24	26
丰台区	82	43	39	6		6	33	16	17
石景山区	48	29	20	7	2	5	13	7	6
海淀区	145	78	67	13	5	8	32	15	17
门头沟区	20	10	9	6	1	5	9	6	2
房山区	77	41	36	24	4	20	21	14	7
通州区	69	40	29	9	2	7	30	16	14
顺义区	60	33	27	21	2	19	22	18	4
昌平区	61	36	25	10	5	5	18	8	10
大兴区	78	40	38	16	3	13	34	20	13
怀柔区	26	15	11	9	3	6	10	6	4
平谷区	44	24	20	15	4	11	18	12	5
密云区	45	29	16	18	7	11	16	13	3
延庆区	25	16	9	13	6	7	7	5	2

10-3 续表 1

单位：人

地区	初中			普通高中			中职		
	小计	男	女	小计	男	女	小计	男	女
全市	**298**	**205**	**93**	**84**	**63**	**21**	**44**	**24**	**20**
东城区	12	8	4	6	5	1	1	1	
西城区	29	22	7	12	7	5	1	1	
朝阳区	50	34	16	12	10	2	16	14	2
丰台区	23	15	8	8	6	2	6	2	5
石景山区	14	11	4	5	3	2	2		2
海淀区	39	22	17	21	16	5	7	2	5
门头沟区	4	2	2	1	1		1	1	
房山区	27	20	7	3	2	2	1	1	
通州区	21	16	5	4	3	1	4	2	3
顺义区	16	11	4	2	2				
昌平区	18	11	7	5	4	1	2	1	1
大兴区	20	12	8	4	4		2		2
怀柔区	5	4	1	1	1				
平谷区	9	7	2	1	1	1	1	1	1
密云区	9	9	1	1		1			
延庆区	2	2		1	1		1	1	

10-3 续表 2

单位：人

地 区	大学专科			大学本科			研究生		
	小计	男	女	小计	男	女	小计	男	女
全 市	**43**	**31**	**12**	**62**	**45**	**16**			
东城区	3	2	1	4	4				
西城区	5	5		11	9	2			
朝阳区	10	10		10	4	6			
丰台区	2	2		5	3	2			
石景山区	4	2	2	5	5				
海淀区	12	5	7	21	14	7			
门头沟区	1	1							
房山区	1	1							
通州区				1	1				
顺义区									
昌平区	4	2	1	5	5				
大兴区	1		1	1	1				
怀柔区	1	1							
平谷区	1		1						
密云区	1	1							
延庆区	1	1		1	1				

10-4 各地区分性别、婚姻状况的15岁及以上死亡人口 (2014.11.1-2015.10.31)

单位：人

地 区	15岁及以上死亡人口			未 婚		
	合计	男	女	小计	男	女
全 市	**1119**	**644**	**474**	**23**	**21**	**655**
东城区	64	40	24			37
西城区	105	66	38	3	3	50
朝阳区	169	104	66	2	2	112
丰台区	82	43	39			45
石景山区	48	29	20	1	1	25
海淀区	145	78	67	5	5	84
门头沟区	20	10	9	1	1	12
房山区	77	41	36	1		47
通州区	69	40	29	2	2	45
顺义区	60	33	27	2	2	36
昌平区	61	36	25	2	2	46
大兴区	78	40	38	1		39
怀柔区	26	15	11	1	1	14
平谷区	44	24	20	1	1	25
密云区	45	29	16	2	2	27
延庆区	25	16	9	1	1	13

10-4 续表 单位：人

地 区	有配偶			离 婚			丧 偶		
	小计	男	女	小计	男	女	小计	男	女
全 市	**451**	**204**	**24**	**14**	**10**	**416**	**158**	**258**	**258**
东城区	26	11				27	14	14	14
西城区	37	12	6	5	1	46	21	25	25
朝阳区	88	24	6		6	50	14	36	36
丰台区	29	16	2	2		36	13	23	23
石景山区	17	8	1	1		22	11	11	11
海淀区	53	31	8	5	3	48	16	33	33
门头沟区	7	4				7	2	5	5
房山区	33	14	1	1		28	7	21	21
通州区	31	14				23	7	16	16
顺义区	23	12				23	8	15	15
昌平区	29	17	1	1		12	4	8	8
大兴区	24	15				38	16	22	22
怀柔区	9	5				11	6	6	6
平谷区	15	10				18	8	10	10
密云区	19	8				16	8	8	8
延庆区	11	2				11	4	6	6

11 住房

11-1 各地区家庭户按住房间数分的户数

单位：户、间/户

地　　区	合　计	住房间数										平均每户住房间数
		一间	二间	三间	四间	五间	六间	七间	八间	九间	十　间及以上	
全　市	**107644**	**26722**	**43732**	**24162**	**5702**	**2882**	**1184**	**427**	**646**	**207**	**1981**	**2.42**
东城区	4731	1607	2217	763	109	15	8	3	1	1	7	1.90
西城区	6753	2028	3275	1329	103	8	4				5	1.94
朝阳区	20174	6160	8834	4302	372	212	90	34	37	13	121	2.07
丰台区	12820	3411	5990	2930	218	59	73	5	14	16	103	2.12
石景山区	3244	582	1999	616	23	6	4	4	1	1	7	2.06
海淀区	16991	3898	6479	4652	1570	89	90	22	31	12	147	2.36
门头沟区	1554	274	788	336	66	32	25	7	10	1	16	2.40
房山区	4773	478	1769	986	411	421	186	81	137	41	262	3.46
通州区	6417	1048	2854	1039	386	564	167	62	92	28	178	2.87
顺义区	4988	1215	1567	1100	259	376	131	79	71	26	164	2.88
昌平区	9522	3508	2853	2229	463	132	71	26	107	25	109	2.23
大兴区	7549	1787	2812	1292	353	293	110	46	65	30	762	3.12
怀柔区	1922	278	587	560	246	125	33	14	20	4	54	3.01
平谷区	2023	134	361	840	341	227	65	23	15	1	17	3.32
密云区	2541	278	979	627	401	141	61	5	25	4	19	2.86
延庆区	1644	37	369	562	378	182	66	15	20	4	9	3.46

11-1a 各地区家庭户按住房间数分的户数(城市)

单位：户、间/户

地　　区	合　计	住房间数										平均每户住房间数
		一间	二间	三间	四间	五间	六间	七间	八间	九间	十　间及以上	
北京市	**87054**	**22916**	**38711**	**20177**	**3164**	**698**	**374**	**119**	**226**	**61**	**609**	**2.17**
东城区	4731	1607	2217	763	109	15	8	3	1	1	7	1.90
西城区	6753	2028	3275	1329	103	8	4				5	1.94
朝阳区	20042	6111	8804	4288	369	209	88	34	32	13	93	2.05
丰台区	12616	3378	5847	2914	215	52	71	5	14	16	103	2.12
石景山区	3244	582	1999	616	23	6	4	4	1	1	7	2.06
海淀区	16634	3826	6405	4602	1540	56	61	5	13	8	118	2.32
门头沟区	921	162	497	220	19	9	2	2	2		8	2.24
房山区	2671	361	1322	584	88	94	40	13	54	8	106	2.80
通州区	3237	359	2169	592	80	26	7	1	3			2.16
顺义区	2257	387	1082	616	51	18	11	8	21	8	55	2.48
昌平区	6485	2375	1975	1721	230	44	32	13	65	1	29	2.12
大兴区	5479	1407	2604	1041	216	115	20	19	13	3	41	2.18
怀柔区	1154	220	372	421	67	23	13	6	4	1	27	2.63
平谷区	831	113	141	469	52	23	12	5	4		10	2.86

11-1b 各地区家庭户按住房间数分的户数(镇)

单位：户、间/户

地　区	合　计	住房间数										平均每户住房间数
		一间	二间	三间	四间	五间	六间	七间	八间	九间	十间及以上	
全　市	**6812**	**1307**	**2550**	**1571**	**574**	**423**	**121**	**40**	**54**	**11**	**161**	**2.74**
朝阳区												
丰台区	144	23	121									1.84
海淀区												
门头沟区	358	66	195	44	31	9	10	1	1		2	2.39
房山区	631	23	174	96	121	120	37	15	18	6	21	3.93
通州区	951	324	261	148	43	130	21	8	5	1	9	2.56
顺义区	487	162	135	76	45	46	9	4	4		5	2.55
昌平区	1434	423	645	246	71	28	8	1	4		8	2.12
大兴区	311	67	26	90	1	5	1	2	6	3	108	5.16
怀柔区	121	3	50	43	5	13	1	3	1		2	3.10
平谷区	271	8	12	115	83	34	12	1	4		1	3.71
密云区	1327	190	673	350	80	15	9	1	6	1	3	2.35
延庆区	778	18	258	363	95	21	14	4	3		2	2.92

11-1c 各地区家庭户按住房间数分的户数(乡村)

单位：户、间/户

地　区	合　计	住房间数										平均每户住房间数
		一间	二间	三间	四间	五间	六间	七间	八间	九间	十间及以上	
全　市	**13778**	**2499**	**2471**	**2415**	**1964**	**1761**	**689**	**268**	**365**	**135**	**1211**	**3.89**
朝阳区	132	49	29	13	3	2	2		5		28	3.81
丰台区	61	10	23	16	3	7	1		1			2.68
海淀区	357	72	73	50	30	33	29	17	19	5	29	4.01
门头沟区	274	46	96	72	16	14	13	4	6	1	6	2.95
房山区	1471	94	272	307	202	207	109	53	64	27	135	4.45
通州区	2230	365	423	298	264	408	139	53	84	27	169	4.04
顺义区	2243	665	350	409	163	312	111	66	46	17	104	3.34
昌平区	1603	710	233	262	162	60	31	12	37	23	73	2.76
大兴区	1758	313	181	160	136	173	89	25	47	24	612	5.67
怀柔区	647	55	165	96	175	89	19	5	15	3	25	3.65
平谷区	922	13	208	256	205	169	41	18	7	1	5	3.62
密云区	1214	87	306	278	322	126	52	4	19	4	16	3.41
延庆区	865	19	111	199	283	161	52	11	17	4	7	3.94

11-2 各地区家庭户按人均住房面积分的户数

单位：户

地 区	合 计	人均住房建筑面积(平方米)									
		8及以下	9-12	13-16	17-19	20-29	30-39	40-49	50-59	60-69	70及以上
全 市	**107644**	**9612**	**7328**	**9451**	**6236**	**23778**	**16711**	**10986**	**7250**	**5362**	**10930**
东城区	4731	990	590	539	346	963	475	232	227	108	260
西城区	6753	871	571	772	526	1602	957	469	355	283	347
朝阳区	20174	2208	1422	1856	1342	4463	2780	1922	1475	928	1778
丰台区	12820	873	734	950	831	2910	2185	1300	923	674	1439
石景山区	3244	221	186	357	259	893	567	224	251	119	165
海淀区	16991	1684	1100	1474	1022	3597	2471	1654	1252	1093	1644
门头沟区	1554	67	93	150	67	409	277	172	113	65	141
房山区	4773	146	227	259	212	1173	843	675	320	282	636
通州区	6417	286	275	530	321	1574	1185	774	453	296	722
顺义区	4988	388	398	458	342	1052	797	613	261	221	458
昌平区	9522	952	899	1056	437	1856	1317	968	584	418	1035
大兴区	7549	657	456	430	260	1412	1133	863	487	405	1446
怀柔区	1922	116	119	187	67	475	374	219	89	103	173
平谷区	2023	45	70	119	82	404	432	289	154	135	294
密云区	2541	99	142	209	70	641	553	332	143	145	208
延庆区	1644	9	47	104	50	355	364	279	162	87	185

11-2a 各地区家庭户按人均住房面积分的户数(城市)

单位：户

地 区	合 计	人均住房建筑面积(平方米)									
		8及以下	9-12	13-16	17-19	20-29	30-39	40-49	50-59	60-69	70及以上
北京市	**87054**	**8312**	**5950**	**7475**	**5504**	**19690**	**13367**	**8619**	**5801**	**4201**	**8134**
东城区	4731	990	590	539	346	963	475	232	227	108	260
西城区	6753	871	571	772	526	1602	957	469	355	283	347
朝阳区	20042	2176	1398	1826	1341	4457	2775	1921	1470	919	1758
丰台区	12616	870	733	948	826	2859	2168	1239	903	669	1402
石景山区	3244	221	186	357	259	893	567	224	251	119	165
海淀区	16634	1657	1080	1447	1022	3564	2421	1626	1217	1044	1554
门头沟区	921	41	48	78	57	256	176	99	68	32	66
房山区	2671	101	138	104	166	694	458	401	134	135	340
通州区	3237	33	59	147	207	891	717	452	245	133	353
顺义区	2257	71	77	155	139	545	469	365	130	119	187
昌平区	6485	672	622	640	304	1354	862	674	357	288	713
大兴区	5479	467	308	308	239	1184	937	655	324	250	808
怀柔区	1154	103	91	113	54	294	200	132	40	47	80
平谷区	831	41	49	41	17	133	184	130	80	55	100

11-2b 各地区家庭户按人均住房面积分的户数(镇)

单位：户

地　区	合　计	人均住房建筑面积(平方米)									
		8及以下	9-12	13-16	17-19	20-29	30-39	40-49	50-59	60-69	70及以上
全　市	**6812**	**455**	**394**	**690**	**256**	**1550**	**1134**	**851**	**472**	**265**	**745**
朝阳区											
丰台区	144			1	5	41		55	11		30
海淀区											
门头沟区	358	10	22	31	8	109	62	36	20	18	43
房山区	631	24	37	53	24	174	113	83	41	35	46
通州区	951	130	55	166	27	155	132	63	68	24	129
顺义区	487	79	57	66	10	71	60	42	27	26	50
昌平区	1434	90	79	169	92	329	176	200	115	43	140
大兴区	311	55	25	5	2	29	18	21	21	14	121
怀柔区	121	1	6	16		50	31	3	2	10	2
平谷区	271	2	7	18	14	76	49	35	24	9	36
密云区	1327	57	77	93	51	344	301	180	80	55	90
延庆区	778	6	29	72	22	171	194	132	63	31	57

11-2c 各地区家庭户按人均住房面积分的户数(乡村)

单位：户

地　区	合　计	人均住房建筑面积(平方米)									
		8及以下	9-12	13-16	17-19	20-29	30-39	40-49	50-59	60-69	70及以上
全　市	**13778**	**845**	**984**	**1286**	**477**	**2538**	**2210**	**1516**	**977**	**895**	**2051**
朝阳区	132	32	24	29	1	6	4	1	5	9	19
丰台区	61	4	2	1		10	18	6	9	5	6
海淀区	357	27	20	27		33	50	28	35	49	90
门头沟区	274	15	22	42	3	45	39	37	24	15	31
房山区	1471	21	52	102	22	304	272	190	145	111	250
通州区	2230	123	161	218	86	527	336	259	140	139	240
顺义区	2243	238	263	237	194	436	269	207	104	75	221
昌平区	1603	190	198	247	40	172	280	94	113	87	182
大兴区	1758	136	123	117	19	198	178	187	142	141	517
怀柔区	647	13	22	59	13	131	142	83	47	46	91
平谷区	922	2	14	59	50	194	199	124	50	72	158
密云区	1214	41	65	117	19	297	252	152	63	90	117
延庆区	865	3	18	32	28	184	170	147	99	57	128

11-3 各地区家庭户按代数和住房间数分的户数

单位：户

地　区	合　计	一代户				
		一间	二间	三间	四间	五　间 及以上
全　市	**107644**	**19988**	**18138**	**8662**	**1907**	**2057**
东城区	4731	935	782	247	29	12
西城区	6753	1268	1208	424	30	7
朝阳区	20174	4798	3833	1570	144	117
丰台区	12820	2484	2726	1242	88	92
石景山区	3244	382	772	226	6	11
海淀区	16991	2780	2261	1375	463	104
门头沟区	1554	192	327	128	19	40
房山区	4773	375	722	345	113	257
通州区	6417	865	1249	381	119	285
顺义区	4988	1017	743	386	71	234
昌平区	9522	2898	1186	774	131	133
大兴区	7549	1412	1323	548	136	333
怀柔区	1922	226	244	184	106	91
平谷区	2023	109	189	295	96	100
密云区	2541	218	395	267	177	118
延庆区	1644	30	179	272	179	125

11-3　续表 1

单位：户

地　区	二代户					三代户				
	一间	二间	三间	四间	五　间 及以上	一间	二间	三间	四间	五　间 及以上
全　市	**6007**	**19507**	**10606**	**2354**	**2833**	**723**	**6030**	**4809**	**1387**	**2331**
东城区	566	999	321	49	15	105	427	189	30	7
西城区	656	1554	611	41	9	103	511	290	29	1
朝阳区	1220	3688	1829	131	200	140	1302	888	90	189
丰台区	829	2537	1169	87	95	99	723	511	41	81
石景山区	182	949	272	10	9	17	274	117	7	4
海淀区	999	3185	2270	694	148	119	1024	994	408	140
门头沟区	73	372	152	32	36	8	88	54	14	15
房山区	97	864	419	184	468	7	182	221	108	381
通州区	172	1234	463	157	418	12	366	190	105	374
顺义区	178	662	467	103	303	20	159	241	84	287
昌平区	544	1228	939	193	168	66	434	507	135	166
大兴区	350	1165	507	133	523	25	323	230	81	426
怀柔区	51	287	290	92	104	1	54	86	48	54
平谷区	26	137	382	145	134		35	157	91	102
密云区	57	477	270	159	86	3	107	89	61	48
延庆区	7	170	244	145	116		21	46	54	56

11-3 续表 2

单位：户

地　区	四代户					五代及以上户				
	一间	二间	三间	四间	五　间 及以上	一间	二间	三间	四间	五　间 及以上
全　市	**5**	**57**	**85**	**54**	**104**					**1**
东城区	2	8	6	2						
西城区	1	3	4	3						
朝阳区	2	11	14	7	1					
丰台区		4	8	3	3					
石景山区		4	1							
海淀区		9	14	5						
门头沟区			1	1						
房山区		2	1	6	23					
通州区		5	5	6	14					
顺义区		3	6	1	21					
昌平区		4	9	4	3					
大兴区		1	7	3	23					
怀柔区		2		1	1					
平谷区			6	8	10					1
密云区		1	1	4	3					
延庆区										

11-3a　各地区家庭户按代数和住房间数分的户数(城市)

单位：户

地　区	合　计	一代户				
		一间	二间	三间	四间	五　间 及以上
北京市	**87054**	**16773**	**15830**	**7135**	**1046**	**589**
东城区	4731	935	782	247	29	12
西城区	6753	1268	1208	424	30	7
朝阳区	20042	4759	3823	1565	143	107
丰台区	12616	2457	2646	1240	88	91
石景山区	3244	382	772	226	6	11
海淀区	16634	2733	2241	1366	459	77
门头沟区	921	102	197	82	6	8
房山区	2671	278	523	215	28	49
通州区	3237	263	922	215	31	15
顺义区	2257	285	503	232	18	29
昌平区	6485	1942	789	608	75	66
大兴区	5479	1097	1213	434	99	83
怀柔区	1154	180	146	128	19	23
平谷区	831	91	65	154	15	10

11-3a 续表 1 单位：户

地区	二代户					三代户				
	一间	二间	三间	四间	五间及以上	一间	二间	三间	四间	五间及以上
北京市	**5434**	**17300**	**8960**	**1327**	**783**	**705**	**5534**	**4014**	**768**	**694**
东城区	566	999	321	49	15	105	427	189	30	7
西城区	656	1554	611	41	9	103	511	290	29	1
朝阳区	1210	3669	1823	131	183	140	1302	886	88	179
丰台区	822	2479	1163	85	91	99	717	502	40	78
石景山区	182	949	272	10	9	17	274	117	7	4
海淀区	974	3141	2249	679	97	119	1015	974	397	86
门头沟区	52	232	94	8	11	7	67	42	4	4
房山区	77	662	247	42	129	7	135	121	18	127
通州区	85	944	267	26	15	11	303	110	21	5
顺义区	82	463	276	20	43	20	113	104	13	47
昌平区	378	869	748	103	61	55	317	361	53	55
大兴区	287	1088	424	86	70	23	303	179	32	57
怀柔区	40	188	229	32	31		38	64	17	19
平谷区	23	64	235	15	19		13	75	20	24

11-3a 续表 2 单位：户

地区	四代户					五代及以上户				
	一间	二间	三间	四间	五间及以上	一间	二间	三间	四间	五间及以上
北京市	**5**	**46**	**68**	**22**	**20**					
东城区	2	8	6	2						
西城区	1	3	4	3						
朝阳区	2	11	14	7						
丰台区		4	8	3	3					
石景山区		4	1							
海淀区		9	14	5						
门头沟区			1							
房山区		1	1		10					
通州区		1	1	2	1					
顺义区		3	3		2					
昌平区			4		2					
大兴区		1	5							
怀柔区		1			1					
平谷区			4	1	2					

11-3b　各地区家庭户按代数和住房间数分的户数(镇)

单位：户

地　区	合　计	一代户				
		一间	二间	三间	四间	五　间及以上
全　市	**6812**	**1088**	**1106**	**589**	**161**	**200**
朝阳区						
丰台区	144	18	75			
海淀区						
门头沟区	358	51	77	13	8	4
房山区	631	18	92	40	24	42
通州区	951	301	118	59	6	37
顺义区	487	134	62	28	13	17
昌平区	1434	347	295	72	21	9
大兴区	311	54	12	58	1	42
怀柔区	121	2	21	10	3	8
平谷区	271	7	6	36	23	19
密云区	1327	146	235	121	20	6
延庆区	778	12	112	153	43	18

11-3b　续表 1

单位：户

地　区	二代户					三代户				
	一间	二间	三间	四间	五　间及以上	一间	二间	三间	四间	五　间及以上
全　市	**210**	**1184**	**695**	**255**	**310**	**9**	**251**	**279**	**147**	**281**
朝阳区										
丰台区	5	44					1			
海淀区										
门头沟区	14	101	23	16	12	1	16	7	6	8
房山区	4	67	40	65	91		15	15	30	80
通州区	23	118	57	21	59		21	30	14	73
顺义区	29	63	34	21	20		10	13	12	29
昌平区	71	261	96	21	17	5	85	76	27	21
大兴区	14	13	21		45		2	12		36
怀柔区	1	27	28	2	10		2	5	1	3
平谷区	1	4	47	35	22		2	32	22	9
密云区	42	356	174	37	16	3	81	54	20	12
延庆区	5	130	174	36	17		16	36	16	9

11-3b 续表 2

单位：户

地 区	四代户					五代及以上户				
	一间	二间	三间	四间	五 间及以上	一间	二间	三间	四间	五 间及以上
全 市		**9**	**7**	**11**	**18**					
朝阳区										
丰台区										
海淀区										
门头沟区										
房山区			1	2	4					
通州区		4	2	2	5					
顺义区					3					
昌平区		4	2	1	1					
大兴区					3					
怀柔区										
平谷区			1	3	2					
密云区		1	1	2	1					
延庆区										

11-3c 各地区家庭户按代数和住房间数分的户数(乡村)

单位：户

地 区	合 计	一代户				
		一间	二间	三间	四间	五 间及以上
全 市	**13778**	**2127**	**1202**	**937**	**700**	**1268**
朝阳区	132	39	10	5	1	9
丰台区	61	9	5	1		1
海淀区	357	47	20	9	3	27
门头沟区	274	39	53	33	5	28
房山区	1471	78	106	90	61	166
通州区	2230	301	208	107	82	232
顺义区	2243	598	178	126	40	188
昌平区	1603	609	103	95	35	58
大兴区	1758	262	98	56	36	207
怀柔区	647	45	77	46	84	60
平谷区	922	11	118	105	58	72
密云区	1214	72	160	145	157	112
延庆区	865	18	66	119	136	107

11-3c 续表 1

单位：户

地　区	二代户					三代户				
	一间	二间	三间	四间	五　间及以上	一间	二间	三间	四间	五　间及以上
全　市	**363**	**1023**	**951**	**772**	**1739**	**9**	**245**	**515**	**472**	**1356**
朝阳区	10	19	7	1	17		1	2	2	10
丰台区	2	14	6	2	4		4	9	1	3
海淀区	26	44	21	15	51		9	20	12	54
门头沟区	8	39	35	7	13		4	4	4	3
房山区	16	134	132	77	248		31	85	59	173
通州区	64	172	139	110	344	1	43	50	69	296
顺义区	67	136	156	62	240		36	123	60	211
昌平区	95	97	95	68	89	6	32	69	56	89
大兴区	49	65	63	47	407	2	18	40	49	334
怀柔区	10	72	33	59	63	1	15	17	31	32
平谷区	2	69	99	95	93		21	50	49	69
密云区	15	121	96	122	70		26	35	41	37
延庆区	1	40	70	109	99		5	10	38	46

11-3c 续表 2

单位：户

地　区	四代户					五代及以上户				
	一间	二间	三间	四间	五　间及以上	一间	二间	三间	四间	五　间及以上
全　市		**2**	**11**	**20**	**65**					**1**
朝阳区					1					
丰台区					1					
海淀区										
门头沟区										
房山区		1		4	9					
通州区			2	3	8					
顺义区			3	1	17					
昌平区			2	3						
大兴区			2	3	20					
怀柔区		1		1	1					
平谷区			1	3	6					1
密云区			1	1	2					
延庆区										

11-4 全市按户主的受教育程度分的家庭户住房状况

受教育程度	户 数 (户)	人 数 (人)	平均每户 住房间数 (间/户)	人均住房 建筑面积 (平方米/人)	人均住房 间 数 (间/人)
总 计	**106091**	**273036**	**2.51**	**31.27**	**0.98**
未上过学	1924	4461	2.74	30.89	1.18
小 学	8624	22556	3.01	30.73	1.15
初 中	30366	81158	2.85	29.16	1.07
普通高中	16059	40849	2.30	28.21	0.90
中 职	6336	15808	2.30	29.38	0.92
大学专科	14587	35787	2.22	32.64	0.90
大学本科	21483	54212	2.29	35.51	0.91
研 究 生	6712	18204	2.30	34.68	0.85

11-4a 全市按户主的受教育程度分的家庭户住房状况(城市)

受教育程度	户 数 (户)	人 数 (人)	平均每户 住房间数 (间/户)	人均住房 建筑面积 (平方米/人)	人均住房 间 数 (间/人)
总 计	**85709**	**216495**	**2.20**	**30.07**	**0.87**
未上过学	1184	2875	2.21	25.65	0.91
小 学	5367	13557	2.26	26.18	0.90
初 中	19565	49441	2.19	25.42	0.87
普通高中	13553	33999	2.07	26.74	0.83
中 职	5317	13353	2.14	28.34	0.85
大学专科	13444	33096	2.17	32.25	0.88
大学本科	20646	52173	2.27	35.40	0.90
研 究 生	6634	18000	2.30	34.62	0.85

11-4b　全市按户主的受教育程度分的家庭户住房状况(镇)

受教育程度	户　数 (户)	人　数 (人)	平均每户 住房间数 (间/户)	人均住房 建筑面积 (平方米/人)	人均住房 间　　数 (间/人)
总　　计	**6761**	**17853**	**2.81**	**32.84**	**1.06**
未上过学	175	390	3.21	36.59	1.44
小　　学	766	1956	3.18	33.70	1.24
初　　中	3022	8397	2.99	31.01	1.08
普通高中	1005	2648	2.66	31.63	1.01
中　　职	452	1074	2.36	31.65	0.99
大学专科	654	1627	2.38	36.44	0.96
大学本科	617	1576	2.43	38.74	0.95
研 究 生	70	186	2.58	40.75	0.97

11-4c　全市按户主的受教育程度分的家庭户住房状况(乡村)

受教育程度	户　数 (户)	人　数 (人)	平均每户 住房间数 (间/户)	人均住房 建筑面积 (平方米/人)	人均住房 间　　数 (间/人)
总　　计	**13621**	**38688**	**4.32**	**37.25**	**1.52**
未上过学	565	1195	3.73	41.63	1.76
小　　学	2491	7043	4.58	38.65	1.62
初　　中	7779	23320	4.47	36.40	1.49
普通高中	1502	4202	4.12	37.94	1.47
中　　职	567	1381	3.74	37.68	1.53
大学专科	489	1064	3.20	39.00	1.47
大学本科	220	463	3.00	36.44	1.43
研 究 生	8	18	2.49	25.66	1.11

11-5 各地区按住房类型、建筑层数分的家庭户户数

单位：户

地　区	住房类型				建筑层数				
	普通住宅	集体宿舍和工棚	工作地住宿	无住房	平房	2-3层楼房	4-6层楼房	7-9层楼房	10层以上楼房
全　市	**107644**	**1159**	**1067**	**182**	**27684**	**6760**	**36079**	**6101**	**31021**
东城区	4731	37	11	2	1463	210	1315	245	1497
西城区	6753	18	54	1	1089	160	2184	861	2459
朝阳区	20174	355	136	2	2970	1480	5834	904	8986
丰台区	12820	198	40	21	1185	486	4416	691	6042
石景山区	3244	42	57	1	355	47	1669	202	971
海淀区	16991	94	64	6	2317	661	6206	1690	6117
门头沟区	1554		1		604	42	618	79	211
房山区	4773	21	60	48	2186	570	1549	81	386
通州区	6417	41	83	79	2770	187	2469	232	758
顺义区	4988	26	127	1	2806	276	1477	129	298
昌平区	9522	141	129	16	2313	1503	3898	436	1372
大兴区	7549	128	248	4	2483	803	2097	492	1674
怀柔区	1922	31	17		1009	131	706	55	21
平谷区	2023	1	8	1	1428	109	389	1	96
密云区	2541		10		1665	13	772		91
延庆区	1644	24	22	1	1040	80	480	1	43

11-5a 各地区按住房类型、建筑层数分的家庭户户数(城市)

单位：户

地　区	住房类型				建筑层数				
	普通住宅	集体宿舍和工棚	工作地住宿	无住房	平房	2-3层楼房	4-6层楼房	7-9层楼房	10层以上楼房
北京市	**87054**	**836**	**511**	**104**	**12189**	**5322**	**33098**	**5934**	**30511**
东城区	4731	37	11	2	1463	210	1315	245	1497
西城区	6753	18	54	1	1089	160	2184	861	2459
朝阳区	20042	355	136	2	2863	1456	5834	904	8985
丰台区	12616	198	40	21	1125	486	4416	691	5898
石景山区	3244	42	57	1	355	47	1669	202	971
海淀区	16634	94	64	6	1962	659	6206	1690	6117
门头沟区	921		1		200	37	512	65	107
房山区	2671	18	41	44	453	319	1441	79	380
通州区	3237	3	1	10	83	80	2133	231	709
顺义区	2257	3	14		366	55	1409	129	297
昌平区	6485	5	5	16	866	988	3016	287	1328
大兴区	5479	50	74	1	654	677	1983	492	1674
怀柔区	1154	12	12		368	74	637	55	21
平谷区	831			1	343	75	342	1	70

11-5b 各地区按住房类型、建筑层数分的家庭户户数(镇)

单位：户

地　区	住房类型				建筑层数				
	普通住宅	集体宿舍和工棚	工作地住宿	无住房	平房	2-3层楼房	4-6层楼房	7-9层楼房	10层以上楼房
全　市	**6812**	**67**	**67**	**69**	**3086**	**567**	**2569**	**163**	**427**
朝阳区									
丰台区	144								144
海淀区									
门头沟区	358				142		101	13	102
房山区	631			2	437	99	94		1
通州区	951	1	24	67	570	100	279	1	1
顺义区	487		24		403	20	64		
昌平区	1434	43	3		394	215	631	149	44
大兴区	311				165	33	113		
怀柔区	121				29	36	56		
平谷区	271		6		208	16	47		
密云区	1327		1		463	2	770		91
延庆区	778	24	9		275	46	414		43

11-5c 各地区按住房类型、建筑层数分的家庭户户数(乡村)

单位：户

地　区	住房类型				建筑层数				
	普通住宅	集体宿舍和工棚	工作地住宿	无住房	平房	2-3层楼房	4-6层楼房	7-9层楼房	10层以上楼房
全　市	**13778**	**256**	**489**	**9**	**12408**	**871**	**412**	**3**	**83**
朝阳区	132				107	24			1
丰台区	61				60	1			
海淀区	357				355	2			
门头沟区	274				262	4	5	1	2
房山区	1471	4	19	1	1297	153	14	1	5
通州区	2230	38	58	2	2117	7	57		48
顺义区	2243	23	89	1	2037	202	4		1
昌平区	1603	93	121		1053	300	250		
大兴区	1758	78	174	3	1664	94			
怀柔区	647	19	5		612	22	13		
平谷区	922	1	2		878	18			26
密云区	1214		8		1202	11	1		
延庆区	865		13	1	764	34	66	1	

11-6 各地区家庭户按住房建成时间分的住房状况

单位：户、间、平方米

地 区	合 计			1949年以前			1949-1959年		
	户数	间数	面积	户数	间数	面积	户数	间数	面积
全 市	**107644**	**270034**	**8650090**	**903**	**1523**	**21588**	**1636**	**3082**	**62318**
东城区	4731	9053	248650	550	900	11480	254	464	8382
西城区	6753	13120	412992	272	424	5197	103	137	1850
朝阳区	20174	42403	1470085	11	18	295	218	351	6475
丰台区	12820	27589	987048	1	1	33	298	535	10691
石景山区	3244	6743	216466				86	133	2680
海淀区	16991	40739	1377401	3	9	340	485	939	22514
门头沟区	1554	3799	123684	9	24	655	33	67	1210
房山区	4773	17785	528617	4	13	246	10	31	648
通州区	6417	18933	569256	1	4	88	83	197	3156
顺义区	4988	14798	413368	4	17	1007	8	27	714
昌平区	9522	21683	774507	22	31	606	10	15	354
大兴区	7549	27715	814510						
怀柔区	1922	5914	154791	1	2	52	4	13	344
平谷区	2023	6763	210007	5	10	354	9	19	603
密云区	2541	7313	199174	11	36	681	25	113	1973
延庆区	1644	5686	149534	10	33	555	11	40	725

11-6 续表 1

单位：户、间、平方米

地 区	1960-1969年			1970-1979年			1980-1989年		
	户数	间数	面积	户数	间数	面积	户数	间数	面积
全 市	**1865**	**3787**	**86450**	**4341**	**10824**	**251004**	**19201**	**49966**	**1287543**
东城区	461	850	18454	542	999	21410	653	1325	36378
西城区	250	388	7294	535	983	20049	1812	3711	99211
朝阳区	208	380	10059	836	1746	46086	3691	7862	216109
丰台区	126	214	6428	192	444	11124	2429	5124	140904
石景山区	169	311	6254	264	523	12481	814	1695	44225
海淀区	303	572	17005	591	1339	35132	3669	8388	224642
门头沟区	48	84	1937	62	144	3828	204	619	16094
房山区	98	312	4633	236	826	17986	851	3499	82459
通州区	12	63	1115	139	621	12461	1012	3397	81011
顺义区	39	173	3621	171	578	12752	909	3047	71002
昌平区	47	94	1909	123	328	5746	586	1419	35787
大兴区	12	86	2092	140	809	19170	752	4077	94742
怀柔区	11	28	527	104	305	6349	355	1009	23403
平谷区	24	58	1747	77	229	7159	532	1787	53013
密云区	41	120	2361	163	437	8560	528	1477	35835
延庆区	17	55	1014	167	512	10712	402	1529	32728

11-6 续表 2

单位：户、间、平方米

地区	1990-1999年			2000-2009年			2010年以后		
	户数	间数	面积	户数	间数	面积	户数	间数	面积
全市	**25097**	**62503**	**1884251**	**40541**	**104135**	**3960003**	**14061**	**34212**	**1096933**
东城区	795	1663	49543	1420	2742	101304	56	109	1699
西城区	1927	3578	118240	1794	3805	159831	61	93	1320
朝阳区	4671	9895	316170	7841	18017	763447	2697	4135	111444
丰台区	3300	6450	198186	4910	11082	484655	1564	3738	135029
石景山区	848	1809	57087	794	1774	74383	269	499	19358
海淀区	4089	9777	300374	6448	16512	655513	1404	3202	121879
门头沟区	399	944	30794	451	1134	43928	348	783	25238
房山区	1152	4140	118473	1457	4794	162777	965	4170	141394
通州区	1634	4886	143839	2770	7472	249196	765	2293	78390
顺义区	1217	3427	102068	1953	5527	171521	687	2001	50685
昌平区	1304	3159	114278	5147	12135	479310	2283	4501	136517
大兴区	1420	5583	139648	3328	12276	394828	1897	4884	164031
怀柔区	647	1905	51933	518	1662	45837	283	989	26347
平谷区	490	1733	49720	644	2023	70995	243	904	26416
密云区	746	2111	53595	698	1993	64256	328	1025	31914
延庆区	457	1443	40304	370	1188	38223	210	886	25273

11-6a 各地区家庭户按住房建成时间分的住房状况(城市)

单位：户、间、平方米

地区	合计			1949年以前			1949-1959年		
	户数	间数	面积	户数	间数	面积	户数	间数	面积
全市	**87054**	**191327**	**6599785**	**863**	**1395**	**18242**	**1559**	**2797**	**56400**
东城区	4731	9053	248650	550	900	11480	254	464	8382
西城区	6753	13120	412992	272	424	5197	103	137	1850
朝阳区	20042	41763	1458164	11	18	295	218	351	6475
丰台区	12616	27161	968476	1	1	33	298	535	10691
石景山区	3244	6743	216466				86	133	2680
海淀区	16634	39217	1321946	3	9	340	485	939	22514
门头沟区	921	2105	71208	7	15	409	27	54	951
房山区	2671	7918	276508						
通州区	3237	6990	277440				80	171	2631
顺义区	2257	5720	191056						
昌平区	6485	13883	516617	19	27	471	9	13	220
大兴区	5479	12151	467885						
怀柔区	1154	3100	85860	1	1	16			
平谷区	831	2402	86518						7

11-6a 续表 1

单位：户、间、平方米

地 区	1960-1969年			1970-1979年			1980-1989年		
	户数	间数	面积	户数	间数	面积	户数	间数	面积
全 市	**1552**	**2771**	**66403**	**3249**	**6817**	**163207**	**15137**	**33495**	**890021**
东城区	461	850	18454	542	999	21410	653	1325	36378
西城区	250	388	7294	535	983	20049	1812	3711	99211
朝阳区	208	380	10059	836	1746	46086	3690	7859	216062
丰台区	125	213	6300	189	436	10761	2424	5107	139953
石景山区	169	311	6254	264	523	12481	814	1695	44225
海淀区	303	572	17005	582	1295	33823	3613	8119	215912
门头沟区		1	28	7	16	467	100	304	7100
房山区	2	10	136	79	230	5550	218	953	21719
通州区	1	1	17				441	1035	30014
顺义区				46	103	2253	349	1100	23476
昌平区	20	25	323	60	153	2392	301	499	8741
大兴区				70	226	5063	419	1028	26164
怀柔区	4	6	74	19	43	716	188	442	10035
平谷区	8	15	458	21	65	2155	114	316	11032

11-6a 续表 2

单位：户、间、平方米

地 区	1990-1999年			2000-2009年			2010年以后		
	户数	间数	面积	户数	间数	面积	户数	间数	面积
全 市	**20686**	**44532**	**1426238**	**33923**	**79042**	**3282090**	**10085**	**20478**	**697185**
东城区	795	1663	49543	1420	2742	101304	56	109	1699
西城区	1927	3578	118240	1794	3805	159831	61	93	1320
朝阳区	4621	9628	311371	7775	17673	756846	2682	4109	110969
丰台区	3283	6409	196212	4888	11017	482269	1408	3442	122257
石景山区	848	1809	57087	794	1774	74383	269	499	19358
海淀区	3953	9156	277064	6311	16002	635793	1385	3124	119494
门头沟区	336	754	24484	336	746	30544	108	217	7224
房山区	692	1888	63942	1146	2806	110526	535	2031	74634
通州区	892	1987	73437	1532	3269	147344	291	526	23997
顺义区	668	1451	50587	1013	2616	99896	182	450	14843
昌平区	997	2244	79174	3728	8484	350185	1351	2439	75111
大兴区	1004	2041	67783	2471	6119	262289	1515	2738	106586
怀柔区	467	1286	36417	325	876	26808	151	446	11794
平谷区	204	638	20898	392	1112	44071	91	255	7898

11-6b 各地区家庭户按住房建成时间分的住房状况(镇)

单位：户、间、平方米

地 区	合 计			1949年以前			1949-1959年		
	户数	间数	面积	户数	间数	面积	户数	间数	面积
全 市	**6812**	**19152**	**591170**	**6**	**21**	**463**	**10**	**26**	**601**
朝阳区									
丰台区	144	265	11041						
海淀区									
门头沟区	358	856	32072	1	6	207	2	3	40
房山区	631	2509	60154	1	4	66	5	18	427
通州区	951	2451	79955						
顺义区	487	1280	40535						
昌平区	1434	3044	118044						
大兴区	311	1970	40359						
怀柔区	121	374	7892						
平谷区	271	1009	27082						
密云区	1327	3122	109334	1	2	81	2	4	119
延庆区	778	2272	64703	2	8	108		1	15

11-6b 续表 1

单位：户、间、平方米

地 区	1960-1969年			1970-1979年			1980-1989年		
	户数	间数	面积	户数	间数	面积	户数	间数	面积
全 市	**130**	**335**	**5437**	**353**	**1019**	**22376**	**1104**	**4168**	**99479**
朝阳区									
丰台区									
海淀区									
门头沟区	38	61	1301	42	100	2761	31	106	4359
房山区	74	233	2805	74	276	5193	208	756	16170
通州区	4	13	334	26	90	2113	157	635	15012
顺义区				8	35	1381	87	259	8109
昌平区	5	9	364	8	13	429	132	424	12791
大兴区				1	9	168	79	691	12285
怀柔区				40	128	2395	14	73	882
平谷区	2	5	235	9	29	792	88	334	8796
密云区	6	12	357	65	136	2656	160	411	11511
延庆区	1	2	39	82	202	4488	149	479	9565

11-6b 续表 2

单位：户、间、平方米

地 区	1990-1999年			2000-2009年			2010年以后		
	户数	间数	面积	户数	间数	面积	户数	间数	面积
全 市	**1462**	**4279**	**126816**	**2436**	**6113**	**216109**	**1311**	**3192**	**119890**
朝阳区									
丰台区							144	265	11041
海淀区									
门头沟区	22	83	3515	56	184	7806	167	314	12084
房山区	81	399	10219	67	348	9013	120	475	16261
通州区	198	558	16862	429	795	25005	137	360	20628
顺义区	69	219	7887	272	614	19646	52	152	3513
昌平区	122	319	13909	800	1653	71586	366	626	18965
大兴区	102	473	7629	43	507	8087	86	290	12190
怀柔区	47	103	2822	17	53	1571	3	16	222
平谷区	64	239	5727	81	271	8325	27	131	3207
密云区	436	982	30288	480	1151	46027	176	424	18295
延庆区	322	904	27958	189	536	19043	32	140	3485

11-6c 各地区家庭户按住房建成时间分的住房状况(乡村)

单位：户、间、平方米

地 区	合 计			1949年以前			1949-1959年		
	户数	间数	面积	户数	间数	面积	户数	间数	面积
全 市	**13778**	**59555**	**1459135**	**33**	**107**	**2883**	**67**	**259**	**5317**
朝阳区	132	639	11922						
丰台区	61	163	7531						
海淀区	357	1523	55455						
门头沟区	274	838	20403	1	3	39	4	11	219
房山区	1471	7358	191955	2	9	180	4	13	221
通州区	2230	9491	211862	1	4	88	4	26	526
顺义区	2243	7798	181777	4	17	1007	8	27	714
昌平区	1603	4755	139846	2	4	134	1	2	134
大兴区	1758	13593	306266						
怀柔区	647	2440	61039	1	1	36	4	13	344
平谷区	922	3353	96407	5	10	354	8	19	596
密云区	1214	4191	89841	10	34	599	23	110	1854
延庆区	865	3413	84831	8	24	447	10	39	710

11-6c 续表 1

单位：户、间、平方米

地 区	1960-1969年			1970-1979年			1980-1989年		
	户数	间数	面积	户数	间数	面积	户数	间数	面积
全 市	**183**	**682**	**14611**	**738**	**2988**	**65422**	**2960**	**12303**	**298043**
朝阳区							1	3	47
丰台区	1	2	128	2	8	363	5	16	951
海淀区				9	44	1310	56	269	8730
门头沟区	10	22	607	13	28	600	73	210	4636
房山区	21	70	1691	84	320	7242	425	1790	44571
通州区	7	49	763	113	531	10349	414	1726	35985
顺义区	39	173	3621	118	440	9118	474	1688	39417
昌平区	21	60	1222	56	162	2926	153	495	14255
大兴区	12	86	2092	69	573	13939	254	2358	56294
怀柔区	7	22	453	45	133	3237	152	494	12486
平谷区	14	38	1054	47	136	4211	330	1136	33185
密云区	35	108	2004	98	301	5904	368	1067	24324
延庆区	16	52	974	85	311	6224	253	1050	23163

11-6c 续表 2

单位：户、间、平方米

地 区	1990-1999年			2000-2009年			2010年以后		
	户数	间数	面积	户数	间数	面积	户数	间数	面积
全 市	**2949**	**13692**	**331197**	**4183**	**18981**	**461804**	**2665**	**10543**	**279858**
朝阳区	50	267	4799	67	344	6601	14	26	475
丰台区	18	40	1974	22	65	2385	13	32	1731
海淀区	136	622	23310	136	510	19720	20	78	2385
门头沟区	40	107	2795	58	204	5578	73	252	5930
房山区	379	1853	44312	244	1639	43237	310	1664	50500
通州区	543	2341	53539	810	3408	76847	337	1407	33765
顺义区	480	1757	43594	668	2297	51979	453	1398	32329
昌平区	186	596	21196	618	1998	57539	566	1437	42441
大兴区	314	3069	64236	814	5650	124452	296	1856	45254
怀柔区	134	516	12694	176	733	17458	129	527	14331
平谷区	222	855	23095	171	640	18599	125	518	15311
密云区	311	1129	23307	218	843	18228	152	602	13619
延庆区	135	540	12346	181	651	19180	177	746	21787

11-7 各地区家庭户住房设施状况

单位：户

地 区	合 计	住房内有无厨房			住房内有无厕所				
		本户独立使用	本户与其他户合用	无	独立使用抽水/冲水式	合用抽水/冲水式	独立使用其他样式	合用其他样式	无
全 市	**107644**	**91948**	**3016**	**12680**	**84180**	**2823**	**3715**	**2912**	**14014**
东城区	4731	3698	219	814	2958	216	9	107	1442
西城区	6753	5692	235	826	5323	235	9	95	1091
朝阳区	20174	17010	395	2769	16998	249	122	220	2585
丰台区	12820	11196	279	1345	11021	431	54	274	1040
石景山区	3244	2891	34	319	2792	89		10	352
海淀区	16991	14845	493	1652	14484	368	35	253	1851
门头沟区	1554	1349	18	188	1163	36	43	7	305
房山区	4773	4140	37	596	2905	30	625	188	1024
通州区	6417	5666	269	482	4681	109	555	282	789
顺义区	4988	3829	240	918	3137	266	428	603	552
昌平区	9522	7887	437	1198	7725	450	237	232	878
大兴区	7549	6295	187	1066	5396	138	431	269	1315
怀柔区	1922	1752	32	137	1482	59	119	157	105
平谷区	2023	1896	28	100	1568	87	307	42	19
密云区	2541	2292	92	156	1570	56	531	139	245
延庆区	1644	1510	20	113	977	4	209	33	421

11-7a 各地区家庭户住房设施状况(城市)

单位：户

地 区	合 计	住房内有无厨房			住房内有无厕所				
		本户独立使用	本户与其他户合用	无	独立使用抽水/冲水式	合用抽水/冲水式	独立使用其他样式	合用其他样式	无
全 市	**87054**	**75001**	**2206**	**9847**	**72766**	**2140**	**557**	**1601**	**9990**
东城区	4731	3698	219	814	2958	216	9	107	1442
西城区	6753	5692	235	826	5323	235	9	95	1091
朝阳区	20042	16935	371	2736	16955	249	120	158	2561
丰台区	12616	10998	278	1339	10836	431	40	273	1036
石景山区	3244	2891	34	319	2792	89		10	352
海淀区	16634	14531	488	1615	14199	362	31	232	1810
门头沟区	921	814	8	99	744	10	5	5	157
房山区	2671	2430	22	219	2200	7	133	151	180
通州区	3237	3177	29	30	3175	29	1	2	30
顺义区	2257	2054	44	160	1927	11	102	206	12
昌平区	6485	5328	273	884	5505	294	10	78	599
大兴区	5479	4666	162	652	4504	99	50	110	716
怀柔区	1154	1056	18	80	931	49	29	141	4
平谷区	831	731	24	75	718	59	17	34	2

11-7b 各地区家庭户住房设施状况(镇)

单位：户

地　区	合　计	住房内有无厨房			住房内有无厕所				
		本　户独立使用	本户与其他户合用	无	独立使用抽水/冲水式	合用抽水/冲水式	独立使用其他样式	合　用其他样式	无
全　市	**6812**	**5888**	**284**	**640**	**4689**	**99**	**560**	**541**	**923**
朝阳区									
丰台区	144	144			144				
海淀区									
门头沟区	358	338		20	288	15			56
房山区	631	519	1	110	346	6	72	1	206
通州区	951	659	141	150	437	4	98	155	256
顺义区	487	342	36	109	206	7	67	203	5
昌平区	1434	1339	19	75	1237	4	64	29	100
大兴区	311	245	7	59	213	26	1	13	58
怀柔区	121	116		5	108		12		
平谷区	271	261	2	8	204	2	60	4	1
密云区	1327	1204	77	46	959	35	150	126	57
延庆区	778	721		58	548		35	12	184

11-7c 各地区家庭户住房设施状况(乡村)

单位：户

地　区	合　计	住房内有无厨房			住房内有无厕所				
		本　户独立使用	本户与其他户合用	无	独立使用抽水/冲水式	合用抽水/冲水式	独立使用其他样式	合　用其他样式	无
全　市	**13778**	**11058**	**526**	**2193**	**6725**	**584**	**2597**	**769**	**3102**
朝阳区	132	75	24	33	43		2	62	25
丰台区	61	54		6	41		15	1	4
海淀区	357	314	6	37	285	6	3	21	42
门头沟区	274	196	10	69	132	12	37	2	92
房山区	1471	1191	13	266	359	17	419	37	638
通州区	2230	1829	99	302	1069	76	456	126	502
顺义区	2243	1433	161	649	1005	248	260	195	536
昌平区	1603	1220	144	239	984	152	163	125	179
大兴区	1758	1385	18	356	678	13	379	146	542
怀柔区	647	580	14	53	443	10	77	16	101
平谷区	922	903	2	17	646	25	231	4	16
密云区	1214	1088	15	110	611	22	380	13	188
延庆区	865	789	20	56	429	3	175	21	237

11-8 各地区家庭户按住房来源分的户数

单位：户

地　区	合　计	购买新建商品房	购　买二手房	购买原公有住房	购买经济适用房、两限房	自建住房	租赁廉租房、公租房	租　赁其他住房	其　他
全　市	**107644**	**17614**	**7510**	**19044**	**6921**	**16031**	**4733**	**29470**	**6320**
东城区	4731	349	225	1264	491	77	1003	1099	222
西城区	6753	560	466	2452	326	109	864	1604	372
朝阳区	20174	3154	1649	4518	1794	721	750	6383	1206
丰台区	12820	2842	919	2693	931	590	594	3414	837
石景山区	3244	456	309	1077	245	91	70	831	164
海淀区	16991	2484	913	5112	1339	584	717	4693	1149
门头沟区	1554	228	71	226	224	465	15	265	60
房山区	4773	659	278	503	20	2249	149	629	285
通州区	6417	1381	421	342	18	1887	209	1436	724
顺义区	4988	874	335	145	72	1747	21	1617	176
昌平区	9522	1229	743	246	978	1397	152	4069	708
大兴区	7549	1958	648	234	480	1557	76	2483	112
怀柔区	1922	382	151	134	1	780	69	377	29
平谷区	2023	226	71	1	1	1362	4	168	191
密云区	2541	520	184	48		1439	4	298	48
延庆区	1644	311	128	49	1	978	35	104	38

11-8a 各地区家庭户按住房来源分的户数(城市)

单位：户

地　区	合　计	购买新建商品房	购　买二手房	购买原公有住房	购买经济适用房、两限房	自建住房	租赁廉租房、公租房	租　赁其他住房	其　他
全　市	**87054**	**16359**	**6983**	**18774**	**6780**	**3590**	**4484**	**24747**	**5337**
东城区	4731	349	225	1264	491	77	1003	1099	222
西城区	6753	560	466	2452	326	109	864	1604	372
朝阳区	20042	3153	1649	4518	1794	686	750	6287	1205
丰台区	12616	2842	919	2693	931	536	594	3360	739
石景山区	3244	456	309	1077	245	91	70	831	164
海淀区	16634	2484	913	5112	1339	353	717	4568	1149
门头沟区	921	198	67	201	86	142	14	179	35
房山区	2671	650	268	419	18	487	71	497	261
通州区	3237	1306	383	341	18		166	537	485
顺义区	2257	852	313	145	72	127	18	597	132
昌平区	6485	1037	627	223	978	348	139	2802	330
大兴区	5479	1879	644	234	480	184	41	1910	106
怀柔区	1154	366	136	96		177	32	327	20
平谷区	831	226	64			273	3	149	115

11-8b 各地区家庭户按住房来源分的户数(镇)

单位：户

地　区	合　计	购买新建商品房	购　买二手房	购买原公有住房	购买经济适用房、两限房	自建住房	租赁廉租房、公租房	租　赁其他住房	其　他
全　市	**6812**	**1163**	**456**	**267**	**138**	**2143**	**154**	**1710**	**781**
朝阳区									
丰台区	144							47	97
海淀区									
门头沟区	358	24	4	25	138	111	1	55	
房山区	631	1	4	85		453	73	13	2
通州区	951	29	31			287	4	408	191
顺义区	487	18	10	1		190		239	29
昌平区	1434	192	111	24		251	1	488	368
大兴区	311	79	2			126	2	102	
怀柔区	121	8	7	37		25	36	6	2
平谷区	271		1			212		11	46
密云区	1327	516	178	48		275	2	262	45
延庆区	778	295	107	48		214	34	81	

11-8c 各地区家庭户按住房来源分的户数(乡村)

单位：户

地　区	合　计	购买新建商品房	购　买二手房	购买原公有住房	购买经济适用房、两限房	自建住房	租赁廉租房、公租房	租　赁其他住房	其　他
全　市	**13778**	**92**	**71**	**3**	**4**	**10298**	**94**	**3013**	**203**
朝阳区	132	1				35		96	1
丰台区	61					53		7	
海淀区	357					232		126	
门头沟区	274	6				212		31	26
房山区	1471	7	5		1	1309	5	120	22
通州区	2230	46	7	1		1599	38	492	47
顺义区	2243	4	11			1430	3	780	14
昌平区	1603		4			798	11	779	10
大兴区	1758		2			1247	33	471	6
怀柔区	647	8	8	1	1	577	1	44	7
平谷区	922		6	1	1	877	1	8	30
密云区	1214	4	6			1164	1	36	2
延庆区	865	16	21	1	1	764	1	23	38

11-9 全市按户主的受教育程度、住房来源分的家庭户户数

单位：户

受教育程度	合 计	购买新建商品房	购买二手房	购买原公有住房	购买经济适用房、两限房	自建住房	租赁廉租房、公租房	租赁其他住房	其 他
总 计	**106091**	**17501**	**7411**	**18546**	**6837**	**15820**	**4578**	**29163**	**6236**
未上过学	1924	129	31	376	63	721	131	347	126
小 学	8624	624	171	1438	258	3058	386	2158	531
初 中	30366	2485	803	3782	912	8890	1338	10095	2060
普通高中	16059	2207	817	3245	1050	1788	1164	4716	1073
中 职	6336	923	366	1605	475	566	286	1662	452
大学专科	14587	3147	1155	2997	1361	528	549	3999	851
大学本科	21483	6002	2613	4137	2097	264	536	4856	979
研 究 生	6712	1984	1454	965	621	6	188	1330	164

11-9a 全市按户主的受教育程度、住房来源分的家庭户户数(城市)

单位：户

受教育程度	合 计	购买新建商品房	购买二手房	购买原公有住房	购买经济适用房、两限房	自建住房	租赁廉租房、公租房	租赁其他住房	其 他
总 计	**85709**	**16253**	**6888**	**18280**	**6696**	**3549**	**4331**	**24456**	**5257**
未上过学	1184	117	25	365	56	95	127	300	99
小 学	5367	565	142	1416	245	526	367	1684	422
初 中	19565	2190	663	3673	873	1839	1192	7541	1593
普通高中	13553	1979	724	3196	1016	538	1130	4024	945
中 职	5317	813	323	1576	462	161	263	1340	379
大学专科	13444	2925	1068	2967	1341	243	531	3621	749
大学本科	20646	5704	2507	4124	2084	145	532	4642	910
研 究 生	6634	1959	1437	964	618	2	188	1306	161

11-9b 全市按户主的受教育程度、住房来源分的家庭户户数(镇)

单位：户

受教育程度	合计	购买新建商品房	购买二手房	购买原公有住房	购买经济适用房、两限房	自建住房	租赁廉租房、公租房	租赁其他住房	其他
总计	**6761**	**1156**	**453**	**263**	**137**	**2123**	**153**	**1699**	**777**
未上过学	175	11	5	11	7	99	3	20	20
小学	766	50	15	22	14	408	13	171	72
初中	3022	260	107	107	35	1236	77	835	364
普通高中	1005	209	86	48	34	230	26	259	112
中职	452	98	41	30	12	69	15	134	53
大学专科	654	209	80	31	21	54	14	159	87
大学本科	617	294	102	13	13	24	3	103	65
研究生	70	24	18	1	2	3		18	3

11-9c 全市按户主的受教育程度、住房来源分的家庭户户数(乡村)

单位：户

受教育程度	合计	购买新建商品房	购买二手房	购买原公有住房	购买经济适用房、两限房	自建住房	租赁廉租房、公租房	租赁其他住房	其他
总计	**13621**	**92**	**70**	**3**	**4**	**10149**	**94**	**3007**	**202**
未上过学	565	1	1			526	1	27	8
小学	2491	9	13	1		2124	6	303	37
初中	7779	34	33	2	4	5815	69	1719	103
普通高中	1502	18	8	1		1020	7	433	15
中职	567	12	3			336	8	189	20
大学专科	489	12	8			231	4	219	15
大学本科	220	5	4			95	1	112	4
研究生	8	1				1		6	1

11-10 全市按户主的职业、住房来源分的家庭户户数

单位：户

职 业	合 计	购买新建商品房	购买二手房	购买原公有住房	购买经济适用房、两限房	自建住房	租赁廉租房、公租房	租赁其他住房	其 他
总 计	**62195**	**10368**	**5280**	**5823**	**3662**	**8309**	**1895**	**23823**	**3036**
党的机关、国家机关、群众团体和社会组织、企事业单位负责人	3295	1110	362	342	162	272	51	844	153
专业技术人员	14605	3551	2081	2038	1255	570	442	4037	629
办事人员和有关人员	7925	1934	808	1135	850	709	267	1684	538
社会生产服务和生活服务人员	26435	3200	1722	1874	1194	3286	921	12796	1443
农、林、牧、渔业生产及辅助人员	2203	28	21	7	6	2014	12	85	29
生产制造及有关人员	7675	523	282	423	195	1452	201	4359	241
不便分类的其他从业人员	57	23	4	3	1	5	1	18	2

11-10a 全市按户主的职业、住房来源分的家庭户户数(城市)

单位：户

职 业	合 计	购买新建商品房	购买二手房	购买原公有住房	购买经济适用房、两限房	自建住房	租赁廉租房、公租房	租赁其他住房	其 他
总 计	**49455**	**9604**	**4949**	**5725**	**3597**	**1590**	**1712**	**19763**	**2516**
党的机关、国家机关、群众团体和社会组织、企事业单位负责人	2900	1073	353	341	158	55	49	753	118
专业技术人员	13500	3348	2000	2022	1243	183	434	3700	571
办事人员和有关人员	6994	1789	760	1122	839	245	257	1525	458
社会生产服务和生活服务人员	21168	2890	1574	1831	1164	800	852	10861	1195
农、林、牧、渔业生产及辅助人员	161	21	9	7	5	96	2	16	4
生产制造及有关人员	4681	460	248	398	187	210	118	2889	169
不便分类的其他从业人员	52	23	4	3	1	1	1	18	1

11-10b 全市按户主的职业、住房来源分的家庭户户数(镇)

单位：户

职业	合计	购买新建商品房	购买二手房	购买原公有住房	购买经济适用房、两限房	自建住房	租赁廉租房、公租房	租赁其他住房	其他
总计	**4277**	**715**	**294**	**95**	**63**	**1150**	**101**	**1449**	**409**
党的机关、国家机关、群众团体和社会组织、企事业单位负责人	154	29	8	1	3	43	1	38	31
专业技术人员	533	196	75	16	13	75	8	105	47
办事人员和有关人员	439	142	45	12	11	87	9	65	68
社会生产服务和生活服务人员	1930	284	132	41	29	480	44	718	202
农、林、牧、渔业生产及辅助人员	231	6	5		1	198		12	8
生产制造及有关人员	988	58	29	25	7	266	40	510	54
不便分类的其他从业人员	2					1			

11-10c 全市按户主的职业、住房来源分的家庭户户数(乡村)

单位：户

职业	合计	购买新建商品房	购买二手房	购买原公有住房	购买经济适用房、两限房	自建住房	租赁廉租房、公租房	租赁其他住房	其他
总计	**8464**	**49**	**38**	**3**	**1**	**5569**	**82**	**2611**	**110**
党的机关、国家机关、群众团体和社会组织、企事业单位负责人	241	8	1			174	1	53	4
专业技术人员	572	8	6			313	1	232	12
办事人员和有关人员	492	2	4	1		378	2	94	12
社会生产服务和生活服务人员	3338	26	15	1	1	2006	26	1217	46
农、林、牧、渔业生产及辅助人员	1811	1	7	1		1720	9	57	16
生产制造及有关人员	2006	5	5		1	976	43	959	18
不便分类的其他从业人员	4					3			1

11-11 全市按户主的职业分的家庭户住房状况

职 业	户 数 (户)	人 数 (人)	平均每户 住房间数 (间/户)	人均住房 建筑面积 (平方米/人)	人 均 住房间数 (间/人)
总 计	**62195**	**158014**	**2.37**	**30.01**	**0.93**
党的机关、国家机关、群众团体和社会组织、企事业单位负责人	3295	9301	2.63	36.28	0.93
专业技术人员	14605	37593	2.25	32.66	0.87
办事人员和有关人员	7925	21180	2.46	33.10	0.92
社会生产服务和生活服务人员	26435	64412	2.18	27.25	0.89
农、林、牧、渔业生产及辅助人员	2203	7014	5.36	41.05	1.68
生产制造及有关人员	7675	18373	2.18	23.32	0.91
不便分类的其他从业人员	57	140	2.18	33.01	0.89

11-11a 全市按户主的职业分的家庭户住房状况(城市)

职 业	户 数 (户)	人 数 (人)	平均每户 住房间数 (间/户)	人均住房 建筑面积 (平方米/人)	人 均 住房间数 (间/人)
总 计	**49455**	**122855**	**2.04**	**28.93**	**0.82**
党的机关、国家机关、群众团体和社会组织、企事业单位负责人	2900	8103	2.44	36.16	0.87
专业技术人员	13500	34700	2.18	32.46	0.85
办事人员和有关人员	6994	18463	2.28	32.54	0.87
社会生产服务和生活服务人员	21168	50220	1.88	25.71	0.79
农、林、牧、渔业生产及辅助人员	161	526	3.42	34.78	1.05
生产制造及有关人员	4681	10716	1.74	20.63	0.76
不便分类的其他从业人员	52	128	2.06	32.48	0.84

11-11b 全市按户主的职业分的家庭户住房状况(镇)

职业	户数(户)	人数(人)	平均每户住房间数(间/户)	人均住房建筑面积(平方米/人)	人均住房间数(间/人)
总计	**4277**	**11198**	**2.65**	**30.63**	**1.01**
党的机关、国家机关、群众团体和社会组织、企事业单位负责人	154	432	2.76	34.66	0.98
专业技术人员	533	1424	2.52	34.87	0.94
办事人员和有关人员	439	1226	2.74	35.02	0.98
社会生产服务和生活服务人员	1930	4946	2.53	30.17	0.99
农、林、牧、渔业生产及辅助人员	231	729	4.28	34.07	1.36
生产制造及有关人员	988	2435	2.52	25.11	1.02
不便分类的其他从业人员	2	5	2.73	44.66	1.02

11-11c 全市按户主的职业分的家庭户住房状况(乡村)

职业	户数(户)	人数(人)	平均每户住房间数(间/户)	人均住房建筑面积(平方米/人)	人均住房间数(间/人)
总计	**8464**	**23961**	**4.11**	**35.25**	**1.45**
党的机关、国家机关、群众团体和社会组织、企事业单位负责人	241	766	4.73	38.45	1.49
专业技术人员	572	1469	3.63	35.20	1.41
办事人员和有关人员	492	1491	4.71	38.47	1.55
社会生产服务和生活服务人员	3338	9245	3.86	34.05	1.39
农、林、牧、渔业生产及辅助人员	1811	5759	5.67	42.51	1.78
生产制造及有关人员	2006	5223	3.05	28.00	1.17
不便分类的其他从业人员	4	8	3.59	34.33	1.64

11-12 全市按户主职业、人均住房面积分的家庭户户数

单位：户

职　　业	合　计	人均住房面积(平方米)									
		8及以下	9-12	13-16	17-19	20-29	30-39	40-49	50-59	60-69	70及以上
总　计	**62195**	**7470**	**4874**	**5706**	**3372**	**13847**	**9197**	**6020**	**3712**	**2586**	**5412**
党的机关、国家机关、群众团体和社会组织、企事业单位负责人	3295	123	128	170	161	751	613	446	263	214	426
专业技术人员	14605	524	633	1118	920	3682	2584	1885	1072	709	1477
办事人员和有关人员	7925	377	333	542	477	2013	1444	934	625	398	782
社会生产服务和生活服务人员	26435	4523	2572	2790	1387	5506	3340	2042	1318	950	2006
农、林、牧、渔业生产及辅助人员	2203	32	73	159	69	452	439	297	185	158	338
生产制造及有关人员	7675	1887	1131	923	354	1426	769	412	247	156	371
不便分类的其他从业人员	57	4	3	5	5	16	8	4	1	1	11

11-12a 全市按户主职业、人均住房面积分的家庭户户数(城市)

单位：户

职　　业	合　计	人均住房面积(平方米)									
		8及以下	9-12	13-16	17-19	20-29	30-39	40-49	50-59	60-69	70及以上
总　计	**49455**	**6361**	**3756**	**4258**	**2894**	**11210**	**7234**	**4740**	**2918**	**2008**	**4077**
党的机关、国家机关、群众团体和社会组织、企事业单位负责人	2900	109	107	142	150	656	547	401	234	184	369
专业技术人员	13500	449	555	1013	884	3454	2405	1740	991	667	1342
办事人员和有关人员	6994	339	291	469	446	1797	1264	827	549	345	666
社会生产服务和生活服务人员	21168	4003	2078	2125	1190	4444	2546	1548	1017	725	1492
农、林、牧、渔业生产及辅助人员	161	9	4	9	2	42	40	17	11	8	18
生产制造及有关人员	4681	1449	717	496	217	801	425	204	114	79	179
不便分类的其他从业人员	52	4	3	4	5	15	6	3	1		10

11-12b　全市按户主职业、人均住房面积分的家庭户户数(镇)

单位：户

职　　业	合　计	人均住房面积(平方米)									
		8及以下	9-12	13-16	17-19	20-29	30-39	40-49	50-59	60-69	70及以上
总　计	**4277**	**396**	**311**	**519**	**156**	**1012**	**677**	**465**	**250**	**125**	**365**
党的机关、国家机关、群众团体和社会组织、企事业单位负责人	154	5	4	7	5	50	21	23	13	5	20
专业技术人员	533	13	12	31	22	140	96	95	47	16	61
办事人员和有关人员	439	9	13	25	20	110	107	59	31	20	45
社会生产服务和生活服务人员	1930	187	143	269	76	448	291	197	101	57	160
农、林、牧、渔业生产及辅助人员	231	3	10	14	7	57	57	30	23	11	19
生产制造及有关人员	988	179	129	173	26	207	104	61	35	15	59
不便分类的其他从业人员	2									1	

11-12c　全市按户主职业、人均住房面积分的家庭户户数(乡村)

单位：户

职　　业	合　计	人均住房面积(平方米)									
		8及以下	9-12	13-16	17-19	20-29	30-39	40-49	50-59	60-69	70及以上
总　计	**8464**	**713**	**807**	**928**	**322**	**1625**	**1286**	**815**	**544**	**453**	**970**
党的机关、国家机关、群众团体和社会组织、企事业单位负责人	241	9	17	21	5	45	45	22	16	24	37
专业技术人员	572	62	66	73	15	87	83	49	35	27	74
办事人员和有关人员	492	29	29	48	10	106	73	49	44	34	71
社会生产服务和生活服务人员	3338	334	351	397	120	615	502	297	200	168	354
农、林、牧、渔业生产及辅助人员	1811	19	59	137	60	354	342	251	150	139	301
生产制造及有关人员	2006	260	285	253	111	418	240	147	99	62	132
不便分类的其他从业人员	4					1	1	1			1

11-13 各地区按住房来源分的同时拥有厨房和厕所的家庭户户数比重

单位：%

地 区	合 计	购买新建商品房	购买二手房	购买原公有住房	购买经济适用房、两限房	自建住房	租赁廉租房、公租房	租赁其他住房	其 他
全 市	**80.58**	**99.93**	**99.39**	**98.72**	**99.58**	**76.49**	**54.49**	**52.22**	**90.96**
东城区	62.52	99.77	94.93	92.71	96.19	23.40	25.83	39.21	19.41
西城区	78.73	99.69	99.26	99.16	100.00	12.70	30.04	62.31	71.30
朝阳区	82.86	99.94	99.89	99.52	99.90	78.81	84.49	50.82	98.02
丰台区	86.18	99.95	99.85	99.54	99.71	72.20	72.75	60.36	90.98
石景山区	85.98	100.00	100.00	96.35	100.00	52.59	93.27	57.26	92.56
海淀区	85.01	99.94	99.83	99.36	99.88	80.84	67.83	55.09	94.82
门头沟区	77.06	100.00	97.35	93.76	100.00	60.19	53.13	45.71	92.85
房山区	72.99	99.89	98.13	100.00	96.23	61.67	49.75	48.44	92.66
通州区	81.10	100.00	99.62	100.00	100.00	79.62	71.39	47.41	98.31
顺义区	70.13	100.00	99.07	100.00	100.00	80.85	34.84	30.58	91.08
昌平区	80.10	99.74	99.86	100.00	99.67	87.49	57.45	60.18	96.03
大兴区	76.69	100.00	99.84	100.00	100.00	78.26	49.70	45.23	80.64
怀柔区	82.08	99.86	99.20	100.00	100.00	82.71	100.00	45.78	88.10
平谷区	91.51	100.00	99.34	100.00	100.00	95.60	65.88	35.19	99.51
密云区	82.30	100.00	98.83	84.27		81.38	60.63	43.37	95.45
延庆区	70.02	99.84	93.51	94.02	100.00	59.03	13.87	56.61	87.01

11-13a 各地区按住房来源分的同时拥有厨房和厕所的家庭户户数比重(城市)

单位：%

地 区	合 计	购买新建商品房	购买二手房	购买原公有住房	购买经济适用房、两限房	自建住房	租赁廉租房、公租房	租赁其他住房	其 他
全 市	**83.17**	**99.93**	**99.64**	**98.82**	**99.59**	**73.64**	**56.11**	**55.78**	**90.54**
东城区	62.52	99.77	94.93	92.71	96.19	23.40	25.83	39.21	19.41
西城区	78.73	99.69	99.26	99.16	100.00	12.70	30.04	62.31	71.30
朝阳区	83.18	99.94	99.89	99.52	99.90	77.81	84.49	51.44	98.07
丰台区	86.00	99.95	99.85	99.54	99.71	69.57	72.75	59.90	89.80
石景山区	85.98	100.00	100.00	96.35	100.00	52.59	93.27	57.26	92.56
海淀区	85.10	99.94	99.83	99.36	99.88	71.56	67.83	55.10	94.82
门头沟区	81.17	100.00	99.30	98.83	100.00	53.31	50.00	46.07	98.65
房山区	86.58	99.89	99.73	100.00	100.00	77.79	94.85	50.81	99.72
通州区	97.70	100.00	100.00	100.00	100.00		88.14	90.89	98.76
顺义区	89.69	100.00	99.46	100.00	100.00	95.36	36.36	64.98	96.82
昌平区	80.30	99.69	99.83	100.00	99.67	81.85	56.92	59.77	94.16
大兴区	82.82	100.00	99.84	100.00	100.00	61.71	92.31	55.45	85.15
怀柔区	82.34	99.86	100.00	100.00		91.25	100.00	42.88	94.87
平谷区	87.07	100.00	99.27			98.47	71.43	32.40	99.19

11-13b 各地区按住房来源分的同时拥有厨房和厕所的家庭户户数比重(镇)

单位：%

地　区	合　计	购买新建商品房	购买二手房	购买原公有住房	购买经济适用房、两限房	自建住房	租赁廉租房、公租房	租赁其他住房	其　他
全　市	**76.29**	**100.00**	**97.63**	**92.21**	**100.00**	**76.43**	**32.18**	**43.66**	**98.70**
朝阳区									
丰台区	100.00							100.00	100.00
海淀区									
门头沟区	79.95	100.00	66.67	53.70	100.00	74.58	100.00	44.44	
房山区	64.64	100.00	33.33	100.00		68.13	6.06	58.82	
通州区	55.91	100.00	97.22			63.28	20.00	24.79	98.65
顺义区	53.97	100.00	100.00	100.00		94.25		10.88	100.00
昌平区	90.58	100.00	100.00	100.00		98.29	100.00	73.85	99.13
大兴区	68.24	100.00	100.00			91.67		15.46	
怀柔区	96.14	100.00	100.00	100.00		81.63	100.00	100.00	100.00
平谷区	96.22		100.00			98.03	100.00	43.48	100.00
密云区	83.36	100.00	98.78	84.27		79.72	100.00	41.53	95.24
延庆区	73.39	100.00	96.77	96.91		35.86	11.43	56.97	

11-13c 各地区按住房来源分的同时拥有厨房和厕所的家庭户户数比重(乡村)

单位：%

地　区	合　计	购买新建商品房	购买二手房	购买原公有住房	购买经济适用房、两限房	自建住房	租赁廉租房、公租房	租赁其他住房	其　他
全　市	**66.32**	**99.47**	**86.22**	**55.83**	**79.13**	**77.50**	**14.11**	**27.85**	**72.18**
朝阳区	34.03	100.00				98.41		10.40	
丰台区	88.89					98.73		18.18	
海淀区	80.78					94.97		54.63	
门头沟区	59.48	100.00				57.27		45.83	85.00
房山区	51.86	100.00	71.43		50.00	53.44	42.86	37.50	17.24
通州区	67.74	100.00	88.89	100.00		82.56	3.85	18.72	92.31
顺义区	53.96	100.00	87.50			77.78	25.00	10.29	20.00
昌平区	69.87		100.00			86.55	60.00	53.08	44.44
大兴区	59.10		100.00			79.35		10.25	
怀柔区	79.01	100.00	84.62	100.00	100.00	80.13	100.00	60.27	66.67
平谷区	94.14		100.00	100.00	100.00	94.13		75.00	100.00
密云区	81.13	100.00	100.00			81.77		56.86	100.00
延庆区	66.99	96.88	77.27		100.00	65.50	100.00	55.32	87.01

11-14 各地区按拥有家用汽车情况分的家庭户户数

单位：户

地　区	合　计	100万元以上	50万－100万元	30万－50万元	20万－30万元	10万－20万元	10万元以下	没有汽车
全　市	**107644**	**344**	**1323**	**3166**	**7201**	**18940**	**11474**	**65195**
东城区	4731	5	27	93	300	645	265	3396
西城区	6753	17	91	260	511	1111	440	4323
朝阳区	20174	104	346	774	1488	3557	1498	12408
丰台区	12820	45	150	402	978	2455	984	7806
石景山区	3244	3	20	55	174	569	295	2127
海淀区	16991	70	297	749	1781	3496	1241	9357
门头沟区	1554	1	10	28	60	243	226	987
房山区	4773	4	19	58	162	771	947	2812
通州区	6417	8	49	128	327	1167	848	3889
顺义区	4988	11	37	93	229	883	856	2879
昌平区	9522	25	118	200	536	1710	1069	5865
大兴区	7549	42	131	256	452	1409	1298	3960
怀柔区	1922	3	13	22	72	278	370	1163
平谷区	2023	2	6	22	49	255	414	1275
密云区	2541	3	9	20	56	244	369	1841
延庆区	1644		1	6	25	148	355	1108

11-14a 各地区按拥有家用汽车情况分的家庭户户数(城市)

单位：户

地　区	合　计	100万元以上	50万－100万元	30万－50万元	20万－30万元	10万－20万元	10万元以下	没有汽车
全　市	**87054**	**330**	**1249**	**2994**	**6720**	**16476**	**7532**	**51754**
东城区	4731	5	27	93	300	645	265	3396
西城区	6753	17	91	260	511	1111	440	4323
朝阳区	20042	104	346	774	1486	3538	1463	12332
丰台区	12616	44	147	398	964	2420	960	7682
石景山区	3244	3	20	55	174	569	295	2127
海淀区	16634	69	295	742	1762	3415	1171	9179
门头沟区	921		7	24	46	179	128	538
房山区	2671	4	15	52	140	568	456	1437
通州区	3237	7	38	93	258	704	332	1805
顺义区	2257	9	28	75	161	553	345	1086
昌平区	6485	23	96	154	441	1263	585	3922
大兴区	5479	41	125	242	380	1129	731	2831
怀柔区	1154	3	11	18	58	225	203	637
平谷区	831	1	4	15	37	156	158	459

11-14b 各地区按拥有家用汽车情况分的家庭户户数(镇)

单位：户

地　区	合　计	100万元以　上	50万-100万元	30万-50万元	20万-30万元	10万-20万元	10万元以　下	没有汽车
全　市	**6812**	**9**	**45**	**96**	**260**	**1032**	**1113**	**4257**
朝阳区								
丰台区	144	1	3	4	12	25	8	91
海淀区								
门头沟区	358		3	2	13	48	47	245
房山区	631		1	4	4	52	126	445
通州区	951	1	6	14	26	149	106	649
顺义区	487	2	2	5	23	81	92	284
昌平区	1434	1	19	36	80	276	192	828
大兴区	311	1	2	6	25	64	71	141
怀柔区	121		1		4	7	18	92
平谷区	271		1	4	4	22	64	176
密云区	1327	3	7	16	48	192	217	843
延庆区	778		1	4	22	117	171	463

11-14c 各地区按拥有家用汽车情况分的家庭户户数(乡村)

单位：户

地　区	合　计	100万元以　上	50万-100万元	30万-50万元	20万-30万元	10万-20万元	10万元以　下	没有汽车
全　市	**13778**	**5**	**30**	**76**	**222**	**1432**	**2828**	**9184**
朝阳区	132				2	19	35	76
丰台区	61				2	10	16	33
海淀区	357	1	2	7	19	80	70	178
门头沟区	274	1	1	1	1	15	51	204
房山区	1471		4	3	19	151	364	929
通州区	2230	1	5	21	43	314	410	1435
顺义区	2243		7	14	45	250	419	1509
昌平区	1603	1	2	9	15	170	292	1115
大兴区	1758		4	8	47	216	495	988
怀柔区	647		1	5	11	46	149	434
平谷区	922	1	1	3	8	77	192	640
密云区	1214		2	4	8	52	151	998
延庆区	865			2	3	31	184	644

12 迁移和户口登记地

12-1 全市按现住地、户口登记地、性别分的户口登记地在外乡镇街道的人口

单位：人

现住地	户口登记地					
	合计			省内		
				省内		
	合计	男	女	合计	男	女
全市	**180600**	**96515**	**84086**	**61472**	**30099**	**31373**
东城区	4696	2372	2324	1636	781	855
西城区	8516	4216	4300	3302	1530	1772
朝阳区	38935	21642	17293	11599	5745	5854
丰台区	19609	9679	9930	8354	4064	4289
石景山区	5882	3022	2860	2602	1346	1256
海淀区	29383	15903	13479	8389	4079	4310
门头沟区	1772	888	884	1053	543	510
房山区	6001	3247	2753	2440	1229	1211
通州区	11821	6145	5676	3729	1735	1994
顺义区	8372	4433	3939	3088	1395	1693
昌平区	22720	12477	10243	6605	3318	3288
大兴区	15502	8626	6876	4847	2541	2306
怀柔区	2849	1633	1216	1276	600	676
平谷区	1130	563	567	606	289	317
密云区	2154	1140	1014	1163	550	613
延庆区	1259	527	732	782	354	428

12-1 续表

单位：人

现住地	户口登记地								
	省内						省外		
	市区内人户分离			省内-市区内人户分离					
	合计	男	女	合计	男	女	合计	男	女
全市	**47441**	**22599**	**24842**	**14032**	**7501**	**6531**	**119128**	**66415**	**52713**
东城区	1419	663	756	217	117	100	3060	1592	1469
西城区	2707	1232	1475	595	298	297	5214	2686	2528
朝阳区	9508	4583	4925	2091	1162	929	27336	15897	11439
丰台区	7031	3318	3713	1323	747	576	11255	5615	5641
石景山区	2216	1090	1126	386	257	130	3280	1676	1604
海淀区	6686	3144	3541	1704	935	769	20993	11824	9169
门头沟区	865	429	436	188	114	75	719	345	374
房山区	1637	765	872	803	464	339	3560	2018	1542
通州区	2928	1327	1602	801	408	392	8092	4411	3682
顺义区	2148	928	1220	940	467	473	5283	3038	2245
昌平区	5265	2581	2683	1341	737	604	16115	9159	6955
大兴区	3904	2024	1880	943	518	426	10655	6085	4570
怀柔区	756	338	418	520	262	258	1573	1033	540
平谷区	371	177	194	235	113	122	524	274	250
密云区				1163	550	613	991	590	400
延庆区				782	354	428	477	173	304

12-2 全市按户口登记地年龄、性别分的户口登记地在外乡镇街道的人口

单位：人

年龄	户口登记地											
	合计			省内						省外		
				省内			其中：市区内人户分离					
	合计	男	女	小计	男	女	小计	男	女	小计	男	女
总计	**180600**	**96515**	**84086**	**61472**	**30099**	**31373**	**47441**	**22599**	**24842**	**119128**	**66415**	**52713**
0-4	**8066**	**4298**	**3768**	**3395**	**1772**	**1623**	**3190**	**1659**	**1531**	**4670**	**2526**	**2145**
0	808	422	385	348	183	165	325	170	155	459	239	220
1	2050	1120	929	881	477	405	818	439	379	1168	644	525
2	1781	964	818	707	377	330	667	354	313	1074	587	487
3	1859	976	883	791	388	403	742	361	381	1068	588	480
4	1568	815	753	668	348	320	637	334	303	900	468	432
5-9	**4651**	**2478**	**2173**	**1827**	**945**	**882**	**1694**	**873**	**820**	**2824**	**1533**	**1291**
5	1049	582	467	426	230	195	398	215	182	623	352	271
6	892	457	435	355	171	184	329	157	173	537	286	251
7	895	501	394	358	202	156	331	186	144	537	299	238
8	983	507	476	394	201	192	364	187	177	589	306	283
9	833	431	402	295	141	154	272	128	144	538	290	248
10-14	**3258**	**1808**	**1449**	**1516**	**799**	**717**	**1391**	**733**	**657**	**1741**	**1009**	**732**
10	818	444	374	348	177	171	319	159	160	470	267	203
11	752	417	335	290	149	141	265	140	125	462	268	194
12	521	283	239	213	112	101	191	101	90	308	170	138
13	617	356	261	356	204	152	328	187	141	261	152	109
14	549	308	241	309	156	153	288	147	142	240	151	88
15-19	**4865**	**2794**	**2072**	**1573**	**809**	**764**	**1278**	**647**	**631**	**3292**	**1985**	**1308**
15	387	240	147	196	104	92	175	92	83	191	136	55
16	510	297	213	216	112	105	179	95	84	293	185	108
17	863	532	331	300	193	107	214	121	93	563	339	224
18	1198	718	480	322	164	158	273	139	134	877	554	323
19	1907	1007	901	539	236	303	437	199	237	1368	771	598
20-24	**21444**	**12706**	**8738**	**4632**	**2578**	**2054**	**3686**	**2069**	**1617**	**16812**	**10128**	**6684**
20	4647	2536	2111	1656	786	870	1408	648	760	2991	1750	1241
21	4189	2612	1577	1094	674	420	950	595	355	3095	1938	1157
22	4231	2643	1588	744	493	251	592	405	187	3487	2151	1336
23	4128	2467	1661	591	358	232	405	262	144	3537	2109	1429
24	4249	2448	1801	548	267	281	330	159	171	3701	2181	1520
25-29	**30803**	**16172**	**14631**	**6217**	**2696**	**3521**	**3707**	**1528**	**2179**	**24586**	**13476**	**11110**
25	6301	3436	2865	923	413	510	557	237	320	5378	3023	2355
26	6275	3335	2940	1063	484	579	614	285	329	5212	2851	2361
27	6108	3176	2932	1357	575	782	807	327	480	4751	2601	2150
28	6419	3208	3211	1550	647	903	912	338	575	4869	2562	2308
29	5700	3017	2684	1324	577	747	817	342	475	4376	2439	1937

12-2 续表 1

单位：人

年龄	户口登记地											
	合计			省内						省外		
				省内			其中：市区内人户分离					
	合计	男	女	小计	男	女	小计	男	女	小计	男	女
30-34	**23923**	**12404**	**11519**	**6786**	**3153**	**3633**	**4491**	**1922**	**2569**	**17137**	**9251**	**7886**
30	4767	2492	2275	1215	577	638	771	343	428	3551	1915	1636
31	4569	2403	2166	1300	621	678	826	364	462	3270	1782	1487
32	4810	2489	2321	1437	661	776	952	395	557	3373	1828	1545
33	5421	2742	2678	1625	736	889	1122	464	658	3796	2006	1789
34	4356	2277	2079	1209	558	651	820	357	463	3147	1719	1428
35-39	**17602**	**9301**	**8301**	**5337**	**2572**	**2766**	**3698**	**1688**	**2010**	**12265**	**6729**	**5536**
35	4030	2098	1933	1257	602	655	890	404	486	2774	1496	1277
36	3886	2057	1830	1180	555	625	804	363	441	2706	1501	1205
37	3550	1874	1676	1052	539	513	730	359	371	2498	1335	1163
38	3023	1593	1430	991	474	517	679	303	377	2032	1119	912
39	3112	1679	1433	857	402	456	595	259	336	2255	1278	977
40-44	**16039**	**8689**	**7350**	**5052**	**2488**	**2564**	**3560**	**1666**	**1894**	**10987**	**6201**	**4785**
40	3056	1608	1448	813	378	434	560	250	310	2243	1229	1013
41	3110	1708	1402	923	465	458	680	335	345	2187	1244	944
42	3421	1841	1580	1144	568	576	786	367	419	2278	1274	1004
43	3226	1743	1483	1068	525	544	766	352	414	2157	1218	939
44	3226	1789	1437	1104	552	552	768	363	406	2122	1237	885
45-49	**13640**	**7646**	**5994**	**4763**	**2390**	**2372**	**3474**	**1667**	**1807**	**8877**	**5256**	**3621**
45	3276	1828	1448	1065	545	521	753	367	386	2211	1283	927
46	2922	1586	1336	1070	511	559	770	350	420	1851	1075	777
47	3050	1701	1348	1135	578	558	848	411	437	1914	1123	791
48	2158	1192	965	722	354	367	528	251	276	1436	838	598
49	2235	1338	896	770	402	367	575	288	287	1465	936	529
50-54	**10708**	**5860**	**4848**	**5150**	**2607**	**2542**	**4005**	**1935**	**2070**	**5558**	**3253**	**2306**
50	2280	1274	1006	847	427	420	611	290	321	1434	848	586
51	2330	1297	1033	1116	579	537	866	431	436	1214	718	496
52	2913	1596	1318	1503	743	761	1191	559	632	1410	853	557
53	1971	1089	883	969	512	457	757	393	365	1003	577	426
54	1213	604	608	715	347	368	579	263	316	498	258	240
55-59	**8101**	**4097**	**4004**	**4630**	**2327**	**2304**	**3875**	**1872**	**2003**	**3471**	**1771**	**1700**
55	1556	788	769	909	450	460	751	356	395	647	338	309
56	1417	772	645	862	480	381	698	381	317	555	291	264
57	1657	808	850	926	441	485	771	352	419	731	367	364
58	1819	921	898	1033	509	524	892	419	473	786	412	375
59	1652	810	842	900	447	454	763	364	399	751	363	389
60-64	**7110**	**3413**	**3697**	**3879**	**1882**	**1997**	**3358**	**1614**	**1743**	**3231**	**1531**	**1700**
60	1670	801	869	894	438	456	770	366	405	776	363	413
61	1534	758	776	824	413	411	714	357	357	710	345	365
62	1355	618	737	741	340	401	646	296	350	614	278	336
63	1413	697	716	767	361	406	669	309	361	646	336	310
64	1137	539	598	651	329	322	558	287	271	486	210	276

12-2 续表 2

单位：人

年 龄	户口登记地											
	合 计			省 内						省 外		
				省 内			其中：市区内人户分离					
	合计	男	女	小计	男	女	小计	男	女	小计	男	女
65-69	**4312**	**2090**	**2222**	**2433**	**1185**	**1248**	**2137**	**1019**	**1118**	**1878**	**905**	**974**
65	1123	534	589	632	305	327	557	265	292	491	229	262
66	968	484	484	512	257	255	434	215	219	456	227	229
67	766	369	397	472	226	246	426	204	222	294	144	151
68	796	385	412	440	212	228	396	187	209	356	172	184
69	658	318	341	378	185	193	323	147	176	280	133	148
70-74	**2314**	**1056**	**1259**	**1388**	**622**	**766**	**1233**	**545**	**688**	**926**	**434**	**492**
70	603	292	310	327	160	167	284	142	141	276	133	144
71	445	214	232	269	135	134	240	118	122	177	79	98
72	439	199	240	261	117	144	232	103	128	178	82	95
73	439	188	252	280	113	167	251	98	153	159	74	85
74	388	162	226	251	96	155	227	83	143	137	66	71
75-79	**1816**	**835**	**980**	**1289**	**564**	**726**	**1183**	**514**	**669**	**526**	**272**	**255**
75	400	184	216	258	110	148	233	100	133	142	74	68
76	356	167	189	238	99	138	221	93	128	119	68	51
77	368	179	189	262	124	138	235	108	127	106	55	51
78	370	162	209	292	122	170	272	113	159	79	40	39
79	320	143	177	240	108	131	222	100	123	81	35	46
80-84	**1174**	**539**	**635**	**943**	**420**	**523**	**862**	**377**	**485**	**231**	**119**	**112**
80	328	159	169	255	118	138	235	108	127	73	41	31
81	284	134	150	226	103	124	206	92	114	57	31	27
82	229	109	121	184	88	95	168	79	89	46	20	25
83	172	71	101	135	50	85	121	43	78	37	21	16
84	160	67	93	142	62	81	132	54	78	18	5	13
85-89	**548**	**234**	**314**	**461**	**201**	**260**	**432**	**188**	**244**	**87**	**33**	**54**
85	164	71	93	133	57	76	125	54	71	31	13	17
86	135	70	66	116	63	53	108	57	51	19	7	13
87	111	46	65	90	38	52	84	36	49	21	8	13
88	83	26	57	73	24	50	70	24	47	10	2	8
89	55	21	34	49	19	30	44	17	27	6	2	4
90-94	**177**	**71**	**106**	**160**	**66**	**94**	**149**	**62**	**88**	**17**	**4**	**12**
90	47	25	23	43	23	20	43	22	20	4	2	3
91	44	18	26	43	16	26	42	16	25	2	2	
92	29	7	23	23	7	16	21	6	15	6		6
93	32	14	18	29	13	16	25	13	13	3	1	2
94	24	7	17	22	7	15	19	4	14	2		2
95-99	**45**	**22**	**23**	**36**	**21**	**15**	**36**	**21**	**15**	**9**	**1**	**8**
95	15	5	10	14	5	9	14	4	9	1		1
96	14	2	11	7	2	5	7	2	5	7	1	6
97	7	6	1	7	6	1	7	6	1			
98	7	7		7	7		7	7				
99	4	2	2	2	2		2	2		2		2
100及以上	**3**	**1**	**2**	**2**	**1**	**2**	**2**	**1**	**2**	**1**		**1**

12-3 全市按现住地、性别分的户口登记地在外省的人口

单位：人

现住地	户口登记地											
	合计			北京			天津			河北		
	合计	男	女	小计	男	女	小计	男	女	小计	男	女
全市	**119128**	**66415**	**52713**				**1814**	**906**	**909**	**28269**	**15848**	**12420**
东城区	3060	1592	1469				27	13	14	725	422	303
西城区	5214	2686	2528				103	59	43	998	499	499
朝阳区	27336	15897	11439				461	213	248	5665	3333	2332
丰台区	11255	5615	5641				227	101	127	2779	1385	1394
石景山区	3280	1676	1604				44	16	28	820	424	395
海淀区	20993	11824	9169				316	163	153	4445	2457	1987
门头沟区	719	345	374				5	2	3	270	147	124
房山区	3560	2018	1542				20	8	12	1030	569	461
通州区	8092	4411	3682				117	54	64	1913	1045	868
顺义区	5283	3038	2245				53	31	21	1443	884	559
昌平区	16115	9159	6955				256	141	115	4258	2473	1785
大兴区	10655	6085	4570				134	68	65	2474	1330	1144
怀柔区	1573	1033	540				27	22	5	677	458	218
平谷区	524	274	250				13	8	5	184	89	95
密云区	991	590	400				7	4	3	394	239	155
延庆区	477	173	304				5	3	2	194	93	101

12-3 续表 1

单位：人

现住地	户口登记地											
	山西			内蒙古			辽宁			吉林		
	小计	男	女	小计	男	女	小计	男	女	小计	男	女
全市	**5640**	**3089**	**2551**	**3850**	**2044**	**1806**	**4658**	**2190**	**2468**	**3461**	**1738**	**1724**
东城区	182	93	89	80	38	42	115	50	65	99	64	36
西城区	259	148	111	157	73	84	244	106	138	158	72	87
朝阳区	1046	574	472	714	368	347	1139	530	609	735	372	364
丰台区	476	253	222	342	157	185	475	193	282	361	136	225
石景山区	134	68	66	116	55	61	165	73	92	106	55	51
海淀区	1107	615	492	811	515	296	766	361	406	617	324	293
门头沟区	31	15	16	25	9	16	30	9	21	13	3	10
房山区	199	106	93	94	43	51	124	66	58	109	59	49
通州区	379	208	171	304	160	144	411	201	210	246	126	120
顺义区	260	157	102	149	81	68	162	91	71	142	79	63
昌平区	999	538	461	721	378	344	620	305	315	541	267	274
大兴区	435	232	203	206	104	102	292	133	158	245	136	109
怀柔区	73	54	19	55	28	27	64	49	15	50	28	22
平谷区	20	8	12	18	9	8	13	4	9	8	3	5
密云区	27	14	13	33	15	18	24	14	10	24	13	10
延庆区	11	4	7	25	10	15	16	6	10	8	2	6

12-3　续表 2　　单位：人

现住地	户口登记地											
	黑龙江			上　海			江　苏			浙　江		
	小计	男	女	小计	男	女	小计	男	女	小计	男	女
全　市	**7116**	**3542**	**3574**	**362**	**214**	**149**	**2961**	**1881**	**1079**	**1845**	**1037**	**808**
东城区	187	82	105	14	5	9	69	38	31	56	30	26
西城区	294	110	184	28	11	17	125	80	46	75	44	31
朝阳区	1717	830	887	111	73	38	989	686	304	423	252	171
丰台区	724	324	400	31	17	14	316	176	140	459	247	213
石景山区	206	89	118	6	4	2	50	33	17	38	24	14
海淀区	979	514	465	83	57	26	417	249	168	293	179	114
门头沟区	52	25	27				10	4	6	2	1	1
房山区	174	89	85	1		1	66	42	24	12	6	6
通州区	656	334	323	15	10	5	214	125	88	109	61	48
顺义区	309	162	146	12	5	7	93	49	44	33	11	22
昌平区	966	522	444	26	11	15	307	187	120	119	56	63
大兴区	629	343	287	35	20	14	264	191	73	199	120	79
怀柔区	73	39	33				14	12	2	6	3	3
平谷区	53	32	21				7	4	2	1	1	
密云区	66	37	29				8	5	3	3	2	2
延庆区	30	10	20	1		1	11	1	10	16	2	14

12-3　续表 3　　单位：人

现住地	户口登记地											
	安　徽			福　建			江　西			山　东		
	小计	男	女	小计	男	女	小计	男	女	小计	男	女
全　市	**6232**	**3507**	**2726**	**1408**	**768**	**640**	**2345**	**1331**	**1014**	**10498**	**6247**	**4251**
东城区	264	127	137	37	16	21	87	46	41	219	117	102
西城区	309	174	135	144	78	66	83	43	40	439	236	203
朝阳区	1509	847	662	387	203	184	526	302	224	2052	1235	818
丰台区	654	332	322	219	131	88	283	158	125	785	411	374
石景山区	225	120	105	27	14	14	53	26	27	252	139	113
海淀区	1253	704	549	236	134	102	321	199	121	2210	1335	875
门头沟区	39	19	20	2		2	2		1	59	27	32
房山区	142	74	68	15	9	6	62	29	34	324	193	131
通州区	273	147	126	64	26	39	154	95	59	796	472	324
顺义区	305	183	122	47	23	24	82	38	44	481	282	199
昌平区	628	394	234	166	94	72	342	195	147	1567	980	587
大兴区	476	292	184	43	29	14	310	182	128	1030	623	407
怀柔区	51	31	20	9	7	2	11	6	5	105	75	30
平谷区	14	7	7	1	1		9	5	4	38	20	18
密云区	80	49	31	3	2	2	11	6	5	123	92	31
延庆区	9	5	4	7	1	7	10	2	8	19	10	8

12-3 续表 4

单位：人

现住地	户口登记地											
	河南			湖北			湖南			广东		
	小计	男	女	小计	男	女	小计	男	女	小计	男	女
全市	**15004**	**8843**	**6161**	**4939**	**2681**	**2258**	**2331**	**1278**	**1053**	**1163**	**667**	**496**
东城区	327	173	153	103	44	60	54	31	23	37	18	19
西城区	521	290	231	288	145	143	124	58	65	106	78	28
朝阳区	3120	1970	1150	1039	555	484	516	273	243	316	189	127
丰台区	1264	698	565	397	205	192	182	82	99	112	55	57
石景山区	393	217	176	116	52	64	93	61	32	24	14	10
海淀区	2750	1579	1171	803	441	361	574	356	218	248	131	117
门头沟区	85	41	45	12	4	8	2		2	2		2
房山区	539	333	206	128	75	53	58	29	29	11	9	2
通州区	1082	618	464	330	186	145	142	76	66	61	31	30
顺义区	817	468	348	210	120	90	60	28	32	33	23	10
昌平区	2100	1247	853	594	348	247	332	178	155	137	74	63
大兴区	1708	1029	678	812	452	360	151	87	64	69	43	26
怀柔区	126	80	45	53	30	23	14	7	7	1	1	1
平谷区	52	31	21	14	7	6	8	5	3			
密云区	91	52	38	29	13	16	8	5	3	5	2	3
延庆区	31	14	16	10	2	7	13	1	12	2		2

12-3 续表 5

单位：人

现住地	户口登记地											
	广西			海南			重庆			四川		
	小计	男	女	小计	男	女	小计	男	女	小计	男	女
全市	**545**	**294**	**251**	**176**	**95**	**81**	**1875**	**1145**	**730**	**4631**	**2549**	**2083**
东城区	16	7	9	2		2	32	10	22	79	39	39
西城区	54	42	12	11	4	7	63	21	42	169	96	73
朝阳区	145	77	69	32	21	11	976	714	262	1802	1091	712
丰台区	34	18	16	26	12	14	111	43	67	360	169	191
石景山区	18	7	11	1		1	47	20	27	130	66	64
海淀区	89	59	31	39	25	15	253	140	113	709	373	336
门头沟区	1		1				7	3	4	42	23	19
房山区	9	4	5	3	2	1	31	17	14	132	78	54
通州区	33	11	22	16	14	2	62	27	35	207	95	112
顺义区	21	13	8	20	5	15	48	23	25	156	92	64
昌平区	71	30	41	15	8	7	114	55	59	356	171	185
大兴区	45	25	20	2	1	1	108	63	45	406	210	196
怀柔区	1	1	1	1	1	1	8	4	4	49	26	23
平谷区	2	1	2	1	1		6	2	4	24	14	10
密云区							5	4	1	7	3	4
延庆区	4		4	4		4	4	1	3	5	2	3

12-3 续表 6

单位：人

现住地	户口登记地											
	贵州			云南			西藏			陕西		
	小计	男	女	小计	男	女	小计	男	女	小计	男	女
全市	**807**	**477**	**330**	**848**	**556**	**292**	**29**	**19**	**10**	**2824**	**1595**	**1229**
东城区	14	5	9	8	3	5				101	63	38
西城区	27	16	11	31	13	17				176	84	92
朝阳区	290	211	78	483	362	122	2		2	485	268	217
丰台区	40	21	19	28	18	10				226	121	104
石景山区	18	14	4	14	4	11				80	38	42
海淀区	133	69	65	100	60	40	22	17	6	718	362	356
门头沟区				1		1				11	6	5
房山区	11	5	6	14	7	7				163	117	46
通州区	57	35	22	51	34	17				147	86	60
顺义区	28	4	23	20	2	17				108	57	51
昌平区	109	60	49	41	23	19				355	219	136
大兴区	49	30	20	26	13	14	5	2	3	177	129	48
怀柔区	4	3	1	15	13	3				47	29	18
平谷区	1		1	4	3	1				12	7	5
密云区	8	2	6	3	2	1				18	7	11
延庆区	17		17	8		8				1	1	1

12-3 续表 7

单位：人

现住地	户口登记地											
	甘肃			青海			宁夏			新疆		
	小计	男	女	小计	男	女	小计	男	女	小计	男	女
全市	**2289**	**1214**	**1075**	**228**	**134**	**94**	**379**	**228**	**152**	**599**	**300**	**299**
东城区	94	40	54	5	4	1	16	9	7	12	5	7
西城区	172	79	93	11	5	5	19	10	9	26	10	16
朝阳区	384	197	187	50	31	20	86	55	31	134	65	69
丰台区	253	111	141	28	14	14	28	14	14	36	12	24
石景山区	85	35	50	5	3	1	5	3	2	9	4	5
海淀区	377	205	172	36	19	17	100	70	30	187	112	75
门头沟区	8	4	4				3		2	1		1
房山区	67	36	31	8	3	5	3	3	1	10	6	4
通州区	173	96	77	8	4	4	27	14	13	44	20	23
顺义区	141	98	43	15	10	5	21	12	9	18	4	14
昌平区	246	153	93	16	7	9	44	18	26	66	30	36
大兴区	224	124	101	37	26	11	22	18	4	42	28	14
怀柔区	29	18	10	7	6	1	1		1	2	2	1
平谷区	20	10	10				1		1	2	1	1
密云区	11	6	5							2	1	1
延庆区	7	2	5	1		1				7		7

12-4 全市按现住地、离开户口登记地时间分的户口登记地在外乡镇街道的人口

单位：人

现住地	离开户口登记地时间							
	合计							
	合计	半年至一年	一年至二年	二年至三年	三年至四年	四年至五年	五年至十年	十年以上
全市	**180600**	**12509**	**22157**	**20422**	**15013**	**14790**	**41938**	**53771**
东城区	4696	366	491	471	317	368	1023	1661
西城区	8516	640	830	642	598	636	2149	3021
朝阳区	38935	3167	5419	4053	3091	3117	8496	11593
丰台区	19609	1242	1637	1462	1122	1551	4682	7913
石景山区	5882	306	633	799	369	497	1450	1829
海淀区	29383	2427	3665	3199	3310	2699	6562	7522
门头沟区	1772	95	164	284	101	151	362	614
房山区	6001	449	787	725	400	506	1676	1458
通州区	11821	578	1575	1898	926	853	2411	3580
顺义区	8372	512	1030	1018	747	566	2419	2080
昌平区	22720	960	2869	3331	1795	1983	5871	5912
大兴区	15502	1158	1865	1839	1739	1345	3117	4439
怀柔区	2849	228	461	259	223	228	611	837
平谷区	1130	71	118	107	70	86	322	357
密云区	2154	223	275	257	121	140	548	590
延庆区	1259	87	338	78	85	66	238	366

12-4 续表 1

单位：人

现住地	离开户口登记地时间							
	省内							
	小计	半年至一年	一年至二年	二年至三年	三年至四年	四年至五年	五年至十年	十年以上
全市	**61472**	**2863**	**5951**	**6740**	**4233**	**4353**	**13675**	**23657**
东城区	1636	69	143	125	83	102	382	732
西城区	3302	169	299	237	228	201	809	1358
朝阳区	11599	539	834	938	791	809	2775	4913
丰台区	8354	376	530	559	369	548	1906	4065
石景山区	2602	142	322	489	165	216	575	694
海淀区	8389	555	960	837	634	563	1896	2945
门头沟区	1053	53	112	239	59	95	193	304
房山区	2440	142	269	345	165	265	618	635
通州区	3729	127	442	685	208	165	560	1542
顺义区	3088	126	346	376	270	198	795	977
昌平区	6605	184	577	821	370	593	1554	2507
大兴区	4847	190	565	706	645	352	688	1701
怀柔区	1276	52	177	117	100	88	270	471
平谷区	606	30	49	44	35	42	182	223
密云区	1163	49	176	172	62	74	301	329
延庆区	782	62	149	50	48	42	170	261

12-4 续表 2

单位：人

现住地	离开户口登记地时间							
	省外							
	小计	半年至一年	一年至二年	二年至三年	三年至四年	四年至五年	五年至十年	十年以上
全市	**119128**	**9647**	**16206**	**13682**	**10780**	**10437**	**28263**	**30113**
东城区	3060	297	348	347	234	265	641	929
西城区	5214	472	531	404	370	434	1340	1663
朝阳区	27336	2628	4585	3115	2300	2308	5721	6680
丰台区	11255	867	1107	903	753	1003	2776	3847
石景山区	3280	164	310	310	205	281	875	1135
海淀区	20993	1872	2705	2362	2676	2136	4666	4577
门头沟区	719	43	52	46	42	56	169	311
房山区	3560	307	518	379	235	241	1058	823
通州区	8092	452	1133	1212	717	689	1851	2038
顺义区	5283	387	684	642	477	368	1623	1102
昌平区	16115	777	2292	2509	1425	1390	4318	3404
大兴区	10655	969	1299	1134	1093	993	2430	2738
怀柔区	1573	176	284	142	124	140	341	366
平谷区	524	41	69	62	34	43	140	134
密云区	991	173	99	85	59	66	247	261
延庆区	477	25	189	29	37	24	68	105

12-5 全市按户口登记地、受教育程度、性别分的户口登记地在外乡镇街道的人口

单位：人

受教育程度	户口登记地					
	合　计			省　内		
				省　内		
	合计	男	女	小计	男	女
总　　计	**171486**	**91635**	**79851**	**57651**	**28097**	**29554**
未上过学	2210	589	1621	804	252	551
小　　学	15508	7761	7746	3886	1702	2184
初　　中	44418	26558	17860	8195	4059	4137
普通高中	23426	12822	10603	8261	4078	4182
中　　职	10181	5177	5004	3606	1675	1931
大学专科	25237	12868	12369	10115	5218	4897
大学本科	40970	20819	20152	17353	8168	9185
研 究 生	9536	5041	4495	5432	2944	2488

12-5　续表

单位：人

受教育程度	户口登记地					
	省　内			省　外		
	其中：市区内人户分离					
	小计	男	女	小计	男	女
总　　计	**43853**	**20724**	**23129**	**113835**	**63538**	**50297**
未上过学	690	228	463	1407	337	1069
小　　学	3352	1458	1893	11622	6059	5562
初　　中	6138	2933	3205	36223	22499	13724
普通高中	6481	3109	3372	15165	8744	6421
中　　职	2592	1134	1458	6575	3501	3074
大学专科	7743	3909	3834	15122	7649	7472
大学本科	13337	6097	7240	23617	12650	10967
研 究 生	3519	1856	1663	4105	2097	2007

12-6 全市分年龄、性别、迁移原因的户口登记地在外乡镇街道的人口

单位：人

年 龄	合 计			工作就业			学习培训		
	合计	男	女	小计	男	女	小计	男	女
总 计	**180600**	**96515**	**84086**	**92080**	**55853**	**36226**	**15635**	**9075**	**6561**
0-4	**8066**	**4298**	**3768**						
0	808	422	385						
1	2050	1120	929						
2	1781	964	818						
3	1859	976	883						
4	1568	815	753						
5-9	**4651**	**2478**	**2173**				**454**	**251**	**203**
5	1049	582	467						
6	892	457	435				91	51	40
7	895	501	394				110	64	46
8	983	507	476				124	71	53
9	833	431	402				129	64	64
10-14	**3258**	**1808**	**1449**				**566**	**305**	**261**
10	818	444	374				129	64	64
11	752	417	335				118	62	56
12	521	283	239				100	55	45
13	617	356	261				116	67	49
14	549	308	241				103	56	46
15-19	**4865**	**2794**	**2072**	**1922**	**1243**	**679**	**1712**	**833**	**879**
15	387	240	147	3	3	1	91	57	35
16	510	297	213	158	114	44	141	60	81
17	863	532	331	337	221	115	273	169	104
18	1198	718	480	578	381	197	385	188	196
19	1907	1007	901	846	524	322	821	358	463
20-24	**21444**	**12706**	**8738**	**11031**	**6549**	**4483**	**8348**	**5211**	**3137**
20	4647	2536	2111	1335	840	495	2960	1507	1454
21	4189	2612	1577	1590	983	606	2267	1483	784
22	4231	2643	1588	2316	1324	991	1522	1133	389
23	4128	2467	1661	2676	1559	1116	990	703	287
24	4249	2448	1801	3116	1842	1273	608	385	223
25-29	**30803**	**16172**	**14631**	**22485**	**12885**	**9600**	**2679**	**1493**	**1186**
25	6301	3436	2865	4701	2722	1979	735	403	332
26	6275	3335	2940	4674	2637	2038	605	358	246
27	6108	3176	2932	4451	2536	1915	500	280	220
28	6419	3208	3211	4580	2574	2007	469	246	223
29	5700	3017	2684	4078	2417	1662	370	205	165

12-6 续表 1

单位：人

年 龄	随同迁移			房屋拆迁			改善住房		
	小计	男	女	小计	男	女	小计	男	女
总 计	**30723**	**13345**	**17378**	**4104**	**2106**	**1998**	**18780**	**9849**	**8931**
0-4	**7100**	**3794**	**3306**	**66**	**40**	**26**	**173**	**87**	**86**
0	713	385	327	1	1		10	5	5
1	1823	994	828	17	11	6	29	13	15
2	1584	854	731	9	4	5	31	19	11
3	1614	848	766	20	11	9	61	29	32
4	1367	713	654	19	14	5	43	20	23
5-9	**3727**	**1996**	**1731**	**48**	**26**	**22**	**147**	**75**	**72**
5	900	508	392	6	6		32	18	14
6	714	373	341	13	4	8	31	10	21
7	701	390	311	15	6	8	39	23	16
8	779	386	393	8	6	2	21	16	5
9	633	340	294	7	4	4	25	9	16
10-14	**2350**	**1320**	**1030**	**45**	**27**	**19**	**149**	**73**	**76**
10	601	334	266	12	6	6	39	21	18
11	571	323	248	3	3		22	7	15
12	388	211	177	7	5	1	13	4	9
13	426	245	181	9	5	4	41	24	17
14	364	207	157	15	8	7	33	15	18
15-19	**950**	**542**	**408**	**51**	**37**	**15**	**113**	**69**	**45**
15	240	144	96	3	1	2	18	10	8
16	187	109	78	6	3	3	12	7	4
17	185	101	84	15	11	4	26	16	10
18	165	100	65	15	13	3	28	18	9
19	173	88	84	12	9	2	30	17	13
20-24	**1231**	**584**	**647**	**102**	**57**	**45**	**303**	**171**	**132**
20	230	126	104	17	10	7	54	29	25
21	215	102	114	23	12	11	35	18	17
22	249	116	133	21	6	15	62	37	25
23	260	114	146	28	20	8	74	48	26
24	276	125	150	14	10	4	78	39	39
25-29	**1835**	**646**	**1190**	**243**	**125**	**117**	**1067**	**578**	**488**
25	419	160	259	40	21	19	124	68	56
26	347	131	216	40	26	15	165	103	62
27	375	131	245	52	19	33	219	116	103
28	377	119	258	63	34	29	279	141	138
29	316	104	212	47	26	21	280	151	129

12-6 续表 2

单位：人

年 龄	寄挂户口			婚姻嫁娶			为子女就学			其 他		
	小计	男	女	小计	男	女	小计	男	女	小计	男	女
总 计	**456**	**226**	**230**	**9630**	**1844**	**7785**	**2210**	**993**	**1218**	**6983**	**3224**	**3759**
0-4	**51**	**27**	**23**							**676**	**349**	**327**
0	4	2	2							80	28	52
1	7	5	2							174	97	77
2	10	6	4							147	81	66
3	16	7	9							149	82	67
4	14	7	6							125	61	64
5-9	**27**	**9**	**18**							**248**	**121**	**127**
5	6	2	4							104	48	56
6	5	1	4							39	18	21
7	4	2	2							27	15	11
8	7	3	4							43	24	19
9	4		4							35	15	20
10-14	**15**	**9**	**6**							**132**	**75**	**57**
10	2	1	1							36	17	19
11	2	2								35	20	15
12	3		3							10	7	3
13	4	4								21	11	9
14	4	2	2							30	19	11
15-19	**6**	**3**	**3**	**2**		**2**				**109**	**68**	**42**
15	1									30	26	5
16	1	1								5	3	2
17				1		1				26	14	13
18	3	2	1	1		1				24	16	8
19	1		1							24	10	14
20-24	**29**	**15**	**14**	**203**	**13**	**191**				**196**	**107**	**89**
20	8	4	5	7		7				35	22	14
21	5	1	4	20	1	19				33	12	22
22	3	3		24		24				33	24	9
23	5	3	1	62	4	58				34	15	19
24	8	4	4	89	7	82				59	34	25
25-29	**67**	**29**	**38**	**2032**	**250**	**1783**	**31**	**8**	**23**	**364**	**158**	**206**
25	7	3	4	210	27	184	4		4	60	33	27
26	25	6	19	339	37	302	1		1	78	38	41
27	10	5	5	401	50	351	7	3	5	92	37	55
28	12	6	6	566	63	503	5	2	4	68	23	45
29	13	9	4	517	74	443	13	4	9	66	28	39

12-6 续表 3 单位：人

年 龄	合 计			工作就业			学习培训		
	合计	男	女	小计	男	女	小计	男	女
30-34	**23923**	**12404**	**11519**	**16102**	**9557**	**6544**	**1136**	**568**	**568**
30	4767	2492	2275	3320	1971	1350	270	126	144
31	4569	2403	2166	3077	1833	1244	255	139	116
32	4810	2489	2321	3217	1918	1299	227	106	122
33	5421	2742	2678	3536	2071	1465	237	121	116
34	4356	2277	2079	2951	1765	1187	147	76	71
35-39	**17602**	**9301**	**8301**	**11507**	**6945**	**4562**	**493**	**280**	**213**
35	4030	2098	1933	2596	1559	1037	132	70	62
36	3886	2057	1830	2541	1555	987	125	70	54
37	3550	1874	1676	2331	1367	963	97	56	41
38	3023	1593	1430	1942	1171	771	81	51	30
39	3112	1679	1433	2098	1294	804	58	33	25
40-44	**16039**	**8689**	**7350**	**10683**	**6529**	**4154**	**173**	**94**	**79**
40	3056	1608	1448	2132	1258	874	46	32	14
41	3110	1708	1402	2065	1280	785	39	20	19
42	3421	1841	1580	2258	1363	896	35	23	12
43	3226	1743	1483	2114	1297	817	29	7	22
44	3226	1789	1437	2113	1331	782	23	12	11
45-49	**13640**	**7646**	**5994**	**8849**	**5633**	**3216**	**34**	**17**	**17**
45	3276	1828	1448	2189	1366	823	5	4	2
46	2922	1586	1336	1900	1169	732	5	4	1
47	3050	1701	1348	1912	1219	692	12	4	7
48	2158	1192	965	1417	890	527	9	5	4
49	2235	1338	896	1431	989	442	3		3
50-54	**10708**	**5860**	**4848**	**5316**	**3555**	**1761**	**20**	**12**	**8**
50	2280	1274	1006	1397	915	483	7	5	2
51	2330	1297	1033	1181	802	379	5	3	2
52	2913	1596	1318	1356	929	426	4		4
53	1971	1089	883	934	620	314	3	3	
54	1213	604	608	448	289	159	2	2	
55-59	**8101**	**4097**	**4004**	**2330**	**1634**	**697**	**6**	**1**	**4**
55	1556	788	769	511	344	167			
56	1417	772	645	438	314	123			
57	1657	808	850	491	339	153	4		4
58	1819	921	898	490	354	136			
59	1652	810	842	401	283	118	1	1	
60-64	**7110**	**3413**	**3697**	**1152**	**830**	**322**	**4**	**3**	**1**
60	1670	801	869	323	229	94	2	2	
61	1534	758	776	266	195	71			
62	1355	618	737	200	136	64	1	1	1
63	1413	697	716	242	185	56			
64	1137	539	598	121	85	36			
65及以上	**10390**	**4848**	**5542**	**703**	**493**	**210**	**10**	**5**	**5**

12-6 续表 4 单位：人

年 龄	随同迁移			房屋拆迁			改善住房		
	小计	男	女	小计	男	女	小计	男	女
30-34	**1471**	**466**	**1005**	**277**	**151**	**126**	**1848**	**965**	**883**
30	275	83	192	49	32	17	278	159	119
31	280	89	191	55	32	24	311	171	140
32	298	90	207	62	34	28	392	195	197
33	355	116	239	62	27	34	479	240	239
34	263	88	175	49	26	23	388	201	188
35-39	**1042**	**291**	**751**	**249**	**132**	**117**	**1921**	**1035**	**886**
35	247	69	179	64	36	28	405	223	183
36	221	63	158	52	28	24	402	201	201
37	202	66	136	51	28	23	414	233	180
38	173	42	131	28	16	12	376	203	173
39	199	51	148	53	23	30	324	176	148
40-44	**959**	**250**	**709**	**277**	**130**	**147**	**1941**	**1016**	**925**
40	157	39	118	47	25	22	322	149	173
41	188	49	139	35	17	18	352	184	168
42	225	66	160	65	25	40	402	222	179
43	178	35	142	70	35	35	431	243	188
44	211	61	150	60	29	31	434	217	217
45-49	**929**	**186**	**742**	**375**	**190**	**186**	**2042**	**1092**	**950**
45	197	43	154	65	35	30	426	240	186
46	175	36	140	88	33	55	451	236	216
47	208	37	171	94	47	47	508	278	230
48	165	31	135	65	38	27	313	158	155
49	182	39	143	63	37	26	343	180	163
50-54	**1233**	**317**	**916**	**530**	**276**	**254**	**2271**	**1183**	**1088**
50	222	54	168	67	39	28	364	186	178
51	241	57	184	118	64	53	502	270	232
52	329	81	248	161	84	77	671	331	339
53	268	81	187	95	47	48	421	236	185
54	174	45	129	90	42	48	314	159	155
55-59	**1810**	**574**	**1236**	**611**	**318**	**294**	**2075**	**1081**	**994**
55	264	71	193	119	57	62	414	221	193
56	271	81	190	115	72	43	402	219	183
57	379	114	266	116	53	62	395	216	178
58	448	169	279	150	80	70	464	220	243
59	449	140	309	111	55	56	400	204	196
60-64	**2407**	**866**	**1541**	**429**	**218**	**211**	**1870**	**951**	**919**
60	499	176	323	119	59	60	443	219	224
61	518	178	340	89	47	42	389	206	182
62	453	152	301	75	33	42	381	186	195
63	488	190	298	83	41	42	353	181	172
64	448	170	278	64	38	25	304	158	146
65及以上	**3678**	**1513**	**2165**	**798**	**379**	**419**	**2861**	**1475**	**1386**

12-6 续表 5　　　　单位：人

年 龄	寄挂户口			婚姻嫁娶			为子女就学			其 他		
	小计	男	女	小计	男	女	小计	男	女	小计	男	女
30-34	**41**	**23**	**18**	**2486**	**415**	**2071**	**144**	**54**	**90**	**417**	**204**	**214**
30	11	8	3	451	67	384	15	4	10	97	42	55
31	6	3	4	490	94	395	18	5	13	77	37	39
32	6	4	3	514	93	420	20	5	15	75	44	31
33	6	3	3	601	104	497	51	19	31	95	41	53
34	12	6	6	431	57	374	41	21	21	74	39	35
35-39	**32**	**12**	**20**	**1685**	**316**	**1368**	**358**	**131**	**228**	**314**	**158**	**157**
35	11	7	5	435	77	358	64	18	45	75	39	36
36	6	1	5	407	87	321	66	26	40	65	25	40
37	8	2	5	308	56	252	69	28	40	71	36	35
38	2	1	2	274	50	224	85	30	55	62	30	32
39	4	1	3	261	47	214	75	28	47	41	28	14
40-44	**27**	**16**	**11**	**1107**	**239**	**868**	**516**	**235**	**281**	**356**	**179**	**177**
40	2	1	1	219	38	181	81	33	48	50	34	16
41	6	4	2	245	58	187	103	52	52	78	46	32
42	5	4	1	232	54	178	120	54	66	78	30	47
43	9	5	4	211	47	164	111	43	68	73	30	43
44	6	3	3	201	43	158	100	53	47	77	39	38
45-49	**31**	**14**	**17**	**611**	**144**	**467**	**336**	**178**	**158**	**434**	**193**	**241**
45	11	7	4	161	34	127	109	55	54	112	43	69
46	6	2	4	142	29	112	65	33	32	89	46	44
47	5	2	4	129	28	101	76	37	38	106	49	58
48	2	2		93	22	71	41	21	20	52	25	27
49	7	1	6	85	30	55	45	31	14	75	31	44
50-54	**42**	**26**	**17**	**549**	**171**	**378**	**216**	**112**	**105**	**529**	**208**	**321**
50	9	4	6	115	35	79	32	17	15	68	20	48
51	7	4	3	106	27	79	50	28	22	120	41	79
52	12	10	2	155	52	103	76	41	35	149	67	83
53	9	5	4	103	35	69	42	20	22	96	42	55
54	5	3	2	70	21	49	15	6	10	96	39	56
55-59	**34**	**20**	**14**	**356**	**112**	**244**	**157**	**63**	**94**	**722**	**295**	**427**
55	9	2	7	83	26	57	25	11	14	132	57	75
56	6	3	3	48	22	26	26	13	13	112	48	64
57	7	4	3	80	17	64	33	8	25	151	57	94
58	7	7		81	26	54	25	8	17	155	56	99
59	5	4	1	65	22	43	48	23	25	171	78	94
60-64	**24**	**10**	**14**	**260**	**89**	**171**	**214**	**91**	**122**	**750**	**354**	**396**
60	12	4	8	60	24	36	38	18	21	173	70	103
61	5	2	3	61	19	42	51	22	28	155	88	66
62	2	1	1	57	20	37	45	16	29	141	74	67
63	2	2		52	20	33	45	15	31	147	63	84
64	1		1	30	7	23	34	21	13	134	58	76
65及以上	**30**	**12**	**18**	**337**	**95**	**242**	**238**	**121**	**117**	**1735**	**755**	**980**

12-7 全市按现住地、性别、迁移原因分的户口登记地在本省其他乡镇街道人口

单位：人

现住地	合计			工作就业			学习培训		
	合计	男	女	小计	男	女	小计	男	女
全市	**61472**	**30099**	**31373**	**9963**	**5680**	**4283**	**4994**	**2735**	**2260**
东城区	1636	781	855	211	115	96	58	30	28
西城区	3302	1530	1772	567	287	280	133	65	68
朝阳区	11599	5745	5854	1873	1060	813	610	449	161
丰台区	8354	4064	4289	1214	693	521	198	89	109
石景山区	2602	1346	1256	283	168	116	215	199	16
海淀区	8389	4079	4310	1549	864	686	841	542	298
门头沟区	1053	543	510	132	92	40	21	10	11
房山区	2440	1229	1211	452	291	160	188	131	57
通州区	3729	1735	1994	566	323	243	737	268	469
顺义区	3088	1395	1693	542	323	218	299	24	275
昌平区	6605	3318	3288	1118	618	500	901	458	443
大兴区	4847	2541	2306	630	372	258	626	414	212
怀柔区	1276	600	676	370	204	166	41	23	17
平谷区	606	289	317	96	58	38	8	4	5
密云区	1163	550	613	191	113	79	31	15	16
延庆区	782	354	428	168	99	69	90	14	75

12-7 续表 1

单位：人

现住地	随同迁移			房屋拆迁			改善住房		
	小计	男	女	小计	男	女	小计	男	女
全市	**12890**	**5950**	**6940**	**4031**	**2067**	**1964**	**17748**	**9347**	**8401**
东城区	307	137	170	98	52	47	394	206	188
西城区	613	297	317	164	76	88	794	409	385
朝阳区	2100	959	1141	656	346	310	3826	1997	1829
丰台区	2241	1047	1195	689	352	337	2521	1388	1133
石景山区	414	207	207	96	51	45	963	481	482
海淀区	1850	836	1015	481	237	244	1933	968	965
门头沟区	206	98	108	251	132	119	304	169	135
房山区	599	255	345	115	66	49	697	381	317
通州区	612	279	333	289	154	135	814	425	388
顺义区	606	282	324	302	156	146	972	512	461
昌平区	1389	667	722	461	228	233	1923	1019	904
大兴区	1140	533	608	396	199	196	1527	828	699
怀柔区	258	107	151	13	9	4	261	137	124
平谷区	124	59	65	4	1	3	214	114	100
密云区	282	120	162	12	6	7	422	215	207
延庆区	148	68	80	4	2	3	183	97	86

12-7 续表 2

单位：人

现住地	寄挂户口			婚姻嫁娶			为子女就学			其他		
	小计	男	女	小计	男	女	小计	男	女	小计	男	女
全 市	**415**	**206**	**209**	**5861**	**1382**	**4478**	**1588**	**769**	**819**	**3982**	**1963**	**2019**
东城区	12	9	3	341	128	213	114	54	60	101	50	51
西城区	40	16	25	561	160	400	254	127	127	175	93	82
朝阳区	57	27	31	1240	310	930	178	83	96	1059	515	544
丰台区	46	21	26	909	230	679	139	63	76	395	181	214
石景山区	42	22	20	194	41	153	25	10	15	369	167	201
海淀区	41	20	21	792	188	604	446	228	218	456	196	260
门头沟区	12	6	7	80	14	66	28	13	15	18	8	10
房山区	27	11	16	243	36	206	45	23	22	73	36	38
通州区	36	19	17	290	64	227	43	20	23	344	183	160
顺义区	13	9	4	249	32	216	34	19	14	73	37	36
昌平区	51	26	25	285	42	243	66	31	35	411	228	183
大兴区	1	1		289	65	225	36	18	18	201	111	90
怀柔区	17	7	10	116	22	94	46	21	25	155	71	85
平谷区	5	3	1	86	13	73	16	9	7	52	28	24
密云区	7	5	2	95	19	76	78	32	46	45	25	20
延庆区	6	4	1	90	17	73	38	18	20	55	35	20

12-8 全市按现住地、性别、迁移原因分的户口登记地在外省人口

单位：人

现住地	合计			工作就业			学习培训		
	合计	男	女	小计	男	女	小计	男	女
全 市	**119128**	**66415**	**52713**	**82117**	**50174**	**31943**	**10641**	**6340**	**4301**
东城区	3060	1592	1469	2378	1343	1036	81	36	45
西城区	5214	2686	2528	3727	2112	1616	260	107	152
朝阳区	27336	15897	11439	20828	13116	7712	1671	998	674
丰台区	11255	5615	5641	7808	4321	3486	403	184	220
石景山区	3280	1676	1604	2126	1172	954	250	166	84
海淀区	20993	11824	9169	12299	6976	5323	4548	3313	1235
门头沟区	719	345	374	396	250	146	23	10	12
房山区	3560	2018	1542	2223	1487	736	338	191	147
通州区	8092	4411	3682	5304	3264	2040	723	334	389
顺义区	5283	3038	2245	3830	2509	1321	279	64	216
昌平区	16115	9159	6955	11324	7170	4154	1362	587	774
大兴区	10655	6085	4570	7555	4786	2769	489	311	178
怀柔区	1573	1033	540	1162	874	288	43	18	25
平谷区	524	274	250	323	203	119	11	6	5
密云区	991	590	400	648	467	181	19	12	7
延庆区	477	173	304	187	123	64	142	5	138

12-8 续表 1

单位：人

现住地	随同迁移			房屋拆迁			改善住房		
	小计	男	女	小计	男	女	小计	男	女
全　市	**17833**	**7395**	**10438**	**73**	**39**	**34**	**1031**	**502**	**530**
东城区	362	161	201	2	1	2	18	8	10
西城区	742	335	406	1	1		29	11	18
朝阳区	3062	1274	1788	5		5	199	92	107
丰台区	2039	835	1204	5	3	2	129	66	64
石景山区	658	291	367	3	2	1	39	16	23
海淀区	2849	1203	1647	20	14	7	93	39	54
门头沟区	186	65	121	1	1		10	5	5
房山区	668	262	406	7	2	6	54	27	27
通州区	1265	520	746	4	2	2	115	57	57
顺义区	845	349	495	1	1		65	41	24
昌平区	2658	1136	1522	15	10	5	137	69	68
大兴区	1909	743	1167	9	4	4	77	38	39
怀柔区	233	91	143	1	1		12	7	5
平谷区	84	38	45				8	3	5
密云区	210	72	137				31	15	15
延庆区	61	20	41				15	8	7

12-8 续表 2

单位：人

现住地	寄挂户口			婚姻嫁娶			为子女就学			其他		
	小计	男	女	小计	男	女	小计	男	女	小计	男	女
全　市	**41**	**20**	**21**	**3769**	**462**	**3307**	**622**	**223**	**399**	**3001**	**1260**	**1740**
东城区				144	14	130	21	7	14	52	22	30
西城区	3	1	2	216	32	184	49	19	30	188	68	120
朝阳区	6	2	5	603	50	552	127	45	82	835	321	515
丰台区	8	3	5	522	54	468	72	28	44	269	122	147
石景山区	8	3	5	141	9	131	7	3	3	48	13	35
海淀区	4	3	2	540	44	496	204	73	131	436	160	276
门头沟区	4	3	1	91	9	82	4	1	3	5		4
房山区	3	2	1	218	22	195	12	5	7	38	19	18
通州区				250	45	205	21	7	14	410	181	229
顺义区				196	46	149	14	5	9	53	23	30
昌平区	1	1		258	35	223	37	12	25	322	139	183
大兴区				315	42	272	39	11	28	263	149	113
怀柔区	2	2		67	15	52	6	2	4	47	25	22
平谷区				78	12	67	2	1	1	17	10	8
密云区				73	20	53	2	1	1	9	4	6
延庆区				58	11	47	5	2	2	8	4	4

12-9 全市按现住地、户口登记地类型分的迁移人口

单位：人

现住地	合计				本县				本省其他县			
	合计	城市	镇	乡村	小计	城市	镇	乡村	小计	城市	镇	乡村
全　市	**180600**	**80295**	**33533**	**66772**	**25514**	**18073**	**2251**	**5189**	**35958**	**31910**	**1474**	**2574**
东城区	4696	2426	765	1505	498	498			1138	1089	25	25
西城区	8516	4841	1394	2281	1384	1384			1918	1727	74	117
朝阳区	38935	18055	7192	13688	4482	4438	27	17	7117	6364	313	440
丰台区	19609	11183	3263	5163	1938	1916	16	6	6416	6004	147	265
石景山区	5882	3297	945	1639	807	807			1795	1555	77	164
海淀区	29383	13922	5679	9782	3921	3821	7	94	4468	3849	257	363
门头沟区	1772	771	384	617	709	363	186	160	344	307	9	28
房山区	6001	2013	1028	2959	1771	888	132	751	669	527	34	108
通州区	11821	4712	2360	4750	1604	840	304	460	2125	1791	87	248
顺义区	8372	2403	1577	4392	2059	873	289	898	1029	738	137	154
昌平区	22720	9099	4291	9329	1477	563	328	586	5129	4577	174	377
大兴区	15502	5964	2988	6550	1728	1033	213	481	3119	2890	58	171
怀柔区	2849	836	498	1514	985	436	91	458	291	196	37	58
平谷区	1130	333	172	625	505	213	55	237	101	70	9	22
密云区	2154	215	581	1358	1015		349	666	148	109	16	23
延庆区	1259	224	416	619	631		255	376	151	117	20	14

12-9 续表 1

单位：人

现住地	省外							
	北京				天津			
	小计	城市	镇	乡村	小计	城市	镇	乡村
全　市					**1814**	**1400**	**180**	**234**
东城区					27	19	5	3
西城区					103	81	6	15
朝阳区					461	414	17	30
丰台区					227	184	22	21
石景山区					44	34	5	5
海淀区					316	245	41	31
门头沟区					5	2	1	2
房山区					20	10	2	8
通州区					117	62	28	27
顺义区					53	36	7	10
昌平区					256	175	37	43
大兴区					134	114	3	16
怀柔区					27	12	4	12
平谷区					13	6	2	5
密云区					7	2		4
延庆区					5	4	1	

12-9 续表 2 单位：人

现住地	省外							
	河北				山西			
	小计	城市	镇	乡村	小计	城市	镇	乡村
全　市	**28269**	**4836**	**7372**	**16060**	**5640**	**1341**	**1327**	**2972**
东城区	725	98	157	471	182	36	60	86
西城区	998	230	266	502	259	74	74	112
朝阳区	5665	1027	1496	3143	1046	347	235	464
丰台区	2779	624	845	1310	476	132	119	225
石景山区	820	199	237	383	134	41	27	66
海淀区	4445	882	1217	2345	1107	272	286	549
门头沟区	270	21	67	182	31	4	7	20
房山区	1030	166	252	612	199	26	38	136
通州区	1913	306	543	1065	379	94	74	210
顺义区	1443	97	293	1053	260	21	56	183
昌平区	4258	667	1030	2561	999	193	208	598
大兴区	2474	407	670	1397	435	81	112	242
怀柔区	677	61	136	479	73	8	12	54
平谷区	184	10	40	134	20		6	14
密云区	394	23	78	293	27	7	10	10
延庆区	194	19	46	129	11	3	4	5

12-9 续表 3 单位：人

现住地	省外											
	内蒙古				辽宁				吉林			
	小计	城市	镇	乡村	小计	城市	镇	乡村	小计	城市	镇	乡村
全　市	**3850**	**1331**	**962**	**1556**	**4658**	**2712**	**694**	**1252**	**3461**	**1639**	**634**	**1188**
东城区	80	36	19	26	115	66	17	32	99	61	17	21
西城区	157	74	39	44	244	148	32	64	158	88	28	42
朝阳区	714	301	180	233	1139	704	159	276	735	379	129	227
丰台区	342	130	114	98	475	308	71	96	361	183	58	121
石景山区	116	51	26	40	165	98	26	40	106	46	27	32
海淀区	811	267	157	387	766	497	113	156	617	317	87	213
门头沟区	25	9	9	7	30	17	4	9	13	8	1	4
房山区	94	23	27	44	124	57	18	49	109	41	23	45
通州区	304	115	80	108	411	229	62	120	246	113	56	77
顺义区	149	40	33	76	162	58	30	73	142	60	20	62
昌平区	721	196	179	347	620	349	80	192	541	190	127	223
大兴区	206	61	63	82	292	141	56	94	245	118	40	87
怀柔区	55	11	21	23	64	21	18	25	50	13	13	23
平谷区	18	1	4	12	13	4	1	7	8	4		3
密云区	33	8	6	19	24	6	6	12	24	13	6	5
延庆区	25	9	6	10	16	10	1	5	8	5	2	2

12-9 续表 4

单位：人

现住地	省外											
	黑龙江				上海				江苏			
	小计	城市	镇	乡村	小计	城市	镇	乡村	小计	城市	镇	乡村
全市	**7116**	**3233**	**1509**	**2373**	**362**	**323**	**36**	**3**	**2961**	**938**	**1020**	**1002**
东城区	187	110	26	52	14	13	1		69	33	18	18
西城区	294	153	70	71	28	28		1	125	63	40	23
朝阳区	1717	866	370	481	111	95	14	2	989	225	407	358
丰台区	724	335	175	214	31	29	1		316	119	88	109
石景山区	206	96	40	71	6	5	1		50	15	16	19
海淀区	979	493	200	286	83	72	11		417	184	123	110
门头沟区	52	15	13	25					10	2	4	4
房山区	174	53	46	76	1	1			66	15	31	20
通州区	656	275	108	273	15	11	4		214	81	69	64
顺义区	309	105	59	144	12	8	4		93	24	29	40
昌平区	966	410	211	345	26	26			307	101	105	101
大兴区	629	253	146	231	35	35			264	70	68	126
怀柔区	73	33	14	25					14	2	8	3
平谷区	53	12	7	34					7		4	3
密云区	66	14	13	39					8	2	5	1
延庆区	30	11	11	8	1		1		11	2	6	3

12-9 续表 5

单位：人

现住地	省外											
	浙江				安徽				福建			
	小计	城市	镇	乡村	小计	城市	镇	乡村	小计	城市	镇	乡村
全市	**1845**	**596**	**504**	**744**	**6232**	**871**	**2038**	**3324**	**1408**	**387**	**311**	**710**
东城区	56	19	11	25	264	36	113	114	37	5	20	12
西城区	75	31	26	18	309	55	110	144	144	25	19	100
朝阳区	423	153	115	155	1509	206	408	896	387	115	102	170
丰台区	459	72	173	215	654	84	262	308	219	48	47	124
石景山区	38	13	4	21	225	34	92	100	27	11	5	11
海淀区	293	142	78	73	1253	210	410	632	236	84	55	97
门头沟区	2		1	1	39	1	15	23	2			2
房山区	12	4	4	3	142	12	25	105	15	1	7	7
通州区	109	36	23	51	273	49	108	116	64	16	7	42
顺义区	33	15	2	16	305	25	72	208	47	9	13	26
昌平区	119	62	15	42	628	109	207	312	166	50	30	86
大兴区	199	42	46	111	476	45	182	249	43	17	4	22
怀柔区	6	1	2	4	51	1	11	40	9	1	1	8
平谷区	1			1	14	1	5	8	1	1		
密云区	3			3	80	1	15	64	3			3
延庆区	16	7	4	4	9	1	2	5	7	5	1	1

12-9 续表 6 单位：人

现住地	省外											
	江西				山东				河南			
	小计	城市	镇	乡村	小计	城市	镇	乡村	小计	城市	镇	乡村
全市	**2345**	**487**	**813**	**1045**	**10498**	**2125**	**3007**	**5366**	**15004**	**1790**	**3572**	**9642**
东城区	87	20	21	46	219	59	59	100	327	40	73	214
西城区	83	17	39	27	439	118	124	198	521	98	147	276
朝阳区	526	101	209	216	2052	424	610	1018	3120	371	861	1889
丰台区	283	73	105	106	785	176	172	438	1264	171	362	731
石景山区	53	18	15	20	252	66	66	120	393	52	98	243
海淀区	321	83	77	161	2210	604	624	982	2750	463	676	1611
门头沟区	2			1	59	2	17	41	85	3	25	58
房山区	62	7	30	26	324	46	78	201	539	39	144	356
通州区	154	31	66	57	796	148	225	423	1082	141	193	748
顺义区	82	16	28	38	481	67	158	256	817	35	166	616
昌平区	342	78	109	155	1567	282	467	818	2100	250	407	1443
大兴区	310	34	107	169	1030	115	317	598	1708	113	353	1242
怀柔区	11	3	2	6	105	10	39	56	126	7	28	91
平谷区	9		2	7	38	3	11	24	52	2	13	37
密云区	11		2	8	123	4	34	85	91	6	20	64
延庆区	10	5	3	2	19		8	11	31		8	23

12-9 续表 7 单位：人

现住地	省外											
	湖北				湖南				广东			
	小计	城市	镇	乡村	小计	城市	镇	乡村	小计	城市	镇	乡村
全市	**4939**	**1433**	**1335**	**2172**	**2331**	**618**	**777**	**935**	**1163**	**780**	**151**	**232**
东城区	103	41	22	41	54	16	16	22	37	25	4	7
西城区	288	92	69	126	124	29	34	61	106	71	6	28
朝阳区	1039	315	313	412	516	133	197	187	316	236	32	48
丰台区	397	157	114	126	182	47	81	54	112	60	18	34
石景山区	116	38	24	54	93	22	27	43	24	9	5	9
海淀区	803	330	229	243	574	179	177	219	248	183	38	27
门头沟区	12	6	1	4	2		1	1	2	1	1	
房山区	128	14	33	81	58	19	17	22	11	6	2	3
通州区	330	81	106	144	142	29	26	87	61	31	7	23
顺义区	210	33	48	128	60	21	23	16	33	7	10	15
昌平区	594	203	144	247	332	82	89	161	137	108	15	14
大兴区	812	104	198	510	151	40	66	44	69	39	12	18
怀柔区	53	9	18	27	14		5	9	1	1		
平谷区	14	1	4	9	8	2	3	3				
密云区	29	6	6	17	8		6	2	5	1	1	3
延庆区	10	3	6	1	13	1	9	3	2	1		1

12-9 续表 8

单位：人

现住地	省外											
	广西				海南				重庆			
	小计	城市	镇	乡村	小计	城市	镇	乡村	小计	城市	镇	乡村
全市	**545**	**192**	**144**	**209**	**176**	**115**	**39**	**21**	**1875**	**371**	**423**	**1082**
东城区	16	5	2	9	2	2			32	9	3	20
西城区	54	9	18	28	11	4	3	3	63	23	17	24
朝阳区	145	61	33	51	32	27	4	2	976	103	197	676
丰台区	34	13	8	13	26	14	6	6	111	31	24	55
石景山区	18	8	3	7	1	1	1		47	11	13	23
海淀区	89	25	37	27	39	17	22		253	90	88	75
门头沟区	1	1							7	3	2	2
房山区	9	3	2	4	3	1	1	1	31	7	5	19
通州区	33	10	10	13	16	15		1	62	21	19	22
顺义区	21	6	2	13	20	18		2	48	14	7	26
昌平区	71	38	9	24	15	11	1	3	114	29	28	56
大兴区	45	11	18	17	2	2			108	27	11	70
怀柔区	1		1	1	1	1	1		8		4	4
平谷区	2			2	1			1	6	1		5
密云区									5	1	1	2
延庆区	4	2	2	1	4	2		2	4	1	3	1

12-9 续表 9

单位：人

现住地	省外											
	四川				贵州				云南			
	小计	城市	镇	乡村	小计	城市	镇	乡村	小计	城市	镇	乡村
全市	**4631**	**661**	**1134**	**2837**	**807**	**194**	**202**	**411**	**848**	**117**	**117**	**614**
东城区	79	15	22	42	14	6		7	8	2	1	5
西城区	169	40	44	86	27	10	10	8	31	8	12	11
朝阳区	1802	196	400	1206	290	38	39	213	483	25	36	422
丰台区	360	73	89	198	40	12	18	10	28	15	1	12
石景山区	130	19	48	63	18	4	5	10	14	3	4	7
海淀区	709	158	204	348	133	35	38	61	100	18	23	59
门头沟区	42	1	12	29					1	1		1
房山区	132	14	20	98	11	3	2	6	14		5	9
通州区	207	37	43	126	57	19	13	26	51	13	9	29
顺义区	156	11	29	116	28	14	9	4	20	10	3	7
昌平区	356	53	90	213	109	37	41	31	41	14	12	16
大兴区	406	36	111	259	49	8	18	24	26	7	6	13
怀柔区	49	4	16	29	4		2	3	15		1	14
平谷区	24		2	21	1			1	4			4
密云区	7	2	2	3	8		1	7	3	1		3
延庆区	5	1	2	2	17	7	7	3	8	1	3	3

12-9 续表 10

单位：人

现住地	省外											
	西藏				陕西				甘肃			
	小计	城市	镇	乡村	小计	城市	镇	乡村	小计	城市	镇	乡村
全市	**29**		**12**	**17**	**2824**	**797**	**824**	**1203**	**2289**	**430**	**413**	**1446**
东城区					101	44	31	26	94	10	15	68
西城区					176	91	43	42	172	28	40	104
朝阳区	2		2		485	158	154	173	384	80	91	213
丰台区					226	53	87	86	253	68	18	167
石景山区					80	22	28	30	85	13	21	50
海淀区	22		10	13	718	201	236	281	377	74	64	239
门头沟区					11	2	4	5	8	1	4	4
房山区					163	5	29	129	67	13	15	39
通州区					147	32	42	73	173	43	35	95
顺义区					108	22	24	62	141	9	10	122
昌平区					355	117	84	154	246	48	49	149
大兴区	5			5	177	42	45	90	224	38	42	144
怀柔区					47	4	12	30	29	2	2	25
平谷区					12		1	10	20		3	17
密云区					18	3	3	13	11	3		7
延庆区					1			1	7	2	3	2

12-9 续表 11

单位：人

现住地	省外											
	青海				宁夏				新疆			
	小计	城市	镇	乡村	小计	城市	镇	乡村	小计	城市	镇	乡村
全市	**228**	**110**	**57**	**60**	**379**	**136**	**82**	**161**	**599**	**345**	**117**	**137**
东城区	5	3	2		16	5	5	7	12	6	2	4
西城区	11	5	3	2	19	13	2	4	26	25		1
朝阳区	50	30	5	16	86	46	13	27	134	78	26	29
丰台区	28	18	7	3	28	7	11	10	36	27	7	3
石景山区	5	1	4		5	1		4	9	3	1	5
海淀区	36	13	7	15	100	23	27	51	187	89	62	36
门头沟区					3		1	2	1			1
房山区	8	3	1	3	3	3			10	5	2	3
通州区	8	6	2		27	13	5	9	44	25	6	13
顺义区	15	1	6	8	21	3	4	14	18	10	2	6
昌平区	16	12	3	1	44	18	8	19	66	50	4	11
大兴区	37	18	14	6	22	5	5	13	42	18	4	20
怀柔区	7		1	6	1			1	2	1		2
平谷区					1	1			2	1		
密云区									2	2		
延庆区	1		1						7	5	1	1

12-10 全市按现住地和一年前常住地分的人口

单位：人

地区	合计			现住房			本乡(镇、街道)其他调查小区			本县(市、区)其他乡(镇、街道)		
	合计	男	女	小计	男	女	小计	男	女	小计	男	女
全市	**332107**	**173585**	**158522**	**302670**	**157345**	**145325**	**4996**	**2810**	**2186**	**5166**	**2801**	**2365**
东城区	13125	6496	6629	12146	5952	6193	103	61	42	66	30	36
西城区	18771	9212	9559	16820	8226	8595	310	134	176	253	154	99
朝阳区	61755	33621	28134	55368	29941	25426	978	500	477	1263	638	626
丰台区	33136	16528	16608	30790	15305	15484	454	230	225	343	174	169
石景山区	9981	5110	4870	9269	4738	4531	138	69	69	148	82	67
海淀区	61316	32292	29024	52741	27734	25007	1610	1045	565	1141	605	536
门头沟区	4010	2043	1967	3831	1932	1899	35	22	13	62	34	27
房山区	15365	8002	7362	14513	7509	7003	116	64	52	257	125	132
通州区	20895	10603	10292	19986	10124	9861	153	86	67	205	96	109
顺义区	15303	7824	7479	14258	7173	7085	160	89	71	322	207	115
昌平区	31385	17111	14274	29070	15747	13322	518	276	242	350	201	149
大兴区	23837	12844	10993	21805	11620	10185	256	149	107	483	323	159
怀柔区	5771	3105	2666	5412	2902	2510	74	36	38	95	50	45
平谷区	5979	3023	2956	5867	2969	2898	12	5	7	33	13	20
密云区	6874	3537	3337	6545	3317	3228	50	30	20	80	32	48
延庆区	4604	2233	2370	4250	2154	2097	29	15	15	66	37	29

12-10 续表

单位：人

地区	本地(市)其他县(市、区)			本省其他地(市)			省外			港澳台或国外		
	小计	男	女	小计	男	女	小计	男	女	小计	男	女
全市	**6187**	**3324**	**2863**	**209**	**85**	**124**	**11649**	**6670**	**4979**	**1230**	**550**	**679**
东城区	408	219	190				306	195	110	97	39	57
西城区	675	344	332	3	2	2	517	265	252	191	88	104
朝阳区	1345	783	562	11	6	5	2598	1677	921	192	76	116
丰台区	689	364	325	3	3		786	415	371	70	36	34
石景山区	218	118	100	3	3	1	170	87	84	33	14	20
海淀区	1330	648	682	21	8	13	3882	1981	1901	592	272	320
门头沟区	38	21	17				43	33	10	2		2
房山区	184	92	91	1	1		290	208	82	5	4	1
通州区	166	86	79	3		3	379	208	171	4	1	2
顺义区	197	126	70	3	2	1	359	226	133	5	1	4
昌平区	458	257	201	19	11	8	950	609	341	20	9	11
大兴区	401	229	172				882	517	365	9	5	4
怀柔区	40	20	19	4	3	2	143	93	50	3	2	2
平谷区	33	15	19	1		1	31	20	11	3	2	1
密云区	2	2		43	33	11	153	123	30	2	2	
延庆区	2		2	95	16	79	160	12	148			

12-11 全市按现住地和五年前常住地分的人口

单位：人

现住地	五年前常住地											
	合计	现住房	本县其他地区	本省其他县	省外							
					北京	天津	河北	山西	内蒙古	辽宁	吉林	黑龙江
全市	**317847**	**205076**	**28316**	**21571**		**1044**	**13398**	**3488**	**1602**	**2403**	**1624**	**3013**
东城区	12616	10117	379	770		19	317	97	27	41	40	66
西城区	18046	12844	1176	1739		59	386	120	46	91	53	99
朝阳区	58950	35181	5352	3712		261	3092	508	256	592	314	701
丰台区	31657	23155	2570	2127		49	924	235	85	157	105	235
石景山区	9531	6079	1150	1173		16	334	59	28	55	33	64
海淀区	59144	33075	5579	3598		297	2660	996	547	686	504	661
门头沟区	3817	2695	713	204		6	71	10	5	6	1	20
房山区	14708	11015	1626	601		6	413	106	34	64	37	69
通州区	19922	13720	1322	1289		46	854	207	112	119	84	232
顺义区	14550	9853	1434	954		39	542	170	54	54	59	106
昌平区	29909	15950	2608	2596		152	2094	672	295	374	282	459
大兴区	22642	12859	2696	2365		63	1055	232	71	101	78	214
怀柔区	5525	4057	560	160		16	300	43	22	40	23	23
平谷区	5749	5306	176	53		8	77	11	3	3	1	28
密云区	6638	5415	682	125		5	179	14	10	14	6	18
延庆区	4443	3757	291	105		1	102	8	7	7	4	18

12-11 续表 1

单位：人

现住地	五年前常住地											
	省外											
	上海	江苏	浙江	安徽	福建	江西	山东	河南	湖北	湖南	广东	广西
全市	**412**	**1718**	**900**	**2572**	**702**	**1249**	**5396**	**7244**	**2618**	**1470**	**1061**	**487**
东城区	18	29	19	72	20	30	95	139	30	22	19	7
西城区	29	50	34	84	61	44	175	195	124	55	69	20
朝阳区	144	478	178	703	172	237	1034	1672	459	257	253	139
丰台区	24	111	105	162	30	68	263	466	132	68	60	12
石景山区	10	19	17	55	8	19	78	111	41	25	10	4
海淀区	83	515	271	801	194	317	1742	1757	705	569	257	170
门头沟区		7	1	10		1	15	19	5		3	
房山区	6	32	8	39	6	24	149	246	35	27	9	6
通州区	14	108	71	97	37	84	326	489	117	92	51	19
顺义区	16	59	19	96	26	55	149	299	68	21	48	16
昌平区	48	179	84	243	115	229	826	1015	366	229	172	58
大兴区	15	102	78	168	23	126	414	712	488	84	94	29
怀柔区	2	8	2	18	4	3	50	60	20	3	3	
平谷区		4	1	4		1	13	21	6	3		1
密云区	3	3	1	17	3	3	57	29	14	3	8	
延庆区	1	12	12	4	6	8	10	15	7	11	2	4

12-11 续表 2

单位：人

现住地	五年前常住地											
	省外											港澳台或国外
	海南	重庆	四川	贵州	云南	西藏	陕西	甘肃	青海	宁夏	新疆	
全 市	**123**	**1273**	**2338**	**655**	**852**	**43**	**1629**	**1517**	**154**	**313**	**554**	**1031**
东城区	1	9	33	4	3		56	49		7	2	80
西城区	7	32	72	7	20		87	86	8	9	16	147
朝阳区	17	689	964	222	462	5	238	238	20	73	130	197
丰台区	7	50	106	8	19	1	98	146	8	12	13	46
石景山区		8	31	10	7		28	37	2	3	3	19
海淀区	25	280	552	184	158	27	646	371	48	112	254	501
门头沟区		4	6		1		8	4			1	2
房山区	4	11	42	7	5		33	36	3	3	5	2
通州区	14	32	84	44	40		78	92	1	18	26	1
顺义区	18	22	72	37	25		56	102	15	27	34	3
昌平区	20	77	174	76	62		178	170	11	35	36	24
大兴区	4	43	157	35	22	10	80	149	30	13	29	5
怀柔区		3	34	3	15		26	19	6			2
平谷区	1	4	6	1	3		7	5			1	
密云区		5	3	4			10	7				
延庆区	4	4	2	16	9		1	6	1		6	

附录

国务院办公厅关于开展2015年全国1%人口抽样调查的通知

国办发〔2014〕33号

各省、自治区、直辖市人民政府，国务院各部委、各直属机构：

根据《全国人口普查条例》的规定，国务院决定于2015年开展全国1%人口抽样调查。现将有关事项通知如下：

一、调查目的

了解2010年以来我国人口在数量、素质、结构、分布以及居住等方面的变化情况，为制定国民经济和社会发展规划提供科学准确的统计信息支持。

二、对象和范围

在我国境内抽取约6万个调查小区，调查对象为小区内的全部人口（不包括港澳台居民和外国人），共约1400万人。

三、内容和时间

调查内容为人口和住户的基本情况，主要包括姓名、性别、年龄、民族、受教育程度、行业、职业、迁移流动、社会保障、婚姻、生育、死亡、住房情况等。调查时点为2015年11月1日零时。

四、组织和实施

按照"统一领导、分工协作、分级负责、共同参与"的原则，做好调查的组织和实施工作。

为加强领导和协调，由统计局会同有关部门成立2015年全国1%人口抽样调查工作协调小组（以下简称协调小组）。协调小组办公室设在统计局，负责调查的组织实施和日常工作，督促落实协调小组议定事项。发展改革部门负责做好调查方案与国民经济和社会发展总体规划及有关专项规划编制实施的衔接；公安部门负责提供各级户籍人口、流动人口等资料并协助做好现场登记；宣传部门负责做好新闻宣传，以及新闻媒体的组织协调。其他部门按照职能分工，认真做好相关工作。

县级以上地方各级人民政府要切实加强组织领导，建立相应机构，确保调查任务顺利完成。

五、经费保障

2015年全国1%人口抽样调查所需经费，按照分级负担原则，由中央和地方各级人民政府共同负担，并列入相应年度的财政预算，按时拨付、确保到位。

六、工作要求

坚持依法调查。要严格执行《中华人民共和国统计法》和《全国人口普查条例》的有关规定。调查取得的数据，严格限定用于调查目的，不得作为任何部门和单位对各级行政管理工作实施考核、奖惩的依据，不得作为对调查对象实施处罚的依据；各级调查机构及其工作人员，必须严格履行保密义务。

做好宣传引导。要通过报刊、广播、电视和网络等方式，广泛深入宣传调查的重要意义和工作要求，引导广大调查对象依法配合调查，如实申报调查项目，为调查工作顺利实施创造良好舆论环境。

附件：2015年全国1%人口抽样调查工作协调小组组成人员名单

国务院办公厅

2014年6月23日

（此件公开发布）

附件

2015年全国1%人口抽样调查工作协调小组组成人员名单

组　长：马建堂　　统计局局长
副组长：朱之鑫　　发展改革委副主任
　　　　黄　明　　公安部副部长
　　　　孙志刚　　卫生计生委副主任
成　员：蔡名照　　中央宣传部副部长、新闻办主任
　　　　鲁　昕　　教育部副部长
　　　　罗黎明　　国家民委副主任
　　　　宫蒲光　　民政部副部长
　　　　刘红薇　　财政部部长助理
　　　　杨志明　　人力资源社会保障部副部长
　　　　齐　骥　　住房城乡建设部副部长
　　　　孙鸿志　　工商总局副局长
　　　　田　进　　新闻出版广电总局副局长
　　　　张为民　　统计局副局长

协调小组办公室主任由统计局副局长张为民兼任。

北京市人民政府办公厅关于做好本市2015年全国1%人口抽样调查工作的通知

京政办发[2014]64号

各区、县人民政府，市政府各委、办、局，各市属机构：

为贯彻落实《全国人口普查条例》和《国务院办公厅关于开展2015年全国1%人口抽样调查的通知》（国办发〔2014〕33号）精神，认真做好本市2015年全国1%人口抽样调查工作，现就有关事项通知如下：

一、调查目的

了解2010年以来本市人口在数量、素质、结构、分布以及居住等方面的变化情况，为科学制定国民经济和社会发展规划，有效开展人口规模调控工作，提供科学准确的统计信息支持。

二、对象和范围

在全市范围内共抽取约2600个调查小区，调查对象为小区内的全部人口（不包括港澳台居民和外国人），共约60万人。

三、内容和时间

调查内容为人口和住户的基本情况，主要包括姓名、性别、年龄、民族、受教育程度、行业、职业、迁移流动、社会保障、婚姻、生育、死亡、住房情况等。调查时点为2015年11月1日零时。

四、组织和实施

本市2015年全国1%人口抽样调查将与年度人口抽样调查工作同步开展。各区县政府和市有关部门要高度重视，按照“统一领导、分工协作、分级负责、共同参与”的原则，认真做好调查的组织和实施工作。

为加强领导和协调，建立北京市2015年全国1%人口抽样调查工作联席会议制度（以下简称联席会议）。市政府分管副秘书长担任联席会议召集人，市有关部门负责人为联席会议成员（名单附后）。联席会议办公室设在市统计局、国家统计局北京调查总队，负责调查的组织实施和日常工作，督促落实联席会议议定事项。市发展改革委负责做好调查方案与国民经济社会发展总体规划及有关专项规划编制实施的衔接工作；市公安局负责提供户籍人口、流动人口等资料，并协助做好入户摸底和现场登记工作；市委宣传部负责做好新闻宣传，以及新闻媒体的组织协调工作；其他部门按照职责分工，做好相关工作。

各区县政府及乡镇政府、街道办事处要建立相应调查机构，切实加强组织领导，确保调查任务顺利完成。

五、经费保障

调查工作经费按照分级负担原则，由市、区县政府共同负担，并列入相应年度财政预算。财政部门要按时、足额拨付调查工作经费；各级调查机构要严格经费管理，确保专款专用。

六、工作要求

坚持依法调查。要严格执行《中华人民共和国统计法》和《全国人口普查条例》的有关规定。调查取得的数据，严格限定用于调查目的，不得作为任何部门和单位对各级行政管理工作实施考核、奖惩的依据，不得作为对调查对象实施处罚的依据；各级调查机构及其工作人员必须严格履行保密义务。

严格质量控制。各级调查机构要研究制定调查数据质量控制办法，明确人员分工，落实职责任务，确保调查数据质量。

做好宣传引导。要通过报刊、广播、电视和网络等方式，广泛深入宣传调查的重要意义和工作要求，引导广大调查对象依法配合调查，如实申报调查项目，为调查工作顺利实施创造良好舆论环境。

北京市人民政府办公厅

2014年12月15日

2015年全国1%人口抽样调查方案

根据《国务院办公厅关于开展2015年全国1%人口抽样调查的通知》(国办发〔2014〕33号)和《全国人口普查条例》(中华人民共和国国务院令第576号),制定2015年全国1%人口抽样调查方案。

一、调查目的和组织实施

(一)2015年全国1%人口抽样调查的目的是了解2010年以来我国人口在数量、素质、结构、分布以及居住等方面的变化情况,为制定国民经济和社会发展规划提供科学准确的统计信息支持。

(二)调查工作按照“统一领导、分工协作、分级负责、共同参与”的原则组织实施。

国家和县以上地方各级人民政府成立2015年全国1%人口抽样调查工作领导机构及其办公室,被抽中的乡、镇和街道办事处成立1%人口抽样调查办公室,领导和组织实施全国和本地区的1%人口抽样调查工作。

2015年全国1%人口抽样调查领导机构各成员单位要按照各自职能分工,认真做好相关工作。

(三)2015年全国1%人口抽样调查所需经费,按照分级负担原则,由中央和地方各级人民政府共同负担,并列入相应年度的财政预算,按时拨付、确保到位。

(四)各级调查机构及其工作人员要坚持依法调查。严格执行《中华人民共和国统计法》和《全国人口普查条例》的有关规定。调查取得的数据,严格限定用于调查目的,不得作为任何部门和单位对各级行政管理工作实施考核、奖惩的依据,不得作为对调查对象实施处罚的依据。

(五)各级宣传部门和调查机构应采取多种方式,积极做好1%人口抽样调查的宣传工作,为1%人口抽样调查工作的开展营造良好的社会氛围。

(六)各级1%人口抽样调查领导机构对本行政区域的调查数据质量负责,确保调查数据真实、准确、完整、及时。

二、调查标准时点、对象、内容和方式

(七)调查的标准时点为2015年11月1日零时。

(八)调查对象为抽中调查小区内的全部人口(不包括港澳台居民和外国人)。

应在抽中调查小区内登记的人包括:2015年10月31日晚居住在本调查小区的人;户口在本调查小区,2015年10月31日晚未居住在本调查小区的人。

中国人民解放军现役军人由军队领导机关统一进行调查。

(九)调查内容主要包括姓名、性别、年龄、民族、受教育程度、行业、职业、迁移流动、社会保障、婚姻、生育、死亡、住房情况等。

（十）调查以户为单位进行登记，户分为家庭户和集体户。

（十一）调查采用调查员手持电子终端设备（PDA）入户登记与互联网自主填报相结合的方式。

住户可以选择由调查员手持电子终端设备（PDA）入户登记的方式，也可以选择在互联网上填写调查表直接上报的方式。

（十二）调查表分为《2015年全国1%人口抽样调查表》、《2015年全国1%人口抽样调查死亡人口调查表》。

三、抽样方法、调查小区划分和绘图

（十三）全国调查的样本量约占全国总人口的1%左右。调查以全国为总体，各地级市为子总体，采取分层、二阶段、概率比例、整群抽样方法，其中群即最终样本单位为调查小区。

（十四）二阶段抽样的方法为：第一阶段抽取村级单位，第二阶段抽取调查小区。在第一阶段抽样时，抽取方法为分层、概率比例抽样。

样本的抽取由全国1%人口抽样调查办公室负责实施。

（十五）调查小区的划分、编码和绘图。2015年全国1%人口抽样调查小区规模划分原则为80个住房单元，常住人口大约250人左右。在划分调查小区的同时，绘制抽中村级单位内调查小区分布图、并给调查小区升序编码，绘制抽中调查小区内所有建筑物的分布图。

四、调查的宣传、试点和物资准备

（十六）各级宣传部门和调查机构要组织协调新闻媒体，通过报刊、广播、电视、互联网、新媒体和户外广告等多种渠道，宣传调查的重大意义、政策规定和工作要求，积极营造良好的调查氛围。

（十七）全国1%人口抽样调查办公室负责组织国家级试点。省级1%人口抽样调查办公室负责组织本地区的试点。

（十八）调查所需的物资由各级1%人口抽样调查办公室根据所承担的工作任务负责准备。

五、调查指导员和调查员的借调、招聘和培训

（十九）每个调查小区至少配备一名调查员，每个被抽中的乡、镇、街道至少配备一名调查指导员。

（二十）调查指导员和调查员应当由具有初中以上文化水平、身体健康、经培训能够使用手持电子终端设备（PDA），工作认真负责、能够胜任调查工作的人员担任。

（二十一）调查指导员和调查员的借调、招聘工作由县级1%人口抽样调查领导机构负责。

（二十二）调查指导员和调查员可以从党政机关、社会团体、企业事业单位借调，也可以从村民委员会、居民委员会或者社会招聘。

（二十三）培训工作分级进行。全国1%人口抽样调查办公室负责对省级1%人口抽样调查办公室的业务骨干进行培训；省级1%人口抽样调查办公室负责对市、县级1%人口抽样调查办公室的业务骨干进行培训；市、县级1%人口抽样调查办公室共同负责培训调查指导员和调查员。

培训工作应于2015年10月15日前完成。

六、调查摸底、登记

（二十四）调查登记以前，调查员和调查指导员要对调查小区的人口状况进行摸底工作，明确调查登记的范围、绘制调查小区图、编制调查小区户主姓名底册。

摸底工作应于2015年10月31日前完成。

（二十五）现场登记工作从2015年11月1日开始，采用调查员手持PDA入户询问、现场填报，或由住户通过互联网自主填报的方式进行。

对完成PDA登记的住户，调查指导员应及时组织调查员进行复查，经核实无误后上报。

选择互联网填报的住户应于2015年11月7日前完成调查表的填写和提交。对在规定时间内没有完成的住户，调查员将再次入户使用PDA进行登记。

全部登记工作应于11月15日前完成。

七、事后质量抽查

（二十六）登记工作完成后进行事后质量抽查。全国1%人口抽样调查办公室负责事后质量抽查样本的抽取，省级1%人口抽样调查办公室负责事后质量抽查工作的组织实施。

（二十七）事后质量抽查工作应于2015年11月25日以前完成。

（二十八）事后质量抽查结果只作为评价全国调查数据质量的依据。

八、调查数据的汇总、发布和管理

（二十九）登记工作结束后，县级1%人口抽样调查办公室负责组织调查表的行业和职业编码。编码前应对编码人员进行严格培训。

编码工作应于2015年11月20日以前完成。

（三十）调查数据的处理工作由1%人口抽样调查办公室负责。汇总程序由全国1%人口抽样调查办公室统一下发。

（三十一）国家统计局和全国1%人口抽样调查办公室对数据进行审核后发布主要数据公报。各省、自治区、直辖市的主要数据应于国家公报发布之后发布。

（三十二）调查的原始数据由全国和省级1%人口抽样调查办公室负责管理。

九、其他

（三十三）调查工作全部结束后，各级1%人口抽样调查办公室要对这次调查工作进行全面的总结，并报同级人民政府和上级调查领导机构。

（三十四）交通极为不便的地区，需采用其他登记时间和方法的，须报请全国1%人口抽样调查工作协调小组批准。

（三十五）全国1%人口抽样调查办公室根据本方案制定各项工作实施细则和有关技术文件。

（三十六）本方案由全国1%人口抽样调查办公室负责解释。

2015年全国1%人口抽样调查表

表　　号：R 5 0 1 表
制定机关：国 家 统 计 局
文　　号：国统字（2015）50号
有效期至：2015 年12 月

一、住户项目

问题1 您家现住房的详细地址？____________________

问题2 您家2014年11月1日至2015年10月31日期间的人口变化情况？

出生人口_______人

死亡人口_______人

问题3 您家的住户类别？

○ 家庭户

○ 集体户（转至个人项目）

问题4 您家的住房类型？

○ 普通住宅

○ 集体宿舍和工棚（转至个人项目）

○ 工作地住宿（转至个人项目）

○ 无住房（转至个人项目）

问题5 您家住房的建筑面积？_______平方米

问题6 您家的住房间数？_______间

问题7 您家住房所在的建筑物一共有多少层？

○ 平房

○ 2-3层楼房

○ 4-6层楼房

○ 7-9层楼房

○ 10层以上楼房

问题8 您家住房的建成年代？

○ 1949年以前

○ 1949-1959年

○ 1960-1969年

○ 1970-1979年

○ 1980-1989年

○ 1990-1999年

○ 2000-2009年

○ 2010年以后

问题9 您家住房内有无厨房?

○ 独立使用

○ 与其他户合用

○ 无

问题10 您家住房内有无厕所?

○ 独立使用抽水/冲水式

○ 合用抽水/冲水式

○ 独立使用其他样式

○ 合用其他样式

○ 无

问题11 您家住房的来源?

○ 购买新建商品房

○ 购买二手房

○ 购买原公有住房

○ 购买经济适用房、两限房

○ 自建住房

○ 租赁廉租房、公租房

○ 租赁其他住房

○ 其他

问题12 您家拥有家用汽车的情况?

○ 拥有100万元以上的汽车

○ 拥有50-100万元的汽车

○ 拥有30-50万元的汽车

○ 拥有20-30万元的汽车

○ 拥有10-20万元的汽车

○ 拥有10万元以下的汽车

○ 没有汽车

二、个人项目

每个人都填报的项目(问题1—问题11)

问题1 姓名?

姓名_______

问题2 与户主关系？

○ 户主

○ 配偶

○ 子女

○ 父母

○ 岳父母或公婆

○ 祖父母

○ 媳婿

○ 孙子女

○ 兄弟姐妹

○ 其他

问题3 性别？

○ 男

○ 女

问题4 出生年月？

出生年_______

出生月_______

问题5 民族？

_______族

问题6 户口登记地址？

○ 户口登记地址与本户现住房地址相同

○ 户口登记地址与本户现住房地址不同（请填报户口登记地址）（跳至问题8）

_____省(区、市)

_____市（地）

_____县（市、区）

_____乡（镇、街道）

_____村（居）委会

○ 户口待定（跳至问题11）

问题7 调查时点居住地址？

○ 现住房

○ 其他地区（请填报具体地址）

_____省（区、市）

_____市（地）

_____县（市、区）

（跳至问题9）

问题8 在本市居住时间？

○ 不满半年
○ 半年至一年
○ 一至二年
○ 二至三年
○ 三至四年
○ 四至五年
○ 五至十年
○ 十年以上

问题9 离开户口登记地的时间？

○ 没有离开户口登记地（跳至问题11）
○ 不满半年
○ 半年至一年
○ 一至二年
○ 二至三年
○ 三至四年
○ 四至五年
○ 五至十年
○ 十年以上

问题10 离开户口登记地的原因？

○ 工作就业
○ 学习培训
○ 随同迁移
○ 房屋拆迁
○ 改善住房
○ 寄挂户口
○ 婚姻嫁娶
○ 为子女就学
○ 其他

问题11 是否有农村土地承包权？

○ 有
○ 无

1周岁及以上的人填报的项目（问题12）

问题12 一年前常住地？

○ 现住房
○ 其他地区（请填报具体地址）

_____省（区、市）

_____市（地）

_____县（市、区）

_____乡（镇、街道）

_____村（居）委会

5周岁及以上的人填报的项目（问题13）

问题13 五年前常住地？

○ 现住房

○ 其他地区（请填报具体地址）

_____省（区、市）

_____市（地）

_____县（市、区）

6周岁及以上的人填报的项目（问题14—问题16）

问题14 是否识字？

○ 是

○ 否

问题15 受教育程度？

○ 未上过学（跳至问题17）

○ 小学

○ 初中

○ 普通高中

○ 中职

○ 大学专科

○ 大学本科

○ 研究生

问题16 学业完成情况？

○ 在校

○ 毕业

○ 肄业

○ 辍学

○ 其他

15周岁及以上的人填报的项目（问题17—问题27）

问题17 上周工作情况？

○ 在工作

○ 在职休假、在职学习培训、临时停工或季节性歇业

○ 未做任何工作（跳至问题22）

问题18 行业？

单位详细名称：_______

单位的主要产品或主要业务：_______

问题19 职业？

本人从事的具体工作：_______

（设区的地级市和直辖市以外的人跳至问题25）

问题20 工作地点？

○ 现住房所在的街道（乡、镇）

○ 本市其他街道（乡、镇）（请填报具体地址）

_____区（县）

_____街道（乡、镇）

○ 本市以外

问题21 前往工作地所乘主要交通工具及所需时间？

○ 步行

○ 自行车

○ 电动车

○ 摩托车

○ 小轿车

○ 公共汽车

○ 轨道交通

○ 其他

时间：_______分钟

（跳至问题25）

问题22 未工作原因？

○ 在校学习（跳至问题25）

○ 丧失工作能力（跳至问题25）

○ 毕业后未工作

○ 因单位原因失去工作

○ 因本人原因失去工作

○ 承包土地被征用

○ 离退休

○ 料理家务

○ 其他

问题23 三个月内是否找过工作？

○ 在职业介绍机构求职

○ 委托亲友找工作

○ 应答或刊登广告

○ 参加招聘会

○ 为自己经营作准备

○ 其他

○ 未找过工作

问题24 如果有合适的工作，能否在两周内开始工作？

○ 能

○ 不能

问题25 参加社会养老保险的情况？

○ 城镇职工基本养老保险

○ 城镇（乡）居民社会养老保险

○ 新型农村社会养老保险

○ 机关事业单位养老保险

○ 未参加以上四种社会养老保险

问题26 参加社会医疗保险的情况？

○ 职工基本医疗保险

○ 城镇（乡）居民基本医疗保险

○ 新型农村合作医疗

○ 公费医疗

○ 未参加以上四种基本医疗保险

问题27 婚姻状况？

○ 未婚（跳至问题31）

○ 有配偶

○ 离婚（跳至问题29）

○ 丧偶（跳至问题29）

15-50周岁的妇女填报的项目（问题28—问题30）

问题28 夫妇为独生子女情况？

○ 双独

○ 单独，女方为独生子女

○ 单独，男方为独生子女

○ 均非独生子女

问题29 生育子女数？

○ 未生育（结束）

○ 有生育（请填报生育的子女数）

生过几个孩子：

男________人

女_______人

其中现在存活几个孩子：

男_______人

女_______人

问题30 过去一年（2014年11月1日至2015年10月31日期间）的生育情况？

○ 未生育（结束）

○ 有生育（请填报生育时间和孩子的性别）

生育时间是：

____月

婴儿性别是：

○ 男

○ 女

如果一年内有两次生育或生育多胞胎的，请填报其他孩子的生育时间和性别。

60周岁及以上的人填报的项目（问题31—问题32）

问题31 主要生活来源？

○ 劳动收入

○ 离退休金养老金

○ 最低生活保障金

○ 财产性收入

○ 家庭其他成员供养

○ 其他

问题32 身体健康状况？

○ 健康

○ 基本健康

○ 不健康，但生活能自理

○ 生活不能自理

2015年全国1%人口抽样调查死亡人口调查表

(2014.11.01-2015.10.31死亡的人口登记)

表　　号：R502表
制定机关：国家统计局
文　　号：国统字（2015）50号
有效期至：2015年12月

每个死亡人口都登记的项目（问题1—问题5）

问题1 姓名？

姓名______

问题2 性别？

○ 男

○ 女

问题3 出生年月？

出生年______

出生月______

问题4 死亡时间？

死亡月______

问题5 民族？

______族

死亡时满6周岁的人登记的项目（问题6）

问题6 受教育程度？

○ 未上过学

○ 小学

○ 初中

○ 普通高中

○ 中职

○ 大学专科

○ 大学本科

○ 研究生

死亡时满15周岁的人登记的项目（问题7）

问题7 婚姻状况？

○ 未婚

○ 有配偶

○ 离婚

○ 丧偶

2015年全国1%人口抽样调查表填写说明

一、调查表的种类

2015年全国1%人口抽样调查的表式分为:《2015年全国1%人口抽样调查表》(以下简称调查表)和《2015年全国1%人口抽样调查死亡人口调查表》(以下简称死亡表)两种表。

二、标准时点

2015年全国1%人口抽样调查的标准时点为：2015年11月1日零时。调查员在掌握调查标准时点时，应该注意以下两点：

(一)2015年11月1日零时以后出生的人不登记；2015年11月1日零时以后死亡的人仍要登记调查表。

(二)2015年11月1日零时以后发生迁移的人，仍在原住地登记。

三、调查登记对象

(一)调查表的登记对象

登记对象为调查小区内的全部人口。即2015年10月31日晚住本调查小区的人口和户口登记在本调查小区但2015年10月31日晚未住本调查小区人口。分为两种情况：

1. 2015年10月31日晚住在本调查小区的人，不管其户口登记在何处。

2. 户口登记在本调查小区，但2015年10月31日晚未住本调查小区的人，无论其外出时间长短、外出原因如何，均调查登记。

为便于理解登记对象，并考虑到调查中可能遇到的特殊情况，调查员在入户登记时可采取以下方式询问住户：

本次调查应在您家登记的人包括：

· 2015年10月31日晚住在您家里的人，但不包括由于临时出差、探亲或旅游等2015年10月31日晚暂住在您家的人。

· 户口登记在您家现住房地址的人。

· 经常居住在您家，由于临时出差、探亲、旅游或值夜班等2015年10月31日晚未住在您家的人。

· 幼儿园全托孩子、小学和初中住校生。

不包括：

· 现役军人和武警。

· 港澳台居民和外国人。

• 2015年11月1日零时以后出生的人。

（二）死亡表的登记对象

死亡表的登记对象是在2014年11月1日至2015年10月31日这12月中本调查小区的死亡人口。

四、调查表的填写方法

（一）调查表以户为单位进行登记，采用调查员手持PDA入户询问、现场填报，或由住户通过互联网自主填报的登记方式。

（二）调查表填写按户记录、人记录的顺序进行。先填写户记录，再逐人填写人记录。填写按人登记的项目时，表内第一人应填户主，然后填户主的配偶和其他亲属。

（三）调查员每填完一户，应即刻进行审核,将通过审核的信息，向申报人当面宣读，核对无误后，由申报人在PDA中手写签字确认。

（四）调查表每户最多可以填写45人。对于超过45人的大集体户，可酌情分成若干集体户填写。

（五）有标准答案的项目，根据实际情况填报，并且每个问题只能选择一个标准答案。户口登记地址、调查时点居住地址、一年前常住地、五年前常住地和工作地点等项目可根据行政区划地址列表栏进行选择。没有标准答案的项目，用文字或阿拉伯数字据情填写。

填写文字的项目，包括您家现住房的详细地址、姓名、行业和职业。其中，姓名不能填写非汉字字符。

（六）如果填写错误或发生逻辑关系异常，PDA程序或互联网填报程序会给出审核提示。若为强制性审核错误，请根据提示信息对错误项目进行修改；若为确认性审核提示，可根据提示信息对异常项目进行确认，若情况属实，可忽略该条确认性审核提示。

五、调查表的指标解释

（一）按户填报的项目

问题1 您家现住房的详细地址—您家现住房是指调查时被登记人居住的房屋，详细地址请填写到门牌号。

问题2 您家2014年11月1日至2015年10月31日期间的人口变化情况—填写本户在2014年11月1日至2015年10月31日期间出生和死亡的人数。若本户在此期间没有出生和死亡人口，请填写“0”。

特别注意不要漏掉出生时有某种生命现象（如在胎儿脱离母体时，有呼吸或心跳，脐带搏动、随意肌收缩等），不久即死亡的婴儿，既要填写出生数，也要填写死亡数。

问题3 您家的住户类别—按家庭户、集体户的类别填报。

家庭户：以家庭成员关系为主，居住一处共同生活的人口，作为一个家庭户。单身居住独自生活的，也作为一个家庭户。

集体户：相互之间没有家庭成员关系，集体居住共同生活的人口作为一个集体户。填报此项的人，不再填报后面的户记录项目。

这里的住户类别与户口本上的“户别”无关，集体户口未必是集体户，应以实际居住情况为准。

问题4 您家的住房类型—按居住的住房类型填报。

普通住宅：指人工建造的，有墙、顶、门、窗等结构，具有独立入口，专门供人居住的房屋或场所。

如公寓、四合院、筒子楼等传统意义上的住宅。

集体宿舍和工棚：指厂区内、工地上临时或永久搭建供雇工住宿用的住房。

工作地住宿：指餐馆、发廊、商铺、办公楼等可供人居住的工作场所。

无住房：指居无定所的户（如流动人口中那些睡在桥下、公园、车站或睡在运载货物、商品车辆上的人等）。

本题填报“普通住宅”以外答案的，不再填报后面的户记录项目。

问题5 您家住房的建筑面积—住房的建筑面积按住房的外墙计算。

建筑面积应填报1-999之间的整数，不为整数时四舍五入。

若只知道使用面积的，可用使用面积乘以1.33，换算成建筑面积。

合住在同一所住房里的住户，其建筑面积为各户所独立使用的房间面积加上公共使用面积（包括厨房、厕所、门厅、阳台等）的一部分：两户合住的，各按二分之一计算；三户合住的各按三分之一计算；四户及以上合住的依此类推。

在租借的房屋居住的户，按现住房的实际情况填写住房建筑面积。

问题6 您家的住房间数—指您家现住房中除厨房、厕所、过道和厅以外的自然间数（包括扩建的房间）。填报范围是1-99。

合住同一所住房的住户，在填写住房间数时，填写您家独立使用的房间数。

在租借的房屋居住的户，按现住房的实际情况填写住房间数。

问题7 您家住房所在的建筑物一共有多少层—指住房所属建筑物的层数。

层数是指房屋的自然层数，一般按室内地坪以上计算。

采光窗在室外地坪以上的半地下室，其室内层高在2.20m以上（不含2.20m）的，计算自然层数；假层、附层（夹层）、插层、阁楼（暗楼）、装饰性塔楼，以及突出屋面的楼梯间、水箱间不计层数。

问题8 您家住房的建成年代—指住房所属建筑的建成时间。

住房翻修过的，按翻修时的年份填报；住房经过改建的，如改建面积大于原面积的，建成时间填报改建时的时间；如改建面积小于原面积的，建成时间填报原住房的建成时间。

问题9 您家住房内有无厨房—厨房是指专供做饭使用，不论是否装有上下水道及固定灶具的房间。

在过道、客堂等处烧饭的和在庭院、路边搭建的、低矮的临时简陋设施中做饭的都不算有厨房。

问题10 您家住房内有无厕所—厕所是指住房内的正式厕所（可以是抽水或冲水式的，也可以是其他形式的），露天的简易厕所不算有厕所。

问题11 您家住房的来源—指获取住房的几种情况。

购买新建商品房：指个人从房地产开发部门以市场价购买的房屋，享有对房屋的全部产权。

购买二手房：指购买那些进入房屋市场进行交易，第二次及以上进行产权登记的房屋，包括二手商品房、允许上市交易的已售公房、经济适用房。

购买原公有住房：指个人以成本价或优惠价购买的企事业单位原作为福利分配给本单位职工的住房，享有对房屋的全部产权或部分产权。

购买经济适用房、两限房：指购买政府为中低收入住房困难家庭所提供的保障性住房，包括经济适用房、两限房、安居工程住房和集资合作建设住房。

自建住房：指城镇或农村中个人自筹资金建造的住房，其产权属于个人所有。

租赁廉租房、公租房：指政府以租金补贴或实物配租的方式，向符合城镇居民最低生活保障标准且住房困难的家庭提供社会保障性质的住房。

租赁其他住房：指本户住房是向私人、单位或房地产开发部门租借，并按市场价格交纳房租的。

其他：指不属于以上几种房屋产权性质的填报此项。

问题12 您家拥有家用汽车的情况—家用汽车是指供家庭生活使用的汽车。

如果有多辆家用汽车，则按照多辆汽车的价值总和进行填写。汽车价值请按购买时的价格计算。

注意，每个选项的区间范围包含下限，不包含上限，如10-20万元，应为小于20万元且大于等于10万元的区间范围。

（二）按人填报的项目

每个人都填报的项目（问题1—问题11）

问题1 姓名—填写被登记人的正式姓名。没有正式姓名的可填小名或某某氏，但不能填笔名、代号等。婴儿未起名的，可填“未取名”。

问题2 与户主关系—指被登记人与本户户主的关系。根据申报人的回答据情填报。申报人不是户主的，在填写本户家庭成员时，应注意填写每个家庭成员与户主的关系，而不应填写成与申报人的关系。例如，某一户的申报人张顺来，该户户主是张顺来的爸爸张长远，张顺来在填报他的弟弟张顺强时，与户主关系应选择与户主张长远的关系，即子女，而不是选择与申报人张顺来的关系即兄弟姐妹。

设有十个标准答案：

户主：按家庭日常生活习惯确定户主。

配偶：指户主的妻子或丈夫。

子女：指户主的子女。

父母：指户主的父母或继父母、养父母。

岳父母或公婆：指户主配偶的父母或继父母、养父母。

祖父母：指户主或配偶的祖父母、外祖父母、曾祖父母、外曾祖父母。

媳婿：指户主子女的配偶。

孙子女：指户主的孙子女、外孙子女、孙媳婿、外孙媳婿、重孙子女、重孙媳婿、重外孙子女、重外孙媳婿。

兄弟姐妹：指户主及其配偶的兄弟姐妹以及他们的配偶。

其他：指本户除以上九种人以外的成员。

如果户主的配偶也在本户登记，应登记为第二人，填报“配偶”；然后再登记该户的其他成员。如果户主没有配偶，或户主配偶不在本户登记，第二人也可登记本户其他成员。

在登记集体户时，第一人登记为户主，本户其他成员与户主关系一律登记为其他。

问题3 性别—指被登记人的性别。

问题4 出生年月—指被登记人的出生年、月，在年月列表栏中选择。

出生年月按公历填写，只知道农历的，要换算成公历。按照一般的规律，农历的月份与公历的月份相差一个月左右，换算时农历的月份加1即可作为公历的月份，但要注意农历的12月应当是公历下一年的1月。

问题5 民族—指被登记人的民族成份，在民族列表栏中选择。

外国人加入中国籍，其民族和我国的某一民族相同的，就填某一民族；没有相同民族的，按外国人加入中国籍填写，简填“入籍”。

问题6 户口登记地址—指被登记人居民户口簿上的登记住址。

若户口登记地址与本户现住房地址不同，请依据居民户口簿据实填报户口登记地址。对于农村地区，户口登记在本村委会或村民小组的，视为户口登记地址与本户现住房地址相同。

户口登记地址需填报到村（居）委会一级，可在行政区划地址列表中选择。填报完五级户口登记地址后，直接跳至问题8。

户口待定是指在任何地方都没有登记常住户口的人。包括手持户口迁移证、出生证、退伍证、释放证等情况的人。选择“户口待定”项的人直接跳至问题11。

问题7 调查时点居住地址—指被登记人2015年10月31日晚居住在何处。

经常居住在现住房，由于临时出差、探亲、旅游或值夜班等2015年10月31日晚未住此处的人，也应选择现住房。

选择其他地区的，可在行政区划地址列表中选择具体居住地址。居住在港澳台或国外的，也应在地址列表中选择。

填完本题，直接跳至问题9。

问题8 在本市居住时间—指到调查标准时点为止，被登记人在本市的累计居住时间。

本市是指本地级市或直辖市的全部行政区域，包括区、县和县级市。若曾离开过本市半年以上，应从最近一次来本市的时间算起。

本题仅要求设区地级市中的跨市外来人口或直辖市中的跨省外来人口填报。

半年至一年是指半年以上（含半年），但不满一年。一至二年是指一年以上（含一年），但不满二年。其余依此类推。

问题9 离开户口登记地的时间—指到调查标准时点为止，被登记人离开户口登记地的时间。

没有离开户口登记地是指户口登记地址与本户现住房地址相同、调查时点居住在现住房。填报此项的人直接跳至问题11。

如果常年外出的人由于农忙或节假日等原因偶尔回家的，还应该从第一次离开户口登记地的时间开始计算。如果回家半年以上后再外出的，才能按再外出的时间算起。

半年至一年是指半年以上（含半年），但不满一年。一至二年是指一年以上（含一年），但不满二年。其余依此类推。

问题10 离开户口登记地的原因—指被登记人居住地与户口登记地不一致的原因。

凡具有两种以上原因的，按其主要的原因选择一个答案。被登记人有过多次迁移的，应填报其离开户口登记地时的原因，而不应填报到现住地的原因。

工作就业：指十五周岁及以上因务工经商、工作招聘、调动、入伍等工作原因离开户口登记地的人。

学习培训：指六周岁及以上因考入各级各类学校或参加本地各单位举办的各种学习班、培训班，而离开户口登记地的人。

随同迁移：指随同家人而离开户口登记地的人。

房屋拆迁：指因房屋拆迁、改造而离开户口登记地的人。

改善住房：指因改善住房条件及环境而离开户口登记地的人。

寄挂户口：指户口登记地与居住地不一致，但户口落在集体户或落在与其无直接亲戚关系的家庭户中的人，以及没有在户口登记地居住、只在户口登记地落户口的人。

婚姻嫁娶：指十五周岁及以上因结婚而离开户口登记地的人。

为子女就学：指为方便子女就学而离开户口登记地的人。

其他：指除上述以外的其他原因。

问题11 是否有农村土地承包权—指被登记人户口所在的家庭是否有农村土地承包权。

户口所在家庭应以被登记人的户口簿为准，单独一个户口簿的，按本人情况填报。拥有农村土地承包权是指被登记人户口登记地在农村地区或以前的农村地区，其本人或户口所在家庭曾经是农业户口，目前本人或户口所在家庭拥有农村土地承包权。

拥有农村土地承包权的人或家庭，目前可能实际经营承包地，也可能因各种原因不再经营承包地。以转包、转让、出租、入股、托管等方式出让了所承包土地经营权的也视为拥有农村土地承包权。

1周岁及以上（2014年10月31日以前出生）的人填报的项目（问题12）

问题12 一年前常住地—填写被登记人在调查标准时点的一年前，即2014年11月1日零时的常住地。

填报“其他地区”的，请填报具体地址。具体地址需填报到村（居）委会一级，可在行政区划地址列表中选择。

一年前居住在我国大陆以外地方的，可在地址栏中选择“香港”、“澳门”、“台湾”或“国外”。

5周岁及以上（2010年10月31日以前出生）的人填报的项目（问题13）

问题13 五年前常住地—填写被登记人在调查标准时点的五年前，即2010年11月1日零时的常住地。

填报“其他地区”的，请填报具体地址。具体地址需填报到县（市、区）一级，可在行政区划地址列表中选择。

五年前居住在我国大陆以外地方的，可在地址栏中选择“香港”、“澳门”、“台湾”或“国外”。

6周岁及以上（2009年10月31日以前出生）的人填报的项目（问题14—问题16）

问题14 是否识字—指被登记人是否达到国家规定的脱盲标准（城市居民和乡、镇企业职工识字2000个，乡村居民识字1500个）。

登记时可询问，日常生活中是否能读懂简单的书信或书写简短的句子。如果能阅读通俗书报、能写便条就认为具有识字能力。

小学在校学生无论几年级，都应选择“是”。

问题15 受教育程度—指按照国家教育体制，被登记人接受教育的最高学历。通过自学或成人学历教育经国家统一考试合格的，分别归入相应的受教育程度。

在问题14填报了“否”的人，只能选择本项目标准答案“未上过学”或“小学”。

未上过学：指从未接受过国家或其他办学机构实施的各级各类学校教育的人。包括参加过各种扫盲班或成人识字班学习，且以后再没有接受过各级各类学校教育的人。

小学：指接受的最高一级教育为小学，无论其是否在校、毕业、肄业或辍学的人。

初中：指接受的最高一级教育为初中，无论其是否在校、毕业、肄业或辍学的人。相当于初中程度的技工学校，也填报此标准答案。

普通高中：指接受的最高一级教育为普通高中，无论其是否在校、毕业、肄业或辍学的人。

中职：指接受的最高一级教育为中等职业学校，包括职业高中、中等专业学校和技工学校，无论其是否在校、毕业、肄业或辍学。

大学专科：指接受的最高一级教育为大学专科。在普通高等学校学习大学专科的，无论其是否在校、毕业、肄业或辍学的人，都填报此标准答案。

凡在国家授权承认学历的广播电视大学、职工大学、高等院校举办的函授大学、夜大学和其他形式的大学，按教育部颁布的大学专科教学大纲进行授课的，其毕业生填报此标准答案；其肄业生、在校生按原有受教育程度填报。

通过自学，经国家统一举办的自学考试合格，并取得大学专科毕业证书的，也填报此标准答案。

大学本科：指接受的最高一级教育为大学本科。在普通高等学校学习大学本科的，无论其是否在校、毕业、肄业或辍学，均填报此标准答案。

凡在国家授权承认学历的广播电视大学、职工大学、高等院校举办的函授大学、夜大学和其他形式的大学，按教育部颁布的大学本科教学大纲进行授课的，其毕业生填报此标准答案；其肄业生、在校生按原有受教育程度填报。

通过自学和进修大学课程，经考试合格，并取得大学本科毕业证书的，也填报此标准答案。

研究生：指接受的最高一级教育为硕士、博士研究生，无论其是否在校、毕业、肄业或辍学，均填报此标准答案。

在职接受研究生教育的，其毕业生填报此标准答案；肄业生和在校生按原有受教育程度填报。

凡是没有按教育部的教学大纲培训或只学单科的人，不能填报“大学专科”、“大学本科”或“研究生”，一律按原有受教育程度填报。

填报选项“未上过学”的人，直接跳至问题17。

问题16 学业完成情况—具有小学以上受教育程度的人填报此题。

在校：指正在接受各级各类学校教育并有学籍的人。

毕业：指已修完全部课程，并经过考试鉴定合格者。

肄业：指修完全部课程,但考试不及格或因种种原因未取得毕业资格的人。

辍学：指未能修完所规定的全部课程,中途退学的人。

其他：指私塾、自学等其他方式获得某种文化程度的人。

15周岁及以上（2000年10月31日以前出生）的人填报的项目（问题17—问题27）

问题17 上周工作情况—指被登记人在10月25—31日期间，即调查标准时点前一周，是否为取得收入而工作了1小时以上。

这里所说的工作是指为获取工资、实物报酬或经营收入而实际从事的各种生产、经营和服务性活动。义务劳动和公益性劳动都不是以取得收入为目的的，所以不属于这里所说的工作。

为取得收入而工作，是强调工作的目的性。只要是目的在于取得收入的工作，无论实际是否取得了收入，都应属于这里所说的工作。

对于平时主要在家做家务，有时也从事一些临时性工作（如干农活、销售商品）的人，只要在10月25—31日期间，工作时间达到一个小时，就算进行了工作。

在工作：指在10月25—31日期间，为取得收入而做过固定的、临时的或兼职的工作，并且工作时间达到了一小时。有正式学籍的在校学生利用课余或假期以及正式办理离休、退休手续的人为取得收入而从事了工作，也填报此项。

家庭成员在自家经营的摊位、商店、门市部、工厂劳动，即使没有任何收入，也应视作为取得收入而工作。

在职休假、在职学习培训、临时停工或季节性歇业：

休假是指在10月25—31日期间，因各种原因休假未工作(包括正常的年休假、疗养假及空勤人员、船员、火车乘务人员的轮休假等)以及各种原因的请假未工作(包括病假、工伤假、产假、事假、婚丧假、探亲假等)。个人档案、人事关系已在某单位，但因各种原因本人尚未到新单位报到上班，如军人转业或工作调动等，可视为休假。

在职学习培训是指有工作单位，在10月25—31日期间正参加脱产学习或培训。

临时停工是指在10月25—31日期间，由于机械或电力故障、原料或燃料短缺、天气灾害或其他灾害等原因引起的暂时未工作。

季节性歇业指从事季节性工作，在10月25—31日期间，正值歇业。

承包土地的农民，如果从事农活或其他工作的时间超过一个小时，则填报“在工作”；如果外出打工，但在10月25—31日期间，未从事任何工作，则填报“未做任何工作”；如果在10月25—31日期间，没有外出打工，且未干任何农活或从事其他任何有收入的工作，则填报本项。

未做任何工作：指没有工作单位，且在10月25—31日期间未从事过任何临时性工作的人，填报此项。对于未与原单位解除劳动关系，在原单位已无工作岗位的下岗、内退人员，在10月25—31日期间未从事任何工作的，也填报此项。填报此标准答案的人，直接跳至问题22。

问题18 行业—行业是根据被登记人的工作单位或其本人的经济活动的同一性进行分类，不是按其所属的行政管理系统来分的。

填写行业时应注意以下几种情况：

1.有工作单位的，既要填写单位名称，也要填写单位的主要产品或从事的主要业务。

单位名称要填写全称，并要具体到分厂或车间，不能笼统地只填写总厂名称。

单位的主要产品或从事的主要业务也要详细填写，如“生产服装”或“服装批发”、“服装零售”，不能简写为“服装”。

保密单位，填写其公开使用的名称和公开的主要产品或从事的主要业务。

2.没有工作单位的，有招牌的要在单位名称处按招牌填写，如“××鞋铺”，并在主要产品或从事的主要业务处填写具体的产品或业务，如“做鞋”或“修鞋”。没有招牌的，应在主要产品或从事的主要业务处填写其所从事的具体业务。

工作变动频繁的人，要按在10月25—31日期间所从事的主要工作填写。

务农人员不能笼统地填写“农业”，要根据其具体的农业生产活动或农户具体从事的主要业务填写。如种粮食、养猪等。

3.如果在10月25—31日期间在一个以上单位工作的，按工作时间最长的单位填写。不能确定时间长短的，可按经济收入较多的填写。

4.遇到申报人对本人或本户其他成员的行业不清楚时，不要急于登记，经询问查明后再填报。

问题19 职业—职业是按被登记人所从事的具体工作性质的同一性进行分类的。所谓“同一性”，是指不论其所在工作单位是什么经济类型，不论用工形式是固定工还是临时工，也不论其隶属于哪个行业，凡是从事同一性质工作的人都划分为同一类。

填写职业时应注意以下几种情况：

1.应填写被登记人所从事的主要工作，填写职业要具体、详细。不能笼统地填写“工人”、“杂工”等，而应具体填写其实际工作种类，如“铸轧工”、“采煤工”等；机关工作人员不能笼统填写“干部”，应详细填写其工作性质和种类，如：“打字员”、“统计工作者”；专业技术人员，不能笼统地填写“研究员”、“工程师”等，而应把他们研究或从事的专业和学科也填上，如“通信工程技术员”等。

2.具有各类专业技术职务的人员，同时担任行政负责人的，按行政职务填写其职业；同时担任党和行政职务的领导干部，应按主要职务填写其职业。

3.工种尚未确定，暂时又无具体工作的，要填写“工种未定”。

4.工作变动频繁的人，填写具体所做的工作时要按在10月25—31日期间所从事的主要工作填写。

5.如果在10月25—31日期间同时从事一种以上工作的，按所从事时间最长的工作填写；不能确定时间长短的，可按经济收入较多的工作填写。在同一工作场所，从事一种以上职业的，按技术性较高的工作填写。

6.遇到申报人对本人或本户其他成员的职业不清楚时，不要急于登记，经询问查明后再填写。

设区的地级市和直辖市以外的人填完此题，直接跳至问题25。

问题20 工作地点—指被登记人10月25-31日期间所从事主要工作的具体地点。

选择“本市其他街道（乡、镇）”的请填报具体地址，要求填到街道、乡、镇一级，可在行政区划地址列表中选择。

本题仅要求设区的地级市或直辖市的人填报。

问题21 前往工作地所乘主要交通工具及所需时间—指被登记人从家到工作地点经常乘坐的交通工具及单程花费的平均时间。

若前往工作地乘坐多种交通工具的，请选择乘坐距离最长的一种。

前往工作地所需时间的填报范围是0-300。超过300分钟的，请直接填报为300。

本题仅要求设区的地级市或直辖市的人填报。

填完此题的人，直接跳至问题25。

问题22 未工作原因—指被登记人在10月25—31日期间没有工作的主要原因。

在校学习：即在校学生，指在各级教育主管部门承认的各级各类学校学习，并有正式学籍的人员。不包括有工作单位，脱产学习的人员。填报此项的人，直接跳至问题25。

丧失工作能力：指经专门机构鉴定或虽未鉴定但本人或其法定监护人认为，其因生理或心理疾患已丧失了从事劳动的能力。包括年老体弱生活不能自理的人员，但不包括离休、退休人员，这些人不论是身体残疾还是年老体弱生活不能自理，均填报“离退休”。填报此项的人，直接跳至问题25。

毕业后未工作：指从学校毕业后从未工作过的人。

因单位原因失去工作：指用人单位或雇主提出与劳动者本人中断劳动关系而失去原工作的人。包括被原单位或雇主辞退、除名、开除的人，劳动合同到期后单位或雇主不同意续签劳动合同的人，因单位破产而失去工作的人，单位要求其“内退”的人，以及仍与原工作单位保留劳动关系的下岗人员。

因本人原因失去工作：指本人因各种原因提出与单位中断劳动关系而失去原工作的人。包括辞职的人、劳动合同到期后本人不同意与单位续签劳动合同的人，以及本人提出要求而 “内退”的人。

承包土地被征用：指本人承包或转包、租用他人的土地被有关部门和单位依据土地征用制度规定征作公益性用地或经营性用地，而失去工作。受雇在别人承包的土地上工作，因土地被征用而失去工作的人，不填报此项，而应填报“因单位原因失去原工作”。

离退休：指已正式办理离休、退休手续，定期领取离退休生活费，且未从事任何有收入劳动的人。单位“内退”人员，由于没有正式办理离、退休手续，不能作为离、退休人员，故不填报此项，而应据情填报本项中的“因单位原因失去工作”或“因本人原因失去工作”。

料理家务：指主要在自己家里从事家务劳动，且没有劳动收入的人。离、退休人员从事家务劳动的不填此项，而填“离退休”。为自家经营的摊位、商店、门市部、工厂工作的人，农村中既料理家务又务农或从事家庭副业的人，在别人家干家务活的临时工或小时工，均属于有工作的人，不填报此项。

对于料理家务的人要从严掌握，年龄男在五十岁以下，女在四十五岁以下者如申报为料理家务，应仔细询问，认真核对。

其他：指除以上几种情况之外的其他未工作的原因。

问题23 三个月内是否找过工作—被登记人如果已在职业介绍机构登记，无论是否又采取了其他方式，均填报“在职业介绍机构求职”，采用多种方式寻找工作但未在职业介绍机构登记的，只填一种本人认为最主要的方式。

在职业介绍机构求职：指通过劳动保障部门和其他政府部门以及私人开办的职业介绍机构登记找工作。

委托亲友找工作：指通过亲戚朋友向有关单位推荐找工作，这种委托可以是口头的。

应答或刊登广告：指通过应答各种媒体(电视、报纸、网络等) 或其他渠道的招聘广告或在各种媒体上刊登求职广告寻找工作。

参加招聘会：指通过参加各种形式的招聘会找工作。

为自己经营作准备：指正在为自己开公司和做生意做准备。

其他：指以上未涉及的找工作方式，如查看报刊、广告栏或店头的招聘广告，去自发的劳务市场等活等。

未找过工作：没有采取任何找工作的行动。

问题24 如果有合适的工作，能否在两周内开始工作—被登记人根据自己目前所处的客观条件去判断，如果有就业机会是否能在两周内开始工作。这里不考虑具体是什么工作。这里的两周指的是调查时点的前一周和后一周，即10月25日—11月7日期间。

能：指被登记人目前没有不能脱身的事，如必须在家照顾家人或上学读书等，而且也没有妨碍工作的伤病，能够在两周内开始工作。

不能：指被登记人有事或有病，即使有适合的工作在两周内也不能开始工作。

此项一般情况下都应填报“能”，只有当被登记人因还有不能脱身的事务或有妨碍工作的伤病等而不能工作时，才可填报“不能”。为自己经营作准备的，均应视作能够工作。

问题25 参加社会养老保险的情况—指调查标准时点被登记人参加社会养老保险的情况。

城镇职工基本养老保险：指由政府推行的、面向城镇职工的养老保险制度。

城镇（乡）居民社会养老保险：指由政府推行的、面向城乡居民的养老保险制度。

新型农村社会养老保险：简称“新农保”，指由政府推行的、面向农村居民的养老保险制度。

机关事业单位养老保险：指国家机关或事业单位人员等能享受养老保障的情况。

问题26 参加社会医疗保险的情况—指调查标准时点被登记人参加社会医疗保险的情况。

职工基本医疗保险：指由政府推行的、面向企业职工的医疗保险制度。

城镇（乡）居民基本医疗保险：指由政府推行的、面向城镇居民的医疗保险制度。部分地区推行的、统一面向城乡居民的基本医疗保险制度，也归为此类。

新型农村合作医疗：简称“新农合”，指由政府推行的、面向农村居民的合作医疗制度。

公费医疗：指面向部分国家公职人员的医疗保险制度。

问题27 婚姻状况—指被登记人在调查标准时点的实际婚姻状况。

未婚：指从未结过婚的人。填报此项的人，直接跳至问题31。

有配偶：指有配偶，处于婚姻中的人。

离婚：指曾经结过婚，但到调查标准时点已办理了离婚手续且没有再婚，或正在办理离婚手续的人。填报此项的人，直接跳至问题29。

丧偶：指配偶已去世，且到调查标准时点没有再婚的人。填报此项的人，直接跳至问题29。

这里的婚姻是指事实婚姻，不是单指法律意义上的婚姻，对不到法定结婚年龄，或未办理结婚手续而实际结婚、同居的人，应根据其在调查标准时点的实际情况，依照申报人的申报填报。

15-50周岁（1964年11月1日-2000年10月31日出生）的妇女填报的项目（问题28—问题30）

问题28 夫妇为独生子女情况—指被登记人与其配偶是否为独生子女。

双独：指夫妇双方均为独生子女。

单独，女方为独生子女：指夫妇双方中，女方为独生子女，男方不是独生子女。

单独，男方为独生子女：指夫妇双方中，男方为独生子女，女方不是独生子女。

均非独生子女：指夫妇双方均不是独生子女。

问题29 生育子女数—指截止到调查标准时点，15至50周岁妇女生育子女数。

填报“未生育”的，本人调查项目到此结束。

填报“有生育”的，还要填写生过的孩子数和存活的孩子数。

生过几个孩子填写妇女生育的活产男孩和女孩数，包括产后不久就死亡的婴儿。胎儿脱离母体时（不管孕期长短），凡有过呼吸或心跳、脐带搏动、随意肌收缩等生命现象的，都视为“活产”。这里所说的“子女”是指该妇女的亲生子女，不包括丈夫前妻的子女和领养的子女，但鉴于有些家庭不愿公开领养关系,可尊重填报人的意愿，按亲生子女填报。

其中现在存活的孩子数填报活产子女中仍然存活的男孩和女孩数。包括与父母住在一起的孩子，也包括没有与父母住在一起的孩子。到调查标准时点已死亡的孩子不包括在内。无存活子女的填写“0”。

问题30 过去一年（2014年11月1日至2015年10月31日期间）的生育情况—此题登记调查标准时点前12个月以内15-50周岁妇女是否有过生育。

填报“未生育”的，本人调查项目到此结束。

填报“有生育”的，还要填写生育孩子的月份和所生孩子的性别。

如果一年内有两次生育或生育多胞胎的，请填报其他孩子的生育时间和性别。最多可以填报三个孩子，第四个及以上的孩子可忽略不计。

60周岁以上（1955年10月31日以前出生）的人填报的项目（问题31—问题32）

问题31 主要生活来源—指被登记人主要依靠什么生活。

如果被登记人同时有几种生活来源，选择其认为最主要的一项填报，当被登记人难以确定时，按收入最高的填报。

劳动收入：指主要依靠劳动报酬、经营利润或家庭收益（包括现金和实物收入）生活。

离退休金养老金：指办理了离休、退休或退职手续，主要依靠从原工作单位或社会保险经办机构领取的离退休金（包括退职费）生活。

最低生活保障金：指建立最低生活保障制度的地区，家庭人均收入低于当地规定的最低生活保障线，主要依靠从政府有关部门或集体领取最低生活保障金生活的人，以及依靠民政部门发放的烈军属、五保户、残疾人等的生活抚恤金等生活。

财产性收入：指以资金储蓄、借贷入股以及财产运营、房屋租赁等所取得的利息、股息、红利、租金等收入。

家庭其他成员供养：指主要依靠家庭其他成员或亲属的供养和资助生活。

其他：指依靠以上几种情况之外的其他收入生活。

问题32 身体健康状况—指被登记人根据自身健康状况对过去一个月能否保证正常生活做出的自我判断。

健康：指过去一个月健康状况良好，完全可以保证日常的生活。

基本健康：指过去一个月健康状况一般，可以保证日常的生活。

不健康，但生活能自理：指过去一个月健康状况不是太好，但可以基本保证正常的生活。

生活不能自理：指过去一个月健康状况较差，不能照顾自己日常的生活起居，如吃饭、穿衣、自行走动等。

六、死亡表的指标解释

凡在调查表户记录“问题2 您家2014年11月1日至2015年10月31日期间的人口变化情况”登记了死亡人口的户，还要登记死亡人口的具体情况。

采用互联网调查的户，如果有死亡人口，也由住户通过互联网自主申报。

死亡表共有七个项目：

问题1 姓名—填写死亡人口的姓名。

问题2 性别—填写死亡人口的性别。

问题3 出生年月—填写死亡人口出生时的年份和月份。

问题4 死亡时间—填写死亡人口死亡时的月份。

问题5 民族—填写死亡人口的民族成份。具体填写要求与调查表按人填报的项目问题5相同。

问题6 受教育程度—填写死亡人口死亡时的受教育程度。具体填写要求与调查表按人填报的项目问题15相同。

问题7 婚姻状况—填写死亡人口死亡时的婚姻状况。具体填写要求与调查表按人填报的项目问题27相同。

为了保证死亡人口的登记质量，调查员在入户登记时应该特别注意以下几点：

1.登记死亡人口时，一般以死亡人口死亡前的经常居住地为其登记地，而不以死亡发生时的地点（如医院等）为登记地。

2.本户常住人口中有死亡的，不论其与该户有无亲属关系，都应该作为该户的死亡人口予以登记。

3.对于无法确定死亡人口经常居住地，或调查登记时与死亡人口的经常居住地联系不上的，如孤寡老人、流动人口死亡的，一律在死亡发生地登记。